Instructor's Edition

Hola, ¿qué tal?

Deana Alonso
Southwestern College

Esther Alonso
Southwestern College

Brandon Zaslow
Occidental College

VISTA
HIGHER LEARNING

Boston, Massachusetts

Publisher: José A. Blanco

President: Janet L. Dracksdorf

Managing Editors: Sarah Kenney, Paola Ríos Schaaf

Editorial Team: Christian Biagetti, Gabriela Ferland, Lauren Krolick

Design and Production Team: Susan Prentiss, Nick Ventullo

Student Text ISBN: 978-1-60007-981-8

Instructor's Edition ISBN: 978-1-60007-982-5

Library of Congress Control Number: 2008940883

1 2 3 4 5 6 7 8 9 RM 14 13 12 11 10 09

Maestro® and Maestro Language Learning System® and design are registered trademarks of Vista Higher Learning, Inc.

Table of Contents

Getting to Know HOLA, ¿QUÉ TAL?

HOLA, ¿QUÉ TAL? was conceived with the methodological needs of instructors, the pedagogical needs of students, and the time constraints of both in mind. You will find that teaching with **HOLA, ¿QUÉ TAL?** is easy because it provides you, the instructor, with all the materials and activities needed to deliver a communicative language program successfully. By providing the knowledge, vocabulary, and linguistic structures necessary for students to use Spanish immediately for communication, **HOLA, ¿QUÉ TAL?** develops learners' ability to carry out language tasks. **HOLA, ¿QUÉ TAL?** provides students with adequate time to assimilate vocabulary and forms, as well as ample opportunities to use Spanish in meaningful communication by means of a realistic realignment of the grammatical syllabus.

The authors of **HOLA, ¿QUÉ TAL?** believe the best way to meet students' pedagogical needs and to engage them in language learning is through a story. **HOLA, ¿QUÉ TAL?** tells a story through the episodes of the **Escenas de la vida** video and throughout the lessons of the worktext. Every phase of each lesson follows the lives of six Spanish-speaking college students as they experience the joys and challenges of daily life. Their stories invite students to share their own lives.

Unique, story-driven, student-centered, task-oriented, and interactive: that is **HOLA, ¿QUÉ TAL?**. This worktext delivers a comprehensive, all-inclusive set of materials that will enable students to interact in informal, transactional, and interpersonal situations with native speakers of Spanish.

HOLA, ¿QUÉ TAL?, the *ACTFL Proficiency Guidelines*, and the *Standards for Foreign Language Learning*

HOLA, ¿QUÉ TAL? uses the *ACTFL Proficiency Guidelines* to create instructional objectives that meet the specific needs of first-year Spanish language learners. Students are provided language-use activities that enable them to:

- function in informal, transactional, and interpersonal situations (contexts)
- understand the overall meaning, key ideas, and some supporting details of simple narration, description, and explanation (the receptive functions of listening and reading)
- ask and answer questions; produce simple narration, description, and explanation (the productive functions of speaking and writing)
- deal with topics related to self and the immediate environment (content)
- understand and produce sentences and simple paragraphs (text types)
- comprehend and be understood by sympathetic language users (accuracy)

HOLA, ¿QUÉ TAL? uses the *Standards for Foreign Language Learning in the 21st Century* to create activities that develop competence in each of the areas captured in the 5C's (Communication, Comparisons, Cultures, Communities, Connections). Students are provided with opportunities to:

- participate in interpersonal, interpretive, and presentational communication
- experience cultural products and practices and reflect on the perspectives that underlie cultural products and practices
- acquire knowledge and new perspectives from Spanish language sources
- learn about the nature of language and culture in human communication
- take language beyond the classroom and into real-world interactions

Orienting Students to the Worktext

The first day of class, take some time to orient your students to their worktext. Point out the different sections, features, and icons. Refer students to the **Vocabulario adicional** on pp. 258–265 of their books, so they are aware of this handy reference of words and expressions to use in classroom interactions. Explain to them that their books have been designed for them to write in directly, so as to personalize their learning experience.

Point out that icons provide on-the-spot visual cues for the kinds of activities they will encounter: video-based activities, listening activities, pair work, group work, reading activities, and writing activities. Make sure they understand that they can do the video-based activities outside of class by watching the videos on the Supersite. They can also access all the audio files they need for in-text audio activities and additional audio practice at **holaquetal.vhlcentral.com**. Supersite access is provided free of charge with each new worktext.

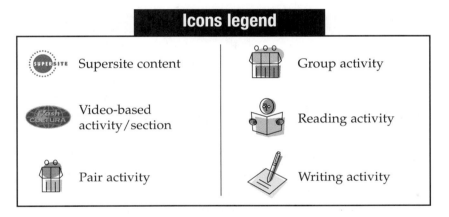

Show them a **Práctica adicional** reference and tell them that these boxes indicate precisely when they should make use of their print and technology ancillaries. Point out that the first box always lists the page numbers and the exact activities in the built-in **Cuaderno de tareas** workbook that they should complete for each section. Reinforce this information by having students turn to the **Cuaderno de tareas** pages referenced in the **Práctica adicional** box so that they realize those black and white pages appear at the end of each lesson. Audio icons let you know when lab practice is available, and Supersite icons let you know that you can access these activities online. A Supersite icon without an audio icon tells you that additional resources and practice are also available.

Inform students that all words and expressions in the charts, lists, and illustrations of the **Gramática** and **Vocabulario** sections of **Para comunicarnos mejor** in the four-color pages of their worktext are considered active vocabulary. Additionally, point out that, at the end of each lesson, **Vocabulario del episodio** provides a convenient summary of the active vocabulary, as well as a section they can fill in with vocabulary important to their own lives and experiences. Finally, tell students that they are responsible for knowing the words and expressions in **Vocabulario del episodio**, which will appear on quizzes and exams.

Suggestions for Using Escenas de la vida

These opening pages of each lesson serve as advanced organizers that will help present the story in the **Escenas de la vida** video. By previewing language in the context of the story, you will prepare students to understand the video episode.

- **Objetivos comunicativos** This feature provides students with a list of tasks they will be able to carry out after completing the lesson. Always go over the objectives so students have a real-life framework for their work in and outside of class.

- The tasks contained in **Escenas de la vida** are designed to spark students' interest, to tap into their knowledge of the topic presented, and to familiarize them with the language necessary to comprehend and produce messages.

- The illustrations and overheads provide the tools you need for presenting grammar and vocabulary in real-life contexts. Use comprehensible input and involve students in your presentation. Share your experiences, and encourage students to share their stories to relate to the content. Teach for meaning, but also focus your students' attention on form by writing key words on the board. Check students' comprehension with questions that require **sí/no** or short answers. Since this phase of the lesson provides students with vocabulary and structures of the episode, it is one of the most important parts of the lesson. It may take between 20 and 40 minutes. Turn to page IE-15 for already-scripted sample comprehensible input that you can use with the **Escenas de la vida** section of each lesson.

- **Cultura a lo vivo** Everyday culture is an integral part of the **Escenas de la vida** video episodes. **Cultura a lo vivo** appears in every **Escenas de la vida** section to deepen students' understanding of culture. Assign **Cultura a lo vivo** for in-class reading and discussion or as homework. Also, encourage students to learn more about the famous places, authors, music, and history mentioned in these boxes through research at the library, or on the **HOLA, ¿QUÉ TAL?** Supersite (**holaquetal.vhlcentral.com**). In some lessons, additional video content in the form of a **Flash cultura** episode or authentic TV clip is available to accompany and expand on the reading. Students may access this video content on the Supersite.

- **Learning Strategy** These sections present tips that students use to maximize opportunities for learning. When available, discuss these strategies in class, model using them with students, and provide practice to ensure student success.

- **HOLA, ¿QUÉ TAL?** is a video-driven program. Photos, events, and characters from the **Escenas de la vida** episodes are integrated into every section of each lesson, including the workbook and online practice. It is important that you make students accountable for the content of the video, since it provides models for communicative tasks and establishes a common base of knowledge for discussion.

- For each lesson, present comprehensible input as described above and then have students proceed to watch the video. Even with this introduction to the language functions of the video episode, students may not be able to understand everything they hear, but they will be successful because they will have been prepared for the core content and will be able to respond to the prompts in the **Escenas de la vida** activities in the worktext.

Suggestions for Using the Escenas de la vida Video

Ideally, students should view the video episode at least three times for each lesson: once for overall comprehension (no tasks involved), an additional viewing in order to complete the tasks in the **Escenas de la vida** activities, and a final viewing to summarize the content in their own words by doing the **¡A ver de nuevo!** activity in the **La correspondencia** section of each lesson in their worktext. It is strongly recommended that you show the video episode in class at least once, preferably the first time they view it.

You may also choose to assign the **¡A ver de nuevo!** activity for homework and have students complete the third viewing outside of class. Students have access to the **HOLA, ¿QUÉ TAL?** Video Program on the Supersite (free with a new worktext). They can also access audio files of the episodes on the Supersite and download them to listen to anywhere.

The first section in **Cuaderno de tareas** for each lesson consists of video-based activities. You can have students watch the video and do these activities in class, or you can assign them for homework and have students watch the video or listen to the audiotrack of the video episode outside of class.

You might also want to use the **Escenas de la vida** video in class when working with the **Para comunicarnos mejor** sections in the worktext. You could play the parts of the video episode that show the vocabulary or grammar being presented and ask students to identify them. You might try this technique as you progress through the section, or afterward as a review.

Suggestions for Using Para comunicarnos mejor

Para comunicarnos mejor highlights the grammar and vocabulary necessary to carry out the language functions of the episode.

- **Analizar y descubrir** Lead students through these activities to help them discover the rules governing structures they will need for communication.

- **Model sentences and charts** Give students time to read the examples. Model the pronunciation of the words and phrases, and have students repeat after you. Whenever possible, ask personalized questions using the vocabulary and grammar being taught.

- **Práctica** Activities provide contextualized guided practice. They generally begin by requiring only comprehension and move to those in which students manipulate form in meaningful and personalized ways. Students develop listening, reading, speaking, and writing skills through guided, yet meaningful exercises that increase their confidence and accuracy. The activities may be done orally as a class, in pairs, or in small groups. They may also be assigned as homework. Remind students to refer to **Vocabulario adicional**, in the appendix of their worktext, in order to better understand direction lines in Spanish. Also refer students to the Supersite **(holaquetal.vhlcentral.com)**, where they will find additional practice of each grammar point presented.

- **También se dice...** This presents different varieties of Spanish to be validated and discussed. Every effort has been made to present a diverse look at the linguistic richness of the Spanish-speaking world.

Suggestions for Using Actividades comunicativas

The **Actividades comunicativas** section of each lesson provides motivating, interactive activities through which students internalize the vocabulary and grammar of the episode. The activities promote cooperative learning and help develop a sense of community as students work together to accomplish learning goals. They include information gap, class surveys, and role-plays that may be completed in pairs, in groups, or in whole-class formats.

- Explain to students the importance of this section for developing oral proficiency. Remind students to refer to the **Vocabulario adicional** section in the appendix of their worktexts in order to be able to interact with their classmates exclusively in Spanish.

- These activities should take from eight to ten minutes each. Monitor students' work by circulating around the classroom. Review answers with the entire class. When applicable, have students summarize the information gathered from their classmates.

Suggestions for Using La correspondencia

With its three subsections, **La correspondencia** integrates language, culture, learning strategies, and real-world tasks. **El correo** contains a variety of informal texts such as e-mails and letters, which serve as models for students' written communication. Questions focus on the main ideas and important details necessary to understand the text. Students will not understand every word, but they should be considered successful if they are able to accomplish the tasks. **En papel** is a writing task in which students are invited to write their own materials in direct reaction to the **El correo** selection. **¡A ver de nuevo!** provides closure to the episode; students watch the **Escenas de la vida** video a final time and summarize its content, thereby realizing how much more of the story they understand, and how much language they have learned overall. All activities may be assigned as homework or completed in class.

- **El correo** When available, review the Reading Strategy with students. If done in class, have students read the questions, ask for volunteers to read several sentences from the text, and have students finish reading silently. You may want students to answer the questions as a class.

- **En papel** When available, review the Writing Strategy, modeling the strategy and having students apply it. Give students the opportunity to peer edit before assignments are turned in for a grade. Assign a grade based on task completion, focusing on the vocabulary and structures of the episode at hand, as well as the use of connectors and transition words. Share students' work, so that they can learn from their classmates. Oral presentations based on an individual student's or a classmate's written work can be wonderful follow-up activities to the **En papel** assignments.

- **¡A ver de nuevo!** For the first few lessons, you may want to demonstrate the process of writing a summary on the board. Ask students to tell you what happened in the **Escenas de la vida** episode, reminding them to paraphrase using the language structures they have learned and stressing the use of transition words. Once students have learned the process, you can assign the activity as homework, telling students to watch the video episode online or have students create their summaries in class with a partner.

- **Invitación a...** This section is written in Spanish with English glosses. Read the captions with students in class. Encourage them to go online in order to learn more about each country.

Suggestions for Using Vocabulario del episodio

Each episode concludes with a summary of the vocabulary and the structures practiced. The **Vocabulario personal** sections encourage students to personalize their learning so they are better able to talk about themselves and the world around them.

- As homework, before you start a new episode, ask students to look over the episode to get an idea of what they will be learning. Have them create flash cards with new vocabulary. This task will prepare them to better understand the episode's content.

- **Objetivos comunicativos** Remind students to review the communicative objectives to determine if they have attained all of the competencies.

- **Vocabulario personal** Have students write down all the words they need to talk about the episode's theme with respect to themselves. You may wish to ask different students to share their personal vocabulary with the class. It will vary from student to student. For communication to be meaningful, it is important that students develop the ability to talk about themselves and gain a sense of "ownership" of words that are important to them.

Suggestions for Using Cuaderno de tareas

The activities in these black-and-white pages of the worktext are designed to provide students with out-of-class support and practice traditionally found in a separate workbook. **Práctica adicional** boxes in the color pages correlate each activity to the lessons. They may be collected before quizzes or tests.

- Point out to students that the practice activities occur within the context of the story and the culture it reflects. The exercises are varied and include: discrete form-and-meaning focused practice, open-ended questions, and reading and writing activities. Vocabulary, grammar, and language functions from the corresponding and previous lessons are consistently recycled throughout the materials. You may assign and collect these pages regularly to assess the progress of your students as you work through each lesson.

Suggestions for using Revista cultural

The **Revista cultural** occurs after Episode 5 and Episode 10. These cultural inserts are designed to help students gain knowledge and understanding of the products, practices, and perspectives of the people in the Spanish-speaking world. Each section contains a thematic series of articles. These articles and activities may be assigned as homework, or they may be completed in class. As students read, they will encounter words that they do not understand. Before reading, lead students to look at the images for visual cues to support comprehension. Encourage students to highlight the words they understand and to make sense of the information presented. Tell them to use a dictionary to confirm their guesses.

The **Revista cultural** section features another video program, **Flash cultura.** If time permits, show these video segments in class to promote further discussion of the theme. Remind students that, as with the readings, it is fine if they don't understand every word; part of learning a language is being able to understand and communicate without "getting" every word.

Suggestions for using Gramática comunicativa

Appendix A includes additional grammar topics and practice for students who may need further support with some grammar topics or for instructors who wish to take the grammar sequence a little further. This section includes grammar explanations, contextualized in the **Escenas de la vida** video, as well as guided and communicative practice. You may incorporate this section fully into your syllabus and in-class work, or use it selectively to differentiate instruction for some students. As you move through the color lesson pages, you will see sidebars letting you and your students know when it may be appropriate to consult this supplementary material.

Suggestions for using the MAESTRO® Supersite

The **HOLA, ¿QUÉ TAL?** Supersite, powered by **MAESTRO®**, provides a wide range of resources for you and your students. Here are some suggestions to help you make the most of this valuable resource.

- **Video** Students have access to three separate types of video **(Escenas de la vida, Flash cultura,** and authentic TV clips) all in one convenient place. Assign the video as homework if you are unable to show it in class, or encourage students to watch the video episode again on their own for extra practice. This feature gives you an advantage as the instructor, in that you can be flexible and adapt your approach to video as time constraints and other conditions dictate.

- **Activities** On the Supersite, you will find additional auto-graded activities for each lesson. Assign these guided activities as homework, and use the guided activities in the book to reinforce topics students may have struggled with. Take advantage of the auto-graded guided content to free-up class time for communication.

- **Audio** Lab practice is available online in an auto-graded format. The characters and storyline of the **Escenas de la vida** video are frequently integrated into these listening comprehension activities and pronunciation practice. The exercises are varied and include real-world listening, speaking, and writing activities. You may want to assign and collect these activities at the end of each lesson as you are working with the **La correspondencia** section. Additionally, all audio files associated with the program are available online as downloadable MP3 files.

Course and Lesson Planning

Overall Course Planning

HOLA, ¿QUÉ TAL? consists of ten episodes. Each episode is designed to be completed in four to five contact hours. Students learn, practice, process, and acquire manageable quantities of language weekly. **HOLA, ¿QUÉ TAL?** is perfect for a one-semester beginning conversation course meeting between 55-80 hours a week. The Supersite gives you, the instructor, the flexibility to make use of all the audio and video material during class time, if time allows, or assign it for out of class viewing, if you have fewer contact hours.

Lesson Planning

Here is a sample lesson for **Episodio 4: ¡Qué internacionales!**

Day 1

1. Read the **Objetivos comunicativos** on p. 75 so that students will know what they will be able to do at the end of the episode. (2 minutes)

2. Before playing the video, use comprehensible input to preview the content of **Escenas de la vida** by talking about the tasks and describing the pictures on p. 75. Complete sample comprehensible input is available in the **Instructor's Resources** on the Supersite; an abbreviated version is provided below. Be sure to preview **ser de** + [*country*], family terms (**papá, mamá, hermanos, hijos**), and **tener... años** in the context of the story.

Sample Comprehensible Input

Use the images in the worktext or on the overhead transparency to preview the content of the episode. **Hola, clase, hoy vamos a hablar de la familia y del lugar de origen de los miembros de nuestras familias.** Use the first image on the transparency or in the worktext: **¿Quién recuerda de dónde es Sofía?... Muy bien, Sofía es de México. ¿Dónde está México?** Recycle the geography of Latin America. Point to several countries that are not Mexico, and encourage students to tell you which countries they are. **¿Aquí está México?... No, ¿verdad? Muy bien. Este país es Guatemala.** Point to Adriana's image. **¿Quién es ella?... Sí, es Adriana. ¿De dónde es Adriana?... Claro, es de Puerto Rico. ¿Dónde está Puerto Rico?** Again point to the wrong countries in order to recycle the names. (Honduras, Cuba, Colombia, Venezuela, etc.) You may want to start with your own family; if you do not want to talk about your own family, skip the next paragraph, and start with the images of **La familia de Sofía** on the overhead transparency.

Voy a hablar de mi familia y después ustedes van a hablar de sus familias. Tengo una familia pequeña/grande. Write **pequeño/grande** on the board. **En mi familia (solamente) hay... personas.** Bring your own family tree and/or pictures of your family members. **Éstos son mis padres.** Write **padres** on the board. **Mi papá se llama... y es de... pero ya murió.** Write **ya murió** on the board and draw a grave to show meaning. **Y ésta es mi mamá. Se llama... Ella es de... y tiene... años. No es muy joven** (write **joven** on the board), **pero tampoco es vieja** (write **vieja** on the board); **todo es relativo. Mi mamá es muy activa. Le gusta jugar..., también es sociable; tiene muchas amigas. También tengo... hermanos.** Write **hermanos** on the board.

Mi hermana se llama... y tiene... años. Repeat this process with each member of your family; make sure to include their name, age, where they are from, and any special characteristics to recycle from previous episodes' adjectives. Check students' comprehension. **A ver clase, ¿quién es ella? ¿Mi hermana o mi mamá?... ¿Quién recuerda cómo se llama mi mamá?... Muy bien, ¿cuántos años tiene mi mamá?... Perfecto, tienen buena memoria.** Continue in this manner reviewing the members of your family that you introduced to the students. Once you feel students understand **padres, hermanos, hijos, esposos, es de, son de, and tiene... años,** you may continue (20-25 mins.).

3. Ask students to close their books and watch the **Escenas de la vida** video segment. Play the video. (3 minutes)

4. Have students open their books and complete the task in activity **A. ¡Mira cuánto puedes entender!** on p. 75. Read activities **B** and **C** on p. 76 with students. Play the video again in order for students to respond to the prompts. Go over the answers. (10 minutes)

5. Go over the **Learning Strategy** on p. 76 with students. Ask them to make up some associations for the vocabulary on p. 77 so they may share them the next day with the class. (3 minutes)

6. Model the pronunciation of the vocabulary in **La familia, los familiares y más** on p. 77 and have students repeat after you. (3 minutes)

7. Briefly present the key points in *Expressing possession* on pp. 77–78, **Gramática 1** on pp. 80–81, and **Gramática 2** on p. 83 that you previewed through comprehensible input. (4 minutes)

8. For homework, have students study pp. 76–78 and do **Práctica** activities **A, B,** and **C** on pp. 78–80 and the **Escenas de la vida** workbook activities in **Cuaderno de tareas** on p. 95. (1 minute)

Day 2

1. Begin class by reviewing the material from Day 1 and by collecting the **Escenas de la vida** workbook activities that were assigned as homework. Have students tell you what they remember about the characters. Use the family tree on p. 79 to review all of the relationships. Tell them about your family and ask students personalized questions about their own families. (10 minutes)

2. Have students work with a partner to check each other's answers to **Práctica** activities **A, B,** and **C** that were assigned as homework. (5 minutes)

3. Have students change partners and complete **Práctica D. ¿Y tus parientes?** on p. 80. (5 minutes)

4. Review *Expressing age* and model the pronunciation of **tener**, using the examples on p. 80. Ask students questions. Highlight the use of **tener** for expressing age. (4 minutes)

5. Complete **Práctica E. ¿Cierto o falso?** on p. 81 in a whole–class format. Ask volunteers to read each question. (4 minutes)

6. Model the pronunciation of a few numbers on p. 81, then write other numbers on the board and have students tell you what they are. (3–4 minutes)

7. Have students complete **Práctica F. El inventario** on p. 81 and **Práctica G. ¿Cuántos años tiene...?** on p. 82 in pairs. Students take turns playing each role. (6 minutes)

8. Have students complete **Práctica H. ¿Cuál es tu teléfono?** on p. 82 in groups of four. (5–7 minutes)

9. Refer students back to p. 75, asking them questions about where the characters' families are from. Emphasize the use of the preposition **de** to indicate origin. You may also want to do a quick review of the conjugation of **ser** (students already learned the verb in **Episodio 3**). (5 minutes)

10. Assign **Práctica** activities **I, J,** and **K** on pp. 82–83 for homework. For **Práctica I,** have students prepare the questions at home to interview a classmate in class on Day 3. (1 minute)

Day 3

1. Begin class by reviewing the material from Day 2. Ask students to share something about their families and ask personalized questions as well as questions about the characters, for example: **¿De dónde es Adriana? ¿Cuántos hijos tiene? ¿De dónde es Ramón? ¿De dónde es Manolo?** (4–6 minutes)

2. Have students interview a partner based on the questions from **Práctica** activity **I** that was assigned for homework. (5 minutes)

3. Go over the answers to **Práctica** activities **J** and **K** that were assigned for homework. Ask for volunteers. (5 minutes)

4. In groups of three, have students complete **Práctica L. ¿De dónde es tu familia?** on p. 84. Invite students to share their findings. (6–8 minutes)

5. Have students read and complete the questions for **Práctica M. La familia real española.** Go over the answers as a class. (10 minutes)

6. Have students complete the activities in **Actividades comunicativas** on pp. 85–90 with a partner. Remind students of the importance of accomplishing the tasks without looking at their partner's page. Circulate around the classroom, making note of students' mistakes for later review. If a pair of students finishes early, have them switch roles and complete the activity again. (15 minutes)

7. Assign the *Identifying family members and friends, Expressing age,* and *Saying where someone is from* workbook activities in **Cuaderno de tareas** on pp. 96–100. (1 minute)

Day 4

1. Begin class by reviewing the material from Day 3 and by collecting the **Cuaderno de tareas** workbook activities that were assigned as homework. Have students share their experiences with the communicative activities. (5 minutes)

2. Complete **El correo: Sofía te escribe** on p. 91. Focus students' attention on the information they need to understand when reading Sofía's letter by reviewing the questions before students begin to read. Provide students with sufficient time to read the letter either by themselves or with a partner. Have students respond to the questions, asking volunteers to share their answers. Discuss the content of the reading. (10 minutes)

3. In a whole-class format, guide students in using Sofía's letter as a model for **En papel: Una carta para Sofía** on p. 91. Have students write their first draft. (8–10 minutes)

4. Give students time to work with a partner to read each other's work and give feedback. Have them focus on content first and on form second. (10–15 minutes)

5. For homework, have students type a final draft of their letter to Sofía and attach a picture of their family, for sharing in class the next day. The first time that you ask students to bring something that will be displayed, be sure to prepare a model. In this case, you might paste a paragraph on cardstock and attach a picture, so students can see a sample of what they are expected to do. (5 minutes)

6. Review the objectives of the episode and announce and outline the content of the quiz to be given during the next class. Assign the lab activities on the Supersite as homework. (5 minutes)

Day 5

1. Collect the **En papel** assignments that were assigned for homework. Share students' writing and allow time for them to read three or four samples of their classmates' work. Talk about their families and ask them personal questions. Ask students to share what they have learned about their classmates' families. (20 minutes)

2. Play the **Escenas de la vida** video episode again and have students complete **¡A ver de nuevo!** on p. 92. (3–5 minutes)

3. Go over students' answers to **¡A ver de nuevo!** and have them summarize the content of the video episode. (8–10 minutes)

4. Administer the **Episodio 4 prueba**. (15 minutes)

5. Ask students to glance at the next episode to familiarize themselves with its content, and ask them to prepare flash cards with the new vocabulary for homework. (2 minutes)

COMPREHENSIBLE INPUT
for the **Escenas de la vida** Sections

Introduction

Comprehensible input is the base for language acquisition. In order to be beneficial, students must understand most of what you are trying to communicate to them. To this end, your gestures, slow articulation, intonation, and other non-linguistic means of making yourself understood are crucial. In addition, **HOLA, ¿QUÉ TAL?** provides you with a rich and familiar context to involve students, the visuals needed to communicate your message on overhead transparencies, and sample questions and simplified language to deliver a didactic and communicative episode.

The comprehensible input, to be used in conjunction with the **Escenas de la vida** section of each episode, is one of the most important stages of the episodes in **HOLA, ¿QUÉ TAL?**. It enables students to understand the **Escenas de la vida** video episode, permits them to successfully complete the **Escenas de la vida** activities in their worktext, and prepares them for studying the grammar and vocabulary presented in the episode's **Para comunicarnos mejor** section.

Students should be introduced to the vocabulary and structures of the episode, as well as any other language critical to understanding the video episode, via your comprehensible input before they see the episode's video episode or work with the **Escenas de la vida** activities in their worktext. It is precisely this language that will allow them to understand the video and to complete the worktext activities successfully. Focus on meaning only, and use the language to develop a topic of conversation. Use the **HOLA, ¿QUÉ TAL?** overhead transparencies for visual support. Make sure students understand what they are being asked, and that they can respond with yes/no, either/or, or short answers. Preview as much of the grammar of the episode as possible in the context of your experiences and the topic of the **Escenas de la vida** video episode. This process will usually take thirty to forty minutes. Go back and forth with the story in the video, your own experience, and students' personal information.

When using comprehensible input with students, check for comprehension. Use yes/no questions (for example: **Los libros cuestan mucho dinero, ¿no?**), either/or questions (for example: **¿Es bueno o malo gastar mucho dinero en libros?**), and short answers (for example: **¿Qué necesitas comprar?**). You should not expect students to answer in full sentences.

To assist you in using comprehensible input with your students, this section of the **HOLA, ¿QUÉ TAL?** Instructor's Edition provides language to preview in your comprehensible input, as well as sample comprehensible input for each worktext episode. The first five episodes are complete comprehensible input. After **Episodio 5**, sample input is provided that establishes a pattern that should be repeated with each of the points to be previewed. After completing the comprehensible input segment with the class, watch the video or listen to the conversation in class. Once students have watched the episode's video segment or listened to the recording of the conversation, you can check the students' understanding of the content by having them complete the **Escenas de la vida** activities in their worktext.

Episodio 1
El primer día de clases

In this lesson, the theme is getting to know everybody in the class.

Language to Preview in your Comprehensible Input

- Hola, ¿cómo estás?
- ¿Cómo te llamas? ¿Cómo se llama(n)?
- Son amigos, son compañeros, son novios.
- Encantado/a.
- Igualmente.
- Necesitas estudiar más para esta clase, ¿no?

- (Muy) bien, gracias.
- ¿De dónde eres? ¿De dónde es? Soy de... Es de...
- Te presento a... mi mejor amigo/a, mi novio/a
- Mucho gusto (de conocerte).
- Adiós.
- Necesito estudiar mucho.

Sample Comprehensible Input

Introduce yourself: **Buenos días/Buenas tardes/Buenas noches. Soy su profesor(a) de español. Me llamo...** Then ask several students: **Y tú, ¿cómo te llamas?** Write the question on the board. Answer with: **Mucho gusto,** and get students to use **igualmente.** Write both expressions on the board. Once you have asked six or seven students, check their memory. **Clase, ¿cómo se llama ella?** Point to a female student whose name you remember. **Muy bien. Ella se llama... ¿Cómo se llama él?** Point to a male student. **Perfecto. Él se llama...** Continue with four or five more students. Now point to a new student. **¿Cómo se llama ella?** Students don't know, you don't know. **Uy, no sé.** Look at her. **¿Cómo te llamas?... Mucho gusto.** Encourage her to say **igualmente** by pointing at the word on the board. **Clase, les presento a...** Repeat with three or four students. Point to another new student. **Clase, ¿cómo se llama él? Uy, no sé.** Look at a student next to this person and tell him: **Pregúntale.** Encourage him to ask for his classmate's name by pointing to the expressions you wrote on the board: **¿Cómo te llamas?, mucho gusto, and igualmente.**

Point to the image of Adriana and Sofía in the worktext or on the overhead transparency: **Miren a estas dos estudiantes. Ellas son compañeras de clase. Toman una clase de cálculo. Son compañeras de clase. Ustedes son compañeros de clase también porque toman la clase de español conmigo. ¿Cómo se llaman? No sabemos. ¿Se llama Lupe? ¿Se llama Lety? No sabemos. Vamos a mirar** (point to your eye) **y a escuchar** (point to your ear) **el video para saberlo.**

Point to the image of Manolo talking to Professor López: **Miren a este chico. Él también toma una clase de cálculo. ¿Cómo se llama él? Ustedes van a mirar** (point to your eye) **y a escuchar** (point to your ear) **el video para escribir su nombre.** Point to the image of Professor López. **Él es el profesor de cálculo, ¿verdad? Yo soy el/la profesor(a) de español. Ustedes toman mi clase de español, ¿no? Ustedes son mis estudiantes.** Point to the professor. **¿él es estudiante o profesor?... Muy bien, es el profesor.** Point to Manolo. **Y este chico, ¿es estudiante o profesor?... Perfecto, es estudiante. Toma la clase de cálculo del profesor.**

Ask several students: **¿Tomas una clase de cálculo?** If you ask three or four and they all say no, ask: **¿Quién toma una clase de cálculo?** Raise your hand to encourage students who take calculus to raise their hands. **El cálculo es difícil, ¿verdad? Necesitas estudiar mucho para la clase de cálculo. ¿Y el español? ¿Es difícil? No, es muy fácil.**

¿Necesitan estudiar para la clase de español? Claro, necesitan estudiar todos los días porque necesitan hablar español en la clase de español. Repeat the same questions and discussion with an English class. ¿Quién toma una clase de inglés? Encourage students to raise their hands. ¿La clase de inglés es difícil o fácil?..., etc.

Continue by explaining the interaction between Manolo and Professor López on the overhead transparency: En esta imagen el estudiante habla con su profesor. ¿Tiene problemas en la clase de cálculo? Point to the F on the overhead transparency. Sí, tiene problemas en la clase de cálculo. Miren esta F. Uy, pobre. ¿Qué necesita? Necesita estudiar más, ¿verdad? El cálculo es difícil, ¿no? Los estudiantes necesitan estudiar mucho. Once students nod and you are certain that they understand, then you may ask a few of them. Y tú, ¿necesitas estudiar mucho? Again, do not expect students to answer in full sentences; students will likely respond with sí or no.

Ahora vamos a mirar el video para saber cómo se llaman estas cuatro personas. Show or listen to the first two conversations of the video now. Students are listening for the names of Adriana, Sofía, Manolo, and Professor López. Check for comprehension of the conversations. ¿Quién recuerda cómo se llama ella..., y ella..., y él..., y el profesor? After students answer, continue: Muy bien, ustedes tienen buena memoria. ¿Adriana es de México o de Puerto Rico? Some students will remember. Reinforce it: Sí, muy bien, Adriana es de Puerto Rico. ¿Y Sofía? ¿De dónde es Sofía? Claro, Sofía es de México. Yo soy de... Write soy de on the board. Vamos a ver si tenemos una clase internacional. ¿De dónde eres? Encourage them to say what state or city in the U.S. they are from. Teach soy de aquí. Ask six or seven students.

Continue by explaining the interaction between Manolo and Sofía with Ana Mari: Miren esta imagen. Sofía saluda a su amiga. Act out a greeting. Hola, ¿cómo estás? Muy bien, ¿y tú? Bien, gracias. ¿Cómo se llama la amiga de Sofía? No sabemos todavía. Sofía es muy sociable (you may write sociable on the board); tiene muchos amigos. Manolo también es amigo de Sofía. ¿O es novio de Sofía? Humm, no sabemos todavía. Con un novio hay una relación romántica, ¿verdad? Draw hearts on the board. ¿Tiene Sofía una relación romántica con Manolo? Humm, no sabemos. Vamos a mirar el video otra vez.

La amiga de Sofía también es sociable, tiene muchos amigos. ¿Quién es sociable en esta clase? Raise your hand to encourage students to raise theirs if they are sociable. Pick a student. ¿Tienes muchos amigos? Expect only a sí or no answer. Y en esta clase, ¿tienes amigos?... ¿No? No hay problema, pronto vas a tener muchos amigos en esta clase. ¿Quién tiene un amigo en esta clase?... If a student nods or raises his/her hand, ask, ¿quién es tu amigo? If the student is a female, emphasis the -a: Ella es tu amiga. ¿Cómo se llama tu amiga?... Turn to that student. Encantado/a (de conocerte). ¿Ustedes son buenos amigos?... ¿Estudian juntos?... Manolo y Sofía estudian juntos con frecuencia, también son buenos amigos. Bien, clase, ahora vamos a mirar el video.

Episodio 2
En la librería

In this lesson, the theme is talking about university-related vocabulary and the time of events.

Language to Preview in your Comprehensible Input

- School supplies
- **Yo gasto mucho dinero.**
- Time of events
- **Los libros cuestan mucho.**
- Subject matters

Sample Comprehensible Input

In the worktext or on the overhead transparency, use the image of Sofía and Manolo to preview the episode's language: **Hola, clase, hoy vamos a hablar de las clases que ustedes toman, por ejemplo:** (write these classes on the board) **inglés, matemáticas, español, biología. El horario** (write **horario** on the board) **que tienen este semestre,** (write the times on the board next to the classes) **por ejemplo: inglés a las ocho de la mañana, matemáticas a las doce del día y español a las dos de la tarde. ¿Entienden la palabra horario? El horario de clases indica a qué hora** (point to your watch or a clock) **son las clases. Por ejemplo, mi horario es: doy la clase de español... a las..., español... a las... Éste es mi horario. También vamos a hablar de las cosas** (write **cosas** on the board) **que ustedes compran para sus clases.**

Point to the image of the bookstore on the overhead transparency: **Vamos a ver qué necesitan comprar Sofía y Manolo en la librería. Miren esta librería** (write **librería** on the board), **aquí se compran las cosas que se necesitan para las clases. Por ejemplo: el cuaderno.** Point to the image of the notebook in the worktext or on the overhead transparency. **¿Todos tienen un cuaderno hoy?** Look at their notebooks, and ask a few students: **¿Tienes un cuaderno?... En la librería también podemos comprar mochilas. ¿Quién tiene una mochila?** Take a **mochila** from a student. **¡Qué bonita mochila! ¿Quién no tiene mochila?** Raise your hand to encourage students to answer. **¿Por qué no tienes una mochila? ¿Dónde pones tus cuadernos y tus libros? Ah, ya sé... toma la mochila de... él/Ella no necesita su mochila. ¿Verdad... que no necesitas tu mochila?** Give the **mochila** to the student without a **mochila.** Students will laugh. Return the **mochila. ¿Sí necesitas tu mochila?... Toma tu mochila. Todos necesitan sus mochilas para poner sus cuadernos y sus libros, ¿verdad? Para comprar, ustedes necesitan dinero... mucho dinero, porque los libros de texto cuestan mucho dinero, ¿verdad?** Write a dollar sign on the board.

En este episodio Manolo y Sofía están en la librería para comprar lo que necesitan. Point to the image of a book on the transparency. **Por ejemplo, todos los estudiantes necesitan comprar sus libros de texto, ¿no?** Write **libros de texto** on the board. Encourage students to respond. **¿Tienes todos tus libros de texto? (Sí/no** answers) **Los libros cuestan mucho dinero, ¿no? ¿Gastas mucho dinero en libros? (Sí/no** answers) **Mi... gasta más de cuatrocientos** (write **cuatrocientos**=400 on the board) **dólares en libros cada semestre. Pobrecito/a, necesita trabajar mucho. Y ustedes, ¿cuánto dinero gastan en libros?** Encourage students to respond. **¿Quién gasta más de cien** (write **cien**=100 on the board) **dólares en libros?** Raise your hand to encourage students to raise theirs if they spend more than one hundred dollars. **¿Quién gasta más de doscientos?** If nobody nods, ask, **¿Más de trescientos?** Write the numbers on the board if students do not understand. **Ay, qué horror. Y además de los libros, necesitan**

comprar plumas, lápices, calculadora y papel. Write **plumas, lápices, calculadora,** and **papel** on the board and point to the items on the transparency. **En el video vamos a ver qué necesita Manolo y qué necesita Sofía. ¿Quién va a comprar la mochila, Manolo o Sofía? No sabemos, pero vamos a escuchar** (point to your ear) **para saber. Y tú, ¿necesitas una mochila este semestre?, ¿necesitas unas plumas?,** etc. Continue item by item, using all the school supplies that appear in the images; add other items from **Vocabulario 1** that you have available in the classroom (**diccionario, calculadora, mapa,** etc.), and point to them for visual support. Continue until you feel students understand the vocabulary.

Use the image of Manolo's class schedule: **También vamos a hablar de las clases y el horario de clases. ¿Cuántas clases toma Manolo? Cinco, pobrecito, son muchas clases, ¿no? Manolo toma una clase de sicología, una clase de sociología, una clase de historia, etc.** Ask five or six students: **¿Cuántas clases tomas?** Students should be able to specify the number of classes they take. Write the question on the board. Comment on their answers: **Tomas muchas clases, necesitas estudiar mucho, ¿y también trabajas?,** etc. Check for students' attention and retention by asking about their classmates. **¿Tienen buena memoria? ¿Quién recuerda cuántas clases toma...? Sí, bien. Él/ella toma... clases.** When students do not remember, encourage a student to ask. **Pregúntale.** Point to the question you wrote on the board. Repeat until you see that students feel comfortable asking and answering the question.

Continue to preview time, using the characters' printed schedules in the worktext or on the overhead transparency for visual support: **¿A qué hora es la clase de cálculo de Manolo? Es a las ocho menos cuarto de la mañana. Muy temprano, ¿verdad? ¿Y la clase de sociología? Es a las cinco y cuarto de la tarde.** You may wish to keep asking about the other classes on Manolo's schedule: **¿A qué hora es la clase de...?** If you feel students understand well enough, ask them about their own schedules: **¿Quién tiene una clase a las siete de la mañana?...** Encourage students to say **yo** to respond to **quién** questions. **Pobrecito, qué temprano. ¿Qué clase es? ¿Quién toma una clase de historia?... ¿A qué hora es tu clase de historia?... ¿Quién toma una clase de sicología?...**
¿A qué hora es tu clase de sicología? Recycle all subject matters from **Episodio 1** this way. Encourage students to respond with **a la/las... de la...** Continue until you feel students can tell time and ask the question, **¿a qué hora...?**

Discuss Sofía's schedule: **Sofía también toma la clase de cálculo. ¿A qué hora es la clase?... Es a las ocho menos cuarto de la mañana. Sofía necesita ir a la biblioteca el miércoles. ¿A qué hora?** Give students a moment to realize whether or not they have enough information to answer this question: **No sabemos. Vamos a mirar el video y a escuchar la conversación. Tiene una clase de física, ¿verdad? ¿A qué hora es la clase? No sabemos todavía. Bueno, clase, ahora vamos a mirar** (point to your eye) **el video para saber qué necesitan comprar este semestre y a qué hora son sus clases.**

Episodio 3
Los profesores y las clases

In this lesson, the theme is describing classes, teachers, and other people.

Language to Preview in your Comprehensible Input

• **Me gusta, te gusta, le gusta**   • Descriptive adjectives (cognates)   • The verb **ser**

Sample Comprehensible Input

Hola, clase, hoy vamos a hablar de sus clases y de sus profesores. Vamos a describir a sus profesores. Quiero saber si a ustedes les gustan (draw a happy face on the board) **o no les gustan** (draw a sad face) **sus clases y por qué.**

Use the images in the worktext or on the overhead transparency to preview the content of the episode: **Miren esta imagen. Adriana y Sofía están en la clase de cálculo, ¿no? ¿A quién le gusta la clase de cálculo, a Sofía o a Adriana? A Sofía le gusta la clase de cálculo.** You may wish to start by describing Professor López. Use the image of the professor: **¿Quién es?... Muy bien, es el profesor López. ¿Cómo es el profesor López? ¿Es atractivo?** Write **es atractivo** on the board. Encourage your students to answer. **¿Es estricto o es flexible? No sabemos, pero vamos a mirar el video para descubrirlo. Sofía y Adriana hablan de sus profesores en este episodio. Mis estudiantes dicen que soy muy estricto/a.** Write **soy estricto/a** on the board. **¿Ustedes qué piensan? ¿Soy estricto/a o soy flexible?... Sí, soy estricto/a, pero también soy responsable. Me gusta preparar mis clases y cumplir con mis obligaciones.** Ask several students and write **eres responsable** on the board. Emphasize the different forms of **ser** as you speak. **Y tú, ¿eres responsable? Muy bien,... es responsable. ¿Quién es irresponsable en esta clase? Nadie, ¿verdad?, todos mis estudiantes son muy responsables y también son inteligentes.** Write **son inteligentes** on the board. **Por eso me gusta mucho esta clase.** Point to the happy face and write **me gusta** on the board.

Use Adriana's images to teach **le gusta, me gusta, te gusta. Miren esta imagen. ¿Qué pasa con Adriana? Uy, pobre, a Adriana no le gusta la clase de contabilidad.** Write **no le gusta** on the board. **¿Por qué a Adriana no le gusta la clase de contabilidad? Tal vez la profesora es arrogante. Yo no soy arrogante, ¿verdad clase?** Write **no** in front of the **soy** you already have on the board. **Soy estricto/a, pero no soy arrogante.** Hopefully your students will agree with you! **¿Quién tiene un profesor arrogante este semestre?** Encourage your students to respond. If a student raises a hand, ask: **¿Qué clase enseña ese profesor?...** Recycle **a qué hora. ¿A qué hora es esa clase?... ¿Te gusta su clase?** Write **te gusta** on the board. Only expect a **sí** or a **no** answer at this point. Repeat this process with at least four adjectives: **impaciente, competente, excelente, reservado/a.** Ask: **¿Quién tiene un profesor impaciente?... ¿Qué clase enseña ese profesor?... ¿A qué hora es esa clase?... ¿Te gusta su clase?...** Check for comprehension using what you have learned about your students. ... **dice que le gusta su clase de..., ¿quién recuerda por qué?... Bien, porque su profesor es excelente. ¿Qué clase no le gusta a...?... Sí, no le gusta su clase de... porque su profesor es...**

Continue with Adriana's next image. **A Adriana le gusta la clase de composición. ¿Cómo es el profesor? ¿Es arrogante o es paciente? Sí, ¿verdad? Es paciente; por eso, a Adriana sí le gusta la clase. Pues a mí me gusta mucho mi clase de español porque mis estudiantes son muy inteligentes y responsables, ¿verdad clase? Pero también son activos y participan en la clase. ¿Quién es activo/a en la clase de español?** Select a student who is participating a lot. **¿Eres activo/a en la clase de español?...** **¡Claro! Eres muy activo/a, ¡gracias! ¿Te gusta el español?...** Now look for a guilty face. Ask a student who does not participate much. **¿Eres activo/a en la clase de español?...** **Muy poquito, ¿verdad?** Put on a sad face. **¿No te gusta la clase de español? Ah, ya sé, eres tímido/a. Sí te gusta la clase pero eres tímido/a, ¿verdad?** Involve students. **Y tú, ¿cómo eres?** Give them choices. **¿Eres tímido/a o eres extrovertido/a?...** **Yo también soy...** Emphasize **soy** and **eres. Y tú, ¿cómo eres? ¿Eres paciente o impaciente? Generalmente soy paciente.** Point to **soy** on the board. **A veces soy un poco impaciente. Cuando los estudiantes no hacen su tarea, soy impaciente.** Ask another student: **Y tú, ¿eres serio o sociable? ¿Eres tranquilo o activo? ¿Eres maduro o inmaduro? ¿Eres optimista o pesimista?,** etc. Check for students' comprehension and memory. It is very important to be complete with this process in order to make students accountable for what they are learning about each other. This step encourages them to pay attention and participate.

Continue in this fashion with all the adjectives they will need for the **Escena.** Stop when you feel that students understand **soy, eres, es, son,** and the target adjectives.

Recycle subject matters. **¿Quién recuerda qué clases toma Sofía?...** **Bien, Sofía toma una clase de geología, una clase de física y la clase de cálculo, ¿verdad? ¿Y Manolo? ¿Quién recuerda qué clases toma Manolo?...** **¿Recuerdan que a Manolo le gusta mucho su clase de sicología? ¿Quién toma una clase de sicología como Manolo?** Once you know a student who does, ask: **¿Te gusta la clase? ¿Por qué sí/no? ¿Cómo es tu profesor(a)? ¿Es serio/a o es sociable? ¿Es flexible o es inflexible? ¿Es estricto/a?** Don't expect your students to answer in complete sentences; the key is that they understand the questions and are able to respond. Continue this process with other classes (**historia, sociología, matemáticas**): **¿Quién recuerda quién toma una clase de historia? ¿Te gusta la clase? ¿Cómo es tu profesor(a)? ¿Es competente? ¿Es interesante? ¿Quién recuerda por qué a... no le gusta su clase de...?** Continue until you feel that students understand **(no) me gusta, (no) te gusta.**

Use the images of Sofía and Adriana. **Miren esta imagen. A Sofía le gusta hacer ejercicio. Hace ejercicio con frecuencia. Va al parque a hacer ejercicio. Desgraciadamente yo no hago mucho ejercicio. Me gusta hacer ejercicio pero no tengo tiempo. ¿A quién le gusta hacer ejercicio?** Follow up with questions to students who responded. **¿Dónde haces ejercicio: en el gimnasio o en el parque? ¿Juegas tenis? De esta clase, ¿a quién le gusta jugar tenis? A Adriana no le gusta jugar tenis con su esposo, porque su esposo es un poco impaciente con ella.** Find out who does and doesn't like to play different sports. **Use cognates: vóleibol, fútbol, ráquetbol,** etc.

Episodio 4
¡Qué internacionales!

In this lesson, the theme is talking about family.

Language to Preview in your Comprehensible Input

- Family and relatives
- **¿De dónde eres? Soy de... ¿De dónde es? Es de...**
- **¿Cuántos años tienes? Tengo... años. ¿Cuántos años tiene? Tiene... años.**
- **¿Quién habla español? Tus abuelos hablan español. Nosotros hablamos inglés.**

Use the image of Sofía's family tree as follows. **Aquí está la familia de Sofía.** Point to her image. **Sofía tiene un hermano. Su hermano se llama Lalo. Lalo tiene quince años. Lalo es muy activo, pero a veces es irresponsable e inmaduro. ¿Quién tiene un hermano así?** Ask students who nod: **¿Cómo se llama tu hermano/a? ¿Cuántos años tiene? Continue: Éstos son los padres de Sofía. La mamá de Sofía se llama Diana. Es muy atractiva, es de México y tiene cuarenta y seis años. Trabaja en un banco. Es banquera. Éste es el papá de Sofía; se llama Rubén. Tiene cuarenta y cuatro años. Los padres de Sofía son de México.** Continue this process, showing **los abuelos, los primos, and los tíos. Provide their names, ages, and where they are from.** Recycle the characteristics as you wish.

Bueno, ahora ustedes van a hablar de sus familias. ¿Quién tiene una familia grande? Ask students who nod: **¿Tienes muchos hermanos? ¿Cuántos hermanos tienes? ¿Son mayores o menores que tú?** Write mayor(es) and menor(es) on the board. **¿Cuántos años tienes?... Entonces, tu hermano mayor tiene más de... y tus hermanos menores tienen menos de...** Ask several students until you feel they know **hermano menor/mayor** and **¿cuántos años tiene?** You may preview: **Si alguien no tiene hermanos dice: "soy hijo/a único/a." ¿Quién es hijo único?** Tell the student who responds: **Tú eres hijo/a único/a.** Write **hijo/a único/a** on the board. **En su opinión, ¿las familias estadounidenses son grandes o pequeñas?... Depende, ¿verdad? Muchas personas piensan que las familias hispanas son muy grandes, pero no siempre es verdad. A veces parece que la familia es grande porque en la casa están también los abuelos, primos o tíos. Vamos a ver si en nuestra clase hay más familias grandes que pequeñas. ¿Quién tiene más de tres hermanos?** Involve students: **¿Cuántos años tienen tus hermanos?** Help them: **Mi hermana tiene... años, mi hermano mayor tiene... años, etc.** Ask enough students to draw a conclusion about size of families in the US.

Bien, clase, ahora vamos a ver si tenemos una clase internacional. Vamos a ver de dónde son los miembros de sus familias. Ask several students: **¿Recuerdan que mi mamá es de... y mis abuelos son de...? ¿De dónde es tu mamá?... Ah, tu mamá es de... Y tu abuela materna, ¿de dónde es?...** Find out if they speak the language of their parents. **Bien, tu mamá es de Filipinas, ¿hablas tagalog?** or **Qué interesante, tu papá es de Japón, ¿hablas japonés?** After you have asked several students, check for comprehension. **¿De dónde es la mamá de...?** Repeat the process for several students making sure to include **mamá, papá, abuelo/a.** Once you feel students understand the singular, practice the plural for them. **¿De dónde son tus abuelos?... Son de...** If a student has grandparents from different places, teach them **abuelo materno/abuelo paterno.** Write all the countries that students mentioned on the board in Spanish. Encourage students to share where their parents are from.

En este episodio Sofía y sus amigos también hablan de sus familias y del lugar de origen de los miembros de sus familias. Ustedes van a escuchar para saber de dónde es Manolo, de dónde son sus padres, de dónde son los padres de Ramón y también vamos a escuchar a Adriana hablar de sus hijos.

Point to the images of Ana Mari's family on the overhead transparency or in the worktext. **Aquí está la familia de Ana Mari.** Point to the different members of the family. **¿Quién creen que es él? ¿Y ella? ¿Y ellos? Ustedes saben que Ana Mari habla español muy bien; ella prefiere hablar español con sus padres. ¿Y sus hermanos?** Discuss bilingualism and language preferences: **En mi casa, hablamos español; me gusta hablar español. Prefiero hablar español, pero mi... prefiere hablar inglés. Él/Ella es estadounidense y prefiere hablar inglés. Pero en casa es importante hablar español porque hay 45 millones de hispanos en Estados Unidos y el español es la lengua más hablada después del inglés.** Ask students whose parents are from other countries: **Y tú, ¿prefieres hablar tagalog/japonés/árabe o inglés?, etc.**

Use these questions to indicate to students the key points they should be listening for when they watch or listen to the episode: **En la familia de Ana Mari y su hermano Ramón, unas personas prefieren hablar español y otras prefieren hablar inglés, como en mi familia. ¿Qué prefiere hablar la mamá de Ramón? Y su papá, ¿qué prefiere hablar? ¿Qué les gusta hablar a sus hermanos? Vamos a escuchar para saberlo. Sabemos que Ana Mari y Ramón hablan español perfectamente, ¿verdad? ¿Pero de dónde son Ramón y Ana Mari? Tampoco lo sabemos, pero ustedes van a indicarlo después de escuchar la conversación.**

Episodio 5
¿Estudiamos el sábado?

In this lesson, the theme is describing activities at school, at home, and on weekends.

Language to Preview in your Comprehensible Input

- Common activities
- Days of the week
- Regular **-ar** verbs
- **Estar libre/ocupado/a**

Sample Comprehensible Input

Before playing the video, preview the content of the conversation by describing the different images in the worktext and on the overhead transparencies. Explain to students that in Spanish, the ending of the verb changes to indicate who is doing the action. Ask them to notice how the **yo** form is different from the **ella** form when they listen to you. **Hola, clase. Hoy vamos a hablar de nuestras ocupaciones diarias, o sea, las diferentes actividades que hacemos. Por ejemplo, si ustedes necesitan estudiar para un examen con un compañero, pues tienen que hablar y planear qué día y a qué hora pueden estudiar juntos.** Point to the image where the characters are all studying. **Ellos necesitan estudiar para el examen de cálculo. Adriana está muy nerviosa. Tiene el examen de cálculo. Necesita estudiar mucho.** Write **estudiar mucho** on the board. **Adriana es un poco pesimista. Cree que es muy vieja para estar en la universidad. Ellos necesitan estudiar y también hablan de sus actividades entre semana.** Point to the schedule on the first page of this episode. **Entre semana incluye lunes, martes, miércoles, jueves y viernes. También hablan de las actividades de los fines de semana, sábado y domingo, para saber cuándo pueden estudiar. Adriana siempre está muy ocupada, como yo.**

You may use the images to talk about your activities first, using the vocabulary of this episode. Write the **yo** form of the verbs on the board as you tell students what you do on the different days of the week. If you live with family members, include what they do as well, and write the third person forms on the board. Emphasize the two forms. You may also include yourself when describing Adriana's activities.

Point to the images of Adriana: **Miren, ¿qué hace Adriana los martes? ¿Trabaja muchas horas? ¿Dónde trabaja Adriana? En una oficina. ¿Cuántas horas trabaja? No sabemos, ¿verdad? Yo trabajo muchas horas.** Write **trabajo** on the board. Talk about yourself. **Trabajo más de... horas a la semana. Trabajo todos los días. Entre semana trabajo en la universidad y los fines de semana trabajo en mi casa. Mi... también trabaja** (write **trabaja** on the board), **pero no trabaja todos los días. Trabaja los... y... solamente.** Encourage students to respond. **¿Ustedes trabajan?** Write **trabajan** on the board; you are trying to demonstrate all the endings without explaining them at this point. **¿Quién trabaja todos los días?... trabaja todos los días y yo también. Clase,... y yo trabajamos todos los días. Qué pena,... y yo trabajamos mucho.**

Continue to find out who works a few days a week and who does not work. You may also ask them where they work and how many hours a week to recycle numbers. Teach them **no trabajo.** Teach **estar ocupado/a** and **estar libre,** once you have an idea of when your students work. **¿Recuerdan que... trabaja los lunes y miércoles? Entonces... está ocupado/a** (write **está ocupado/a** on the board) **esos días. No tiene tiempo para** estudiar porque no está libre (write **está libre** on the board); **trabaja esos días. ¿Quién está libre para estudiar los martes por la noche?** Encourage students to respond, to study together with classmates, and to speak Spanish. **... y... están libres los... Si desean, ustedes pueden estudiar juntos, etc.**

Remember to check for comprehension by asking: **¿Quién recuerda dónde trabaja...?** etc. Continue to next image: **¿Adriana compra la comida para toda la semana? ¿Dónde compra la comida? En el supermercado.** Tell students where you go food shopping, naming a local store that they will recognize, so they will be sure to understand the verb: **Yo compro comida en...** Ask several students where they shop: **Y tú, ¿dónde compras la comida? ¿Quién compra la comida en tu casa, tu mamá/compañero/a de cuarto/esposo/a o tú?** Find out what is the most popular supermarket. Point to the image of Sofía shopping for clothes on the transparency. **A Sofía le gusta comprar ropa.**

Episodio 6
¡Qué guapos!

In this lesson, the theme is describing families and getting to know more about other people's activities.

Language to Preview in your Comprehensible Input

• Descriptive adjectives   • Demonstrative adjectives   • Interrogative words

Sample Comprehensible Input

En este episodio vamos a describir a nuestros amigos y familiares. Los chicos van a describir a sus familias también. You may choose to describe two or three members of your family. Otherwise, use the images on the transparencies to describe Sofía and Adriana. **Sofía tiene 20 años, ¿recuerdan? Es joven, ¿no? Sofía es una chica joven. Adriana, ¿cuántos años tiene? Tiene 45 años, o sea que ¿es mayor o menor que Sofía?... Sí, es mayor pero, ¿Adriana es vieja? No, no es vieja, ¿verdad?** Write **joven ≠ vieja** on the board. **No es tan joven como Sofía, pero no es vieja. Es madura. Sofía también es soltera** (write **soltera** on the board), **o sea que Sofía no tiene esposo. De hecho, no tiene novio tampoco. ¿Recuerdan que quería comprar un novio en la librería? Es soltera. ¿Y Adriana? Adriana no es soltera, es casada.** Write **casada** on the board. **Su esposo se llama Santiago. ¿Quién recuerda cuántos hijos tiene Adriana?... Sí, tiene tres hijos. ¿Quiénes son solteros en esta clase?** Encourage students to raise their hand. **Ajá... solteros. ¿Y quiénes son casados? Bien... casados. Nuestra clase tiene... estudiantes solteros y... estudiantes casados. Bueno volvamos a Sofía; ella es joven y soltera. ¿Sofía es alta o baja?** Show height with your hand, and write **alta ≠ baja** on the board. **Sofía no es alta, ¿verdad? Es baja. Y Adriana es más alta que Sofía, ¿verdad? En mi opinión, Adriana es una señora muy guapa, o sea, es atractiva. ¿Están de acuerdo conmigo?** Write **guapa** on the board.

Get students' opinions. **Y Sofía, en su opinión, ¿es guapa o normal? Entonces clase, ¿cómo es Sofía? Es joven, es guapa, es baja y es soltera. Y Manolo, ¿es guapo, o sea atractivo?** Poll the class. **Vamos a hablar de Manolo. ¿Es joven o es viejo?... ¿Es casado o es soltero?... ¿Es guapo o es feo?... ¿Es alto o es bajo?...** These are new words; help your students understand and learn them. **¿Entienden rubio?** Use the students in the class to show a blonde versus a brunette. Continue to describe all of the characters' physical characteristics.

Ahora vamos a hablar de la personalidad de los chicos. ¿Cómo es Adriana? Point to the images of Adriana. **Adriana siempre está ocupada, ¿verdad? ¿Por qué? ¿Quién recuerda por qué Adriana no tiene tiempo libre?... Bien, porque estudia, trabaja, limpia la casa y ayuda a sus hijos. ¡Uy! Son muchas responsabilidades. Adriana es muy trabajador(a).** Write **trabajador(a)** on the board. **¿Ven? Prepara la comida, limpia la casa, lava los platos... es muy trabajadora.** Involve the class, find out who all your hard-working students are. **Lo opuesto de trabajador(a) es perezosa.** Write **trabajadora ≠ perezoso/a** on the board. **Adriana no es perezosa. Y ustedes, ¿son perezosos? No, ¿verdad? Ustedes siempre hacen la tarea, toman notas y estudian todos los días. Así que no son perezosos; son trabajadores.** Continue in this manner, using the images on the transparency to teach **amable, grosero/a, antipático/a, aburrido/a, listo/a,** and **tonto/a. En este episodio los chicos estudian en casa de Adriana y como Adriana es muy amable, ella preparó algo de comer para los chicos. Vamos a ver qué preparó y también vamos a ver cómo son los hijos de Adriana. ¿Cómo se llaman y cómo son?**

Episodio 7
¿Qué van a hacer el sábado?

In this lesson, the theme is talking about weekend plans, obligations, and activities you want to do.

Language to Preview in your Comprehensible Input

- **Ir a** + [infinitive]
- **Tener que** + [infinitive]
- **Llevar a…**
- **Tener ganas de** + [infinitive]

Sample Comprensible Input

En este episodio Ramón quiere organizar una fiesta para celebrar el cumpleaños de Wayne. Por eso quiere saber cuáles son los planes de Sofía, Manolo y Adriana este fin de semana. Talk about your weekend plans. **Por ejemplo, este fin de semana tengo que llevar a… al dentista. Tengo que hacerlo. Necesita ver al dentista para que le limpie los dientes. ¿Sí entienden? Es una obligación.** Write **tengo que = obligación** on the board. **Y tengo que preparar la comida para la semana porque entre semana no tengo tiempo. Entonces, tengo dos obligaciones. Miren estas imágenes de Sofía y Manolo. No sabemos qué planes tienen este fin de semana, pero vamos a ver cuáles son sus obligaciones. ¿Creen que Sofía tiene que trabajar? Posiblemente tiene que hacer tarea en su computadora.** Ask your students: **Y ustedes, ¿tienen que trabajar este fin de semana? ¿Tienen que hacer tarea? Ahora, vamos a ver qué obligaciones tiene Manolo. ¿Manolo tiene que estudiar? Miren este avión. ¿Creen que Manolo tiene que tomar el avión? ¿O tal vez tiene que llevar a alguien al aeropuerto? A veces, tengo que llevar a mi esposo al aeropuerto cuando va a conferencias; ¿tal vez Manolo tiene que llevar a Jorge, su compañero de cuarto? O tal vez tiene que llevar a su gato al veterinario. No sabemos, vamos a escuchar el video para saberlo. Y ustedes, ¿qué tienen que hacer?** Use images to give students choices. **Find out what they have to do. ¿Tienes que lavar la ropa? ¿Tienes que leer un libro? ¿Tienes que limpiar la casa?**, etc.

Once you feel students understand, you may continue by previewing **tener ganas de. Bueno clase, también tenemos que divertirnos los fines de semana, ¿no? ¿Qué tienen ganas de hacer?** Write **tengo ganas de = deseo** on the board. **Yo tengo ganas de comprar ropa nueva. Necesito ropa nueva. Mi ropa es muy vieja. También tengo ganas de visitar a mi mamá este domingo. Es su cumpleaños y tengo ganas de celebrar con ella. Vamos a ver qué tienen ganas de hacer Sofía y Manolo. Creo que Sofía tiene ganas de dormir y descansar mucho este fin de semana. ¿Qué creen ustedes? También ganas de hacer ejercicio. Yo nunca tengo ganas de hacer ejercicio, ¿y tú?** Ask a few students: **¿tienes ganas de hacer ejercicio este fin de semana? Manolo siempre tiene ganas de jugar fútbol** (point to picture). **Mi sobrino siempre tiene ganas de ver los partidos de fútbol en la tele. ¿Y tú? ¿Qué tiene ganas de hacer Manolo?** Use Manolo's thought bubbles on the overhead transparency to explore the different possibilities. **Vamos a escuchar para saber si Manolo tiene ganas de ir al cine o tiene ganas de salir con Sofía. Tal vez tiene ganas de visitar a sus padres y va a tomar el avión a Miami.** Ask students: **Ustedes quieren pasar un fin de semana divertido, ¿no? Entonces, ¿qué tienen ganas de hacer? ¿Tienen ganas de ir al cine este fin de semana?** Ask one of the students who nodded: **¿Qué película tienes ganas de ver?** Check listings in your area to engage the class and make the topic relevant. Mention some current movies or recent blockbusters so students understand **ver una película. ¿Tienes ganas de ver…? ¿Tienes ganas de salir con tus amigos a bailar o a comer? ¿Quién tiene ganas de estudiar mucho este fin de semana? ¿Nadie? ¡Qué malos!** Repeat the process of practicing activity vocabulary with Ramón and Adriana. Use **no tengo ganas de** as much as **tengo ganas de**.

Use Sofia's images to discuss her plans. **Y Sofía, ¿qué va a hacer?** Write **va a** + [activity] = future action on the board. **Vamos a escuchar para saber si Sofía va a hacer una presentación o va a ir al gimnasio. Tal vez va a trabajar mucho en casa, ¿creen que va a lavar su ropa y a limpiar su cuarto? ¡Ay, clase! Nunca tengo ganas de limpiar mi casa durante el fin de semana. Prefiero hacer cosas divertidas.** Involve students: **¿Quién va a limpiar la casa este fin de semana? ¿Quién va a descansar? ¿Quién va a celebrar el cumpleaños de un amigo?,** etc. Once you feel students understand **llevar a, tener ganas de,** and **tener que,** show the video.

Episodio 8
Vamos al parque

In this lesson, the theme is expanding on activities and talking about the places you go.

Language to Preview in your Comprehensible Input

- Regular **-er** and **-ir** verbs
- **Ir a** + [place]
- **Estar en** + [place]

Sample Comprehensible Input

¿Recuerdan que Ramón quiere organizar una fiesta para el cumpleaños de Wayne? Bueno, pues Ramón quiere hacer una fiesta sorpresa. Entonces tiene que tener un plan para llevar a Wayne al parque donde va a ser su fiesta. En este episodio vamos a ver cómo lo hace. A Ramón le gusta mucho hacer ejercicio en el parque, tal vez puede invitar a Wayne a hacer ejercicio. Ramón hace ejercicio con frecuencia. Write **hacer ejercicio** on the board. **A veces hace ejercicio con Ana Mari y Sofía porque ellas corren dos o tres millas tres veces a la semana.** Write **correr – corren** on the board. **Yo (no) soy muy bueno/a para el ejercicio. (No) hago ejercicio frecuentemente. ¿Ustedes hacen ejercicio?** Find out who exercises and how often. Write the conjugations of **hacer** on the board as you poll students. **Wayne no hace mucho ejercicio, pero a veces corre con Ramón.**

Continue with other possibilities for how to get Wayne to come to the surprise party. **A Ramón le gusta comer, tal vez puede invitar a Wayne a comer. A veces comen juntos. Comen comida mexicana con frecuencia. A Wayne le gusta la comida mexicana.** Find out what type of food your students eat often. Use cognates like **espagueti, hamburguesas,** and **sándwiches. Adriana y su esposo salen a comer por lo menos dos veces al mes.** Write **salir a comer** on the board. Find out if students go out to eat. **¿Salen a comer con frecuencia? ¿Adónde comen? ¿Tienen un restaurante favorito?**

A Wayne le gustan mucho las computadoras. Tal vez puede invitar a Wayne a buscar una computadora nueva. Wayne usa mucho su computadora, es casi adicto. Escribe y recibe muchos correos electrónicos. Recibe correos electrónicos de sus amigos en Chile, de su mamá en Wisconsin y de sus compañeros de clase. Write **recibir correos electrónicos** on the board. **Yo también recibo muchos correos, a veces leo treinta o cuarenta en un día aquí en la universidad. Y ustedes, ¿quién recibe muchos correos electrónicos cada día?** Find out who writes, reads, and receives e-mails.

A Ramón le gusta ver películas, tal vez puede invitar a Wayne al cine. A Sofía también le gusta ver películas. Write **ver películas** on the board. **Mi esposo y yo siempre vemos películas en la tele los domingos por la tarde. Nos gusta tener una tarde de cine con la familia.** Find out who watches movies most often. **¿Ves películas en la tele o vas al cine?¿Ustedes ven películas extranjeras?**, etc. See Supersite for more.

Episodio 9
¡Qué rica comida!

In this lesson, the theme is food and eating in restaurants.

Language to Preview in your Comprehensible Input

• Food   • **Servir** and **pedir**

Sample Comprehensible Input

Hola clase, hoy vamos a hablar sobre nuestras comidas y bebidas favoritas. Vamos a hablar de lo que nos gusta pedir cuando comemos en restaurantes, de lo que sirven en nuestros restaurantes favoritos y lo que vamos a llevar al picnic que vamos a organizar nosotros.

Recycle the content from **Episodio 8** by asking students: **¿Recuerdan por qué van a hacer el picnic?... Sí, porque es cumpleaños de Wayne. ¿Dónde vive ahora la familia de Wayne?... Exacto, en Wisconsin. Por eso Ramón organizó la celebración para Wayne.** Refer to the transparency, and use the images to introduce certain items of drinks and food. **¿Qué llevan para comer al parque?... Cuando mi familia y yo hacemos un picnic nos gusta llevar carne para asar en el parque.** Point to the grill on the transparency. **Generalmente hacemos carne asada. Por eso llevamos al parque carne, tortillas, arroz y frijoles. No a todas las personas les gusta hacer carne asada. ¿Entienden carne asada? ¿Quién pide burritos de carne asada cuando comen comida mexicana?** Ask students who nod. **¿Prefieres los burritos de carne asada o de arroz con frijoles? ¿Te gustan con chile? ¿Les pones salsa a tus burritos? La salsa pica, ¿no? No me gusta cuando pica mucho la salsa. En el video Wayne quiere saber si pica la salsa. Vamos a ver si a Wayne le gusta la comida mexicana. También vamos a ver si los chicos van a hacer carne asada o no.**

¿Qué otras cosas podemos asar? Point to the barbecue. **Miren, podemos asar pollo.** Write pollo on the board. **Podemos asar camarones.** Point to the image and write **camarones** on the board. **Podemos asar carne para hamburguesas también.** Ask students: **¿Qué te gusta asar? ¿Pollo o camarones? ¿Carne o pescado? Para asar necesitamos preparar la carne antes. A mi papá le gusta preparar la carne con sal y pimienta. Pero a mi mamá le gusta preparar el pollo con jugo de naranja y sal. ¿Cómo preparan la carne ustedes?...** Encourage students to share. Help them with the vocabulary that they may not know. Write it on the board. **En el video vamos a ver cómo preparan la carne en casa de Ramón.**

¿Qué bebidas llevan ustedes a un picnic? Nosotros llevamos limonada para los niños. Write the names of the items on the board or underneath the images on transparency. **Cerveza para mis hermanos, vino tinto para mi mamá y yo prefiero tomar refrescos, como Coca-Cola de dieta.** Ask students what they like to drink at a picnic and other items that they like to take to picnics. **¿Llevan ensalada?...** Expand on salad ingredients. **¿Llevan sopa? No, ¿verdad? No es apropiado servir** (write **servir** on the board) **sopa en un picnic. ¿Llevan fruta a un picnic? ¿Cuál es su fruta favorita? Mi fruta favorita es la pera.** Find out students' favorite fruits or introduce images using the transparencies.

¡Ay clase! De ver tanta comida ahora tengo hambre. Write **comida** on the board. **¿Por qué no vamos a un restaurante después de clase? ¿Qué tipo de comida quieren? ¿Mexicana, italiana o china? ¿Qué sirven en los restaurantes italianos? ¿Sirven burritos?...** Write **sirven** on the board; point to **servir** as well, so students become aware of the stem change. **No, ¿sirven chili? ¿Sirven sushi?... Sirven pasta, espagueti, pizza, etc. ¿Qué pides?** Write **piden** on the board. Point to the image of ordering food. **Siempre pido espagueti con mariscos.** Point to the image. **Y tú, ¿qué pides? ¿Pasta o pizza? ¿Pollo o carne?** Continue with several students asking what is served in different kinds of restaurants. Teach restaurante **chino, japonés, mexicano,** etc. Ask them for what they like to order, and be sure to integrate the infinitive and nostotros forms of **pedir** and **servir**; write them on the board, so students notice the stem change. Once you feel students understand **pedir, servir,** and food items you may show the video.

En este episodio también vamos a ver qué pide Manolo en su restaurante favorito, qué sirven en los restaurantes caribeños y qué llevan para el picnic de Wayne.

Episodio 10
Una invitación confusa

In this lesson, the theme is dating and asking someone out.

Language to Preview in your Comprehensible Input

• Stem-changing verbs

• Prepositional pronouns

Sample Comprehensible Input

Hoy vamos a hablar de las citas. Write **cita** on the board. **¿Qué es una cita? Una cita es cuando un chico invita a una chica a salir con él. En este episodio, Wayne quiere salir, o sea, hace una cita para salir. Pero, ¿con quién quiere salir Wayne? ¿Con Sofía o con Ana Mari? Ustedes, ¿qué piensan?... No sabemos, pero vamos a mirar el video para descubrirlo. ¿Adónde quiere ir Wayne? ¿Es buena idea ir al cine en la primera cita? Ustedes, ¿qué piensan?** Encourage students to give their opinion. **En el cine no puedes hablar con tu compañero, ¿verdad? Un chico tímido tal vez prefiere no hablar y por eso para él el cine es una buena opción. Ustedes, ¿prefieren ir a cenar en la primera cita o ir al cine?** Ask several students, encourage them to respond with **prefiero ir a...**

Una cosa importante en la primera cita es ir por la chica a su casa. ¿Están de acuerdo? Write **ir por ella a su casa** on the board. Ask students as you point to the image of Wayne picking a girl up. **¿Tú vas por la chica a su casa?** When they nod, say: **va por la chica a su casa.** Find out how many students pick their dates up. **Si el chico va por la chica, la familia de ella puede conocer al chico, o sea puede mirar al chico y hablar un poco con él.** Point to the image of meeting the parents. **Miren, aquí este muchacho viene a la casa y habla con los padres de la chica. ¿Qué preguntas le hace el papá de la chica? Chicos, ¿quién recuerda las preguntas del padre/madre?** Encourage students to share. Help them. **¿Adónde van? ¿A qué hora vienen? ¿Quién más va con ustedes? ¿Quién va a pagar? ¿Es ésa una buena pregunta? No creo, ¿verdad? ¿Quién paga en una cita?** Encourage a discussion about the subject. **Vamos a ver adónde va a invitar Wayne a Sofía. ¿A jugar tenis? No creo, ¿verdad? No es muy romántico ir a jugar tenis en la primera cita.**

Use the images in the worktext to have students construct the story of a date. **Vamos a organizar la cita de Wayne, después de ver el video sabremos si lo hicimos bien. Primero invita a la chica, luego va por ella a su casa porque quiere conocer a sus padres, ¿no? Luego la chica lleva su coche porque Wayne prefiere no manejar. En el cine, Wayne espera a Manolo; cuando Manolo llega, ven la película. Después del cine, como tienen hambre, van a cenar. En el restaurante no encuentran estacionamiento cerca; por eso, tienen que caminar mucho al restaurante. Ellos van a un buffet porque ahí Manolo y Wayne pueden comer mucho y no cuesta tanto. Después de cenar la chica lleva a Wayne a su casa. A la mañana siguiente Wayne juega tenis con la chica. ¿Es buena cita clase? Vamos a ver el video para ver qué planes hace Wayne para su cita.**

l primer día de clases

Episodio 1

Escenas de la vida

A. a. 3 b. 1 c. 4 d. 2 e. 3 f. 1 g. 4
h. 2 i. 3 j. 1 k. 2 l. 4

B. 1. Falso 2. Cierto 3. Falso
4. Falso 5. Cierto

C. 1. A 2. M 3. pL 4. S 5. AM
6. AM 7. AM 8. pL, S

Para comunicarnos mejor
Vocabulario 1
B. 1. Me llamo 2. Mucho
gusto/Encantado/a. 3. Hasta
luego/¡Que te vaya bien!
4. Hola/¡Buenos días! 5. De nada.
6. Adiós./¡Que te vaya bien!

C. 1. Hola/Buenas tardes.
2. Bien./Muy bien, gracias, ¿y
usted? 3. Igualmente/
Encantado/a. 4. Hasta
mañana./¡Que le vaya
bien!/Adiós./Nos vemos
mañana. 5. Gracias./Igualmente.
6. Buenas noches.

D. 1. b 2. a 3. c 4. c 5. b

Vocabulario 2
G. alfabeto, diccionario, fotocopias,
geografía, kiosko, mapa,
números, oficina, química, carro,
tenis, universidad, video, examen

H. 1. pluma 2. librería 3. cuaderno
4. lápiz 5. diccionario 6. inglés
7. libro 8. salón de clases
9. oficina

I. 1. Longoria 2. Bardem 3. Sosa
4. Saralegui 5. Leguizamo
6. Hayek 7. López 8. Nadal

J. 1. John Leguizamo 2. Jennifer
López 3. Eva Longoria 4. Salma
Hayek 5. Sammy Sosa 6. Cristina
Saralegui 7. Javier Bardem
8. Rafael Nadal

K. 1. d 2. e 3. c 4. b 5. f 6. a

L. 1. antropología/biología
2. matemáticas 3. literatura
4. educación física 5. música
6. sicología

Vocabulario 3
O. 1. siete 2. cinco 3. tres 4. diez
5. cuatro 6. nueve 7. ocho
8. dos 9. uno

P. 1. catorce 2. veinte 3. once
4. veinticinco 5. doce 6. veintiuno
7. veintidós 8. diecinueve
9. treinta y tres 10. treinta y dos
11. treinta y ocho 12. diez

R. Juego #1. 11, 14, 17, 23, 25, 31
Juego #2. 12, 13, 16, 27, 34, 38
Juego #3. 15, 18, 21, 29, 32, 40

Actividades comunicativas
A. Estudiante 1: 1. Dr. Prathimano,
G.; 4-11-16-19 2. Sra. vasconcelos, X.;
6-20-14-03 3. Prof. Babayants, Q.; 7-
27-12-28 4. Sra. Corrella, J.; 2-10-15-
23 **Estudiante 2:** 1. Dr. Lyrintzis, C.;
8-26-40-14 2. Sra. Bishara, W.; 3-15-
22-06 3. Srta. Palchefsky, J.; 9-31-12-
18 4. Sr. Cedeña, U.; 5-37-13-11

La correspondencia
El correo: Nutrición; Relaciones
públicas; Decoración;
ornamentación, jardínes; Publicidad
¡A ver de nuevo!
I. 1. c 2. a 3. b **II.** 1. b 2. c 3. a
III. 1. b 2. a 3. c

Cuaderno de tareas
A. 1. f 2. c 3. b 4. e 5. d 6. a 7. l
8. j 9. i 10. k 11. h 12. g

Vocabulario 1
B. 1. Buenas tardes 2. Buenas
noches 3. Buenos días 4. Buenas
noches 5. Buenos días 6. Buenas
tardes

C. Manolo: ¿Cómo estás?; Te
presento a…; ¿Y tú?; ¿Cómo te
llamas? **Profesor Lopez:** ¿Cómo
se llama?; ¿Cómo está?; ?Y
usted?; ¡Que le vaya bien!

D. 1. b 2. d 3. c 4. a

E. a. 6 b. 1 c. 5 d. 4 e. 2 f. 3 g. 8
h. 7

F. 1. español 2. soy de 3. Cómo
4. usted 5. Adriana 6. Mucho
7. Igualmente

G. 1. Bien/Muy bien, ¿y tú?
2. Mucho gusto 3. Hasta
luego/Adiós

H. 1. Cómo se llama 2. Answers
will vary. 3. Bien, gracias, ¿y
usted? 4. ¡Que le vaya bien!

Vocabulario 2
J. 1. ge, geography 2. equis, exam
3. eñe, bathroom 4. jota, woman
5. de, dictionary 6. erre, car
7. zeta, pencil 8. eme, backpack
9. te, photocopy 10. ve/ve chica,
university

Vocabulario 3
K. 14 catorce; 0 cero; 24
veinticuatro; 12 doce; 7 siete;
25 veinticinco; 13 trece; 37 treinta
y siete; 40 cuarenta; 11 once;
22 veintidós; 16 dieciséis

L. 2. catorce, dieciséis 3. diecisiete,
diecinueve 4. veintisiete,
veintinueve 5. treinta y dos,
treinta y cuatro 6. treinta y
cinco, treinta y siete 7. treinta y
ocho, cuarenta

Para terminar
N. 1. Eduardo Moreno Olivarria
2. Ana González de Hauter
3. Martha Olivarria de Hauter
4. Arturo Hauter González

O. 1. Salas 2. Adriana 3. Wayne
Andrew, Ana María, and Emilio
Andrés 4. Báez 5. Sofía Blasio
de Reilly 6. México 7. Undecided
8. Computer Science 9. 45
10. Spain 11. serio 12. a.
adventurous b. architecture

En la librería

Episodio 2

Escenas de la vida

A. Parte 1. a. X b. S c. M d. S e. S
f. M g. S h. S i. X **2.** 12:15,
Cálculo, Sicología, 1:30

B. 1. d 2. a 3. e 4. c 5. b

C. 1. S 2. M 3. SM 4. M 5. S 6. SM

Para comunicarnos mejor
Vocabulario 1

A. 1. el escritorio 2. los pupitres
3. la profesora 4. la
estudiante/los estudiantes
5. el pizzarón/el estudiante
6. la ventana 7. la puerta 8. las
mochilas 9. el mapa 10. el reloj

B. 1. el estadio 2. el estacionamiento
3. el edificio 4. la cancha de tenis
5. el gimnasio 6. la piscina

Gramática 1

Explanation: 1. -a, -ión, -ad 2. -o, -e,
consonant

D. 1. el 2. el 3. la 4. el 5. la 6. la
7. el 8. el 9. la 10. la 11. la 12. el

E. 1. un 2. un 3. una 4. un 5. un
6. una 7. una 8. una 9. un
10. un 11. un 12. una

Explanation: 1. a. -e b. -es c. -s d. -es
2. a. -es b. -s c. -z, -c d. the accent
mark

F. 1. los profesores 2. las sillas
3. unos estadios 4. las bibliotecas
5. unas canchas 6. unos baños

G. 1. el consejero 2. la compañera
3. un mapa 4. la conversación
5. un reloj 6. el cuaderno 7. un
lápiz 8. la biblioteca

H. 1. Hay unos cuadernos. 2. Hay
una pluma. 3. Hay un lápiz.
4. Hay una calculadora. 5. Hay
un diccionario. 6. Hay un libro.

Gramática 2

K. a. El profesor tiene una clase a
las siete y media de la mañana.
b. El profesor tiene una clase a
las diez de la mañana. c. El
profesor tiene una clase a las dos
y cuarto de la tarde. d. El
profesor tiene una clase a las tres
de la tarde. e. El profesor tiene
una clase a las cinco y veinte de
la tarde. f. El profesor tiene una
clase a las siete cuarenta y
cinco/a los ocho menos cuarto
de la noche.

La correspondencia

El correo: 1. Physical therapy
2. eight 3. a. first quarter
b. seventh quarter c. third quarter
d. eighth quarter

¡A ver de nuevo!: 1. Sofía necesita
comprar una mochila, una
calculadora, dos cuadernos, unos
lápices y unas plumas. 2. Manolo
toma cinco clases. 3. Cálculo y
sicología. 4. A la biblioteca. 5. A las
doce y cuarto. 6. Al café.

Invitación a Honduras: 1. Honduras
is a small country. It's slightly
bigger than Tennessee. 2. Copán is
important for its cultural and
natural value.

Cuaderno de tareas

A. 1. b 2. a 3. e 4. d 5. c 6. i 7. g
8. j 9. h 10. f

B. 1. comprar 2. historia
3. plumas/cuadernos
4. cuadernos/plumas 5. mochila
6. dinero 7. libros 8. crimen

C. a. 3 b. 5 c. 2 d. 1 e. 6 f. 4

Vocabulario 1

D. una cosa: el mapa, las sillas, la
bandera, el reloj, la prueba **un
lugar:** el auditorio, la piscina, el
edificio, la residencia estudiantil
una persona: el compañero, la
consejera, el consejero

E. 1. la puerta 2. las ventanas 3. el
escritorio 4. la profesora 5. el
pizzarón 6. la videocasetera 7. la
televisión 8. el cuaderno 9. la
calculadora 10. la mochila 11. los
pupitres 12. los estudiantes

F. 1. el diccionario 2. el cuaderno
3. el libro 4. la mochila 5. el papel
6. los lápices 7. las plumas 8. la
calculadora

G. 1. la librería 2. el gimnasio 3. la
cafetería 4. el estacionamiento
5. el estadio 6. la cancha de tenis
7. la biblioteca/la residencia
estudiantil 8. el baño

Gramática 1

H. 1. un 2. un 3. una 4. unos
5. unos 6. un 7. una 8. unas

I. Masculino: 1. el inglés 2. el
auditorio 3. el consejero 4. el salón
5. el pizzarón **Femenino:** 6. la
compañera 7. la comunidad 8. la
televisión 9. la química 10. la ventana

J. 1. Hay unos estudiantes en el
salón. 2. Hay unas piscinas en el
gimnasio. 3. Hay unas calculadoras
en el pupitre. 4. Hay unos edificios
en la universidad. 5. Hay unos
compañeros en la cafetería.

K. 1. Los 2. Las 3. Las 4. Los 5. Los
6. Las 7. Las

Gramática 2

L. Four clocks, showing 12:15, 3:30,
1:20 and 3:50

M. 1. A las nueve de la noche. 2. A
las ocho y cuarto de la noche.
3. A las cinco cuarenta y
cinco/seis menos cuarto de la
tarde. 4. A las diez y media de la
mañana. 5. A la una y media de
la tarde. 6. A las ocho y diez de
la mañana.

Para terminar

Ñ. 1. Nutrition 2. eight 3. a. third
b. seventh c. first d. sixth

Las profesores y las clases

Episodio 3

Escenas de la vida
A. Parte 1. Check marks: 4, 5 **Parte 2.**
Check marks: 3, 4, 5

B. 1. estricto 2. paciente
3. impaciente, arrogante 4. sociable S,
timida A, madura A, activa S,
responsable A, inteligente S

C. 1. Falso 2. Cierto 3. Cierto 4. Cierto
5. Cierto 6. Falso 7. Cierto

D. 1. S 2. A 3. S 4. A 5. A

Para comunicarnos mejor
Gramática 2
E. 1. es 2. son 3. somos, somos

Invitación a Bolivia. 1. There are
radio stations and newscasts in
Quechua. 2. It's the largest salt flat
in the world. It contains
approximately 10 million tons of
salt. 3. gas

Vocabulario 1
H. 1. Guatemala, El Salvador,
Nicaragua, Costa Rica, Panamá,
Honduras 2. 22 países 3. Cuba,
República Dominicana, Puerto
Rico 4. Bolivia, Paraguay
5. España 6. Malabo 7. Santiago,
Bogotá, Managua 8. Costa Rica

Actividades comunicativas
A. Estudiante 1: Guatemala, 14.3;
Perú, 30.1; República Dominicana,
9.7; Puerto Rico, 4.1; Honduras, 8.2;
Nicaragua, 6.2; Venezuela, 30;
Paraguay, 7.1; Argentina, 40.8
Estudiante 2: México, 113.3; El
Salvador, 7.6; Costa Rica, 4.7;
Panamá, 3.6; Ecuador, 14.2; Bolivia,
10.2; Chile, 17.2; Cuba, 11.4;
Colombia, 49; Uruguay, 3.7

La correspondencia

El correo: 1. Sofía toma cuatro
clases. 2. Cálculo y geología son
fáciles. Cálculo es divertida.
3. Manolo es un amigo de Sofía.
4. Lalo es irresponsable e inmaduro.

¡A ver de nuevo! 1. cosas
2. gimnasio/auditorio,
auditorio/gimnasio, biblioteca
3. consejeros 4. estricto, atractivo
5. tímida 6. diseño, geología, vóleibol

Cuaderno de tareas

A. 1. d 2. e 3. a 4. b 5. c 6. h 7. i
8. j 9. f 10. g

B. a. 5 b. 2 c. 4 d. 1 e. 6 f. 3

Grámatica 2
F. 1. soy 2. soy 3. eres 4. eres 5. es
6. es 7. son 8. somos 9. somos
10. son

Vocabulario 1
I. Ciudad de México, Ciudad de
Guatemala, San José, Ciudad de
Panamá, Santiago, Madrid, Santo
Domingo, San Juan, Montevideo

J. 1. México 2. Cuba 3. República
Dominicana 4. Puerto Rico
5. Guatemala 6. Honduras 7. El
Salvador 8. Nicaragua 9. Costa
Rica 10. Panamá 11. Venezuela
12. Colombia 13. Ecuador
14. Perú 15. Bolivia 16. Chile
17. Argentina 18. Paraguay

Para terminar
K. 1. It's new and small. 2. They
have TVs, computers, VCRs,
desks, and blackboards. 3. The
library and the cafeteria are
pretty modern and there is a
**Centro para el estudio de libros
en español.** 4. There are
approximately 9,000 students,
but only 600 live on campus.
There is a lot of parking.

L. a. ¿Cuántas clases tomas? b. ¿Te
gusta la clase de cálculo? c. ¿A
qué hora es la clase de
composición? d. ¿Cómo es el
profesor?

¡Qué internacionales!

Episodio 4

Escenas de la vida

A. 1. a. 4 b. 5 c. 1 d. 3 e. 2 2. f. México g. Honduras h. Cuba i. Puerto Rico 3. español, inglés, inglés, español

B. 1. Cierto 2. Cierto 3. Falso 4. Cierto 5. Cierto

C. 1. Ana Mari 2. la Florida 3. tiene 4. hermanos 5. poemas

Para comunicarnos mejor
Vocabulario 1

A. 1. Cierto 2. Falso. Son hermanos. 3. Falso. Es el tío de Santiaguito. 4. Cierto 5. Falso. El padre de Beto se llama Roberto./El abuelo de Beto se llama José Luis. 6. Cierto 7. Cierto 8. Cierto

B. 1. hermanos 2. primas 3. padres/papás 4. hijos 5. nietos 6. tío 7. abuelos 8. suegra

C. 1. mi abuela 2. mis sobrinos 3. tu cuñada 4. tus nietas 5. mi primo 6. tu suegro

Gramática 1

E. Some answers will vary. 1. tienen, Falso 2. tienen, Cierto 3. tengo, Cierto 4. tiene, Cierto 5. tienen, Falso 6. tenemos 7. tengo 8. tenemos 9. tengo 10. tienes

G. 1. Doña Cristina tiene setenta y un años. 2. Adriana tiene cuarenta y cinco años. 3. Tiene cincuenta y tres años. 4. Tiene setenta y tres años. 5. Tiene once años.

Gramática 2

J. 1. es 2. son 3. es 4. eres 5. soy 6. son 7. somos 8. son

K. 1. c 2. d 3. h 4. f 5. a 6. e 7. b 8. g

M. 1. Los reyes tienen ocho nietos. 2. El príncipe Felipe tiene dos hermanas. 3. Los hijos de Elena tienen seis primos.

Actividades comunicativas

A. Estudiante 1: 5-13-26-64, 5-82-99-24, 6-19-52-41 y 6-23-8-33, 6-14-94-16 y 6-14-94-01 **Estudiante 2:** 6-13-15-50 y 6-14-27-07, 6-21-91-74 y 6-22-88-37, 5-54-13-90, 6-17-60-60 y 6-18-02-06

B. Estudiante 1: España; 80; Lucia A. de Suárez, México; doctor; intérprete; Alejandro Robledo C., Honduras, 46; reportera; Iván Suárez A., México, maestro; EE. UU.; 13, estudiante; 23, estudiante **Estudiante 2:** 75; Cuba; 46, dentista; España, 50; Pilar S. de Robledo, México; ingeniero; Ivone Suárez A.; 25; 12, estudiante; EE. UU.; 21; Ramón Robledo S., EE. UU.

La correspondencia

El correo: 1. Hay seis personas en la familia de Sofía. 2. Es más generosa con Lalo porque él es su nieto favorito. 3. Su padre es banquero y su madre es supervisora de créditos comerciales.

¡A ver de nuevo! 1. cálculo 2. amigo 3. hermano 4. Estados Unidos 5. Honduras 6. mamá/madre 7. Puerto Rico 8. tres 9. hija 10. tiene 11. Sus 12. sí

Cuaderno de tareas

A. 1. c 2. a 3. d 4. b 5. e 6. h 7. i 8. j 9. g 10. f

B. 1. eres 2. Estados Unidos 3. es de 4. mi papá 5. Soy de 6. mis papás 7. Puerto Rico 8. internacionales

Vocabulario 1

C. 1. Es la mochila de Sofía. 2. Son los lápices de Santiaguito. 3. Es el reloj de Santiago. 4. Son los cuadernos de Viviana. 5. Es el diccionario de Manolo. 6. Son las plumas de Ana Mari.

D. 1. nuestro 2. Su 3. Sus 4. Nuestros 5. mi 6. tu

E. 1. mi 2. mi 3. sus 4. mis 5. nuestras 6. mi, su, Mis

G. 1. Tiene una hermana. 2. Viven en Miami. Su papá se llama Manuel Báez y su mamá se llama Isabel Rodríguez de Báez. 3. Su papá es doctor y su mamá es profesora. 4. Se llaman Arturo y Carlota. Viven en La Habana. 5. Son los hermanos de su papá. 6. Tiene veinticinco años. 7. Tiene tres primos.

Gramática 2

K. 1. es, Es de 2. son, Son de 3. es de, México 4. son de 5. es de

¿Estudiamos el sábado?

Episodio 5

Escenas de la vida

A. 1. Manolo: martes, jueves, sábado, domingo Adriana: sábado 2. Trabaja en una oficina. 3. Baila en un grupo. 4. Toca la guitarra.

B. 1. M, S 2. A, M 3. T 4. A 5. A

C. 1. los miércoles. 2. de dos a siete. 3. en casa de Adriana 4. no tiene tiempo 5. en casa de Adriana, el sábado a las dos

Para comunicarnos mejor
Gramática 1

A. 1. c 2. d 3. b 4. f 5. a 6. e

Gramática 2

G. 1. descansar 2. lavar, limpiar 3. estudia, saca 4. necesitan 5. usar

Actividades comunicativas

C. Parte 2. Images: I, B, K, J, and L

La correspondencia

El correo: 1. Es muy desordenado./ Casi nunca lava su ropa./No limpia su cuarto./Escucha música horrible. 2. Es muy generoso, compra todo para la casa y cocina muy rico. 3. Los dos son cubanos y tienen conversaciones muy interesantes. 4. Estudia por las mañanas y luego trabaja varias horas. Por la noche, lava su ropa y, los fines de semana, estudia y limpia la casa.

Cuaderno de tareas

A. 1. b 2. d 3. e 4. c 5. a 6. h 7. g 8. j 9. f 10. i

Gramática 1

C. 1. lunes 2. jueves 3. semana 4. Answers will vary. 5. domingo 6. viernes 7. viernes/sábado

Gramática 2

E. 1. Q. Tú estudias italiano, ¿no? A. No, yo estudio español. 2. Q. ¿Adriana trabaja en un restaurante? A. No, ella trabaja en una oficina. 3. Q. Los hermanos de Ramón hablan español, ¿verdad? A. No, ellos hablan inglés. 4. Q. Manolo es de Puerto Rico, ¿no? A. No, él es de Cuba. 5. Q. Sofía y Ana Mari tienen hermanas, ¿verdad? A. No, ellas no tienen hermanas. 6. Q. ¿Ana Mari toma la clase de cálculo con Sofía y Manolo? A. No, Adriana toma la clase de cálculo con Sofía y Manolo.

F. 1. ¿Ustedes hablan inglés? No, nosotras hablamos español. 2. Sofía, ¿tú usas la computadora los viernes por la noche? No, yo miro la televisión con mis papás. 3. Adriana, ¿usted siempre llega tarde a casa? Sí, siempre llego tarde a casa. 4. Sofía, ¿tú mamá lava la ropa? No, yo lavo la ropa.

G. 1. llego 2. Tomo 3. saco 4. estudio 5. hablar 6. tocamos 7. cantamos 8. bailamos 9. escuchar 10. lavan 11. necesitan 12. limpia 13. trabaja 14. usar 15. visitan 16. miramos

Para terminar

I. 1. Es de Tijuana, Baja California. 2. Estudia en un programa internacional y estudia piano con su mamá. Quiere estudiar biología. 3. Sus actividades favoritas son mirar películas y escuchar música. 4. Tiene clase por la noche los martes; es una clase de actuación. 5. Va a bailar con sus amigas y amigos.

¡Qué guapos!

Episodio 6

Escenas de la vida

A. 1. Es morena., Es casada., Es agradable., Es alta., Es trabajadora. 2. Es delgada., Es joven., Es bonita., Es graciosa., Es agradable. 3. Preparar comida puertorriqueña. 4. Le gusta Carlos.

B. 1. En media hora. 2. Santiago, Viviana y Carlos. 3. 15, 11 y 25. 4. Se llama Lalo y tiene 15 años. 5. Cuatro.

C. 1. guapo, moreno, joven, soltero 2. rubia, alta, bonita 3. moreno, bueno, amable, guapo

D. 1. c 2. b 3. d 4. a

Para comunicarnos mejor
Gramática 1

Explanation: 1. a. guapos b. alto, guapo c. alta, rubia d. hijos e. Manolo f. ella g. guapas

A. 1. moreno 2. joven 3. guapos 4. trabajadora 5. jóvenes

B. 1. vieja 2. agradable 3. inteligente/lista 4. delgados 5. gracioso 6. soltera

D. 1. esa 2. esas 3. ese 4. esta 5. estos

E. 1. La chica rubia es mi hermana. 2. Ella tiene una amiga bonita, Lulú. 3. Lulú es muy graciosa. 4. Tengo un hermano casado. 5. Él compra muchos coches y todos son feos. 6. También tengo tres mascotas: un perro grande, un gato gordo y ¡un pájaro tonto!

F. 1. Es inteligente, cariñoso y trabajador. 2. Le gusta hacer ejercicio, cocinar y trabajar con computadoras. 3. Busca una mujer atractiva, flaca y de 20 a 30 años de edad. 4. Es sensual, educada, elegante y simpática. 5. Tiene 30 años. 6. Le gusta viajar, bailar e ir al cine.

Gramática 2

I. 1. Quiénes son Carlos, Viviana y Santiago 2. Cuál es tu clase favorita 3. Cuántos hijos tiene 4. Cómo es Manolo 5. Cuántas clases toma Manolo 6. Por qué te gusta la clase 7. Dónde trabaja Adriana 8. Cuándo descansa Adriana 9. Qué clases toma Manolo

J. 1. Dónde 2. Cuántos 3. Qué 4. Cuándo 5. Cómo 6. Quién

Actividades comunicativas

Estudiante 1: 3. fea 4. altas 7. primas 10. grosero 12. mamá 13. soltero 14. malo 15. joven 18. cariñoso 19. papá 20. viejo 21. tías 22. sobrinas 23. hijas
Estudiante 2: 1. delgadas 2. guapo 5. listo 6. agradables 8. grande 9. tonto 11. rubio 16. esposo 17. nieta 18. cuñada

La correspondencia

El correo: 1. Es guapísimo y súper atractivo. 2. Regresa tardísimo a casa, escucha música horrorosa, nunca saca buenas notas en sus clases y siempre necesita dinero. 3. Es grosero y flojo. 4. Van a Guadalajara en diciembre.

Cuaderno de tareas

Escenas de la vida

A. 1. b 2. d 3. e 4. a 5. c 6. k 7. i 8. g 9. f 10. j 11. h

B. 1. rico 2. Me encanta 3. mexicano 4. difícil 5. fácil 6. media hora 7. preparar comida 8. Está

Gramática 1

C. 1. estos 2. Esos 3. este 4. ese 5. estas 6. esas

D. 1. este 2. estos 3. estas 4. esta 5. este 6. esos 7. ese 8. esas 9. esa 10. esos

E. 1. Ramón tiene un trabajo fácil y bueno. 2. El compañero de cuarto de Manolo es antipático y grosero. 3. Las universidades públicas en Latinoamérica son muy grandes. 4. Este semestre yo tengo buenos profesores. 5. Sofía tiene muchas amigas jóvenes, solteras y guapas.

F. 1. Mi abuelo es viejo y listo. 2. Mi abuela es cariñosa. 3. Mi tío es agradable y guapo. 4. Mi tío es soltero. 5. Mis primas son altas y graciosas. 6. Mi hermano (mayor) es grosero.

Gramática 2

H. 1. Cómo 2. De dónde 3. Dónde 4. Qué (materias) 5. Cuántos 6. Cómo 7. Quiénes 8. Cuál 9. Por qué 10. A qué hora

Para terminar

K. Jennifer López: 1. Son de Puerto Rico. 2. Tiene dos hermanas. Una de sus hermanas es D.J. y su otra hermana es maestra de música. 4. Canta en inglés y en español. **Salma Hayek:** 1. Es de México. 2. Es morena, tiene grandes ojos cafés y mide 5'2". 3. Sus abuelos paternos son del Líbano. 4. La felicidad. 5. Su mejor película es *Frida*.

L. a. ¿Cómo es tu familia? b. ¿Cuántos años tiene tu hermano? c. ¿De dónde son tus abuelos? d. ¿A qué hora trabaja? e. ¿Sus hijos limpian sus cuartos? f. ¿A qué hora llega generalmente a su casa? g. ¿Sacan buenas notas? h. ¿Quién lava la ropa en su casa? i. ¿Usan la computadora?

¿Qué van a hacer el sábado?

Escenas de la vida

A. 1. F, pasar, A 2. Tiene ganas de hacer un picnic., Tiene que trabajar., Tiene que hacer una presentación. 3. 12:00 aeropuerto, después llevar a la gata al veterinario, en la tarde trabaja. 4. [Tildar la primera viñeta.]

B. 1. S 2. A 3. M 4. S 5. A 6. R

C. 1. Sofía tiene ganas de celebrar porque cree que va a sacar A en el examen. 2. Ramón quiere organizar un picnic porque es el cumpleaños de Wayne. 3. Sofía tiene que hacer una presentación en el Club Latino. 4. Adriana pasa el día con la familia y visita a los abuelos.

Para comunicarnos mejor
Gramática 1

B. Parte 1: 1. van a comprar más libros para sus clases porque… 2. va a trabajar el martes por la tarde porque… 3. vamos a estudiar porque… 4. va a bailar con Sofía para celebrar el cumpleaños de un amigo porque… 5. va a lavar la ropa mañana porque… 6. van a tocar la guitarra porque…

La correspondencia

1. Lupita invita a Wayne.
2. Va a/tiene que reparar el coche de un amigo.
3. Va a llevar a su sobrino a un juego de hockey.
4. Wayne no tiene planes para el próximo sábado.

Escenas de la vida

A. 1. c 2. f 3. j 4. a 5. g 6. d 7. e 8. b 9. h 10. i

B. 1. M 2. A 3. R 4. M 5. M, S 6. R 7. S 8. A

Gramática 1

C. 1. va a bailar 2. van a comer 3. van al picnic 4. van a mirar la televisión 5. vamos a estudiar 6. vas a comprar ropa

F. 1. ¿Vas a trabajar el próximo fin de semana? 2. No, voy a estudiar para un examen. 3. Voy a visitar a mi abuela en Utah la próxima semana, entonces no voy a estar en clase. 4. Pero vas a sacar F. 5. No, voy a hablar con el/la profesor(a) esta noche.

Gramática 2

G. 1. tengo que (cierto) 2. tiene (falso) 3. tiene que (cierto) 4. tienen ganas (cierto) 5. tienes ganas 6. tengo que

J. 1. El lunes a las seis de la tarde/en la tarde tienen que lavar el coche de Ramón. 2. El martes a las siete de la noche/en la noche tienen que estudiar. 3. El jueves a las siete de la noche/en la noche tienen que limpiar el cuarto. 4. El viernes a las dos de la tarde/en la tarde tienen que comprar libros. 5. El sábado tienen que lavar la ropa. 6. El domingo tienen que visitar a los abuelos.

Para terminar

K. 1. Liz invita a Diana. 2. Al teatro. 3. Tiene que trabajar hasta las cinco de la tarde y después tiene que llevar a Lalo al doctor. 4. No quiere comer nada y tiene un poco de fiebre.

L. 1. Sofía va a sacar A en el examen. 2. Adriana tiene que estudiar más. 3. Tiene ganas de hacer un picnic en el parque para Wayne, porque es su cumpleaños. 4. Los domingos los pasa con la familia y van a visitar a los abuelos. 5. Tiene que llevar a Jorge al aeropuerto, tiene que llevar a la gata al veterinario y tiene que trabajar. 6. Wayne, Ramón, Sofía y Manolo van al picnic.

Vamos al parque

Episodio 8

Escenas de la vida

A. Sofía y mi hermana corren en el parque., Hace la tarea., Después comemos en El Huarache Veloz., Lee el periódico y su correo electrónico., Hacen ejercicio., Ve películas en la computadora.

B. 1. Falso 2. Cierto 3. Falso
4. Cierto 5. Cierto 6. Falso

C. 1. c 2. b 3. a 4. b 5. a

Para comunicarnos mejor
Gramática 1

1. a. invito b. descansas c. trabaja
d. celebramos e. hablan

4. yo trabajo, como, vivo
tú trabajas, comes, vives
usted/él/ella trabaja, come, vive
nosotros/as trabajamos, comemos, vivimos
ustedes/ellos/as trabajan, comen, viven

5. e

6. nosotros, vosotros

B. 1. lee el periódico 2. escribe
3. abren 4. beben 5. come
6. venden

Gramática 2

J. Parte 1: [Answers go line by line from left to right] 2, 6, 8, 1, 5, 7, 4, 3

La correspondencia

1. Está muy bien, pero está muy nerviosa.
2. Son muy buenos y muy jóvenes.
3. No tiene tiempo para cocinar y limpiar porque tiene muchas actividades.
4. Santiago tiene que lavar y cocinar.
5. Viviana, Santiaguito y Carlos apoyan y ayudan a Adriana.

Cuaderno de tareas

Escenas de la vida

A. 1. c 2. b 3. d 4. e 5. a 6. i 7. h
8. j 9. f 10. g

Gramática 2

B. (1) ejercicio (2) correr (3) leer
(4) familias (5) celebrar
(6) restaurantes (7) comer
(8) venden (9) museos

C. Parte 1: (1) vive (2) viven
(3) vive (4) escribe (5) recibe
(6) discuten (7) corre (8) correr
(9) comen (10) beben
Parte 2: 1. Escribe y recibe muchos correos electrónicos porque vive lejos de su familia.
2. Es importante estar saludables.
3. Comen comida nutritiva y beben mucha agua.

D. 1. Mis padres leen el periódico en la mañana. 2. Mi mamá escribe cartas. 3. Yo veo películas con Ana Mari los viernes. 4. Lalo nunca abre sus libros los fines de semana. 5. Lalo y mi papá discuten porque Lalo es irresponsable. 6. Por la noche nosotros hacemos ejercicio o escuchamos música.

Gramática 2

K. 1. a la, de la casa de Ana Mari
2. a la, de la biblioteca 3. al, del trabajo 4. al, del museo 5. a la, de la exhibición de arte

L. 1. estamos 2. está 3. están
4. estoy 5. estás

M. 1. Está en su casa. 2. Estamos en el cine. 3. Estoy en el parque.
4. Estás en el boliche. 5. Está en el supermercado. 6. Está en la tienda. 7. Está en la librería.
8. Están en la playa.

Para terminar

Ñ. 1. a. ¿Ven programas de televisión en español?
b. ¿Cuántas veces a la semana corren? c. ¿Discuten con sus padres? d. ¿Dónde viven?
2. e. ¿Vende sus libros al final del semestre? f. ¿Qué tiene ganas de hacer este fin de semana?
g. ¿Qué tienen que hacer sus hijos los domingos?

¡Qué rica comida!

Escenas de la vida

A. 1. salsa, refrescos, guacamole, carne para asar, pasteles puertorriqueños, tortillas, arroz, papas 2. sal y pimienta, limón, botella de cerveza 3. guiso 4. b. cubana d. puertorriqueña

B. 1. Cierto 2. Falso 3. Cierto 4. Cierto 5. Falso 6. Falso

C. 1. Porque para las fiestas no es necesario ser puntual. 2. El papá de Ramón. 3. Pasteles puertorriqueños. 4. Pollo con arroz.

Para comunicarnos mejor
Gramática 1

2. yo pido, sirvo, almuerzo
tú pides, sirves, almuerzas
usted/él/ella pide, sirve, almuerza
nosotros/as pedimos, servimos, almorzamos
ustedes/ellos/as piden, sirven, almuerzan

3. yo, tú, usted, él, ella, ustedes, ellos/ellas.

4. nosotros/as, vosotros/as.

5. yo, tú, usted, él, ella, ustedes, ellos/ellas.

I. 1. pedir 2. mariscos 3. sirven 4. pescado 5. ensalada 6. pides 7. pido 8. vino

La correspondencia

1. The resort is in Chascomús, Argentina.
2. Sample answer: The spa is large and relaxing.
3. The food is natural, healthy, and homemade.
4. The daily activities include walks around the lake, swimming, soccer, horseback riding, biking, and yoga classes.

Escenas de la vida

A. 1. c 2. a 3. b 4. e 5. d 6. h 7. i 8. j 9. g 10. f

B. a. 2 b. 6 c. 1 d. 3 e. 7 f. 4 g. 5

Vocabulario 1

F. 1. JUGO 2. FRIJOLES 3. HUEVOS 4. JAMÓN 5. ALMUERZO 6. MARISCOS 7. COMIDA 8. LECHE 9. CEREAL 10. POLLO 11. ARROZ 12. CAFÉ 13. DESAYUNO 14. CAMARONES 15. REFRESCOS 16. PESCADO 17. YOGURT 18. CENA 19. VERDURAS

G. 1. El jugo de naranja. 2. Las zanahorias. 3. La langosta. 4. El atún. 5. El agua. 6. El helado. 7. Answers will vary. 8. El pavo. 9. La ensalada. 10. El vino.

Gramática 1

H. 1. pide, sirve 2. piden, sirven. 3. pido, sirven 4. pedimos, sirve 5. pides, servir

Para terminar

J. 1. Tener mejor humor y más energía. 2. Tomar agua. 3. Mirar la televisión.

K. 2. e. ¿Qué sirven en tu casa para la comida/el almuerzo? f. ¿Cuál es tu plato favorito? g. ¿Qué comes generalmente entre comidas? h. ¿Adónde vas cuando quieres comer tu comida favorita? i. ¿Tienes que trabajar los domingos?

Una invitación confusa

Episodio 10

Escenas de la vida

A. Frame numbers from left to right, from top to bottom lines: 1, 3, 5, 8, 6, 2, 9, 7, 4

B. 1. c 2. b 3. a 4. b

Para comunicarnos mejor
Gramática 1

2. yo quiero, puedo
tú quieres, puedes
usted/él/ella quiere, puede
nosotros/as queremos, podemos
ustedes/ellos/ellas quieren, pueden

3. yes

4. a. –ie- b. –ue- c. no d. no

5. a. –ie-, nosotros/as, vosotros/as
b. –ue-, nosotros/as, vosotros/as

A. a. 6 b. 2 c. 1 d. 3 e. 7 f. 9 g. 5 h. 4 i. 8

B. 1. quieres 2. encontrar 3. puedes
4. Prefiero 5. duermes
6. almuerzas 7. empiezas

1. Quiere trabajar porque quiere tener experiencia. 2. Piensa que debe estudiar ahora y trabajar más adelante.

Gramática 2

F. 1. d 2. a 3. c 4. e 5. b

G. 1. c 2. a 3. d 4. b 5. e

H. 1. Tengo boletos para el juego de esta noche—¿quieres ir? Manolo y Jorge también vienen con nosotros. Podemos ir en el carro de Jorge. 2. Claro que quiero ir, pero prefiero manejar mi (propio) coche. No entiendo por qué siempre invitas a Jorge—¡es un tonto!

Actividades comunicativas

A. Parte 1: Frame numbers from left to right, from top to bottom lines: 7, 5, 8, 4, 2, 1, 6, 3

La correspondencia

1. Wayne no se ofreció a ir a su casa por ella.

2. Va a llegar a su primera cita con Ana Mari y Ramón.

Cuaderno de tareas

Escenas de la vida

A. 1. e 2. f 3. g 4. a 5. j 6. i 7. b
8. d 9. h 10. c

Gramática 1

B. 1. quieres 2. puedo 3. encuentro
4. puedes 5. prefiero 6. empieza
7. venir

D. Parte 1: 1. quiere 2. entendemos
3. tiene 4. pueden 5. recordar
6. prefiere 7. encuentra
8. empezamos

E. Parte 1: 1. empiezan 2. tiene
3. llega 4. entiende/recuerda
5. quiere 6. recuerda/entiende
7. prefiero/quiero

Gramática 2

G. 1. contigo 2. conmigo 3. él 4. mí
5. ti

H. 1. ti 2. mí 3. contigo 4. nosotros
5. él

J. 1. –¿Quieres salir conmigo el viernes o el sábado?
– Prefiero el sábado, porque el viernes no puedo.
2. –Voy a almorzar con él, y después vamos a ver una película.
–¿Va a ir por ti?
3. –¿Vas a empezar a salir con él?
– Sí, pienso que es un buen chico.

Para terminar

L. Parte 2: 1. Es muy pequeña.
2. Porque Chiquita no crece.
3. Durante el día, Chiquita estudia francés, inglés y alemán, canta ópera, baila y lee.
4. Quiere ser artista.

Episodio 1
El primer día de clases

In calculus class

It's a few minutes before the calculus class starts.

SOFÍA Buenos días.

ADRIANA Buenos días, ¿hablas español?

SOFÍA Sí, soy de México. ¿Y usted?

ADRIANA Soy de Puerto Rico. ¿Cómo te llamas?

SOFÍA Sofía. ¿Y usted?

ADRIANA Adriana.

SOFÍA Mucho gusto, señora.

They shake hands.

ADRIANA Igualmente.

Professor López dismisses the class in English, and the students begin leaving.

MANOLO Buenos días, profesor López. ¿Cómo está usted?

PROFESOR ¿Otra vez aquí?

MANOLO Sí, necesito pasar esta clase.

PROFESOR Este semestre necesitas estudiar más.

MANOLO Sí, ya sé. Hasta mañana.

PROFESOR ¡Que te vaya bien!

MANOLO Gracias. Igualmente.

SOFÍA Adiós.

Manolo and Sofía exit together. Ana Mari is walking from the bookstore, carrying a bag of books.

--**ANA MARI** ¡Sofía!

SOFÍA Hola, Ana Mari.

SOFÍA ¿Cómo estás?

ANA MARI Muy bien. ¿Y tú?

SOFÍA Bien, gracias.

SOFÍA Mira, Manolo, te presento a Ana Mari. Es mi mejor amiga… y no tiene novio.

ANA MARI ¡Sofía!

MANOLO Mucho gusto.

ANA MARI Encantada. Bueno, tengo clase de inglés ahora. Hasta luego y mucho gusto de conocerte.

MANOLO Gracias. Igualmente.

SOFÍA Adiós, Ana Mari. ¡Que te vaya bien!

ANA MARI Adiós.

Episodio 2
En la librería

Sofía and Manolo are looking for the textbooks they need in the campus bookstore.

SOFÍA ¿Qué necesitas comprar?

MANOLO El libro de sicología y unos libros de historia. ¿Y tú?

SOFÍA Ya tengo los libros para las clases, pero necesito otra mochila, una calculadora, dos cuadernos, unos lápices, unas plumas,… un novio….

MANOLO ¿Cómo? Sofía, estás loca.

MANOLO Pero, hablando en serio, cada semestre gasto más de 200 dólares en libros.

SOFÍA Yo también. No entiendo por qué los libros cuestan tanto dinero.

MANOLO No sé, pero es un crimen.

EMPLEADO That'll be two hundred and thiry dollars, please.

They sit on a bench and begin to chat.

SOFÍA ¿Cuántas clases tomas este semestre?

MANOLO Cinco, y tres son horribles. Lo bueno es que sicología me gusta mucho.

SOFÍA ¡Qué horror! Cinco clases, pobrecito. Oye, ¿qué clases tienes mañana?

MANOLO Cálculo y sicología.

SOFÍA ¿A qué hora es tu clase de sicología?

MANOLO Es a la una y media. ¿Nos vemos aquí mañana a las doce?

SOFÍA No, porque mi clase de física es a las doce y cuarto, y necesito ir a la biblioteca antes de la clase. ¿Por qué no vamos al café después de la clase de cálculo? ¿Invito a Ana Mari?

MANOLO No, déjame tranquilo.

SOFÍA Está bien.

MANOLO Bueno, ya me voy, hasta mañana.

They kiss good-bye on the cheek.

SOFÍA Adiós, ¡que te vaya bien!

MANOLO Gracias, igualmente.

Episodio 3
Los profesores y las clases

Sofía and Adriana sit down in calculus class and begin to chat.

SOFÍA Las universidades aquí son muy diferentes a las universidades en México. En los salones generalmente hay un pizarrón y pupitres, nada más. Aquí los salones están muy bien equipados.

ADRIANA Los salones en Puerto Rico tampoco tienen tantas cosas, pero la mayoría de las universidades tiene un gimnasio, un auditorio y una biblioteca.

SOFÍA ¿En Puerto Rico hay consejeros como en Estados Unidos? En México no hay.

ADRIANA En Puerto Rico, sí. Y los profesores son excelentes.

SOFÍA Hablando de profesores, ¿le gusta la clase de cálculo?

ADRIANA Pues, más o menos. El cálculo es difícil y el profesor es muy estricto.

SOFÍA Sí, es un poco estricto, pero es muy atractivo, ¿no? A mí, me gusta mucho la clase.

ADRIANA Mi clase de contabilidad también es difícil. La profesora es muy impaciente y un poco arrogante, y como soy un poco tímida, pues no me gusta la clase; pero la necesito porque es mi carrera.

SOFÍA ¡Qué mala suerte!

ADRIANA Por suerte, mi clase de composición me gusta mucho. El profesor explica bien y es muy paciente con los estudiantes. ¿Y tus clases? ¿Cuál te gusta más?

SOFÍA La clase de diseño es mi favorita. El profesor es increíble y tengo muchos amigos en la clase. Mi clase de geología es muy interesante. Y la clase de vóleibol me gusta mucho porque me gusta hacer ejercicio. ¿Y a usted?

ADRIANA A veces juego tenis con mi esposo, pero no me gusta.

Dissolve back to classroom.

SOFÍA ¿No le gusta? ¿Por qué?

ADRIANA Porque mi esposo es un poco impaciente...

Episodio 4
¡Qué internacionales!

Sofía, Adriana, and Manolo are talking at an outdoor café as Ramón walks by.

SOFÍA ¡Ramón, hola!

Ramón approaches.

RAMÓN ¡Hola!

SOFÍA Mira, te presento a unos amigos: la señora Adriana Barrón y Manolo. Están en mi clase de cálculo.

RAMÓN Mucho gusto.

MANOLO Igualmente.

ADRIANA Encantada.

They all shake hands.

SOFÍA Ramón y yo tomamos geología juntos.

MANOLO Siéntate, Ramón.

RAMÓN Gracias.

SOFÍA Manolo, Ramón es el hermano de Ana Mari.

MANOLO ¿Ah, sí? ¿Y tú, de dónde eres?

RAMÓN Soy de aquí, pero mi mamá es de México y mi papá es de Honduras. ¿Y tú?

MANOLO Soy cubano.

RAMÓN ¿Tienes familia en Cuba?

MANOLO Sí, algunos parientes, pero mis padres y mi hermana viven en la Florida.

RAMÓN Señora, ¿usted también es de Cuba?

ADRIANA No, no. Soy de Puerto Rico.

RAMÓN ¡Qué internacionales!

ADRIANA ¡Qué bueno que hablas español aunque eres norteamericano! Yo tengo tres hijos. Los dos mayores hablan español muy bien, pero a mi hija no le gusta hablarlo.

RAMÓN En mi casa también tenemos ese problema. Mis hermanos menores lo entienden todo, pero no lo hablan.

SOFÍA Lo interesante es que tú y Ana Mari hablan español perfectamente. ¿Sabías que Manolo es escritor? Escribe poemas. Ramón looks at his watch.

RAMÓN ¡Uy! ¡Ya son las nueve menos cinco! Vamos a llegar tarde a clase. Vámonos, Sofía. ¡Hasta luego y mucho gusto!

MANOLO Hasta luego.

ADRIANA Mucho gusto… Adiós, Sofía.

SOFÍA ¡Adiós!

Episodio 5
¿Estudiamos el sábado?

Adriana and Sofía are seated at the café, comparing calendars. Manolo approaches with drinks in the background.

ADRIANA ¿Cuándo estudiamos para el examen? Necesito repasar todo. Estoy muy preocupada.

SOFÍA ¡No se preocupe! No es tan complicado.

ADRIANA Ay, chica, pero ya yo soy vieja.

MANOLO Por favor, no diga eso. Yo puedo estudiar los martes, y jueves por la tarde y los fines de semana.

ADRIANA Yo estoy libre los sábados por la tarde solamente.

SOFÍA ¿Solamente los sábados? Pues, ¿qué hace los otros días?

ADRIANA Bueno, los martes y los jueves trabajo en una oficina de dos a siete. Los lunes mi hija baila en un grupo folclórico puertorriqueño. Los miércoles mi hijo toca la guitarra con sus amigos en la casa, y necesito estar presente, porque si no... ¡Es un desastre!

SOFÍA ¡Caramba, qué ocupada está! ¿A qué hora descansa?

ADRIANA ¡Nunca! No tengo tiempo para descansar. No descanso. Con hijos, casa, esposo, escuela y trabajo, ¿a qué hora?

MANOLO Bueno, estudiamos el sábado a las dos, ¿de acuerdo?

SOFÍA Está bien. ¿En casa de quién?

ADRIANA ¿En mi casa?

SOFÍA Perfecto. Después de estudiar, sus hijos podrían bailar y cantar para nosotros, ¿no?

ADRIANA Lo dudo.

ADRIANA ¡Nunca! No tengo tiempo para descansar. No descanso. Con hijos, casa, esposo, escuela y trabajo, ¿a qué hora?

MANOLO Bueno, estudiamos el sábado a las dos, ¿de acuerdo?

SOFÍA Está bien. ¿En casa de quién?

ADRIANA ¿En mi casa?

SOFÍA Perfecto. Después de estudiar, sus hijos podrían bailar y cantar para nosotros, ¿no?

ADRIANA Lo dudo.

Episodio 6
¡Qué guapos!

Sofía, Manolo, and Adriana are seated at Adriana's dining room table, studying calculus and eating flan. Books, notebooks, coffee cups, and the calculus books can be seen.

MANOLO ¡Qué rico! Me encanta el flan de queso.

ADRIANA Me gusta mucho preparar comida puertorriqueña.

SOFÍA ¡Está delicioso! Es muy similar al flan mexicano. ¿Es difícil prepararlo?

ADRIANA No, es muy fácil. Lo preparo en media hora.

SOFÍA ¿Ésos son sus hijos? ¡Qué guapos! ¿Sólo tiene tres?

ADRIANA Sí. Santiago tiene quince, Viviana tiene once y Carlos es el mayor.

SOFÍA ¡Qué guapo es Carlos! ¿Es casado?

ADRIANA No, es soltero. Todavía es muy joven. Manolo, ¿tienes hermanos?

SOFÍA ¿Cuántos años tiene?

MANOLO Sofía, ¡qué fresca eres! Sí, tengo una hermana. Por cierto aquí tengo su foto. Mire…

ADRIANA ¡Qué diferentes son! Tú hermana es alta y rubia.

MANOLO Sí, ¿verdad? Y yo soy moreno y... Feo.

ADRIANA ¿Qué dices? Manolo, tú eres alto y muy guapo. ¿Y tú, tienes hermanos?

SOFÍA Sólo uno: Lalo. Tiene quince años como Santiaguito.

MANOLO En mi familia también sólo somos mi hermana y yo. Y mis padres, por supuesto.

ADRIANA Bueno, chicos, ¡a estudiar otra vez!

Episodio 7
¿Qué van a hacer el sábado?

Manolo, Adriana, and Sofía are walking outside after their calculus exam.

SOFÍA ¡El examen fue muy fácil!, ¿verdad? Creo que voy a sacar A. Tengo ganas de celebrar.

ADRIANA Para mí fue muy difícil. ¡Voy a sacar F! Tengo que estudiar mucho más.

MANOLO No hay que ser pesimistas. Todos vamos a pasar. ¡Estudiamos mucho! Tenemos que hacer algo divertido este fin de semana, ¿no?

Ramón approaches the group.

RAMÓN ¡Hola!

TODOS ¡Hola!

RAMÓN Oigan, ¿qué van a hacer el sábado? Quiero organizar un picnic en el parque para Wayne. Es su cumpleaños.

SOFÍA Hace años que no veo a Wayne. ¿Cómo está?

RAMÓN Está bien, pero su familia ahora vive en Wisconsin, así que está solo.

SOFÍA ¡Ah! Sí es buena idea hacer un picnic, pero el sábado no puedo.

SOFÍA Tengo que trabajar por la mañana, y por la tarde voy a hacer una presentación en el Club Latino.

MANOLO Y yo a las doce tengo que llevar a Jorge al aeropuerto. Va a Miami. Después voy a llevar a la gata al veterinario. Y por la tarde también tengo que trabajar.

SOFÍA ¿Por qué no lo hacemos el domingo? No tengo nada que hacer el domingo.

MANOLO Yo también estoy libre todo el día.

RAMÓN Bueno, lo hacemos el domingo. ¿Qué les parece a las dos? Y usted, Adriana, ¿puede ir?

ADRIANA Ay, Ramón, lo siento mucho, pero creo que no puedo ir.

ADRIANA Los domingos paso el día con la familia y normalmente vamos a visitar a los abuelos.

SOFÍA ¿Por qué no lleva a toda la familia al picnic?, ¿verdad, Ramón?

RAMÓN Claro que sí. ¡Todos están invitados!

MANOLO Sí , especialmente Carlos, ¿verdad Sofía?

SOFÍA Manolo, ¡qué indiscreto eres!

Adriana laughs.

Episodio 8
Vamos al parque

Sofía, Ana Mari, and Ramón are walking across campus. As the girls are talking, Ramón falls behind and calls Wayne. In the library, Wayne answers his phone; as the dialogue unfolds, the scene cuts back and forth between Ramón and Wayne.

WAYNE Hello?

RAMÓN Hey, Wayne. ¿Vamos a correr un par de millas al parque mañana? Hace mucho tiempo que no hacemos ejercicio juntos.

WAYNE No, gracias. Por la mañana siempre hago mi tarea y leo mi correo tranquilamente, porque tengo clase toda la tarde y por la noche trabajo.

RAMÓN Wayne, ¡mañana es domingo! Además… ¿no quieres ver a Sofía? Ella y mi hermana corren todos los domingos.

WAYNE Hummm, Sofía. Ella es muy bonita.

RAMÓN Sí, y no tiene novio.

WAYNE Bueno, está bien. Pero con una condición… después comemos con las chicas en El Huarache Veloz.

RAMÓN Bueno, nos vemos a las dos en punto. Hasta luego.

Ramón hangs up and catches up to Ana Mari and Sofía. He has a satisfied look on his face.

RAMÓN Todo listo: ya convencí a Wayne de ir al parque mañana. Vamos a vernos a las dos para correr.

ANA MARI ¿Cómo lo convenciste? Es difícil separar a Wayne de su computadora.

SOFÍA ¿Qué, la usa mucho?

RAMÓN Hace todo en su computadora: lee el periódico en ella, escribe sus trabajos y sus tareas en ella, hasta ve películas en la compu.

ANA MARI Es un adicto. Bueno, ¿y cómo lo convenciste?

RAMÓN Le dije que Sofía y tú siempre están en el parque los domingos, y que Sofía muere por salir con él.

SOFÍA Y ANA MARI ¡Ay, Ramón!

Ana Mari continues to reprimand Ramón as he laughs. Sofía rolls her eyes.

Episodio 9
¡Qué rica comida!

Wayne and Ramón are in the park, stretching out at a picnic table, before their supposed jog. Manolo, Ana Mari, and Sofía are arriving with a picnic basket, a cooler, and presents.

RAMÓN ¡Vaya, ya era hora! Pensé que se les había olvidado en qué parque.

SOFÍA Pero, Ramón, es hora latina. ¿No sabes que para las fiestas no es necesario ser puntual? Si no es el trabajo.

WAYNE ¿Qué fiesta?

ANA MARI Y SOFÍA ¡La tuya!

SOFÍA ¡Feliz cumpleaños!

Ramón, Ana Mari, and Manolo congratulate Wayne with handshakes and hugs as they set down the picnic basket. Dissolve to Ramón and Wayne barbecuing.

WAYNE La carne está muy buena.

RAMÓN Sí, ¿verdad? El secreto para que la carne esté perfecta es prepararla la noche anterior con cerveza, sal y un poco de limón. Bueno, eso dice mi papá.

WAYNE A mí me gusta mucho la comida mexicana.

RAMÓN ¿Sí?

WAYNE Yeah.

RAMÓN ¿Entonces por qué siempre pides chili? En México no hay chili.

WAYNE No way!

ANA MARI Manolo, estos tamales están exquisitos. ¿De qué son?

MANOLO Pues tienen plátanos verdes, yuca, carne y otras cosas. Pero no son tamales. Son pasteles puertorriqueños.

SOFÍA Aquí cerca hay un restaurante muy bueno de comida caribeña donde sirven unos pasteles puertorriqueños deliciosos.

MANOLO ¡Ah sí! El Rincón Caribeño, ¿no? También sirven comida cubana. Ahí siempre pido arroz con pollo. Es mi plato favorito.

WAYNE Ana Mari, ¿pica la salsa?

ANA MARI No, no pica nada.

Wayne takes some salsa with a chip and bites it. As soon as the salsa touches his tongue, he starts moaning and gasping for water. Everybody laughs.

Episodio 10
Una invitación confusa

Wayne is in his dorm room, working on his computer. He stops working, looks at his watch, takes a deep breath, and calls Sofía, who is at home in her living room.

SOFÍA ¿Bueno?

WAYNE Hola, Sofía. Oye, ¿quieres ir al cine el sábado?

SOFÍA Sí, claro, ¿a qué hora?

WAYNE La película empieza a las ocho y media, pero quiero llegar temprano porque es difícil encontrar estacionamiento. ¿Puedes llegar a las siete y media? Podemos tomar un café antes de la película.

SOFÍA Pues… sí… sí puedo. ¿Dónde dan la película?

WAYNE En el Centro Cultural de la universidad.

SOFÍA Está bien.

WAYNE Bueno, entonces nos vemos el sábado a las siete y media en el café de siempre. Okay, bye.

SOFÍA Adiós, Wayne.

Sofía hangs up and phones Ana Mari. Ana Mari is at a café having coffee; she answers her cell phone, and the scene cuts back and forth between the two locations as they talk.

ANA MARI ¿Bueno?

SOFÍA Hola Ana Mari, ¿cómo estás? Habla Sofía.

ANA MARI Bien, ¿y tú?

SOFÍA Bien, gracias. Oye, ¿puedes ir conmigo al cine el sábado? No quiero ir sola con Wayne.

ANA MARI No entiendo. ¿Por qué?

SOFÍA ¿Puedes creer que Wayne me invita al cine y no viene por mí a la casa? Vamos a encontrarnos ahí a las siete y media. Eso no es una cita.

ANA MARI Es normal aquí hacer eso en una cita.

SOFÍA Pues, a mí no me gusta. Para mí, en una cita el muchacho viene a la casa y conoce a mi familia. Además, por la noche no me gusta salir sola. Acompáñame, ¿no?

ANA MARI Bueno, voy contigo, pero necesitas modernizarte.

SOFÍA ¿Podemos ir en tu coche? Prefiero no manejar de noche.

ANA MARI Mi coche no funciona. ¡Ya sé! Invitamos a Ramón y vamos en su coche. ¿Te parece?

SOFÍA Pobre Wayne, invita a una persona y van tres. ¡La próxima vez te apuesto que viene por mí!

ANA MARI A ver si hay una próxima vez. ¡Eres muy complicada! Adiós.

SOFÍA Bueno, adiós.

Hola, ¿qué tal?

Spanish Conversation for Beginners

Deana Alonso
Southwestern College

Esther Alonso
Southwestern College

Brandon Zaslow
Occidental College

VISTA
HIGHER LEARNING

Boston, Massachusetts

Publisher: José A. Blanco

President: Janet L. Dracksdorf

Managing Editors: Sarah Kenney, Paola Ríos Schaaf

Editorial Team: Christian Biagetti, Gabriela Ferland, Lauren Krolick

Design and Production Team: Susan Prentiss, Nick Ventullo

Student Text ISBN: 978-1-60007-981-8

Instructor's Edition ISBN: 978-1-60007-982-5

Library of Congress Control Number: 2008940883

1 2 3 4 5 6 7 8 9 RM 14 13 12 11 10 09

Maestro® and Maestro Language Learning System® and design are registered trademarks of Vista Higher Learning, Inc.

Dedication

At the time of his tragic death on August 15, 1996, my husband, **Costas Lyrintzis,** was a professor of Aerospace Engineering at San Diego State University. He was loved and respected by his students and colleagues because of his friendliness, his intelligence, and his ability to smile and make others feel better, even in the worst of times.

Even though his death made the process of writing this book so much more difficult, he has been with us all along the way. His memory gave us strength, his faith in us and our ability to contribute to the teaching of Spanish kept us going at times when we wanted to quit. Our desire to write a book worthy of him and his memory raised our spirits.

We all love you, Costas. Our lives will never be the same without you.

Deana Alonso

Introduction

Bienvenido a **HOLA, ¿QUÉ TAL?**, your invitation to the rich language and the diverse cultures of the Spanish-speaking world! **HOLA, ¿QUÉ TAL?** is derived from **INVITACIONES,** a two-volume communicative program for introductory Spanish, now in its Second Edition. Like **INVITACIONES,** this program takes a communicative approach to developing your ability to use and understand Spanish in practical, everyday contexts. It also aims at building your cultural knowledge and competency. **HOLA, ¿QUÉ TAL?**'s unique pedagogical approach and carefully-paced scope and sequence will have you speaking Spanish from Day 1; by the end of the program, you will be able to comfortably conduct present-tense conversations in Spanish. Here are some of the features that make **HOLA, ¿QUÉ TAL?** the perfect choice for Beginning Spanish Conversation.

Hallmark Features

▶ Unique interactive worktexts

HOLA, ¿QUÉ TAL? is the first interactive worktext for Beginning Spanish Conversation.

▶ All resources in one package

The **HOLA, ¿QUÉ TAL?** worktext contains ten lessons, called **episodios**, and each episode is organized in exactly the same way: full-color lesson pages, immediately followed by black-and-white pages with workbook activities. As a result, the worktext offers you all the learning tools you need for learning Spanish in one self-contained volume. In addition, each new worktext comes packaged with a code for the **HOLA, ¿QUÉ TAL?** Supersite, a powerful resource that contains all the audio and video material for the program, as well as lab practice with auto-grading.

▶ Video-driven program

The **Escenas de la vida** video revolves around the everyday lives and relationships of a group of Spanish-speaking friends as they attend college in the United States. Photos, events, and characters from the episodes are integrated into virtually every section of each lesson.

▶ Personalized learning experience

HOLA, ¿QUÉ TAL? invites you to interact with the worktext by filling in information that interests you, prompting personalized reactions, and by providing ideas for use with a partner, small groups, or the entire class. As you study, you will find that the worktext consistently gives you the support you need to carry out real-life tasks in Spanish.

▶ Integrated culture

Culture is woven into every section of every lesson of **HOLA, ¿QUÉ TAL?,** through its video programs, dedicated cultural notes, magazine-like **Revista cultural** sections, and even grammar and vocabualry practice.

To familiarize yourself with the worktext's organization and features, turn to page xii and take the **HOLA, ¿QUÉ TAL?** at-a-glance tour.

Escenas de la vida	Para comunicarnos mejor

Escenas de la vida

opens every lesson with an input-driven *and* video-based introduction to the lesson's theme, vocabulary, and grammar.

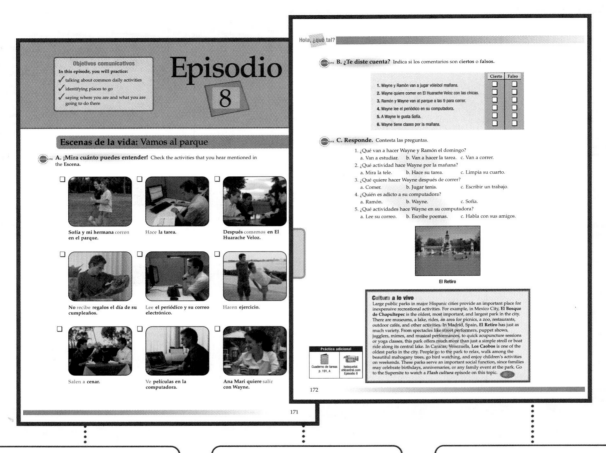

Objetivos comunicativos This brief list highlights the real-life tasks you will be able to carry out in Spanish by the end of the lesson.

Dramatic Video The **Escenas de la vida** sections in your worktext complement the corresponding **Escenas de la vida** episode from the **HOLA, ¿QUÉ TAL?** Video Program. The episodes tell the story of a group of Spanish-speaking friends attending college in the United States. To learn more about the video program, turn to pages xxiv-xxv.

Authentic Video When applicable, **Flash cultura** video icons or a reference to an authentic TV clip indicate additional video material related to the **Cultura a lo vivo** sections. For more information, see pages xxiv-xxv.

Activities The **Escenas de la vida** activities guide you through the lesson's video episode and check your understanding of the key events and ideas. **Práctica adicional** references let you know when activities from the **Cuaderno de tareas** and Supersite are available to reinforce **Escenas de la vida.**

Cultura a lo vivo Brief readings deepen your understanding of culture by providing an analysis of the video characters' behavior or by expanding on cultural concepts mentioned in the video.

Supersite The **HOLA, ¿QUÉ TAL?** Supersite (**holaquetal.vhlcentral.com**) provides you access to the entire **HOLA, ¿QUÉ TAL?** Video and Audio Programs, as well as additional practice and resources. See page xxvi for more information.

Para comunicarnos mejor
presents grammatical structures necessary for real-life tasks.

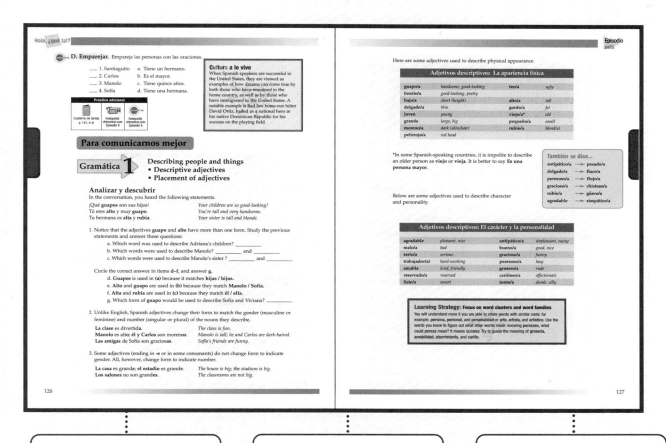

Gramática Formal presentations expand on grammatical concepts previewed in **Escenas de la vida** activities and featured in the corresponding **Escenas de la vida** video episode.

Analizar y descubrir This section appears, when appropriate, to guide you in analyzing and discovering grammatical structures and patterns featured in **Escenas de la vida**, before you use them in upcoming practice activities.

Examples Examples, frequently taken from the lesson's video episode, highlight the language and structures you are studying and put them in real-life contexts.

Charts Colorful, easy-to-use charts call out key grammatical structures and forms, as well as vocabulary fundamental to communicating with the structures at hand.

Gramática comunicativa When an explanation can be taken further, a **¡Fíjate!** note will refer you to a grammar appendix in the back of this book for more advanced explanations with practice.

Learning Strategy Learning strategy boxes present general techniques you can use to maximize your learning opportunities.

Para comunicarnos mejor
develops practical vocabulary for real-life applications.

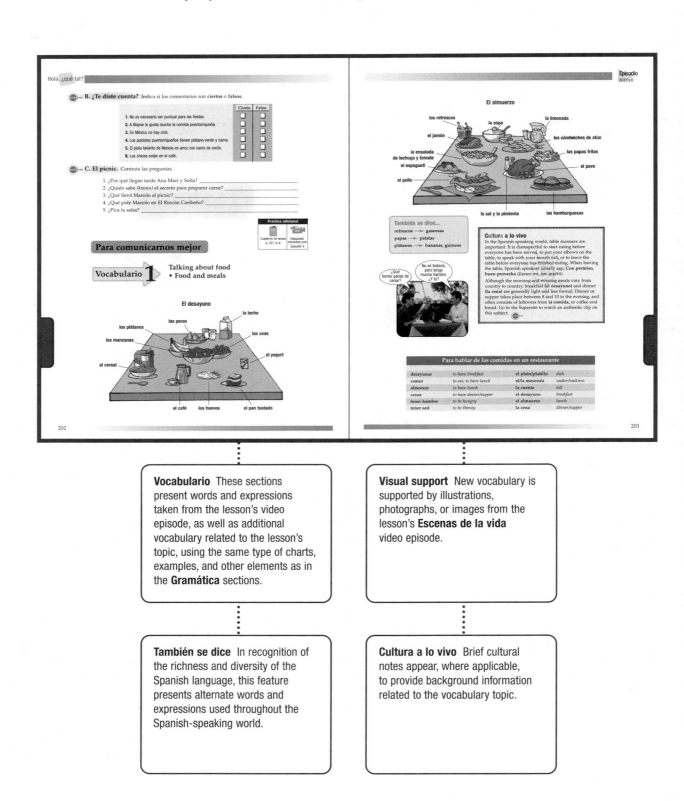

Vocabulario These sections present words and expressions taken from the lesson's video episode, as well as additional vocabulary related to the lesson's topic, using the same type of charts, examples, and other elements as in the **Gramática** sections.

Visual support New vocabulary is supported by illustrations, photographs, or images from the lesson's **Escenas de la vida** video episode.

También se dice In recognition of the richness and diversity of the Spanish language, this feature presents alternate words and expressions used throughout the Spanish-speaking world.

Cultura a lo vivo Brief cultural notes appear, where applicable, to provide background information related to the vocabulary topic.

Para comunicarnos mejor
provides varied types of guided, yet meaningful practice.

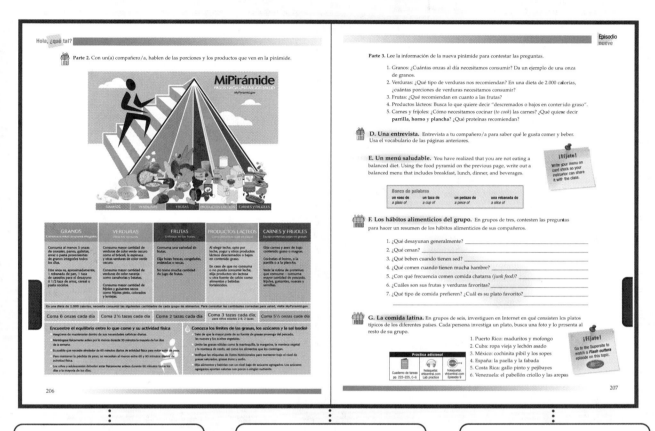

Práctica A wide variety of guided, yet meaningful activities develop your ability to express yourself in Spanish. Cultural information is also often embedded in these activities, as an integral part of their content.

Supersite The **HOLA, ¿QUÉ TAL?** Supersite (**holaquetal.vhlcentral.com**) has even more activities, including lab practice, to help you master the vocabulary and grammar. See page xxvi for more details.

Progression of activities To build your confidence and accurate use of Spanish, the activities begin with those that require only comprehension and progress to those in which you produce the language.

Activity types Activity types include oral exercises, written activities, listening practice, exercises that recycle previously learned vocabulary, pair work, and small group work. Activities are often set up to let you interact hands-on with the materials by writing directly in your worktext.

Banco de palabras These boxes provide you with on-the-spot vocabulary support directly related to the activities they accompany, so you may readily complete the language tasks at hand.

Icons Icons allow you to quickly identify the types of activities you are dealing with: reading, writing, pair work, and group work.

Para comunicarnos mejor
features personalized and video-related activities.

PRÁCTICA

A. ¿Con qué frecuencia?

Parte 1. Usa expresiones de la página anterior para indicar con qué frecuencia tú o los miembros de tu familia hacen las siguientes cosas.

1. Leo el periódico. _____
2. Mi papá bebe café. _____
3. Discuto con mi papá. _____
4. Debo vender mis libros viejos. _____
5. Abro mi libro de español. _____
6. Vemos películas en casa. _____
7. Escribo mis trabajos en la computadora. _____
8. Mis abuelos comen en mi casa. _____

Parte 2. Convierte las oraciones de **Parte 1** en preguntas para entrevistar a un(a) compañero/a.

> **Modelo**   Leo el periódico.
> —¿Con qué frecuencia lees el periódico?
> —Casi nunca. ¿Y tú?
> —Yo leo la sección deportiva todos los días.

¡Fíjate!
Remember that **nunca** and **casi nunca** go before the verb. The other expressions of frequency may go before or after the verb.

B. En casa de Ramón. Termina la descripción usando las ilustraciones.

1.   2.   3.

En la casa de Ramón tienen la misma (*same*) rutina casi todos los sábados. Por la mañana, el papá de Ramón (1) _____, mientras que (*while*) su mamá (2) _____ escribir los cheques para pagar las cuentas (*pay the bills*). Los hermanos menores siempre (3) _____ el refrigerador para buscar bebidas; generalmente (4) _____ Coca-Cola u otra bebida poco saludable (*healthy*). A las dos de la tarde, toda la familia (5) _____ en su restaurante favorito: El Huarache Veloz. Después de comer, con frecuencia van a una tienda (*store*) donde (6) _____ todo a muy buen precio. Los niños siempre quieren comprar juguetes (*toys*).

4.   5.   6.

175

C. Submarino. First draw a submarine in five of the boxes on your grid. Then take turns asking your partner yes/no questions, matching an action pictured at the top of the grid with one of the subjects on the side. Use as many expressions of frequency as you can. See page 174.

> **Modelo**   —¿Adriana lee el periódico todos los días?
> —Sí, lee el periódico. (*If there is a submarine in that box.*)
> or
> —No, no lee el periódico. (*If there is not a submarine in that box.*)

Depending on your partner's answer, write **sí** or **no** in that box. If you answer **sí** to you partner's question, put an **X** through your submarine. It's been located! The first player to locate all five submarines wins.

¡Fíjate!
Be as creative as you can in your questions, using the frequency expressions on page 174. Don't just ask *Do you drink?*, try *Do you drink coffee frequently?* Put all the Spanish you know to use!

Tú				
Tus primos				
Adriana				
Ustedes				

176

Práctica Activities in diverse formats offer opportunities for personal responses, as well as contexts that deepen the storyline of the **Escenas de la vida** video. In addition, there is always one activity that asks you to use the same language structures and tasks that you saw in the video.

¡Fíjate! These boxes offer on-the-spot explanations, examples, references to structures you have already learned, and references to additional explanations in the **Gramática comunicativa** section of the appendix to help maneuver through the tasks at hand.

Modelo Sample answers complement and clarify the instructions, providing you with a model to emulate in your own answers.

Práctica adicional Cross-references to the Supersite and the **Cuaderno de tareas** part of your worktext let you know exactly which activities and technology ancillaries are available to reinforce **Para comunicarnos mejor**.

Actividades comunicativas

use information gap activities to strengthen your communication skills.

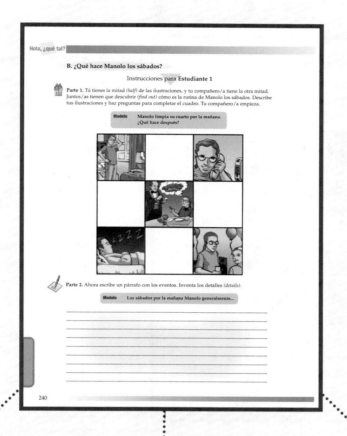

Information gap activities
Information gap activities support you as you practice the vocabulary and grammar of the lesson in problem-solving or other situations. These activities are frequently culturally-oriented. You and a partner each have only half of the information you need, so you must work together to accomplish the task at hand.

Unique Design These communicative activities, intended for classroom use, have a unique design that reflects this goal. From upside-down pages to protect information gap details to ample room for writing, the activities are carefully designed with communication in mind.

Varied activity types In **Crucigrama**, you and a partner give each other hints in order to complete a crossword puzzle, while in **En imágenes**, you work together to interpret a series of pictures. **Sopa de palabras** is based on scrambled sentences, and **Diferencias** deals with different versions of an illustration. Other information gap activities involve completing stories and enacting role-plays.

Actividades comunicativas
include other creative and interactive activities that build your communication skills.

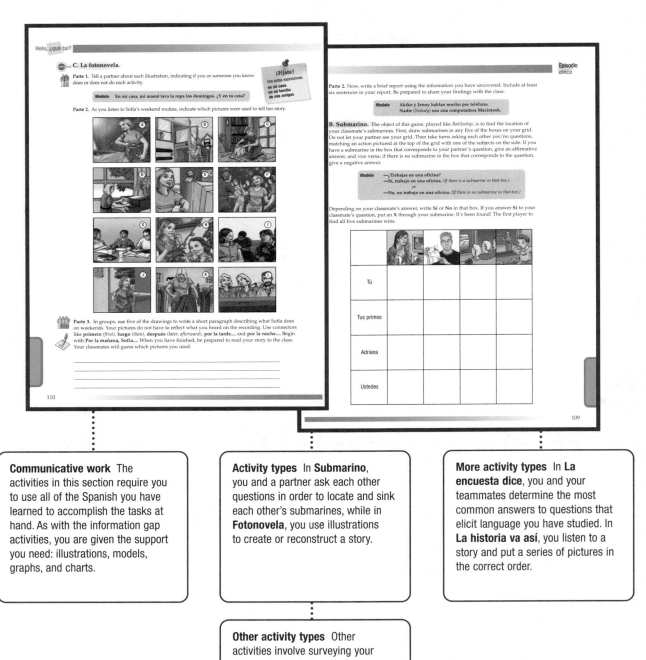

Communicative work The activities in this section require you to use all of the Spanish you have learned to accomplish the tasks at hand. As with the information gap activities, you are given the support you need: illustrations, models, graphs, and charts.

Activity types In **Submarino**, you and a partner ask each other questions in order to locate and sink each other's submarines, while in **Fotonovela**, you use illustrations to create or reconstruct a story.

More activity types In **La encuesta dice**, you and your teammates determine the most common answers to questions that elicit language you have studied. In **La historia va así**, you listen to a story and put a series of pictures in the correct order.

Other activity types Other activities involve surveying your classmates to find out certain information. Story completions and role-plays are also included.

La correspondencia

develops your reading and writing skills in the context of the lesson theme.

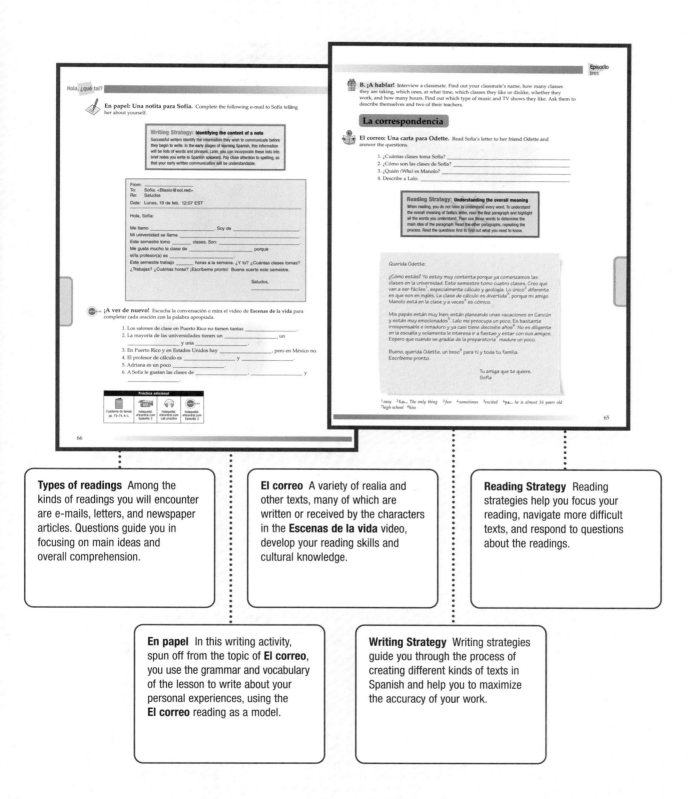

Types of readings Among the kinds of readings you will encounter are e-mails, letters, and newspaper articles. Questions guide you in focusing on main ideas and overall comprehension.

El correo A variety of realia and other texts, many of which are written or received by the characters in the **Escenas de la vida** video, develop your reading skills and cultural knowledge.

Reading Strategy Reading strategies help you focus your reading, navigate more difficult texts, and respond to questions about the readings.

En papel In this writing activity, spun off from the topic of **El correo**, you use the grammar and vocabulary of the lesson to write about your personal experiences, using the **El correo** reading as a model.

Writing Strategy Writing strategies guide you through the process of creating different kinds of texts in Spanish and help you to maximize the accuracy of your work.

La correspondencia
synthesizes the language of the lesson and spotlights culture.

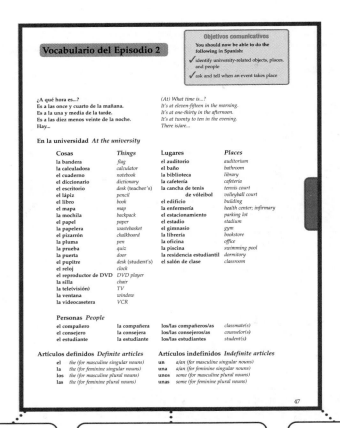

Vocabulario del Episodio 2

Objetivos comunicativos
You should now be able to do the following in Spanish:
- ✓ identify university-related objects, places, and people
- ✓ ask and tell when an event takes place

¿A qué hora es...?	(At) What time is...?
Es a las once y cuarto de la mañana.	It's at eleven-fifteen in the morning.
Es a la una y media de la tarde.	It's at one-thirty in the afternoon.
Es a las diez menos veinte de la noche.	It's at twenty to ten in the evening.
Hay...	There is/are...

En la universidad *At the university*

Cosas	Things	Lugares	Places
la bandera	flag	el auditorio	auditorium
la calculadora	calculator	el baño	bathroom
el cuaderno	notebook	la biblioteca	library
el diccionario	dictionary	la cafetería	cafeteria
el escritorio	desk (teacher's)	la cancha de tenis	tennis court
el lápiz	pencil	de vóleibol	volleyball court
el libro	book	el edificio	building
el mapa	map	la enfermería	health center; infirmary
la mochila	backpack	el estacionamiento	parking lot
el papel	paper	el estadio	stadium
la papelera	wastebasket	el gimnasio	gym
el pizarrón	chalkboard	la librería	bookstore
la pluma	pen	la oficina	office
la prueba	quiz	la piscina	swimming pool
la puerta	door	la residencia estudiantil	dormitory
el pupitre	desk (student's)	el salón de clase	classroom
el reloj	clock		
el reproductor de DVD	DVD player		
la silla	chair		
la tele(visión)	TV		
la ventana	window		
la videocasetera	VCR		

Personas *People*

el compañero	la compañera	los/las compañeros/as	classmate(s)
el consejero	la consejera	los/las consejeros/as	counselor(s)
el estudiante	la estudiante	los/las estudiantes	student(s)

Artículos definidos *Definite articles*

el	the (for masculine singular nouns)
la	the (for feminine singular nouns)
los	the (for masculine plural nouns)
las	the (for feminine plural nouns)

Artículos indefinidos *Indefinite articles*

un	a/an (for masculine singular nouns)
una	a/an (for feminine singular nouns)
unos	some (for masculine plural nouns)
unas	some (for feminine plural nouns)

47

¡A ver de nuevo! In this final activity, you synthesize the vocabulary and grammar of the entire lesson by reviewing and summarizing the content of the lesson's **Escenas de la vida** video episode.

Invitación a... Captioned photos from the albums of the **HOLA ¿QUÉ TAL?** characters introduce you to key places, customs, and artifacts from the Spanish-speaking world, including the United States.

Video When applicable, a reference leads you to a *Flash cultura* episode or authentic TV clip on the Supersite. See page xxv for more information.

Vocabulario and **Vocabulario adicional**
serve as important vocabulary references.

Vocabulario del Episodio 10

Objetivos comunicativos
You should now be able to do the following in Spanish:
✓ accept and decline invitations
✓ extend invitations

Verbos

almorzar (o → ue)	to have lunch	pensar (e → ie) en	to think about (someone or something)
dormir (o → ue) bien/mal	to sleep well/poorly	pensar (e → ie) que...	to think that...
empezar (e → ie) a...	to start...	poder (o → ue)	to be able to, can
encontrar (o → ue)	to find	(no) poder (o → ue) ir	to (not) be able to go
entender (e → ie)	to understand	preferir (e → ie)	to prefer
el problema	the problem	querer (e → ie)	to want; to love
invitar a	to invite	recordar (o → ue)	to remember
jugar (u → ue) (al) tenis	to play tennis	venir (e → ie)	to come
manejar	to drive	venir (e → ie) por mí	to pick me up

Las preposiciones y los pronombres preposicionales

a mí	to me	por él	for him	de ellos/ellas	from/about them
para ti	for you	de nosotros/as	from/about us	conmigo	with me
con ella	with her	de ustedes	from/about you (pl.)	contigo	with you

Vocabulario personal

Write all the words you need to know in Spanish so that you can talk in greater detail about your dates and your weekend plans.

246

Objetivos comunicativos This list restates the communicative tasks that you practiced throughout the lesson and should now be able to perform in Spanish.

Vocabulario personal This unique feature allows you to personalize your language learning by providing you with space to write down vocabulary related to the lesson's theme that is important to your own experiences and interests.

Vocabulario A list of all new words and expressions summarizes the active vocabulary of the lesson, providing an easy reference for review and study.

Vocabulario adicional The appendix of your worktext conveniently lists practical vocabulary key to the successful navigation of both your worktext and your classroom. See pages 258-265 for this handy reference.

Cuaderno de tareas
provides workbook activities that reinforce and expand on the materials in the lesson.

Cuaderno de tareas

Nombre _____ Fecha _____

Para terminar

H. Preguntas personales. Answer the following questions.

1. ¿Qué clases tomas? ¿Estudias todos los días?
_____

2. ¿Te gusta bailar? ¿Dónde?
_____

3. ¿Qué te gusta hacer *(to do)* los domingos?
_____

4. ¿Cuántos años tienes? ¿Cuántos años tienen tus padres? ¿Cuántos años tiene tu novio/a /esposo/a?
_____

5. ¿Qué programas miras en la tele?
_____

6. ¿Trabajas? ¿Dónde? ¿Qué días trabajas?
_____

7. ¿Qué días de la semana descansas?
_____

8. ¿A qué hora llegas a tu casa los sábados?
_____

9. ¿A qué hora llegas a la universidad los lunes?
_____

10. ¿Sacas buenas notas en todas tus clases? ¿En qué clases sacas A y B? ¿Por qué?
_____

119

Cuaderno de tareas

Nombre _____ Fecha _____

I. La vida de Lorena. First read the questions, then read the following description of Lorena's activities, and then answer the questions.

1. ¿De dónde es Lorena?
_____

2. ¿Qué estudia? ¿Qué quiere estudiar en el futuro?
_____

3. ¿Cuáles son sus actividades favoritas?
_____

4. ¿Qué días tiene clase por la noche? ¿Qué clase es?
_____

5. ¿Qué hace *(does she do)* los fines de semana? ¿Con quién?
_____

Hola, me llamo Lorena; tengo 16 años. Soy de Tijuana, Baja California. Tengo un hermano mayor, se llama Iván y tiene 24 años. También tengo una gata y un hámster; ¡adoro a los animales! Estudio en una preparatoria que tiene un programa internacional; con ese programa puedo estudiar en cualquier universidad del mundo[1]. Quiero estudiar biología en San Diego. Algunas de mis clases me gustan mucho, otras no me gustan, pero tengo que[2] tomarlas. Aquí no tenemos muchas clases opcionales.

Durante las vacaciones trabajé[3] en una tienda de helados[4]. Ahora no trabajo, pero siempre tengo actividades. Por ejemplo, por las tardes, estudio o preparo mi tarea. Los martes por la noche, tomo una clase de actuación[5]. Me gusta mucho la clase, pero llego a las 10 de la noche a mi casa y el miércoles por la mañana no me puedo levantar[6]. Los jueves tengo mi clase de baile. Me gusta el jazz y el tap. Me gusta mirar películas[7] y escuchar música, especialmente el rock mexicano y la música alternativa. La música pop no me gusta mucho. Los viernes o los sábados voy a bailar con mis amigas (y amigos). Nos gusta bailar en una discoteca donde no hay bebidas[8] alcohólicas. Tengo muchas amigas, algunas son amigas de la escuela y otras son amigas de mi colonia[9]. También estudio piano con mi mamá porque ella es maestra de música en una escuela primaria y en la Normal[10].

Todavía no tengo licencia de manejar[11]. Mi papá dice[12] que soy muy joven[13]; ¡yo no opino lo mismo[14]! Los domingos normalmente es día de descanso, pero a veces visito a mi abuela o a mis tías.

[1]*world* [2]**tengo que...** *I have to* [3]*I worked* [4]*ice cream* [5]*acting* [6]**no me...** *I can't get up* [7]*movies* [8]*drinks* [9]*neighborhood* [10]*school that prepares teachers* [11]*driving license* [12]*says* [13]*young* [14]*the same*

120

Workbook activities A series of workbook activities directly follow the color pages of each lesson in your worktext. You will know precisely when to complete these activities because they are referenced in the **Práctica adicional** boxes throughout the preceding pages of the episode.

Lesson reinforcement A wide range of exercise types, often placed in the context of the **Escenas de la vida** video, gives you ample written practice of the vocabulary and structures in the **Escenas de la vida**, **Gramática**, and **Vocabulario** sections of each lesson.

Cultural focus and language use The **Para terminar** section contains open-ended activities that synthesize the lesson and recycle language from previous lessons. Cultural readings—realia, letters, and other formats—followed by comprehension and personal reaction questions are frequently included.

Supersite Lab practice is available with auto-grading on the Supersite. See page xxvi for more information.

Revistas culturales
provide a spotlight on the products, practices, and perspectives
of the Spanish-speaking world.

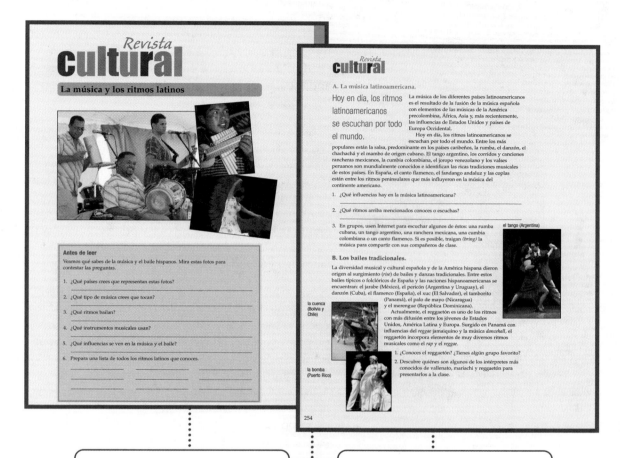

Revista cultural Occurring after episodes 5 and 10, these dynamic, four-page inserts take a thematic approach to culture. The magazine-like design, full of images, readings, and even multi-media components, is an engaging way to deepen your understanding of the cultures of the Spanish-speaking world.

Antes de leer Pre-reading support prepares you for the challenge of reading in a foreign language and practices important strategies on how to derive meaning from context and visual cues.

Lecturas A series of readings exposes you to the richness and diversity of each theme in the Spanish-speaking world. Each feature is carefully written to be comprehensible yet challenging. Dynamic photographs and realia support each feature.

Activities Each feature is complemented by activities that briefly check comprehension before moving on to personalized reactions. After each reading, you will be encouraged to compare and contrast the practices you have learned about to your own culture, and to explore further the topics that most interest you.

Flash cultura Fully-integrated with each **Revista cultural**, this video allows you to experience the sites and sounds of the Spanish-speaking world for yourself. On-page vocabulary support and comprehension activities ensure a successful viewing experience. See page xxv for more information.

Video Program
Escenas de la vida

Fully integrated with your worktext, the **HOLA, ¿QUÉ TAL?** video contains one episode for each lesson in your worktext. The video follows a group of Spanish-speaking students attending college in the United States as they confront the challenges and experience the joys of daily life. The video, shot in southern California, follows the characters through a semester and focuses on the Latino experience and influence in the United States.

Before you see each video episode, your instructor will use the **Escenas de la vida** section to preview the vocabulary and grammatical structures the characters will use and that you will study in the corresponding lesson. As the video progresses, the video conversations carefully combine new vocabulary and grammar with language taught in earlier lessons in your worktext. In this way, the video provides comprehensible input as it puts the language you are learning in action in real-life contexts.

A powerful and important learning tool, the video is integrated into every section of your worktext. The opening section of each lesson, **Escenas de la vida**, prepares you for the video episode and checks your comprehension. Language structures used in the video appear throughout **Para comunicarnos mejor.** The **Actividades comunicativas** and **La correspondencia** sections of each lesson reference the events and characters of the corresponding video episode, and both the **Cuaderno de tarea** workbook activities and online lab activities are often set in the context of the video episode.

The Cast

Here are the main characters you will meet when you watch the **Escenas de la vida** video.

From Mexico,
Sofía Blasio Salas

From Cuba,
Manolo Báez Rodríguez

From the United States, of Mexican and Honduran heritage,
Ana Mari Robledo Suárez

From Puerto Rico,
Adriana Ferreira de Barrón

Ana Mari's brother,
Ramón Robledo Suárez

From the United States,
Wayne Reilly

Flash cultura

The dynamic, **Flash cultura** video is fully integrated with the **Revista cultural** section of your worktext, as well as with the **Cultura a lo vivo** and **Invitación a...** sections where possible. Shot all over the Spanish-speaking world, these contemporary and engaging episodes expand on the cultural themes presented in your worktext. Each episode is hosted by a correspondent from the featured country; the host provides valuable information on traditions, events, resources, and practices, and then talks with locals to get their opinions on the subject at hand. The episodes gradually move entirely into Spanish, but feature authentic Spanish interviews from the very beginning, exposing you to diverse and authentic accents from the Spanish-speaking world.

Video clips

HOLA, ¿QUÉ TAL? also features authentic video clips from the Spanish-speaking world for select lessons. These commercials and clips have been carefully chosen to be comprehensible for students learning Spanish. They offer another valuable window into the products, practices, and perspectives of the Spanish-speaking world, but more importantly, they are a fun and motivating way to improve your Spanish!

Episodio 1, p. 5: *Flash cultura*, Argentina

Episodio 5, p. 102: *Flash cultura,* Ecuador

Revista cultural 1, p. 124: *Flash cultura*, Mexico

Episodio 7, p. 149: Video clip, Argentina; p. 153: Video clip, Colombia

Episodio 8, p. 172: *Flash cultura*, Spain; p. 187: *Flash cultura*, Mexico

Episodio 9, p. 201: *Flash cultura,* US; p. 203: Video clip, US; p. 207: *Flash cultura*, Spain

Revista cultural 2, p. 256: *Flash cultura,* Argentina

The **HOLA, ¿QUÉ TAL?** video program is available in its entirety on the **HOLA, ¿QUÉ TAL?** Supersite (**holaquetal.vhlcentral.com**). To learn more about this exciting resource, turn the page!

Ancillaries

Supersite

The **HOLA, ¿QUÉ TAL?** Supersite, powered by **MAESTRO®**, provides a wealth of resources for both students and instructors.

Access to the Supersite is free with the purchase of a new student worktext.

Learning tools available to students:

- Practice activities in addition to those in the worktext with auto-grading and real-time feedback

- Open-ended activities where students explore and search the Internet

- The complete **HOLA, ¿QUÉ TAL?** Video Program

    - **Escenas de la vida:** this dramatic storyline video follows a cast of characters through a semester while providing comprehensible input for language acquisition

    - **Flash cultura:** shot on location all over the Spanish-speaking world, this video expands on the cultural themes presented in the worktext

    - **Video clips:** Real commercials and news stories offer you an authentic window into Spanish-language media

- **¡A escuchar!** Lab audio practice

    - Pronunciation and/or spelling activities for each lesson

    - Comprehension activities, frequently based on the **Escenas de la vida** video, that practice the lesson's grammar and vocabulary

- MP3 files for the entire **HOLA, ¿QUÉ TAL?** audio program

    - Lab audio files

    - Worktext audio files, including audio tracks of the **Escenas de la vida** video

- And more…

Access to all these great features comes built-in with every new worktext, so the Supersite is the only ancillary you need to be successful in your language class.

Resources for instructors:
- Student tracking and grading

- Instructor resources (see next page for more information)

Instructor Ancillaries

Instructor's Edition (IE)

The **Instructor's Edition** contains an answer key for all discrete-item activities in the Student Edition, as well as comprehensible input scripts, to support class presentation of new structures.

Instructor's Resources (available on Supersite)

The **Instructor's Resources** include materials that reinforce and expand upon the lessons in the student worktext. **Comprehensible Input** provides guidance on what language to pre-teach before showing the video for the **Escenas de la vida** section. **Additional Activities** offer suggestions and materials for more activities to accompany the worktext episodes. The **Video Scripts** and **Audio Scripts** provide transcriptions of all three videos from the **Escenas de la vida** video program and the recorded activities, respectively.

Testing Program

The **Testing Program** contains a quiz for every lesson in **HOLA, ¿QUÉ TAL?** plus exams.

Overhead Transparencies (available on Supersite)

This set of overhead transparencies contains maps of the Spanish-speaking world, as well as selected images from the student worktexts, for use in presenting and reinforcing the language introduced throughout the lessons.

Cuaderno de tareas Answer Key (available on Supersite)

The **Answer Key** provides answers to the workbook activities in the **Cuaderno de tareas** section of the worktext, should instructors wish to distribute them to students for self-correction.

DVD Set

This set contains a DVD for **Escenas de la vida** as well as one for the corresponding **Flash cultura** episodes. Additional material from the longer **INVITACIONES** program is also included, should your class have an interest in continuing with the storyline.

Alternate delivery is available for many components.

Reviewers

The authors and the publishing professionals at Vista Higher Learning express their sincere appreciation to the college instructors nationwide who reviewed portions of the **INVITACIONES** program. Their comments and suggestions were invaluable in the creation of **HOLA, ¿QUÉ TAL?**. We would like to give a special thank-you to Bonnie Brunt from Spokane Falls Community College for her thorough, careful in-depth review of the program.

Susana Ackerman	Norma Avery Hanson	Bert Roney
Valerie Alvarado	Nora Kirchner	Claudia Schalesky
Stacy Amling	Kilby Kirkconnell	Lynda Southwick
Corinne Arrieta	David Leavell	Hernán J. Torres
Paul Bases	Lana Ledwig	Rosa Torres
Bonnie Brunt	Suzanne McLaughlin	Linda Tracy
Nicole Carrier	Carrie Mulvihill	Alexandria Waldron
Heidi Carrillo	Sheryl Novacek	Janice Wiberg
Constance Cody	Graciela Pérez	Judy Williams
Carmelo Esterrich	Michele Picotte	
Lillian Franklin	Carol Pomares	
Judy Garson	Graziana Ramsden	
Judy Getty	José Rojas	

Student Reactions

The authors would like to thank the students at California State University San Marcos, where the program was class tested in the summer of 1999, and at Southwestern College, where the **INVITACIONES** program was class-tested from the fall of 1999 until the time of the first edition. Their patience and candid remarks about the activities, the characters, and the philosophy of the text were invigorating and truly useful to the completion of both **INVITACIONES** and **HOLA, ¿QUÉ TAL?**. Below are some of their reactions.

"What I liked the most is that it was not a bunch of conjugating. It actually teaches you useful conversations."

"It is a brilliant idea to have everything in one book; I feel I am getting my money's worth."

"All the side notes helped me learn things!"

"I really liked the layout of the book. The activities help to break down your inhibitions about using the language."

"I loved having the vocabulary at the end of every episode."

"I enjoy learning about the characters and their lives; it helps to personalize the material for me."

"I really appreciate not carrying three books around!"

"I enjoyed being able to write all my notes directly on the book. I know that in the future, I can look back and review my Spanish."

"Everything in the episodes was relevant and related to what we were learning!"

"This book made it fun to learn, and the language is sticking to me."

Acknowledgments

The long process of writing this textbook was challenging and full of unexpected changes. It took a lot of tenacity, endurance, and our unappeasable dream that many more students would be successful in learning Spanish, if only the materials they used were more inviting, realistic, interactive, and fun.

Our most heartfelt gratitude goes to José Blanco, who shares our dream and was willing to take the inherent risk of bringing to the market a new, "out of the box" set of books. We are delighted to have been given the opportunity to work with him and his outstanding team of professionals, who made this program a reality.

We are grateful to Beverly Burdette, of Pellissippi State Community College, for creating lab activities to accompany our text; her conscientious contributions have always been in keeping with our own intentions and round-out our Spanish program.

We would like to thank our editors, Sarah Kenney and Gabriela Ferland, for their astute observations, unfaltering hard work and dedication, and, most of all, for their patience and cheery responses to our inquiries.

We are also indebted to our colleagues and friends, whose advice and contributions during the different stages of the manuscript helped us shape the book: Bonnie Brunt, of Spokane Falls Community College for unselfishly sharing her suggestions and observations while using the text in her classes; Dinorah Guadiana-Costa, for her sharp eye and generous time editing quizzes and exams, Concetta Calandra, Margarita Andrade, and Angelina Stewart of Southwestern College, for their support, constructive suggestions and enthusiasm while using our materials in their classes; Cuban poet Pedro Báez, Dr. Ana Hami, Founder of Orange County Children's Therapeutic ARTS Center, and Francisco Zabaleta, of Mesa College, for helping us create culturally and linguistically authentic Cuban, Puerto Rican, and Spanish characters, respectively; Diana Rossner and Nancy Barley, of Lake Tahoe Community College, for always offering sincere and encouraging remarks; Gary Anderson for sharing his ideas unselfishly; Virginia Young, of Grossmont College, for adding activities to our Instructor's Resources; Hal Wingard, the Executive Director of the California Language Teachers Association, for embracing our materials and speaking on our behalf at the Foreign Language Conference of the California Community Colleges. We thank Jonathan Brennan of Mission College for his ideas on exercises promoting Emotional Intelligence. We also give a special thanks to our colleagues and friends at the different institutions in San Diego, who have openly and warmly supported us, both personally and professionally.

A project of this magnitude could not be undertaken without the support of our families and close friends, who have unselfishly shared a piece of their lives by taking care of our children and pets, allowing us to use their pictures, their names, and their stories. Thank you for enduring the joys and sorrows of the past few years with us. We would also like to thank Southwestern College, for not only class testing our program, but also for being so cooperative and accommodating when we shot our video on the campus. Last but not least, we offer our sincere thanks to our wonderful team of adjunct instructors, who have served as anonymous reviewers.

Deana Alonso, Esther Alonso, and Brandon Zaslow

¡Bienvenidos al mundo hispano!

A. How much do you know about the Spanish language? Indicate whether you believe the following statements are true or false.

	Cierto	Falso
1. After English, Spanish is the most frequently spoken language in the United States.	☐	☐
2. One out of every ten United States residents speaks Spanish.	☐	☐
3. The United States has the fifth largest population of Spanish speakers in the world.	☐	☐
4. The first Europeans to settle in the modern-day United States were Spanish speakers.	☐	☐
5. There are over twenty Spanish-speaking countries.	☐	☐
6. More than 350 million people speak Spanish.	☐	☐
7. Spanish is a modern derivative of Latin.	☐	☐

B. Let's meet each other! Listen to your instructor model the pronunciation of the following exchange. Then practice the conversation with three or four classmates.

Estudiante 1:	¡Hola! ¿Cómo estás?
Estudiante 2:	Bien, ¿y tú?
Estudiante 1:	Bien, gracias.
Estudiante 2:	Me llamo _____ (*your name*). Y tú, ¿cómo te llamas?
Estudiante 1:	Me llamo _____. ¡Mucho gusto!
Estudiante 2:	Igualmente.

1

C. The Spanish-speaking world. Spanish speakers are a diverse group of ethnicities, religions, and cultures. Learn about exciting places and facts, using your knowledge of English and of the world, as you read the captions under the photographs.

Learning Strategy: Using cognates

A cognate is a word that is similar in two or more languages because of a common origin. The English word *publication* and the Spanish word **publicación** are cognates. Cognates in Spanish and English are always pronounced differently, are often spelled differently, and sometimes differ in meaning. Most of the time, however, you can guess what a Spanish cognate means by associating it with an English word you know. Can you guess the meaning of these cognates?

colonial	falsos	indicar	contraste	fotografía	millones
comentarios	glaciares	moderna	construcciones	habitantes	montañas

You can use cognates to help you understand the overall meaning of Spanish sentences. To practice this strategy, read the captions under the following photographs.

En la Ciudad de México hay *(there are)* más de 20 millones de habitantes. Es la ciudad más poblada del mundo.

Chile y Argentina comparten *(share)* la Patagonia, donde hay glaciares e inmensas montañas.

En Puerto Rico, el contraste entre la arquitectura moderna y la arquitectura colonial es visible.

La Avenida 9 de Julio en Buenos Aires,
Argentina, es enorme. Buenos Aires se considera
el París de América.

Los mayas habitaron parte de México
y de Centroamérica.

Las impresionantes murallas de Ávila fueron
(were) construidas para proteger la ciudad
después de expulsar a los árabes del
territorio español.

El pueblo inca construyó Machu Picchu en
las montañas de los Andes en el área que hoy
es Perú.

D. Latinoamérica. Examina las fotografías para *(in order to)* indicar si los comentarios
son **ciertos** o **falsos**.

	Cierto	Falso
1. En la Ciudad de México hay más de 20 millones de personas.	☐	☐
2. Puerto Rico tiene *(has)* muchas construcciones antiguas y modernas.	☐	☐
3. Los aztecas construyeron Machu Picchu.	☐	☐
4. El clima de Chile es tropical.	☐	☐
5. La Avenida 9 de Julio es enorme.	☐	☐
6. Los incas eran *(were)* habitantes de México y Guatemala.	☐	☐
7. Los árabes fueron expulsados de España.	☐	☐

Learning Strategy: How to be a successful language-learner

Learning to speak another language can be fun and exciting. Many successful language-learners share certain basic characteristics. Read the following statements to determine why these particular traits are useful in language learning.

1. Students who are excited about learning Spanish do better than students who are indifferent.
   Why do you think a positive attitude is important?

2. Students who are not afraid of speaking Spanish learn more than students who are reluctant to speak.
   Why do you think being willing to speak is important?

3. Students who take risks progress more rapidly than students who are inhibited.
   Why do you think taking risks is important?

4. Students who accept that uncertainty and inconsistency are a part of learning a language learn at a faster rate.
   Why do you think that tolerance of ambiguity is important?

Whether or not you possess these traits, you can learn to communicate well in Spanish. Throughout this book, you will encounter **Learning Strategy** sections designed to improve your study skills. Here are a few for starters.

Listen

Listen carefully in class. At first, you will not be able to understand everything you hear, but you will absorb a lot of Spanish without realizing it.

Speak

Speak as much Spanish as you can. Talk to your instructor and to your classmates in Spanish. Don't be afraid to make mistakes, as they will help you to identify things you need to learn.

Take Notes

Take notes in class. Your memory is going to get a workout, so write things down. Be sure to ask questions in class. Remember, there are no silly questions.

Practice

You will need to practice every day. Learning Spanish is like learning to swim or to play the guitar—the more you practice, the better you become. Cramming the night before an exam is a recipe for disaster!

Take Charge

The key element in shaping your success is you. Look for opportunities to practice Spanish outside of class: watch television in Spanish and listen to Spanish radio stations, talk to your neighbors, or use the Internet. Take charge of your own learning!

Have Fun

You are going to learn Spanish, but it will take time. After all, you didn't learn to speak English overnight! Your worktext is designed to make your learning enjoyable. Have fun and relax. If you do, you will learn faster and more easily.

Episodio

1

Escenas de la vida: El primer día de clases

 A. ¡Mira cuánto puedes entender! *(See how much you can understand!)* As you watch the video, number the statements as you hear them in the conversations.

a. _____ Mucho gusto, señora.

b. _____ Buenos días.

c. _____ Igualmente.

d. _____ Soy de Puerto Rico. ¿Cómo te llamas?

Cultura a lo vivo

Did you notice that when the characters greet each other there is always some kind of physical contact? Hispanics use this contact (a kiss or two on the cheek, a pat on the back, or simply a handshake) to demonstrate openness and warmth. Go to the Supersite to watch a *Flash cultura* episode on this topic.

e. _____ ¡Que te vaya bien!

f. _____ ¿Cómo está usted?

g. _____ Gracias. Igualmente.

h. _____ Sí, ya sé. Hasta mañana.

i. _____ Encantada. Bueno, tengo clase de inglés ahora.

j. _____ ¿Cómo estás?

k. _____ Mira Manolo, te presento a Ana Mari. Es mi mejor amiga... y no tiene novio.

l. _____ Adiós.

B. ¿Te diste cuenta? *(Did you realize?)* Escucha las conversaciones otra vez para indicar si los comentarios son **ciertos** o **falsos.**

	Cierto	Falso
1. Adriana es de México.	☐	☐
2. Manolo necesita estudiar más.	☐	☐
3. Ana Mari es amiga de Manolo.	☐	☐
4. Manolo toma *(takes)* una clase de inglés.	☐	☐
5. Ana Mari no tiene novio *(doesn't have a boyfriend).*	☐	☐

> **Learning Strategy: Getting the most out of class time**
> Class time is invaluable. To maximize your learning, you must actively participate during class sessions. Try to speak only Spanish during class activities.

 C. ¿Quién lo dijo? *(Who said it?)* Indica quién hace estos comentarios: Adriana (**A**), Sofía (**S**), Ana Mari (**AM**), Manolo (**M**) o el profesor López (**pL**).

_____ 1. Soy de Puerto Rico.

_____ 2. Buenos días, profesor López.

_____ 3. Este semestre necesitas estudiar más.

_____ 4. Te presento a Ana Mari.

_____ 5. Encantada.

_____ 6. Tengo clase de inglés ahora.

_____ 7. Mucho gusto de conocerte.

_____ 8. ¡Que te vaya bien!

Práctica adicional		
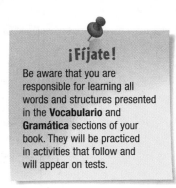 Cuaderno de tareas p. 21, A	holaquetal. vhlcentral.com Episodio 1	holaquetal. vhlcentral.com Episodio 1

Para comunicarnos mejor

 Vocabulario **1** | Greeting and saying good-bye to others • Greetings and good-byes

Use these informal expressions when speaking to someone with whom you have a close relationship, such as a family member, friend, or someone your age or younger.

Para hablar con amigos	
¿Cómo estás?	*How are you?*
¿Y tú?	*And you?*
¿Cómo te llamas?	*What's your name?*
¡Que te vaya bien!	*Have a nice day!*
Te presento a...	*I'd like you to meet...*

> **¡Fíjate!**
> Be aware that you are responsible for learning all words and structures presented in the **Vocabulario** and **Gramática** sections of your book. They will be practiced in activities that follow and will appear on tests.

When speaking to someone with whom you do not have a close relationship, someone you would address with a title and a last name, or an older or higher–ranking person, use these formal expressions to show respect:

Para hablar con respeto

¿Cómo está?	*How are you?*	**señor (Sr.)**	*Mr., sir*
¿Y usted?	*And you?*	**señora (Sra.)**	*Mrs., ma'am*
¿Cómo se llama?	*What's your name?*	**señorita (Srta.)**	*Miss*
¡Que le vaya bien!	*Have a nice day!*	**doctor(a) (Dr(a).)**	*Doctor*
Le presento a...	*I'd like you to meet...*	**profesor(a) (Prof(a).)**	*Professor*

¡Fíjate!

When in doubt about whether you should use **tú** or **usted**, use the formal **usted** forms to show respect.

> Buenos días, profesor López.

> Hola, Manolo. ¿Cómo estás?

> Mira Manolo, te presento a Ana Mari.

> Mucho gusto.

Más saludos, despedidas y expresiones de cortesía

Hola.	*Hi.*
Buenos días.	*Good morning.* (from dawn until noon)
Buenas tardes.	*Good afternoon.* (from noon until dusk)
Buenas noches.	*Good evening./Good night.* (from dusk until dawn)
Hasta luego.	*See you later.*
Hasta mañana.	*See you tomorrow.*
Nos vemos mañana.	*See you tomorrow.* (you have arranged to meet tomorrow)
Adiós.	*Good-bye.*
Me llamo...	*My name is...*
Mucho gusto.	*Nice to meet you.*
Encantado.	*Pleased to meet you.* (said by a man)
Encantada.	*Pleased to meet you.* (said by a woman)
Igualmente.	*Nice to meet you, too.*
Gracias.	*Thank you.*
De nada.	*You're welcome.*
Bien.	*Fine.*
Muy bien.	*Very well.*
Más o menos.	*So-so.*

Learning Strategy: Avoid word-for-word translation

Because English and Spanish are independent languages that often express the same thought in different ways, you should avoid translating word-for-word. For example, **¡Que te vaya bien!** might be translated as *May it go well with you.* The idea Spanish speakers mean to convey, however, is *Have a nice day!* So, learn the meaning of language "chunks," and avoid word-for-word translations.

PRÁCTICA

A. ¡A actuar! With a classmate, act out the following conversations.

Después de la clase

Manolo	**Buenos días**, profesor López. **¿Cómo está usted?**
Profesor	¿Otra vez aquí? *((You) here again?)*
Manolo	Sí, necesito pasar esta clase.
Profesor	Este semestre necesitas estudiar más.
Manolo	Sí, ya sé. **Hasta mañana.**
Profesor	**¡Que te vaya bien!**
Manolo	**Gracias. Igualmente.**

Te presento a Ana Mari

Sofía	**Hola**, Ana Mari. **¿Cómo estás?**
Ana Mari	**Muy bien. ¿Y tú?**
Sofía	**Bien, gracias.**
Sofía	Mira, Manolo, **te presento** a Ana Mari. Es mi mejor amiga. Y no tiene novio.
Ana Mari	¡Sofía!
Manolo	**Mucho gusto.**
Ana Mari	**Encantada.** Bueno, tengo clase de inglés ahora. **Hasta luego.** Y **mucho gusto** de conocerte.
Manolo	**Gracias. Igualmente.**
Sofía	**Adiós**, Ana Mari. **¡Que te vaya bien!**

B. ¿Qué respondes? Imagina que conversas con Sofía. Responde apropiadamente.

1. Hola, ¿cómo te llamas? _____

2. Te presento a Manolo. _____

3. Hasta luego. _____

4. ¡Buenos días! _____

5. Gracias. _____

6. Adiós. _____

C. Buenos días, profesor. Imagina que conversas con el profesor López. Responde apropiadamente.

1. Buenas tardes. _____

2. ¿Cómo estás? _____

3. Mucho gusto. _____

4. Hasta mañana. _____

5. ¡Que te vaya bien! _____

6. Buenas noches. _____

D. ¿Cómo respondes? *(How do you answer?)* Escucha las frases para seleccionar la respuesta apropiada.

1. a. Más o menos.   b. Mucho gusto.   c. Gracias.
2. a. Igualmente.   b. ¡Que le vaya bien!   c. Buenos días.
3. a. Igualmente.   b. ¿Y usted?   c. ¡Que te vaya bien!
4. a. ¿Y tú?   b. ¿Cómo se llama?   c. Muy bien, gracias.
5. a. Sí, gracias.   b. Me llamo...   c. Hasta luego.

 E. Los nombres de mis compañeros. Imagina que estás en una fiesta. Saluda *(Greet)* a seis compañeros nuevos y escribe sus nombres.

Modelo	—Hola, ¿cómo estás?
	—Bien, ¿y tú?
	—Bien, gracias.
	—¿Cómo te llamas?
	—Me llamo Christy, ¿y tú?
	—Me llamo Paul.
	—Mucho gusto.
	—Igualmente.

_____   _____   _____

_____   _____   _____

 F. ¡A conversar! Con un(a) compañero/a, usa las expresiones necesarias para inventar una conversación para cada *(each)* situación. *(Make sure each conversation has at least four exchanges.)*

1. You see your instructor at ten in the morning. Extend a greeting, ask how he/she is, and then say good-bye.

2. A new student has just joined the class. Greet the student and find out his/her name.

3. Your friend wants to meet the new student. Introduce him/her.

4. Class is over. Say good-bye to your friend and wish him/her a good day. Tell your friend you will see him/her tomorrow.

5. Your roommate returns home at four in the afternoon. Greet each other and ask each other how you are.

¡Fíjate!

In each conversation, use as many different expressions as you can.

Práctica adicional		
Cuaderno de tareas pp. 21–23, B–H	holaquetal. vhlcentral.com Lab practice	holaquetal. vhlcentral.com Episodio 1

Vocabulario 2

Saying which classes you take
- **The alphabet**
- **Class subjects**

You have probably noticed that in Spanish, there is a very close relationship between the way words are written and the way they are pronounced. This feature helps you learn how to spell and pronounce Spanish words. Spanish sounds, however, do not have exact equivalents in English, so do not rely on English sounds when you pronounce Spanish words.

¡Fíjate!

Because the letters **b** and **v** have the same pronunciation in Spanish, Spanish speakers distinguish between the two by calling **b** "Be grande" and **v** "Ve chica."

¡Fíjate!

To *say uppercase* and *lowercase*, use the terms **mayúscula** and **minúscula**, respectively. To indicate that a letter takes an accent, say **con acento** after the letter.

A alfabeto	Be (grande) bandera	Ce cuaderno	CHe mochila	De diccionario
E escritorio	eFe fotocopias	Ge geografía	Hache hombre	I *adiós good-bye au revoir ciao* inglés
Jota mujer	Ka kiosko	eLe libro	eLLe silla	eMe mapa
eNe números	eÑe baño	O oficina	Pe pluma	Q(cu) química
eRe librería	eRRe carro	eSe salón de clases	Te tenis	U USC UNIVERSITY OF SOUTHERN CALIFORNIA universidad
Ve (chica) video	W doble u Washington	X equis examen	Y (i griega) playa	Zeta lápiz

1. In 1994, the **Real Academia** subsumed **ch** and **ll** under **c** and **l** in alphabetized lists. For example, in dictionaries, entries starting with **ch** come between **ce** and **ci,** not under a separate letter between **c** and **d.** You should use **ch** and **ll** when spelling your name to Spanish speakers. You should also use **rr** to describe two **r**'s together, although **rr** is not technically a letter.

2. **Ñ** does not exist in English. The sound exists in words like *onion* and *canyon*.

3. The Spanish vowels **a, e, i, o,** and **u** are short and tense. Do not move your tongue, lips, or jaws when pronouncing them, to avoid the glide sound of English vowels.

PRÁCTICA

G. Pronunciación. Repeat the letters and the words in the alphabet box on page 10 after your instructor. Which words are cognates (words that are the same or almost the same in both languages)?

_____

H. ¿Tienes buena memoria? Write the words in Spanish.

1. pen _____   4. pencil _____   7. book _____

2. bookstore _____   5. dictionary _____   8. classroom _____

3. notebook _____   6. English _____   9. office _____

I. Dictado. You will hear eight famous last names. Write the names in the spaces provided.

1. _____   4. _____   7. _____

2. _____   5. _____   8. _____

3. _____   6. _____

J. ¿Quiénes son? _(Who are they?)_ Match the last names from **Práctica I** with the first names below to describe eight Spanish-speaking celebrities.

| John | Jennifer | Eva | Cristina |
| Sammy | Rafael | Javier | Salma |

1. _____ es un actor colombiano.
2. _____ es una actriz de origen puertorriqueño.
3. _____ es una actriz de origen mexicoamericano.
4. _____ es una actriz mexicana.
5. _____ es un beisbolista dominicano.
6. _____ es una periodista y conductora cubana.
7. _____ es un actor español.
8. _____ es un tenista español.

• Class subjects

Listen carefully as your instructor pronounces the names of the class subjects **(las materias)** listed below. Repeat each word after him/her, reproducing the Spanish sounds as closely as you can.

Las materias			
antropología	economía	geografía	matemáticas
astronomía	(educación) física	historia	música
biología	español	inglés	química
drama	filosofía	literatura	sicología

PRÁCTICA

K. Personas famosas. Empareja las personas famosas con las materias.

_____	1. matemáticas	a. Jane Goodall
_____	2. astronomía	b. Sócrates
_____	3. economía	c. Adam Smith
_____	4. filosofía	d. Albert Einstein
_____	5. drama	e. Galileo
_____	6. antropología	f. Shakespeare

L. Asociaciones. ¿Qué materia(s) asocias con estas (these) personas?

1. Charles Darwin _____

2. Pitágoras (Pythagoras) _____

3. Toni Morrison/Isabel Allende _____

4. Álex Rodríguez/Oliver Pérez _____

5. Wolfgang Amadeus Mozart _____

6. Sigmund Freud _____

M. ¿Tomas una clase de...? (Are you taking a... class?) Use the list of classes from page 11 to find out if your partner is taking any of those courses.

Modelo	—¿Tomas (Are you taking) una clase de historia?

—Sí, ¿y tú?   —No, ¿y tú?
—Yo también (Me too).   or   Yo no.   —Yo tampoco (Me neither).   or   Yo sí.

Now write the classes your partner is taking.

Las clases de mi compañero/a son: _____

N. Mis clases. Escribe las clases que tomas (you take) este (this) semestre/trimestre y las clases que necesitas tomar (you need to take) el próximo (next) semestre/trimestre.

Este semestre/trimestre	El próximo semestre/trimestre
_____	_____
_____	_____
_____	_____
_____	_____
_____	_____

¡Fíjate!
Use the list of courses in **Vocabulario adicional**, p. 260, to find out the names of your classes in Spanish.

Ñ. Tus clases. Talk to a classmate to find out which classes he or she is currently taking and which classes they need to take next semester/trimester.

Práctica adicional

Cuaderno de tareas
p. 23, I–J

holaquetal.
vhlcentral.com
Episodio 1

> **Modelo** —¿Qué clases tomas este semestre/trimestre *(Which classes are you taking this semester/trimester)*?
> —Historia, matemáticas y español.
> —¿Qué clases necesitas tomar el próximo semestre/trimestre *(Which classes do you need to take next semester/trimester)*?
> —Física, antropología y español. ¿Y tú, qué clases tomas este semestre?

Vocabulario 3

Saying how many credits/units you take and how many hours you work
• **Numbers 0–40**

Los números del 0 al 40			
0 cero			
1 uno	11 once	21 veintiuno	31 treinta y uno
2 dos	12 doce	22 veintidós	32 treinta y dos
3 tres	13 trece	23 veintitrés	33 treinta y tres
4 cuatro	14 catorce	24 veinticuatro	34 treinta y cuatro
5 cinco	15 quince	25 veinticinco	35 treinta y cinco
6 seis	16 dieciséis	26 veintiséis	36 treinta y seis
7 siete	17 diecisiete	27 veintisiete	37 treinta y siete
8 ocho	18 dieciocho	28 veintiocho	38 treinta y ocho
9 nueve	19 diecinueve	29 veintinueve	39 treinta y nueve
10 diez	20 veinte	30 treinta	40 cuarenta

1. In some countries, the numbers from 16 through 19 and 21 through 29 are written as three separate words: **diez y seis, veinte y tres.**
2. The number *one* has three forms: **uno** (used when counting: **treinta y uno, treinta y dos...**), **un** (used before masculine nouns: **un libro, veintiún cuadernos**), and **una** (used before feminine nouns: **una pluma, treinta y una señoras**).
3. To ask and say how many classes you take and how many hours you work, use the following expressions:

¿Cuántas clases tomas? Tomo...	*How many classes are you taking? I take...*
¿Cuántas horas trabajas? Trabajo...	*How many hours do you work? I work...*

PRÁCTICA

O. Asociaciones. What number do you associate with...?

1. a week	4. all of your fingers	7. an octopus
2. the month of May	5. a square	8. your eyes
3. a triangle	6. the lives of a cat	9. your head

P. Sumas y restas. *(Addition and subtraction.)* Imagine you are a teacher **(maestro/a)** tutoring a first-grade student in math. Ask the student to give you the answers to the following problems.

Modelo	2 + 5 = ?		25 - 12 = ?
	Maestro: **Dos más** *(plus)* **cinco son...**	Maestro:	**Veinticinco menos** *(minus)* **doce son...**
	Estudiante: **Siete.**	Estudiante:	**Trece.**

1. 8 + 6 = ?   5. 30 - 18 = ?   9. 47 - 14 = ?
2. 11 + 9 =?   6. 28 - 7 = ?   10. 15 + 17 = ?
3. 23 - 12 = ?   7. 18 + 4 = ?   11. 45 - 7 = ?
4. 12 + 13 = ?   8. 20 - 1 = ?   12. 26 - 16 = ?

Q. Trabajas demasiado. *(You work too much.)*

Parte 1. Find out from four of your classmates how many academic units/credits they are taking and how many hours per week they work. Fill out the chart below.

Modelo	—¿Cuántos créditos tomas este semestre?	—¿Cuántas horas trabajas?
	—12. ¿Y tú?	—25. ¿Y tú?
	—18.	—No trabajo.

Nombre	Créditos este semestre	Horas de trabajo a la semana
1. _____	_____	_____
2. _____	_____	_____
3. _____	_____	_____
4. _____	_____	_____

¡Fíjate!

Native speakers use a variety of expressions to react to people's comments. Here are some you can use:

¡Pobrecito/a! *Poor thing!*
¿En serio? *For real?*
¿Qué te pasa? *What's wrong (with you)?*

Parte 2. Now check the chart to see if your classmates follow the recommended work/study ratio per week. Comment on the results. You may use expressions from the **Banco de palabras**.

Si trabajas...	Debes tomar sólo...	Necesitas estudiar...
40 hrs.	6 créditos	12 horas por semana
30 hrs.	9 créditos	18 horas por semana
20 hrs.	12 créditos	24 horas por semana
10 hrs.	15 créditos	30 horas por semana
0 hrs.	18 créditos	36 horas por semana

Banco de palabras

Trabajas demasiado.
You work too much.

Necesitas tomar menos clases.
You need to take fewer classes.

Vas a salir bien.
You're going to do well.

R. Juego de lotería. You are going to play the lottery. First write six numbers between 10 and 40 on the lines in your worktext. Then listen to the three sets of winning numbers, write them down, and circle the ones that match your selections.

Juego # 1 _____ _____ _____ _____ _____ _____

Juego # 2 _____ _____ _____ _____ _____ _____

Juego # 3 _____ _____ _____ _____ _____ _____

Invitación a **Estados Unidos**

S. In your own words. Comprehending main ideas in messages is an important skill to acquire when you are learning a second language. Read the information below in order to write, in your own words, what you understood. Use English, do not translate, summarize the information in one or two sentences.

Del álbum de
Sofía

La comunidad hispana más grande en Estados Unidos es la mexicoamericana. Su influencia en la cultura estadounidense es obvia en la comida, la música y el arte. La fiesta del 5 de mayo se celebra en muchas ciudades y prácticamente en todos los estados del suroeste del país. Los mariachis y grupos folclóricos son espectáculos comunes en muchos eventos norteamericanos. La influencia hispana también ha sido (*has been*) palpable en la política, especialmente en las elecciones de 2008. Según las encuestas (*surveys*), el 68% de los latinos votó por Barack Obama.

T. Palabras. El inglés usa muchas palabras del español. Por ejemplo, *aficionado, alfalfa, bronco, cilantro, coyote, galleon* (galeón), *incommunicado, lasso* (lazo), *papaya, patio, plaza, stampede* (estampida), *tomato, vanilla,* etc.

Find at least ten more words of Spanish origin.

_____ _____ _____ _____

_____ _____ _____ _____

Práctica adicional		
Cuaderno de tareas p. 24, K–M	holaquetal. vhlcentral.com Lab practice	holaquetal. vhlcentral.com Episodio 1

15

Actividades comunicativas

In this activity, you will interact with another student. Decide who will take the role of **Estudiante 1,** and who will take the role of **Estudiante 2. Estudiante 1** follows one set of instructions, while **Estudiante 2** follows another set found on the following page. Neither you nor your partner should look at the other's instructions or information.

¡Fíjate!

The **Actividades comunicativas** require you to use all the Spanish you have learned to accomplish the task at hand. Do not be afraid of making mistakes. The purpose of these activities is to provide practice communicating in Spanish.

 A. Las agendas.

Instrucciones para **Estudiante 1**

You took home your co-worker's list of clients and left your own list at the office. By telephone, ask your co-worker to give you the names and phone numbers of your clients. Ask your partner to spell out the names. When asked, be ready to tell your co-worker the names and numbers of his/her clients. Alternate asking and answering questions. Use questions like the ones below.

> **Banco de palabras**
>
> **¿Cómo se llama el cliente número uno?**
> *What is the first client's name?*
>
> **¿Cómo se escribe su nombre?**
> *How do you spell his/her name?*
>
> **¿Cuál es su teléfono?**
> *What is his/her phone number?*

¡Fíjate!

Review **El alfabeto** on page 10 to prepare for this activity. Notice that telephone numbers are given in sets of two, except for the first number (4-21-05-25).

Mis clientes:

	Nombre	Teléfono
1.		
2.		
3.		
4.		

Los clientes de tu compañero/a:

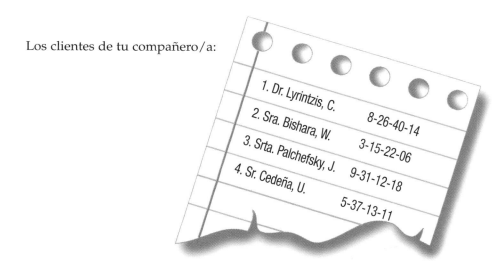

1. Dr. Lyrintzis, C.   8-26-40-14
2. Sra. Bishara, W.   3-15-22-06
3. Srta. Palchefsky, J.   9-31-12-18
4. Sr. Cedeña, U.   5-37-13-11

A. Las agendas.

Instrucciones para **Estudiante 2**

You took home your co-worker's list of clients and left your own list at the office. By telephone, ask your co-worker to give you the names and phone numbers of your clients. Ask your partner to spell out the names. When asked, be ready to tell your co-worker the names and numbers of their clients. Alternate asking and answering questions. Use questions like the ones below.

Banco de palabras

¿Cómo se llama el cliente número uno?
What is the first client's name?

¿Cómo se escribe su nombre?
How do you spell their name?

¿Cuál es su teléfono?
What is their phone number?

¡Fíjate!

Review **El alfabeto** on page 10 to prepare for this activity. Notice that telephone numbers are given in sets of two, except for the first number (4-21-05-25).

Mis clientes:

	Nombre	Teléfono
1.	_____	_____
2.	_____	_____
3.	_____	_____
4.	_____	_____

Los clientes de tu compañero/a:

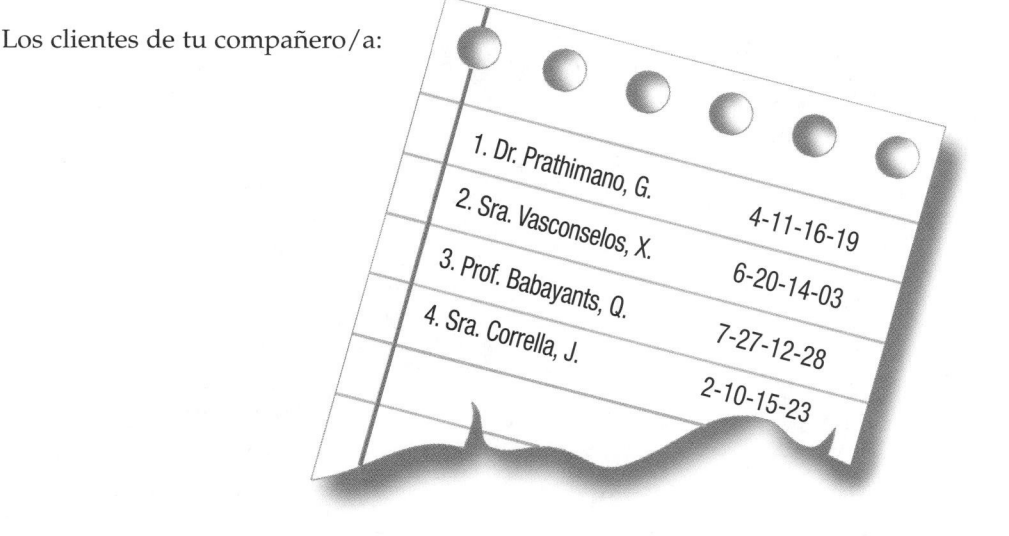

1. Dr. Prathimano, G.
2. Sra. Vasconselos, X.   4-11-16-19
3. Prof. Babayants, Q.   6-20-14-03
4. Sra. Corrella, J.   7-27-12-28

2-10-15-23

La correspondencia

 El correo: La Universidad Autónoma de Guadalajara.

Parte 1. You received a brochure in the mail from the Universidad Autónoma de Guadalajara, but it was damaged and you cannot read all of the information. Call the university and listen to its automated message to fill out the missing information.

UNIVERSIDAD AUTÓNOMA DE GUADALAJARA

ÚNICO. Universidad en la comunidad ofrece las siguientes carreras:

- Fisioterapia
- Comercialización y ventas
- _____
- _____
- Prótesis dental
- Mercado de valores
- _____
- Fotografía
- Diseño y _____ de parques y _____
- Electromecánica industrial
- _____

VEN A FORMAR
PARTE DE UNA
UNIVERSIDAD

¡Con un estilo ÚNICO!

ÚNICO

UNIVERSIDAD EN LA COMUNIDAD

Parte 2. Read the complete brochure and answer the following questions in English.

1. Which areas of study look the most interesting to you? Why?

_____

2. Which areas appeal to you the least? Why?

_____

 En papel: Presentación. Introduce yourself to your instructor! Fill out the card your instructor will give you with your personal information.

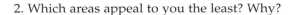 **¡A ver de nuevo!** Watch or listen to the **Escena** again to match the elements from the two columns.

I.
_____ 1. Adriana   a. es amiga de Ana Mari.
_____ 2. Sofía   b. necesita pasar la clase de cálculo.
_____ 3. Manolo   c. es de Puerto Rico.

II.
_____ 1. El Prof. López   a. tiene una clase de inglés.
_____ 2. Manolo   b. es profesor.
_____ 3. Ana Mari   c. necesita estudiar más (*needs to study more*).

III.
_____ 1. Sofía   a. no tiene novio (*doesn't have a boyfriend*).
_____ 2. Ana Mari   b. es de México.
_____ 3. El Prof. López   c. dice (*says*) "Manolo, ¿otra vez aquí?"

Práctica adicional			
Cuaderno de tareas pp. 25–28, N–P	holaquetal. vhlcentral.com Episodio 1	holaquetal. vhlcentral.com Lab practice	holaquetal. vhlcentral.com Episodio 1

Vocabulario del Episodio 1

Para hablar con amigos *To speak to friends*

¿Cómo estás?	*How are you?*
¿Y tú?	*And you?*
¿Cómo te llamas?	*What's your name?*
¡Que te vaya bien!	*Have a nice day!*
Te presento a...	*I'd like you to meet...*
¿Cuántas clases tomas? Tomo...	*How many classes are you taking? I take...*
¿Cuántas horas trabajas? Trabajo...	*How many hours do you work? I work...*

Para hablar con respeto *To speak with respect*

¿Cómo está?	*How are you?*	**señor (Sr.)**	*Mr., sir*
¿Y usted?	*And you?*	**señora (Sra.)**	*Mrs., ma'am*
¿Cómo se llama?	*What's your name?*	**señorita (Srta.)**	*Miss*
¡Que le vaya bien!	*Have a nice day!*	**doctor(a) (Dr(a).)**	*Doctor*
Le presento a...	*I'd like you to meet...*	**profesor(a) (Prof(a).)**	*Professor*

Más saludos, despedidas y expresiones de cortesía *More greetings, good-byes, and courtesy expressions*

Hola.	*Hi.*
Buenos días.	*Good morning.* (from dawn until noon)
Buenas tardes.	*Good afternoon.* (from noon until dusk)
Buenas noches.	*Good evening./Good night.* (from dusk until dawn)
Hasta luego.	*See you later.*
Hasta mañana.	*See you tomorrow.*
Nos vemos mañana.	*See you tomorrow.* (you have arranged to meet tomorrow)
Adiós.	*Good-bye.*
Me llamo...	*My name is...*
Mucho gusto.	*Nice to meet you.*
Encantado.	*Pleased to meet you.* (said by a man)
Encantada.	*Pleased to meet you.* (said by a woman)
Igualmente.	*Nice to meet you, too.*
Gracias.	*Thank you.*
De nada.	*You're welcome.*
Bien.	*Fine.*
Muy bien.	*Very well.*
Más o menos.	*So-so.*

Las materias *Class subjects*

antropología	economía	geografía	matemáticas
astronomía	(educación) física	historia	música
biología	español	inglés	química
drama	filosofía	literatura	sicología

Los números del 0 al 40

0 cero
1 uno	11 once	21 veintiuno	31 treinta y uno
2 dos	12 doce	22 veintidós	32 treinta y dos
3 tres	13 trece	23 veintitrés	33 treinta y tres
4 cuatro	14 catorce	24 veinticuatro	34 treinta y cuatro
5 cinco	15 quince	25 veinticinco	35 treinta y cinco
6 seis	16 dieciséis	26 veintiséis	36 treinta y seis
7 siete	17 diecisiete	27 veintisiete	37 treinta y siete
8 ocho	18 dieciocho	28 veintiocho	38 treinta y ocho
9 nueve	19 diecinueve	29 veintinueve	39 treinta y nueve
10 diez	20 veinte	30 treinta	40 cuarenta

¡Fíjate!

This section is the place where you can write down and easily reference the vocabulary that applies to your own life and interests.

Vocabulario personal

Write the words that you need to know to talk about yourself in Spanish.

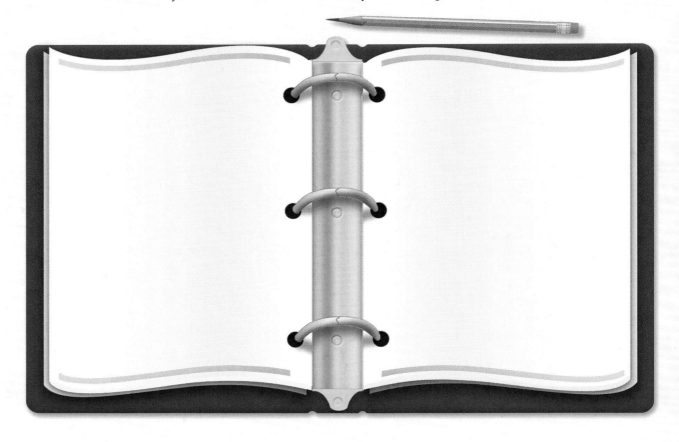

Cuaderno de tareas

Cuaderno de tareas

Episodio

1

Escenas de la vida: El primer día de clases

A. ¡Mira cuánto entendiste! See how much of the **Escena** you understood by matching the Spanish sentences with their English equivalents.

1. En la clase de cálculo

_____ 1. Mucho gusto.
_____ 2. ¿Hablas español?
_____ 3. Igualmente.
_____ 4. ¿Cómo te llamas?
_____ 5. Soy de...
_____ 6. ¿Y usted?

a. And you?
b. Nice to meet you, too.
c. Do you speak Spanish?
d. I'm from...
e. What's your name?
f. Nice to meet you.

2. Después de la clase

_____ 7. Hasta mañana.
_____ 8. ¡Que te vaya bien!
_____ 9. Necesito pasar esta clase.
_____ 10. Es mi mejor amiga.
_____ 11. Hasta luego.
_____ 12. Te presento a...

g. I'd like you to meet...
h. See you later.
i. I need to pass this class.
j. Have a nice day!
k. She's my best friend.
l. See you tomorrow.

Vocabulario 1

Greeting and saying good-bye to others
• **Greetings and good-byes**

B. Para saludar. Select the appropriate greeting, according to the time of the day: **Buenos días, Buenas tardes,** or **Buenas noches.**

1. 1:45 pm _____.
2. 8:00 pm _____.

3. 6:30 am _____.
4. 10:30 pm _____.

5. 11:00 am _____.
6. 3:30 pm _____.

C. ¿Formal o informal? Write the expressions that you would use when talking to Manolo and those you would use when talking to Professor López in the appropiate column.

¿Cómo estás?	¿Cómo se llama?	¿Y tú?	¿Y usted?
Te presento a...	¿Cómo está?	¿Cómo te llamas?	¡Que le vaya bien!

Manolo	Profesor López
_____	_____
_____	_____
_____	_____
_____	_____

D. Saludos. Match each statement with the appropriate response.

_____ 1. Hola. ¿Cómo te llamas?   a. Bien, ¿y usted?

_____ 2. Te presento a Roberto.   b. Martha.

_____ 3. Hasta luego.   c. Adiós.

_____ 4. ¿Cómo está usted?   d. Mucho gusto.

E. Te presento a Ana Mari. Order the statements so the dialogue makes sense.

_____ a. Igualmente.   _____ e. Muy bien. ¿Y tú?

__1__ b. Hola, Ana Mari. ¿Cómo estás?   _____ f. Bien, gracias.

_____ c. Mucho gusto.   _____ g. Adiós, Ana Mari. ¡Que te vaya bien!

_____ d. Pilar, te presento a Ana Mari.   _____ h. Bueno, hasta luego. Tengo clase ahora.

F. ¡Hola! Use the words from the list to complete the conversations between Adriana and Pilar, a counselor.

Adriana	español	mucho	usted
cómo	igualmente	soy de	vaya

Adriana   ¿Habla (1) _____?   Adriana   Me llamo (5) _____.

Pilar   Sí, (2) _____ España.   Pilar   (6) _____ gusto.

Adriana   ¿(3) _____ se llama?   Adriana   (7) _____.

Pilar   Pilar. ¿Y (4) _____?

G. Hablas con Sofía. Complete the conversation.

Sofía   ¡Hola! ¿Cómo estás?   Tú   (2) _____.

Tú   (1) _____   Manolo   Igualmente. Bueno, adiós.

Sofía   Bien, gracias. Mira, te presento a Manolo.   Tú   (3) _____.

H. Una conversación con tu profesor(a). Complete the conversation.

Profesor(a)	Buenas tardes. (1) ¿_____?
Tú	(2) Me llamo _____.
Profesor(a)	Mucho gusto. ¿Cómo está hoy?
Tú	(3) _____
Profesor(a)	Bien, también. Hasta mañana.
Tú	(4) _____
Profesor(a)	Gracias. Igualmente.

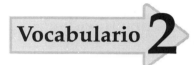

Vocabulario 2

Saying which classes you take
- **The alphabet**
- **Class subjects**

I. Ésa me gusta. *(I like that one.)* Indicate which subjects you like **(me gusta)** and which ones you do not like **(no me gusta).**

antropología	_____	**economía**	_____
drama	_____	**filosofía**	_____
literatura	_____	**educación física**	_____
astronomía	_____	**geografía**	_____
sicología	_____	**química**	_____
biología	_____	**historia**	_____
música	_____	**español**	_____
botánica	_____	**inglés**	_____

J. El alfabeto. Write the names of the underlined letters in the following words. Then write their English equivalents.

> **Modelo** **Mi_ll_ones** se escribe con **elle** y significa *millions.*

1. **Geografía** se escribe con _____ y significa _____.
2. **Examen** se escribe con _____ y significa _____.
3. **Baño** se escribe con _____ y significa _____.
4. **Mujer** se escribe con _____ y significa _____.
5. **Diccionario** se escribe con _____ y significa _____.
6. **Carro** se escribe con _____ y significa _____.
7. **Lápiz** se escribe con _____ y significa _____.
8. **Mochila** se escribe con _____ y significa _____.
9. **Fotocopia** se escribe con _____ y significa _____.
10. **Universidad** se escribe con _____ y significa _____.

Vocabulario 3 **Saying how many credits/units you take and how many hours you work**
• **Numbers 0–40**

K. Los números. Match each number with its Spanish equivalent. Draw a line to link them.

14	doce
0	veinticinco
24	veintidós
12	dieciséis
7	cero
25	trece
13	catorce
37	once
40	veinticuatro
11	siete
22	treinta y siete
16	cuarenta

L. ¿Qué sigue? *(What's next?)* Write the numbers that precede and follow the given numbers.

1. ____cuatro____ cinco ____seis____
2. _____ quince _____
3. _____ dieciocho _____
4. _____ veintiocho _____
5. _____ treinta y tres _____
6. _____ treinta y seis _____
7. _____ treinta y nueve _____

M. Preguntas personales. Answer the following questions.

1. ¿Qué *(Which)* clases tomas este semestre? _____

2. ¿Cuántas unidades *(units/credits)* son? _____

3. ¿Cuántas horas trabajas? _____

4. ¿Cuántas horas estudias? _____

5. ¿Qué clases necesitas tomar *(do you need to take)* el próximo *(next)* semestre?

_____

Para terminar

 N. Una invitación de boda. *(A wedding invitation)* Examine the Mexican wedding invitation below in order to answer the following questions. You will also need to read the explanation that follows.

1. What is the name of the bride's father?

   _____

2. What is the name of the groom's mother?

   _____

3. What will be the traditional married name of the bride?

   _____

4. What is the groom's full name? (first name and last names)

   _____

Martha y Arturo

Ante Dios y con la bendición de sus padres

Eduardo Moreno Olivarria Arturo Hauter Salazar
Martha Ibarra de Moreno Ana González de Hauter

Se unirán en matrimonio y los invitan
a la ceremonia religiosa el sábado
veintidós de octubre a las diecinueve horas
en la Iglesia del Espíritu Santo,
Fraccionamiento Chapultepec.

La fiesta, ofrecida por don Eduardo Moreno,
padre de la novia, se llevará a cabo
en el Lienzo Charro La Biznaga
después de la misa.

Impartiendo la Bendición
el Reverendo Alfonso González Quevedo S. E.

Tijuana, Baja California

Cultura a lo vivo

You may have noticed that Spanish speakers often have long names. Most Spanish speakers have two first names, both of which they may or may not use. Some double names are common, however, such as Ana Mari and José Luis. In addition, Spanish speakers use two last names—their father's family name (which goes first), and their mother's family name (which goes second). For example, a brother and a sister, both single, might be called Ramón Robledo Suárez and Ana María Robledo Suárez (informally, they would be Ramón Robledo and Ana Mari Robledo). If Ana Mari marries, she will not change her last name. Traditionally, she will add her husband's last name, using **de,** which will replace her mother's last name. So, if Ana María Robledo Suárez marries Manolo Báez Rodríguez, her name will be Ana María Robledo de Báez. Today, many Hispanic women keep their maiden name; in this case, Mrs. Báez will be Ana María Robledo.

Ñ. Los personajes de Escenas de la vida. In **Escenas de la vida**, you will follow the lives of several Spanish speakers who live and study in the United States. As you learn about them, you will learn to communicate in Spanish, and you will get a glimpse into the rich and diverse culture of the Spanish-speaking world. Read the information for each character and answer the questions in **Práctica O**.

Sofía Blasio Salas

mexicana

20 años

arquitectura

extrovertida

Nombre

Nacionalidad

Edad

Carrera

Personalidad

Manolo Báez Rodríguez

cubano

25 años

no ha decidido[1]

bohemio

Wayne Andrew Reilly

norteamericano

23 años

computación

aventurero

Nombre

Nacionalidad

Edad

Carrera

Personalidad

Adriana Ferreira de Barrón

puertorriqueña

45 años

contabilidad[2]

reservada

Ana María Robledo Suárez

mexicoamericana

20 años

leyes[3]

sociable

Nombre

Nacionalidad

Edad

Carrera

Personalidad

Emilio Andrés Pradillo Salas

español

30 años

publicidad

serio

[1]*undecided* [2]*accounting* [3]*law*

O. ¡Mucho gusto! Based on the information about the characters, answer the following questions.

1. What is Sofía's mother's last name?

_____

2. Which of the female characters is married?

_____

3. Who has a double name?

_____

4. What is Manolo's father's last name?

_____

5. If Sofía married Wayne Reilly, what would be her traditional married name?

_____

6. Where is Sofía from?

_____

7. What is Manolo studying?

_____

8. What is Wayne studying?

_____

9. How old is Adriana?

_____

10. Where is Emilio from?

_____

11. How do you say *serious* in Spanish?

_____

12. What is the English equivalent of
    a. **aventurero?** _____
    b. **arquitectura?** _____

P. ¿Y tú? Now write your information.

```
┌─────────────────────────────────┐
│                                 │
│      Your picture goes here!    │
│                                 │
│                                 │
└─────────────────────────────────┘
```

Apellido (*Last name*): _____

Nacionalidad: _____

Edad: _____

Carrera: _____

Personalidad: _____

Episodio 2

Escenas de la vida: En la librería

 A. ¡Mira cuánto puedes entender!

Parte 1. Watch or listen to the **Escena** to indicate who needs to buy the following items: Manolo (**M**) or Sofía (**S**). Place an **X** next to the items no one mentions.

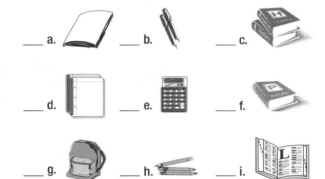

____ a. ____ b. ____ c.

____ d. ____ e. ____ f.

____ g. ____ h. ____ i.

Parte 2. First, place a check next to the classes Manolo has tomorrow. Then, write the time when the classes begin.

miércoles

7:45	Cálculo
9:20	Geología
	Física

lunes/miércoles/viernes

| ☐ | Cálculo | 7:45 |
| ☐ | Sicología | |

martes/jueves

☐	Computación	8:45
☐	Historia	10:00
☐	Sociología	5:15

Cultura a lo vivo

In the Spanish-speaking world, a student must complete all general education requirements in high school in order to enter the university. The specifics vary from country to country, but before entering a university, a student must declare a major and frequently take an admissions exam to determine whether he or she qualifies for admission. Upon entering the university, a student begins a specific field of study; there are no undeclared majors.

B. ¿Te diste cuenta? Review the **Escena** again to match these fragments.

_____ 1. Manolo gasta más de...   a. dos cuadernos.

_____ 2. Sofía necesita comprar...   b. al café mañana.

_____ 3. Los libros cuestan...   c. es sicología.

_____ 4. La clase favorita de Manolo...   d. 200 dólares en libros.

_____ 5. Manolo y Sofía van...   e. mucho dinero.

C. ¿Quién lo dijo? Review the **Escena** and indicate whether the following phrases describe Sofía (**S**), Manolo (**M**), or both (**SM**).

_____ 1. Necesita novio.

_____ 2. Necesita libros.

_____ 3. Gasta mucho en libros.

_____ 4. Toma cinco clases.

_____ 5. Necesita ir a la biblioteca.

_____ 6. Va al café mañana.

Práctica adicional		
Cuaderno de tareas pp. 49–50, A–C	holaquetal. vhlcentral.com Episodio 2	holaquetal. vhlcentral.com Episodio 2

Para comunicarnos mejor

Vocabulario **1** — Identifying university-related objects, places, and people
• University-related vocabulary

Las cosas, los lugares y las personas en la universidad			
Cosas	_Things_	**Lugares**	_Places_
la bandera	_flag_	**el auditorio**	_auditorium_
la calculadora	_calculator_	**el baño**	_bathroom_
el cuaderno	_notebook_	**la biblioteca**	_library_
el diccionario	_dictionary_	**la cafetería**	_cafeteria_
el escritorio	_desk_ (teacher's)	**la cancha de tenis**	_tennis court_
el lápiz	_pencil_	**de vóleibol**	_volleyball court_
el libro	_book_	**el edificio**	_building_
el mapa	_map_	**la enfermería**	_health center; infirmary_
la mochila	_backpack_	**el estacionamiento**	_parking lot_
el papel	_paper_	**el estadio**	_stadium_
la papelera	_wastebasket_	**el gimnasio**	_gym_
el pizarrón	_chalkboard_	**la librería**	_bookstore_
la pluma	_pen_	**la oficina**	_office_
la prueba	_quiz_	**la piscina**	_swimming pool_
la puerta	_door_	**la residencia estudiantil**	_dormitory_
el pupitre	_desk_ (student's)	**el salón de clase**	_classroom_

el reloj	*clock*
el reproductor de DVD	*DVD player*
la silla	*chair*
la tele(visión)	*TV*
la ventana	*window*
la videocasetera	*VCR*

También se dice...

el/la estudiante ⟶ el/la alumno/a

la papelera ⟶ el basurero,
el bote/cubo/latón de basura

el pizarrón ⟶ la pizarra

la pluma ⟶ el bolígrafo

el/la profesor(a) ⟶ el/la maestro/a

el salón ⟶ el aula, la sala

Personas	*People*		
el compañero	la compañera	los/las compañeros/as	*classmate(s)*
el consejero	la consejera	los/las consejeros/as	*counselor(s)*
el estudiante	la estudiante	los/las estudiantes	*student(s)*

¡Fíjate!

You will see **También se dice** boxes throughout the text. Since Spanish is spoken in many countries, many times there are five or six different words for the same item. You do not need to learn all the variations; learn the ones your professor gives you or the ones you hear in your community.

PRÁCTICA

A. ¿Qué es? Identifica las cosas, los lugares y las personas en las ilustraciones.

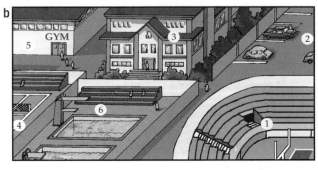

a 1. _____

2. _____

3. _____

4. _____

5. _____

6. _____

7. _____

8. _____

9. _____

10. _____

b 1. _____

2. _____

3. _____

4. _____

5. _____

6. _____

B. ¿Qué compraste? *(What did you buy?)* Write down the items you bought this semester for your classes.

Este semestre compré *(I bought)...* _____

_____

_____

C. ¿Adónde vas *(Where do you go)* con más frecuencia?

Parte 1. How often do you go to the following places? Write **0** next to places you never go to, **1** next to places you almost never go to, **2** next to places you sometimes go to, **3** next to places you often go to, and **4** next to places you go to every day.

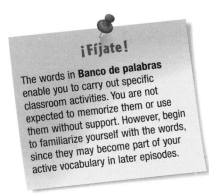

¡Fíjate!

The words in **Banco de palabras** enable you to carry out specific classroom activities. You are not expected to memorize them or use them without support. However, begin to familiarize yourself with the words, since they may become part of your active vocabulary in later episodes.

Banco de palabras

(yo) voy	**(2) a veces**
I go	*sometimes*
(4) todos los días	**(1) casi nunca**
every day	*almost never*
(3) con frecuencia	**(0) nunca**
often	*never*

¿Con qué frecuencia vas...?

_____ 1. al auditorio

_____ 2. al gimnasio

_____ 3. a la piscina

_____ 4. a la librería

_____ 5. al estadio

_____ 6. a la cafetería

_____ 7. a la biblioteca

_____ 8. a las oficinas de los profesores

_____ 9. a la enfermería

_____ 10. a las canchas

Parte 2. Now interview a partner to find out how often they go to these places. Use the expressions from the **Banco de palabras**.

Modelo   —¿Con qué frecuencia vas al auditorio?
              —Casi nunca voy. ¿Y tú?
              —Yo voy todos los días.

¡Fíjate!

Use **nunca** and **casi nunca** before the verb **voy**; use the other expressions after it.

Práctica adicional

Cuaderno de tareas
pp. 50–51, D–G

SUPERSITE
holaquetal.
vhlcentral.com
Episodio 2

Gramática 1 | Talking about university-related objects, places, and people
- **Gender of nouns**
- **Plural of nouns**
- <u>**Hay**</u>

In the dialogue, Manolo mentioned **el libro de sicología** and **unos libros de historia.** They also mentioned **una mochila** and **la biblioteca. Libro, mochila,** and **biblioteca** are nouns. A noun is a word that names a person, a place, an animal, an object, or an idea. The articles **(los artículos)** *the* **(el, la)** or *a(n)* **(un, una)** usually accompany nouns.

• Gender of nouns

Nouns in Spanish have a gender (feminine or masculine) and number (singular or plural). When you learn a new noun, you must also learn whether that word is feminine or masculine, since the gender is arbitrary. See if you can make some helpful generalizations.

Analizar y descubrir

1. Look at the following feminine words:

la plum**a**	una televis**ión**	la universid**ad**
la sill**a**	una convers**ación**	la libert**ad**

Using these words, what observations can you make about the endings of feminine nouns? Most words that end in the letters _____ , _____ , and_____ are feminine. Use **la** or **una** with feminine words.

2. Look at the following masculine words:

un libr**o**   un pupitr**e**   el pizarr**ón**   el ingl**és**   un profeso**r**   el pap**el**

Using these words, what observations can you make about the endings of masculine nouns? Most words that end in the vowels _____ and _____, or in a _____ are masculine. Use **el** or **un** with masculine nouns.

3. Although most words that end in **-e** are masculine, some are feminine. Therefore, it is best to learn the word along with its article:

(feminine)	**la clase**	**la noche**
(masculine)	**el pupitre**	**el coche** *(car)*

4. Most words that end in **-a** are feminine, but a few words (of Greek origin) that end in **-ma** are masculine. Notice that these words are cognates.

(masculine)	**el** proble**ma**	**el** progra**ma**	**el** siste**ma**

Los artículos				
	Singular		**Plural**	
Definidos	el, la	*the*	los, las	*the*
Indefinidos	un, una	*a(n)*	unos, unas	*some*

PRÁCTICA

D. ¿Masculino o femenino? Escribe **el** o **la.**

1. _____ estacionamiento
2. _____ pizarrón
3. _____ bandera
4. _____ drama
5. _____ oficina
6. _____ piscina
7. _____ teatro
8. _____ inglés
9. _____ cancha
10. _____ biblioteca
11. _____ computación
12. _____ pupitre

E. Artículos indefinidos. Escribe **un** o **una.**

1. _____ auditorio
2. _____ reloj
3. _____ silla
4. _____ libro
5. _____ profesor
6. _____ clase
7. _____ pluma
8. _____ ventana
9. _____ diccionario
10. _____ lápiz
11. _____ juego (*game*) de béisbol
12. _____ comunidad

• Plural of nouns

Analizar y descubrir

In a conversation with Adriana, Sofía said:

Las universidades aquí son muy diferentes...
Aquí **los salones** están muy bien equipados.
¿En Puerto Rico hay **consejeros...?**
Hablando de **profesores...**

The universities here are quite different...
Here, the classrooms are very well-equipped.
Are there counselors in Puerto Rico...?
Speaking of professors...

1. Examine the above examples to complete the following:

      a. What is added to the word **universidad** to make it plural? _____

      b. What is added to **salón** to make it plural? _____

      c. What is added to **consejero** to make it plural? _____

      d. What is added to **profesor** to make it plural? _____

2. Based on your answers, what observations can you make about how plural nouns are formed in Spanish?

Pluralizing rule:

      a. When a word ends in a consonant, add _____ to make it plural.

      b. When a word ends in a vowel, add _____ to make it plural.

Spelling rule: lápiz ⟶ lápices

      c. When a word ends in _____, change the **-z** to _____ in the plural form.

Accent marks: pizarrón ⟶ pizarrones

      d. When a word has an accent mark on the last syllable and it ends in a consonant, it loses _____ in the plural form.

PRÁCTICA

F. En la universidad. Escribe la forma plural de estos sustantivos (nouns).

1. el profesor _____
2. la silla _____
3. un estadio _____
4. la biblioteca _____
5. una cancha _____
6. un baño _____

G. Personas y cosas. Escribe la forma singular de estos sustantivos.

1. los consejeros _____
2. las compañeras _____
3. unos mapas _____
4. las conversaciones _____

5. unos relojes _____
6. los cuadernos _____
7. unos lápices _____
8. las bibliotecas _____

• Hay

Use **hay** + [indefinite article] to express the English equivalent of there is/are and to describe what you see. Use **unos/as** to say some.

Hay un diccionario en la mochila.	There is a dictionary in the backpack.
Hay unos estudiantes en la oficina.	There are some students in the office.

PRÁCTICA

H. ¿Qué hay en el escritorio? Escribe los nombres (names) de las cosas que hay en el escritorio.

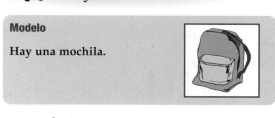

Modelo

Hay una mochila.

1. _____
2. _____
3. _____
4. _____
5. _____
6. _____

I. ¿Qué hay en tu mochila? Escribe los nombres de cuatro cosas.

1. _____
2. _____
3. _____
4. _____

J. ¿Está bien equipado tu salón? Describe what your classroom has and doesn't have, using the vocabulary on pages 30–31. Write your answers in your notebook.

Práctica adicional

Cuaderno de tareas
pp. 51–52, H–K

holaquetal.
vhlcentral.com
Episodio 2

Modelo	En el salón de… hay…
	En el salón de… no hay…

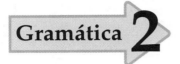

Gramática 2

Asking and telling when an event takes place
• Time of events

You heard the following statements and questions when Sofía and Manolo were discussing the times their classes meet.

¿A qué hora es tu clase de sicología?   *(At) What time is your psychology class?*
Es a la una y media.   *It's at one-thirty.*
¿Nos vemos mañana **a las doce?**   *See you tomorrow at twelve?*
…mi clase de física es **a las doce y cuarto.**   *…my physics class is at twelve-fifteen.*

Spanish, like English, depends on a few routine phrases to express time. One formula with **a** is used to say when events happen. Look at Ana Mari's weekly agenda to answer the following questions.

¿A qué hora?

¿A qué hora es…
   la clase de horticultura?   **A la** una **de la tarde.**
   la clase de inglés?   **A las** once y cuarto **de la mañana.**
   la clase de biología?   **A las** siete y media **de la noche.**
   el concierto?   **A las** cinco menos veinte **de la tarde.**
   la fiesta?   **A las** diez menos cuarto **de la noche.**

Notice that **a la** is used with *one o'clock* and that **a las** is used for the rest of the hours.

AGOSTO/SEPTIEMBRE

semana 36	1 martes	2 miércoles
31 lunes	8	8
8	9	9
9	10	10
10	11 :15 inglés	11
11	12	12
12	1	1
1 horticultura	2	2
2	3	3
3	4	4
4	5	5
5	6	6
6	7 :30 biología	7
7	8	8
8		

3 jueves	4 viernes	5 sábado
		4:40 concierto
8	8	
9	9	
10	10	
11	11	6 domingo
12	12	
1	1	
2	2	
3	3	
4	4	
5	5	
6	6	
7	7	
8	8 9:45 ¡fiesta!	

PRÁCTICA

K. ¿A qué hora...? When does Professor López teach this semester? Look at his schedule and write out when the calculus class meets. Note that the 24-hour clock (military time) is used.

> **Modelo**   16:40
> **El profesor tiene una clase a las cinco menos veinte de la tarde.**

Cálculo   a. 7:30   _____

b. 10:00   _____

c. 14:15   _____

d. 15:00   _____

e. 17:20   _____

f. 19:45   _____

¡Fíjate!

The 24-hour clock is generally used in newspapers, and in TV, train, flight, and class schedules throughout the Spanish-speaking world. To convert between a 24-hour and a 12-hour clock, subtract 12 from times after 12:00 p.m. (15:00-12 = 3:00 p.m.).

L. Vamos al cine. (*Let's go to the movies.*) Tienes planes para ir al cine con un(a) amigo/a. Pregúntale a qué hora son las funciones (*screenings*). Túrnense.

> **Modelo**   *Mar adentro:* 11:30 / 18:20 / 21:55
> —¿A qué hora es *Mar adentro*?
> —Es a las once y media de la mañana, a las seis y veinte de la tarde y a las diez menos cinco de la noche.

¡Fíjate!

These films are highly acclaimed and are available in most video stores. Check them out!

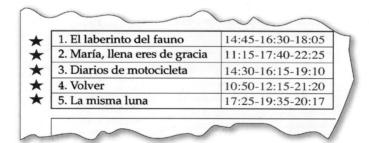

★	1. El laberinto del fauno	14:45-16:30-18:05
★	2. María, llena eres de gracia	11:15-17:40-22:25
★	3. Diarios de motocicleta	14:30-16:15-19:10
★	4. Volver	10:50-12:15-21:20
★	5. La misma luna	17:25-19:35-20:17

M. ¡A conversar! Conversa con tres compañeros para saber quién sale de casa más temprano (*leaves home earliest*) y quién llega más tarde (*gets home latest*).

> **Modelo**   —¿A qué hora sales de casa por la mañana?
> —A las siete y media. ¿Y tú?
> —A las seis y cuarto. ¿A qué hora llegas a casa?
> —A la una y media de la tarde. ¿Y tú?
> —A las ocho de la noche.

nombre (*name*)	sale de casa	llega a casa
1. _____	_____	_____
2. _____	_____	_____
3. _____	_____	_____

N. Organiza tu horario. Successful students plan their schedules (**horarios**) carefully to allow for time to study and prepare for school.

Parte 1. Plan for your success. Consult the recommendations on page 14 (**Práctica Q**) to determine the number of hours you will need to schedule to prepare and study for school daily. Then fill in your weekly schedule with all of your activities: classes, work, rest, and study time.

Hora	lunes	martes	miércoles	jueves	viernes	sábado	domingo
8							
9							
10							
11							
12							
1							
2							
3							
4							
5							
6							
7							
8							
9							

Parte 2. Share your schedule with a partner and compare your study time allotment.

Modelo	Los lunes tengo clase a las ocho, a las nueve y a las diez de la mañana. Estudio para mis clases a la una y trabajo a las cuatro y media de la tarde. ¿Y tú?

Banco de palabras

Tengo	I have
Trabajo	I work
Estudio	I study

De las... a las...
from... to...

Ñ. Tus actividades.

Parte 1. First, examine the images of daily activities. Then complete the sentences with the time you usually do each activity.

¿A qué hora...

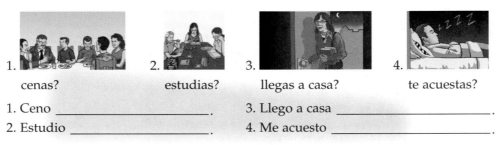

1.   cenas?
2.   estudias?
3.   llegas a casa?
4.   te acuestas?

1. Ceno _____.

3. Llego a casa _____.

2. Estudio _____.

4. Me acuesto _____.

Parte 2. Interview two or three classmates to find out the times they do the activities.

Modelo	—¿A qué hora te acuestas? —A las nueve y media. ¿Y tú? —A las once.

Práctica adicional

Cuaderno de tareas
p. 53 L–N

holaquetal.
vhlcentral.com
Lab practice

SUPERSITE

holaquetal.
vhlcentral.com
Episodio 2

Actividades comunicativas

 A. Diferencias.

Instrucciones para **Estudiante 1**

The picture of the classroom below differs in several ways from your partner's picture. You and your partner will take turns saying what you see until you find seven differences. Check off the seven differences. Follow the model.

Modelo	—Hay una profesora en el salón.
	—Aquí (*Here*) también.
	or
	—Aquí no hay una profesora. Hay un profesor.

A. Diferencias.

Instrucciones para **Estudiante 2**

The picture of the classroom below differs in several ways from your partner's picture. You and your partner will take turns saying what you see until you find seven differences. Check off the seven differences. Follow the model.

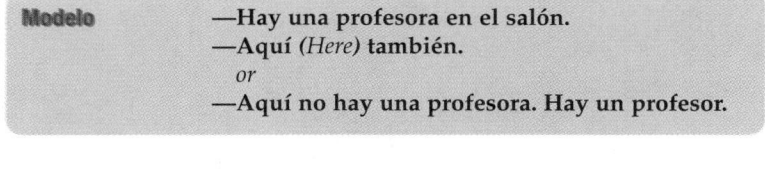

| Modelo | —Hay una profesora en el salón.
—Aquí *(Here)* también.
or
—Aquí no hay una profesora. Hay un profesor. |

B. Los precios.

Instrucciones para **Estudiante 1**

You and a friend are tired of spending so much on school supplies. This semester you are shopping for the best prices. The prices you found in **Papelería Las Rosas** are shown in the drawing. Your partner found different prices in **Papelería El Trópico.** Share your information to determine the best price. Circle the items you decide to buy at your store. Follow the model.

Modelo	—¿**Cuánto cuesta** (How much is) **una calculadora ahí** (there)?
	—**Aquí** (Here) **cuesta veinte dólares y diecinueve centavos. ¿Y ahí?**
	—**Aquí cuesta veinte dólares y veintinueve centavos.**
	—**Ah, pues aquí es más barato** (cheaper).

B. Los precios.

Instrucciones para **Estudiante 2**

You and a friend are tired of spending so much on school supplies. This semester you are shopping for the best prices. The prices you found in **Papelería El Trópico** are shown in the drawing. Your partner found different prices in **Papelería Las Rosas.** Share your information to determine the best price. Circle the items you decide to buy at your store. Follow the model.

Modelo	—¿**Cuánto cuesta** (*How much is*) **una calculadora ahí** (*there*)?
	—**Aquí** (*Here*) **cuesta veinte dólares y diecinueve centavos. ¿Y ahí?**
	—**Aquí cuesta veinte dólares y veintinueve centavos.**
	—**Ah, pues aquí es más barato** (*cheaper*).

C. El horario de clases.

Instrucciones para **Estudiante 1**

It is time to plan your class schedule for next semester. The chart shows the hours you will be at work **(trabajo)**. Before you graduate, you need to complete six courses:

antropología	**biología**	**historia**
álgebra	**español**	**sicología**

You will not be able to take all these classes this semester. Call your peer advisor for information and choose the four courses that best meet your needs. Use expressions like the ones below.

¿A qué hora es la clase de...?	*When is... class?*
¿Qué día es...?	*What day is...?*
Los lunes trabajo de... a...	*On Mondays I work from... to...*
¿Hay una clase de... a las...?	*Is there a... class at...?*
A esa hora no puedo.	*I can't do that time.*
¿Hay otra clase de...?	*Is there another... class?*

Banco de palabras
Los días de la semana

los lunes
on Mondays

los martes
on Tuesdays

los miércoles
on Wednesdays

los jueves
on Thursdays

los viernes
on Fridays

los sábados
on Saturdays

los domingos
on Sundays

	Lunes	Martes	Miércoles	Jueves	Viernes
8:00–9:00					
9:00–10:00					
10:00–11:00					
11:00–12:00		Trabajo		Trabajo	
12:00–1:00		Trabajo		Trabajo	
1:00–4:00					
4:00–6:00	Trabajo		Trabajo		
6:00–8:00	Trabajo		Trabajo		

C. El horario de clases.

Instrucciones para Estudiante 2

You are a peer advisor. By phone, help a student prepare a class schedule for next semester. Use expressions like the ones below.

¿Por qué no tomas...?	*Why don't you take...?*
Hay una clase de... a...	*There's a class from... to...*
¿Puedes tomar...?	*Can you take...?*
No hay clase de... a esa hora.	*There is no... class at that time.*
La clase de... es de... a...	*The class is from... to...*
Hay dos secciones de...	*There are two sections of...*

Clase/hora	Clase/hora
álgebra	**antropología**
lun. mar. miér. juev. vier. 9:00–10:00	lun. mar. miér. juev. 8:00–9:00
lun. mar. miér. juev. vier. 10:00–11:00	mar. juev. 16:00–17:30
biología	**español**
lun. mar. miér. juev. 8:00–9:00	lun. mar. miér. juev. vier. 8:00–9:00
mar. juev. 10:00–12:00	lun. mar. miér. juev. vier. 10:00–11:00
miér. 16:00–20:00	mar. juev. 12:00–14:30
historia	**sicología**
mar. juev. 11:00–12:15	lun. miér. vier. 10:00–11:00
lun. miér. vier. 17:00–19:30	lun. miér. vier. 16:00–18:15
	mar. juev. 10:00–11:15

La correspondencia

 El correo: El catálogo. Look over the brochure in order to answer the questions below.

> **Reading Strategy: Determining the purpose for reading**
>
> Successful readers first determine a purpose for reading, which guides the way they approach a selection. You should develop this strategy as you read in Spanish. Here, a purpose for reading is even more important, since at the beginning of your study, you will not understand large amounts of the text. For this reason, limit your purpose to understanding words and phrases—those you have learned and those you can understand based on their similarity to English.
>
> You will read an entry from the catalog of the **Universidad Autónoma de Guadalajara.** First, look at the following questions (1–4) to determine your purpose for reading. Then, after you have read the selection, answer the questions.

Plan de estudios

1. What is the English equivalent of **Fisioterapia?** _____

2. How many quarters are necessary to complete a degree? _____

3. Indicate in which quarter students take the following courses:

   a. Human Anatomy _____ c. Introduction to Pathology _____

   b. Nutrition _____ d. Pharmacology _____

Mercado de trabajo

4. Where may a person with this degree work?

   a. _____ b. _____ c. _____ d. _____

COLEGIO DE CIENCIAS ASOCIADAS A LA SALUD

Fisioterapia

Perfil del egresado

El profesional en Fisioterapia estará capacitado para distinguir, en una evaluación física, los estados de normalidad e implementar, en su caso, el tratamiento de rehabilitación indicado, así como la aplicación del mismo, manejando el material y equipo necesarios en un área de medicina física y rehabilitación. Podrá participar conjuntamente con el médico fisiatra en la rehabilitación de casos especiales y en medicina del deporte.

Mercado de trabajo

El campo de trabajo del fisioterapeuta es amplio considerando su participación en programas dirigidos a personas sanas o enfermas y en el deporte, Escuelas de educación física, clubes deportivos, gimnasios, Hospitales y clínicas del sector público y privado, departamentos de medicina del deporte y atención a pacientes particulares.

PLAN DE ESTUDIOS

PRIMER TRIMESTRE
- Introducción a la Fisioterapia.
- Anatomía Humana.
- Fisiología General.

SEGUNDO TRIMESTRE
- Principios para el Cuidado del Paciente.
- Primeros Auxilios.
- Fisiología Especial.

TERCER TRIMESTRE
- Sicología Aplicada a la Fisioterapia.
- Física Aplicada a la Fisioterapia.
- Introducción a la Patología.

CUARTO TRIMESTRE
- Instrumentación a la Fisioterapia.
- Técnicas de Evaluación del Estado Físico Normal.
- Ejercicio Físico.

QUINTO TRIMESTRE
- Técnicas de Evaluación de Escuelas Patológicas.
- Medios en la Fisioterapia.
- Deontología.

SEXTO TRIMESTRE
- Rehabilitación Músculo-Esquelética.
- Técnicas de Rehabilitación Pediátrica.
- Técnicas de Rehabilitación Geriátrica.

SÉPTIMO TRIMESTRE
- El Deporte y la Fisioterapia.
- Nutriología.
- Terapia y Kinesiología.

OCTAVO TRIMESTRE
- Rehabilitación del Paciente Cardíaco.
- Rehabilitación del Paciente Neurológico.
- Farmacología.

En papel: ¿Qué hay en tu universidad? Write sentences describing what your school has and doesn't have, using the vocabulary on pages 30–31. Also indicate what classes you are taking and when they meet.

> **Modelo**   En mi universidad hay una piscina, pero (but) no hay auditorios.
> Mi clase de matemáticas es a las ocho de la mañana.

¡A ver de nuevo! Contesta las preguntas.

1. ¿Qué necesita comprar Sofía? _____

_____

2. ¿Cuántas clases toma Manolo? _____

3. ¿Qué clases tiene Manolo mañana? _____

4. ¿Adónde va Sofía antes (before) de su clase de física? _____

5. ¿A qué hora es su clase de física? _____

6. ¿Adónde van mañana después de la clase de cálculo? _____

Invitación a **Honduras**

Del álbum de
Ana Marí

Honduras es un país pequeño; es un poco más grande que el estado de Tennessee. Copán es una bella ciudad maya en Honduras. Durante más de un milenio, Copán fue (was) el centro cultural y educativo más importante para los mayas.

Actualmente, Copán es Patrimonio de la humanidad (World Heritage). Un patrimonio es un lugar específico de importancia universal excepcional por su valor (value) cultural o natural. La UNESCO otorga (gives) esta prestigiosa designación; Copán la recibió (received it) en 1980.

1. How large is Honduras?
2. Why is Copán so important?
3. In your own words, summarize what is considered a World Heritage site.

Práctica adicional			
Cuaderno de tareas p. 54, Ñ	holaquetal. vhlcentral.com Episodio 2	holaquetal. vhlcentral.com Lab practice	holaquetal. vhlcentral.com Episodio 2

Vocabulario del Episodio 2

¿A qué hora es...?	*(At) What time is...?*
Es a las once y cuarto de la mañana.	*It's at eleven-fifteen in the morning.*
Es a la una y media de la tarde.	*It's at one-thirty in the afternoon.*
Es a las diez menos veinte de la noche.	*It's at twenty to ten in the evening.*
Hay...	*There is/are...*

En la universidad *At the university*

Cosas	*Things*	Lugares	*Places*
la bandera	*flag*	el auditorio	*auditorium*
la calculadora	*calculator*	el baño	*bathroom*
el cuaderno	*notebook*	la biblioteca	*library*
el diccionario	*dictionary*	la cafetería	*cafeteria*
el escritorio	*desk* (teacher's)	la cancha de tenis	*tennis court*
el lápiz	*pencil*	de vóleibol	*volleyball court*
el libro	*book*	el edificio	*building*
el mapa	*map*	la enfermería	*health center; infirmary*
la mochila	*backpack*	el estacionamiento	*parking lot*
el papel	*paper*	el estadio	*stadium*
la papelera	*wastebasket*	el gimnasio	*gym*
el pizarrón	*chalkboard*	la librería	*bookstore*
la pluma	*pen*	la oficina	*office*
la prueba	*quiz*	la piscina	*swimming pool*
la puerta	*door*	la residencia estudiantil	*dormitory*
el pupitre	*desk* (student's)	el salón de clase	*classroom*
el reloj	*clock*		
el reproductor de DVD	*DVD player*		
la silla	*chair*		
la tele(visión)	*TV*		
la ventana	*window*		
la videocasetera	*VCR*		

Personas *People*

el compañero	la compañera	los/las compañeros/as	*classmate(s)*
el consejero	la consejera	los/las consejeros/as	*counselor(s)*
el estudiante	la estudiante	los/las estudiantes	*student(s)*

Artículos definidos *Definite articles*

el	*the (for masculine singular nouns)*
la	*the (for feminine singular nouns)*
los	*the (for masculine plural nouns)*
las	*the (for feminine plural nouns)*

Artículos indefinidos *Indefinite articles*

un	*a/an (for masculine singular nouns)*
una	*a/an (for feminine singular nouns)*
unos	*some (for masculine plural nouns)*
unas	*some (for feminine plural nouns)*

Vocabulario personal

Write the words that you need to know to talk about your class schedule and academic life in Spanish.

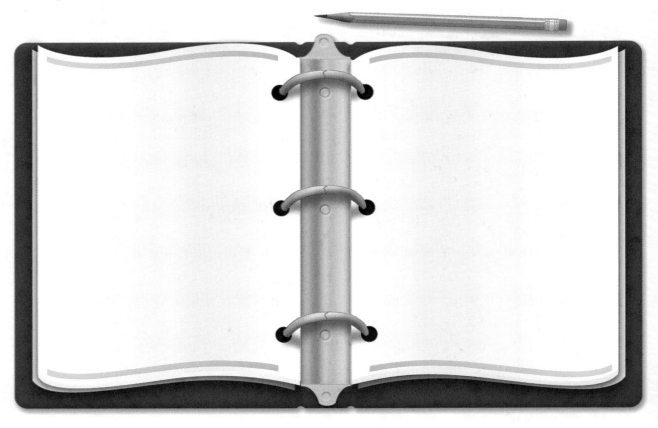

Cuaderno de tareas

Episodio 2

Escenas de la vida: En la librería

A. ¡Mira cuánto entendiste! See how much of the **Escena** you understood by matching the Spanish sentences with their English equivalents.

Los libros cuestan mucho dinero.

_____ 1. Necesito cuadernos y plumas.

_____ 2. Ya tengo los libros.

_____ 3. ¿Qué clases tienes mañana?

_____ 4. ¿Cuántas clases tomas?

_____ 5. ¿Qué necesitas comprar?

a. I already have my books.

b. I need notebooks and pens.

c. What do you need to buy?

d. How many classes are you taking?

e. What classes do you have tomorrow?

Vamos al café.

_____ 6. Necesito ir a la biblioteca.

_____ 7. Vamos después de clase.

_____ 8. Nos vemos mañana.

_____ 9. ¿Invito a Ana Mari?

_____10. ¿Por qué no vamos al café?

f. Why don't we go to the café?

g. Let's go after class.

h. Should I invite Ana Mari?

i. I need to go to the library.

j. See you tomorrow.

B. En la librería. Use the words below to complete the conversation.

comprar	cuadernos	historia	mochila
crimen	dinero	libros	plumas

Sofía   ¿Qué necesitas (1) _____?

Manolo   Unos libros de (2) _____. ¿Y tú?

Sofía   Necesito lápices, (3) _____, (4) _____ y una

(5) _____.

Manolo   Cada semestre gasto mucho (6)_____ en libros.

Sofía   No entiendo por qué los (7) _____ cuestan tanto.

Manolo   Es un (8) _____.

C. Después de clase. Order the statements so the dialogue makes sense.

_____ a. ¡Qué horror! Cinco clases, pobrecito. Oye, ¿qué clases tienes mañana?

_____ b. ¿A qué hora es tu clase de sicología?

_____ c. Cinco, y tres son horribles.

_____ d. ¿Cuántas clases tomas este semestre?

_____ e. Es a la una y media.

_____ f. Cálculo y sicología.

Vocabulario 1

Identifying university-related objects, places, and people
• **University-related vocabulary**

D. ¿Qué son? Examine the following words to determine whether they are **una cosa, un lugar,** or **una persona.** Write them in the appropriate column.

el auditorio	el consejero	la consejera
la bandera	el edificio	el reloj
el compañero	el mapa	la residencia estudiantil
la prueba	la piscina	las sillas

una cosa	**un lugar**	**una persona**
_____	_____	_____
_____	_____	_____
_____	_____	_____
_____	_____	_____
_____	_____	_____

E. En el salón de clase. Identify the items in the illustration. Use the definite articles **el, la, los,** and **las**.

1. _____
2. _____
3. _____
4. _____
5. _____
6. _____
7. _____
8. _____
9. _____
10. _____
11. _____
12. _____

F. En la papelería. Identify the items in the illustration. Use the definite articles **el, la, los,** and **las.**

1. _____
2. _____
3. _____
4. _____
5. _____
6. _____
7. _____
8. _____

Papelería El Trópico

G. ¿Adónde vas? Say where you would go in each case.

| Modelo | to swim | la piscina |

1. to buy a book _____
2. to exercise _____
3. to eat something while at the university _____
4. to park your car _____
5. to watch a football game _____
6. to play tennis _____
7. to study while on campus _____
8. to wash your hands _____

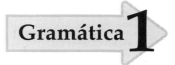**Gramática 1** **Talking about university-related objects, places, and people**
- **Gender of nouns**
- **Plural of nouns**
- **Hay**

H. ¿Qué necesitas comprar? To express what you need to buy in Spanish, use indefinite articles, just as in English *(I need to buy a pen)*. Fill in the missing articles.

Necesito comprar...

1. _____ libro
2. _____ reloj
3. _____ mochila
4. _____ mapas de Latinoamérica

5. _____ lápices
6. _____ cuaderno
7. _____ pluma
8. _____ videocaseteras

I. ¿Masculino o femenino?

Examine the following words to determine whether they are masculine or feminine. Write them in the appropriate column. Use the definite articles **el, la, los,** and **las.**

auditorio	comunidad	inglés	química	televisión
compañera	consejero	pizarrón	salón	ventana

Masculino   **Femenino**

1. _____   6. _____

2. _____   7. _____

3. _____   8. _____

4. _____   9. _____

5. _____   10. _____

J. El plural.

Make each statement plural.

> **Modelo**   Hay <u>un lápiz</u> en la mochila.
> **Hay unos lápices en la mochila.**

1. Hay <u>un estudiante</u> en el salón.

_____

2. Hay <u>una piscina</u> en el gimnasio.

_____

3. Hay <u>una calculadora</u> en el pupitre.

_____

4. Hay <u>un edificio</u> en la universidad.

_____

5. Hay <u>un compañero</u> en la cafetería.

_____

K. Las opiniones.

In Spanish, when a general statement is made about something (a noun), the definite article is needed (i.e, **Los libros cuestan demasiado dinero.**). In English, the article is not needed (i.e., *Books cost too much.*). Provide the necessary article and state whether you agree (**estoy de acuerdo**) or disagree (**no estoy de acuerdo**).

1. _____ relojes son indispensables.   _____

2. _____ clases son difíciles (*difficult*).   _____

3. _____ universidades son instituciones importantes.   _____

4. _____ profesores no ganan (*earn*) mucho dinero.   _____

5. _____ papeles necesitan reciclarse (*recycle*) siempre (*always*).   _____

6. _____ papeleras están llenas (*full*).   _____

7. _____ cafeterías en las universidades son caras (*expensive*).   _____

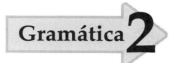

> **Gramática 2** Asking and telling when an event takes place
> • Time of events

L. ¡Pon la hora! Set the clocks to the correct time.

las doce y cuarto   las tres y media

la una y veinte   las cuatro menos diez

M. Los eventos universitarios. A Spanish-speaking friend has asked you to find out when the following events will take place. Write down what you would say in Spanish. Remember: *a las* **tres de la tarde**, but *a la* **una de la tarde**.

¿A qué hora es...

1. el concierto de música clásica? (9:00 p.m.)   _____

2. el programa sobre *(about)* literatura moderna? (8:15 p.m.) _____

3. el partido *(game)* de fútbol? (5:45 p.m.)   _____

4. la reunión del club latino? (10:30 a.m.)   _____

5. la conferencia sobre el arte prehispánico? (1:30 p.m.)   _____

6. la excursión al Museo de Ciencia y Tecnología? (8:10 a.m.) _____

N. Preguntas personales. Answer the following questions with the times requested; you do not need to use full sentences.

1. ¿A qué hora sales *(do you leave)* de casa por la mañana? _____

2. ¿A qué hora regresas *(do you return)*? _____

3. ¿A qué hora llegas *(do you arrive)* a la universidad? _____

4. ¿A qué hora es tu primera *(first)* clase los lunes? _____

5. ¿A qué hora miras *(do you watch)* la tele? _____

Para terminar

 Ñ. La Universidad en la Comunidad-Único. Read the following brochure for the **Universidad en la Comunidad** and answer the following questions.

Plan de estudios

1. What is the English word for **Nutrición**? _____

2. How many quarters are necessary to complete a degree? _____

3. Indicate in which quarter students take the following courses:

       a. Epidemiology   _____

       b. Thesis Seminar   _____

       c. Human Physiology   _____

       d. Pediatric Nutrition   _____

Mercado de trabajo

4. Where may a person with this degree work?

       a. _____

       b. _____

       c. _____

       d. _____

COLEGIO DE CIENCIAS ASOCIADAS A LA SALUD

Nutrición

Perfil del egresado

El profesional en Nutrición tendrá los conocimientos necesarios para colaborar en la solución de los problemas de nutrición y alimentación de México, ofreciendo apoyo nutricional, orientación y asesoría a todo individuo sano o enfermo.

Mercado de trabajo

El campo de trabajo del nutriólogo es amplio, ya que podrá prestar asesoría y desempeñar funciones de apoyo nutricional en hospitales y clínicas del sector público y privado, así como en otras disciplinas de interés: Salud pública, epidemiología, saneamiento ambiental e industria del alimento.

PLAN DE ESTUDIOS

PRIMER TRIMESTRE
- Bioquímica de la Nutrición.
- Morfología Humana.
- Fisiología Humana.

SEGUNDO TRIMESTRE
- Introducción a la Fisiopatología.
- Nutrición Básica.
- Salud Pública y Nutrición.

TERCER TRIMESTRE
- Química de los alimentos.
- Epidemiología.
- Métodos de la Investigación.

CUARTO TRIMESTRE
- Bioestadística.
- Principios de Dietocálculo.
- Principios Básicos de Administración.

QUINTO TRIMESTRE
- Nutrición Clínica en Adultos.
- Saneamiento Ambiental.
- Dietoterapia en Salud y Enfermedad.

SEXTO TRIMESTRE
- Apoyo Nutricional Especial.
- Nutrición Pediátrica.
- Salud Materno Infantil.

SÉPTIMO TRIMESTRE
- Sicología y Nutrición.
- Nutrición Comunitaria.
- Seminario de Tesis.

OCTAVO TRIMESTRE
- Tecnología Educativa en Nutrición.
- Administración de los Servicios de Alimentación y Nutrición.
- Nutrición Clínica Intrahospitalaria.

Episodio 3

Escenas de la vida: Los profesores y las clases

 A. ¡Mira cuánto puedes entender!

Parte 1. Mira o escucha la **Escena** para indicar las cosas que hay en los salones de México.

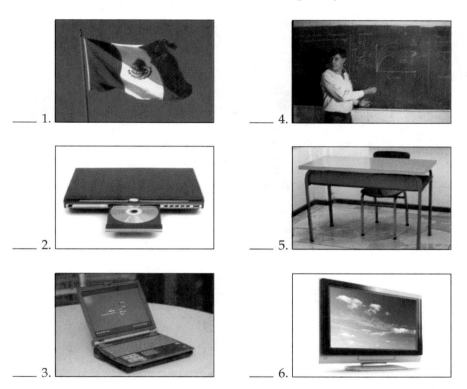

____ 1.

____ 2.

____ 3.

____ 4.

____ 5.

____ 6.

Parte 2. Mira o escucha la **Escena** para indicar las cosas que hay en las universidades de Puerto Rico.

La mayoría de las universidades de Puerto Rico tienen...

____ 1. una piscina   ____ 4. una biblioteca

____ 2. una cafetería   ____ 5. un auditorio

____ 3. un gimnasio   ____ 6. canchas de tenis

B. Las características. As you listen to or watch the **Escena**, indicate the correct characteristic.

1. ¿Cómo es el profesor de cálculo?

☐ arrogante ☐ competente
☐ atractivo ☐ reservado
☐ estricto ☐ flexible

2. A Adriana le gusta la clase de composición porque el profesor es...

☐ extrovertido ☐ interesante
☐ paciente ☐ serio
☐ excelente ☐ flexible

Sofía   **Adriana**

3. A Adriana no le gusta la clase de contabilidad porque la profesora es...

☐ impaciente ☐ seria
☐ reservada ☐ arrogante
☐ pesimista ☐ tímida

4. Indica qué características aplican a Sofía (**S**) y cuáles a Adriana (**A**).

__ sociable __ activa
__ tímida __ responsable
__ madura __ inteligente

Cultura a lo vivo

In the Spanish-speaking world, the concept of the nuclear family versus the extended family does not exist. The boundaries of the family extend beyond the immediate family to include grandparents, aunts and uncles, cousins, and others. Spanish speakers are widely assumed to have large families. However, Latin American families come in just as many sizes and varieties as families in the U.S. Many countries in Latin America have launched TV, radio, and billboard campaigns to promote smaller families; "**La familia pequeña vive mejor**" (*Smaller families live better*) is a popular slogan in Mexico.

C. ¿Te diste cuenta? Indica si los comentarios son **ciertos** o **falsos**.

	Cierto	Falso
1. En las universidades de México hay televisiones y videocaseteras en todos los salones.	☐	☐
2. En Puerto Rico, las universidades tienen un gimnasio, un auditorio y una biblioteca.	☐	☐
3. En México no hay consejeros.	☐	☐
4. A Adriana le gusta mucho la clase de composición.	☐	☐
5. El profesor de la clase de diseño es increíble.	☐	☐
6. La clase de geología es aburrida *(boring)*.	☐	☐
7. El esposo de Adriana es impaciente.	☐	☐

D. ¿Quién lo dijo? ¿Quién dijo las siguientes oraciones, Sofía (**S**) o Adriana (**A**)?

_____ 1. ¿Le gusta la clase de cálculo?

_____ 2. El cálculo es difícil.

_____ 3. A mí me gusta mucho la clase.

_____ 4. No me gusta la clase, pero la necesito porque es mi carrera.

_____ 5. ¿Cuál te gusta más?

Práctica adicional		
Cuaderno de tareas p. 69, A–B	holaquetal. vhlcentral.com Episodio 3	holaquetal. vhlcentral.com Episodio 3

 **Para comunicarnos mejor**

Gramática 1

Expressing likes and dislikes
• **Me gusta, te gusta, le gusta**

In their conversation, Sofía and Adriana made the following statements:

Me gusta mucho esta clase.

No me gusta la clase.

La clase de composición **me gusta** mucho.	*I like composition class a lot.*
¿Le gusta la clase de cálculo?	*Do you like calculus class?*
A mí **me gusta** mucho la clase.	*I like the class a lot.*
¿Cuál **te gusta** más?	*Which one do you like better?*

1. Notice that you need to use the definite article after **gusta** when it is followed by a noun.

    ¿Le gusta **la** clase de cálculo?

2. When Sofía asks Adriana about her preferences, she does not use **¿te gusta?**; she uses **¿le gusta?** instead. Adriana is older, and Sofía just met her, so she wants to be polite. When you ask or tell a friend whether he/she likes something, use **te gusta.** Use **le gusta** with your instructor, and **me gusta** when referring to your own preferences.

    Me gusta estudiar español.

PRÁCTICA

A. ¿Qué clases te gustan? Use the list of class subjects on page 11 to interview a partner and find out your classmate's preferences. Remember, you need to use **el** or **la** before a noun.

> **Modelo**
> —¿Te gusta el drama?
> —Sí, me gusta. ¿Y a ti?
> —A mí también. *or* —A mí no.
>
> —¿Te gusta la biología?
> —No, no me gusta. ¿Y a ti?
> —A mí tampoco. *or* —A mí sí.

¡Fíjate!

Look at the ending of the class subjects to determine whether they are masculine or feminine.

B. Tus preferencias. Find out whether your classmate likes the activities listed below. Each activity begins with a verb. You can guess what the verbs mean from the context. For example, in **¿Te gusta jugar fútbol?** you can safely guess that **jugar** means *to play*.

> **Modelo**
> —¿Te gusta jugar fútbol?
> —No, no me gusta. ¿Y a ti?
> —A mí tampoco. *or* —A mí sí.
>
> —¿Te gusta comer ensaladas?
> —Sí, me gusta. ¿Y a ti?
> —A mí también. *or* —A mí no.

1. jugar (vóleibol, béisbol, fútbol americano, fútbol *(soccer)*, tenis)
2. comer (pizza, tacos, enchiladas, hamburguesas, frutas, ensaladas)
3. estudiar (en casa, en la biblioteca, con compañeros de clase)
4. escuchar música (clásica, alternativa, rap, latina, moderna)
5. leer (novelas, poemas, el periódico *(newspaper)*, el horóscopo)
6. mirar programas (cómicos, policíacos, de suspenso)

> **También se dice...**
> These sports are also spelled without accent marks because many Spanish speakers stress the last syllable when pronouncing them:
>
> vóleibol ⟶ volibol
> béisbol ⟶ beisbol
> fútbol ⟶ futbol
> fútbol americano ⟶ futbol americano

C. Las preferencias de tu profesor(a). As a class, find out whether your instructor likes some of the same activities.

> **Modelo**   —Profesor(a), ¿le gusta escuchar música rap?

D. Una entrevista. First fill in each column with your preferences. Then interview a classmate to find out if your preferences are similar.

> **Modelo** —Me gusta la música de Rihanna. ¿Y a ti?
> —A mí no me gusta. Pink me gusta más. ¿Te gusta el programa de *American Idol*?
> —Sí, me gusta mucho.

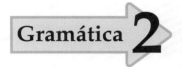

Práctica adicional

Cuaderno de tareas
p. 70, C–D

SUPERSITE
holaquetal.
vhlcentral.com
Episodio 3

Mis cantantes *(singers)* favoritos	Mis actores favoritos	Mis programas favoritos
_____	_____	_____
_____	_____	_____
_____	_____	_____

Gramática 2

Describing yourself and others
- **Ser** + [*adjectives*] (cognates)
- **Subject pronouns**

In the dialogue, Adriana says **soy un poco tímida** when describing herself and **el profesor es muy estricto** when describing her calculus instructor. **Soy** and **es** are forms of the verb **ser** (*to be*). Use the following forms to describe yourself and others.

Ser		
yo	**Soy** un poco tímida.	*I'm a little shy.*
tú	**Eres** muy pesimista.	*You are very pessimistic.* (informal)
usted (Ud.)	**Es** creativo.	*You are creative.* (formal)
él	**Es** ambicioso.	*He is ambitious.*
ella	**Es** seria.	*She is serious.*
nosotros nosotras	**Somos** inteligentes.	*We are intelligent.*
ustedes (Uds.)	**Son** impacientes.	*You are impatient.* (plural)
vosotros* vosotras	**Sois** impacientes.	
ellos ellas	**Son** muy sociables.	*They are easy-going.*

*Spain is the only country that uses **vosotros/as** for *you* (plural, informal) and **ustedes** for *you* (plural, formal). All other Spanish-speaking countries use **ustedes** for both formal and informal second-person plural.

1. Notice that **nosotros, vosotros,** and **ellos** may refer to a group of men or to a mixed group, whereas **nosotras, vosotras,** and **ellas** refer only to women.

2. Notice that there is no pronoun for *it*. Use **es** to convey the idea *it is*.

   Es mi libro.   *It is my book.*   **Son mis libros.**   *They are my books.*

¡Fíjate!

The **vosotros** forms are provided for your reference only; you are not responsible for learning them.

• Subject pronouns

In their conversation, Sofía and Adriana said:

Soy de Puerto Rico.   *I'm from Puerto Rico.*   Es mi mejor amiga.   *She is my best friend.*

Notice that the characters do not say *yo* **soy** or *ella* **es**. In Spanish, the verb form itself and/or the context indicates the person we are talking about (*I, you, he, she, we, they*). Therefore, it is not necessary to use subject pronouns. The subject pronouns (**yo, tú, usted, él, ella, nosotros/as, vosotros/as, ustedes, ellos/ellas**) are used only when:

a. you want to establish contrast or emphasis. **Tú no eres responsable, yo sí.**
b. there is no verb. **Yo también, nosotros tampoco, tú no.**
c. you are answering a "who" question. **¿Quién es romántico? Yo soy.**

Read the following descriptive adjectives. They are all cognates. Can you understand what they mean? The spelling of these adjectives stays the same whether they describe a man or a woman.

Para describir la personalidad I		
arrogante	increíble	pesimista
competente	interesante	(ir)responsable
excelente	materialista	sentimental
flexible	optimista	sociable
idealista	(im)paciente	terrible

The following adjectives end in **-o** when they refer to a man and in **-a** when they refer to a woman.

Para describir la personalidad II			
activo/a	discreto/a	(des)honesto/a	romántico/a
ambicioso/a	estudioso/a	(in)maduro/a	serio/a
atractivo/a	extrovertido/a	nervioso/a	tímido/a
creativo/a	generoso/a	reservado/a	tranquilo/a

To ask what someone is like, use the expression ¿**Cómo es/son...**?
¿Cómo es la profesora de composición?   *What is your composition professor like?*

PRÁCTICA

E. Los amigos de Sofía. Complete Sofía's description and answer her questions using **ser**.

1. Mi mamá _____ extrovertida y sociable. ¿Y tú mamá?

   Mi mamá _____

2. Ana Mari y Ramón _____ responsables y maduros. ¿Cómo son tus amigos?

   Mis amigos _____

3. Manolo y yo _____ amigos; _____ muy diferentes.

4. ¿Cómo es tu mejor amigo/a? ¿Cómo eres tú? _____

5. Mi mejor amigo/a y yo _____

F. ¿Cómo eres? Chat with a partner about each other's characteristics. Use the adjectives from the previous page. Ask questions like:

Modelo	—¿Eres responsable?	—¿Eres reservado?
	—Sí, soy responsable. ¿Y tú?	—No, no soy reservado. ¿Y tú?
	—Yo también. *or* —Yo no.	—Yo tampoco. *or* —Yo sí.

G. ¿Cómo es tu profesor(a)? With your partner, try to determine the three characteristics that best describe your instructor. Then ask your instructor to tell whether your guesses are correct.

Invitación a Bolivia

Del álbum de
Sofía

Bolivia tiene aproximadamente tres veces *(times)* el tamaño *(size)* de Montana, y su población es de 9,1 millones de habitantes. Es el país más alto *(highest)* y aislado *(isolated)* de América. Bolivia tiene tres lenguas oficiales: el español, el quechua y el aymará. Hay estaciones de radio en quechua (lengua inca) y aymará (lengua pre-inca), y en la televisión se puede escuchar las noticias en quechua. Este país tiene suficiente gas natural para los próximos 400 años. Allí también encontramos el salar *(salt flat)* más grande del mundo, el salar de Uyuni. Se estima que contiene 10 billones de toneladas *(tons)* de sal.

1. How is the indigenous influence palpable in Bolivia?
2. What did you learn about Bolivia and the Salar de Uyuni?
3. What is one of Bolivia's natural resources?

Mujer quechua con llamas.

El salar de Uyuni.

Vocabulario **1** Identifying Spanish-speaking countries

Study the map below to learn the locations, names, and capitals of the Spanish-speaking countries.

Los países de habla hispana y sus capitales

Estados Unidos, Washington D.C.

Océano Atlántico

España, Madrid

Cuba, La Habana

República Dominicana, Santo Domingo

Puerto Rico, San Juan

México, Ciudad de México

Honduras, Tegucigalpa

Guatemala, Ciudad de Guatemala

Colombia, Bogotá

Venezuela, Caracas

El Salvador, San Salvador

Nicaragua, Managua

Costa Rica, San José

Panamá, Ciudad de Panamá

Guinea Ecuatorial, Malabo

Ecuador, Quito

Perú, Lima

Paraguay, Asunción

Océano Pacífico

Bolivia, La Paz y Sucre

Uruguay, Montevideo

Argentina, Buenos Aires

Chile, Santiago

PRÁCTICA

H. El mundo hispano. Examina el mapa para completar las oraciones.

1. Los países hispanos de Centroamérica son: _____, _____, _____, _____, _____ y _____.

2. ¿En cuántos países (*countries*) se habla español? En _____.

3. En el Caribe, se habla español en _____, _____ y _____.

4. ¿Qué países de Sudamérica no tienen (*do not have*) acceso al océano? _____ y _____.

5. En Europa, un país de habla hispana es _____.

6. La capital de Guinea Ecuatorial es _____.

7. La capital de Chile es _____, la de Colombia es _____ y la de Nicaragua es _____.

8. San José es la capital de _____.

¡Fíjate!

Bolivia has two capitals: La Paz, the administrative capital and the center of government, and Sucre, the constitutional capital and judicial center.

Práctica adicional

Cuaderno de tareas
p. 72, I–J

holaquetal.
vhlcentral.com
Lab practice

SUPERSITE

holaquetal.
vhlcentral.com
Episodio 3

Actividades comunicativas

A. Los habitantes en Latinoamérica.

Instrucciones para **Estudiante 1**

You have half of the information on populations in Latin America, and your partner has the other half. First, write the names of the countries you are missing, then ask your partner to give you the number of inhabitants for each one. Take turns and use the following model.

Modelo　—¿Cuántos habitantes hay en México?
　　　　　—En México hay ciento trece punto tres
　　　　　millones de habitantes.

¡Fíjate!

The numbers next to each country represent the number of people in millions. They are read as follows:

El Salvador, siete punto seis millones de habitantes.

En Estados Unidos hay más de 40 millones de hispanohablantes.

Cuba, 11.4

México, 113.3

El Salvador, 7.6

Costa Rica, 4.7

Panamá, 3.6

Ecuador, 14.2

Colombia, 49

Bolivia, 10.2

Uruguay, 3.7

Chile, 17.2

Sources: U.S. Census Bureau and the Population Division, UN Secretariat.

63

N

 A. Los habitantes en Latinoamérica.

Instrucciones para **Estudiante 2**

You have half of the information on populations in Latin America, and your partner has the other half. First, write the names of the countries you are missing, then ask your partner to give you the number of inhabitants for each one. Take turns and use the following model.

> **Modelo** —¿Cuántos habitantes hay en México?
> —En México hay ciento trece punto tres millones de habitantes.

¡Fíjate!
The numbers next to each country represent the number of people in millions. They are read as follows:
Honduras, ocho punto dos millones de habitantes.

En Estados Unidos hay más de 40 millones de hispanohablantes.

República Dominicana, 9.7
Puerto Rico, 4.1
Guatemala, 14.3
Honduras, 8.2
Nicaragua, 6.2
Venezuela, 30
Perú, 30.1
Paraguay, 7.1
Argentina, 40.8

Sources: U.S. Census Bureau and the Population Division, UN Secretariat.

B. ¡A hablar! Interview a classmate. Find out your classmate's name, how many classes they are taking, which ones, at what time, which classes they like or dislike, whether they work, and how many hours. Find out which type of music and TV shows they like. Ask them to describe themselves and two of their teachers.

La correspondencia

El correo: Una carta para Odette. Read Sofia's letter to her friend Odette and answer the questions.

1. ¿Cuántas clases toma Sofía? _____

2. ¿Cómo son las clases de Sofía? _____

3. ¿Quién *(Who)* es Manolo? _____

4. Describe a Lalo. _____

> **Reading Strategy: Understanding the overall meaning**
> When reading, you do not have to understand every word. To understand the overall meaning of Sofía's letter, read the first paragraph and highlight all the words you understand. Then use those words to determine the main idea of the paragraph. Read the other paragraphs, repeating the process. Read the questions first to find out what you need to know.

Querida Odette:

¿Cómo estás? Yo estoy muy contenta porque ya comenzamos las clases en la universidad. Este semestre tomo cuatro clases. Creo que van a ser fáciles[1], especialmente cálculo y geología. Lo único[2] diferente es que son en inglés. La clase de cálculo es divertida[3], porque mi amigo Manolo está en la clase y a veces[4] es cómico.

Mis papás están muy bien; están planeando unas vacaciones en Cancún y están muy emocionados[5]. Lalo me preocupa un poco. Es bastante irresponsable e inmaduro y ya casi tiene dieciséis años[6]. No es diligente en la escuela y solamente le interesa ir a fiestas y estar con sus amigos. Espero que cuando se gradúe de la preparatoria[7] madure un poco.

Bueno, querida Odette, un beso[8] para ti y toda tu familia. Escríbeme pronto.

Tu amiga que te quiere,
Sofía

[1] *easy*   [2] **Lo...** *The only thing*   [3] *fun*   [4] *sometimes*   [5] *excited*   [6] **ya...** *he is almost 16 years old*
[7] *high school*   [8] *kiss*

En papel: Una notita para Sofía. Complete the following e-mail to Sofía telling her about yourself.

> **Writing Strategy: Identifying the content of a note**
> Successful writers identify the information they wish to communicate before they begin to write. In the early stages of learning Spanish, this information will be lists of words and phrases. Later, you can incorporate these lists into brief notes you write to Spanish speakers. Pay close attention to spelling, so that your early written communication will be understandable.

From: _____
To: Sofía. <Blasio@sol.red>
Re: Saludos

Date: Lunes, 19 de feb. 12:07 EST

Hola, Sofía:

Me llamo _____. Soy de _____.
Mi universidad se llama _____.
Este semestre tomo _____ clases. Son: _____.
Me gusta mucho la clase de _____ porque
el/la profesor(a) es _____.
Este semestre trabajo _____ horas a la semana. ¿Y tú? ¿Cuántas clases tomas?
¿Trabajas? ¿Cuántas horas? ¡Escríbeme pronto! Buena suerte este semestre.

                                                    Saludos,

                                              _____

¡A ver de nuevo! Escucha la conversación o mira el video de **Escenas de la vida** para completar cada oración con la palabra apropiada.

1. Los salones de clase en Puerto Rico no tienen tantas _____.
2. La mayoría de las universidades tienen un _____, un _____ y una _____.
3. En Puerto Rico y en Estados Unidos hay _____, pero en México no.
4. El profesor de cálculo es _____ y _____.
5. Adriana es un poco _____.
6. A Sofía le gustan las clases de _____, _____ y _____.

Práctica adicional			
Cuaderno de tareas pp. 73–74, K–L	holaquetal. vhlcentral.com Episodio 3	holaquetal. vhlcentral.com Lab practice	holaquetal. vhlcentral.com Episodio 3

Vocabulario del Episodio 3

Los gustos *Likes and dislikes*

¿Te gusta...?	*Do you like…?* (informal)	**No, no me gusta.**	*No, I don't like it.*
Sí, me gusta.	*Yes, I like it.*	**¿Le gusta...?**	*Do you like...?* (formal)

Para pedir descripciones *To ask for descriptions*

¿Cómo es tu profesor(a)?	*What is your teacher like?*
¿Cómo son tus amigos?	*What are your friends like?*

Los pronombres personales y el verbo **ser**

yo **soy**	*I am*
tú **eres**	*you are* (informal)
usted (Ud.) **es**	*you are* (formal)
él **es**	*he is*
ella **es**	*she is*
nosotros/as **somos**	*we are*
ustedes (Uds.) **son**	*you are* (plural)
vosotros/as **sois**	
ellos/ellas **son**	*they are*

Adjetivos

activo/a	excelente	(in)maduro/a	romántico/a
ambicioso/a	extrovertido/a	materialista	sentimental
arrogante	flexible	nervioso/a	serio/a
atractivo/a	generoso/a	optimista	sociable
competente	(des)honesto/a	(im)paciente	terrible
creativo/a	idealista	pesimista	tímido/a
discreto/a	increíble	reservado/a	tranquilo/a
estudioso/a	interesante	(ir)responsable	

Los países de habla hispana y sus capitales

Argentina, Buenos Aires	Guinea Ecuatorial, Malabo
Bolivia, La Paz y Sucre	Honduras, Tegucigalpa
Chile, Santiago	México, Ciudad de México
Colombia, Bogotá	Nicaragua, Managua
Costa Rica, San José	Panamá, Ciudad de Panamá
Cuba, La Habana	Paraguay, Asunción
Ecuador, Quito	Perú, Lima
El Salvador, San Salvador	Puerto Rico, San Juan
España, Madrid	República Dominicana, Santo Domingo
Estados Unidos, Washington D.C.	Uruguay, Montevideo
Guatemala, Ciudad de Guatemala	Venezuela, Caracas

Vocabulario personal

Write the words that you need to know to describe yourself and express your likes and dislikes in Spanish.

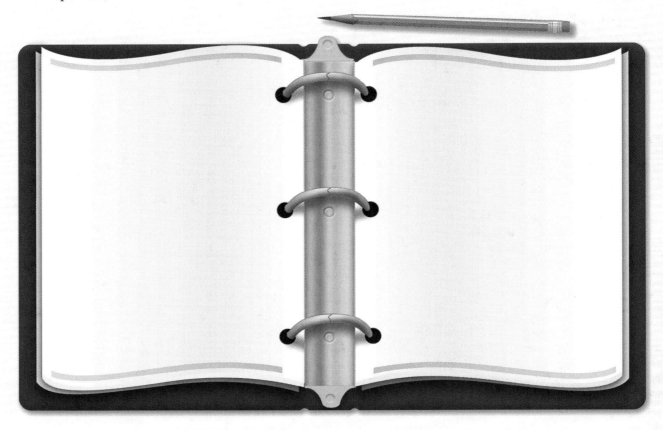

Cuaderno de tareas

Episodio

3

Escenas de la vida: Los profesores y las clases

A. ¡Mira cuánto puedes entender! See how much of the **Escena** you understood by matching the Spanish sentences with their English equivalents.

En la universidad

_____ 1. ¿Hay consejeros?

_____ 2. En México no hay.

_____ 3. Es mi carrera.

_____ 4. Los salones están bien equipados.

_____ 5. En Puerto Rico tampoco tienen tantas cosas.

a. It's my major.

b. Classrooms are well-equipped.

c. In Puerto Rico, they don't have as many things either.

d. Are there counselors?

e. In Mexico there aren't any.

Las clases

_____ 6. ¡Qué mala suerte!

_____ 7. El profesor explica bien.

_____ 8. Juego tenis con mi esposo.

_____ 9. Me gusta hacer ejercicio.

_____ 10. Por suerte, mi clase de composición me gusta mucho.

f. I like to exercise.

g. Luckily, I like my English Composition class a lot.

h. Too bad!

i. The professor gives good explanations.

j. I play tennis with my husband.

B. ¿Qué clase te gusta? Order the statements so the dialogue makes sense.

_____ a. A mí me gusta mucho la clase. La de vóleibol también. Me gusta mucho hacer ejercicio. ¿Y a usted?

_____ b. En Puerto Rico, sí. Y los profesores son excelentes.

_____ c. Pues, más o menos. El cálculo es difícil. ¿Y a ti?

__1__ d. ¿En Puerto Rico hay consejeros como en Estados Unidos? En México no hay.

_____ e. A veces juego tenis con mi esposo, pero no me gusta.

_____ f. Hablando de profesores, ¿le gusta la clase de cálculo?

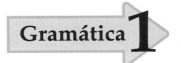
Gramática **1**

Expressing likes and dislikes
•Me gusta, te gusta, le gusta

C. ¿Qué materias te gustan? Indicate which subjects you like and which ones you do not like. You may use the subjects on the list below, or any subjects you wrote in your **Vocabulario personal** section. Remember to use the definite article after **gusta**.

cálculo	geología	inglés	contabilidad
economía	español	música	drama

1. Me gusta el arte. _____   No me gusta la astronomía. _____
2. _____   _____
3. _____   _____
4. _____   _____
5. _____   _____

D. ¿Qué te gusta hacer? Indicate six activities you like to do and six activities you do not like to do.

a. jugar (vóleibol, béisbol, fútbol americano, fútbol *(soccer)*, tenis)

b. comer (pizza, tacos, enchiladas, hamburguesas, frutas, ensaladas)

c. estudiar (en casa, en la biblioteca, con compañeros de clase)

d. escuchar música (clásica, alternativa, rap, latina, moderna)

e. leer (novelas, poemas, el periódico *(newspaper)*, el horóscopo)

f. mirar programas (cómicos, policíacos, de suspenso)

1. Me gusta estudiar en la biblioteca. _____
2. _____
3. _____
4. _____
5. _____
6. _____
7. _____
8. No me gusta escuchar música clásica. _____
9. _____
10. _____
11. _____
12. _____
13. _____
14. _____

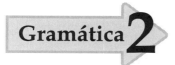

Gramática 2

Describing yourself and others
- **Ser** + [*adjective*] (cognates)
- **Subject pronouns**

E. Descríbelos. Describe what are the characteristics of a good professor and what are the characteristics of the best classmates or study buddies.

arrogante	idealista	optimista	sentimental
competente	increíble	(im)paciente	sociable
excelente	interesante	pesimista	terrible
flexible	materialista	(ir)responsable	tranquilo/a
activo/a	discreto/a	(des)honesto/a	romántico/a
ambicioso/a	estudioso/a	estricto/a	serio/a
atractivo/a	extrovertido/a	nervioso/a	tímido/a
creativo/a	generoso/a	reservado/a	inmaduro/a

1. Un buen profesor es _____

_____

2. Los mejores compañeros de clase son _____

_____

F. Mis amigos y yo: una descripción. Fill in the appropriate forms of **ser**.

(Yo) (1)_____ estudioso y ambicioso, pero no (2)_____ muy creativo.
Y tú, ¿cómo (3)_____ ? Tú (4) _____ un poco nerviosa, ¿no?
Sofía (5)_____ muy sociable y Manolo (6)_____ tímido. Ellos
(7)_____ buenos amigos. Ramón y yo (8)_____ inteligentes, pero también
(9)_____ materialistas. Y tus amigos, ¿cómo (10)_____?

G. ¿Cómo es...? Describe the famous people below. To ask someone to describe a person/people, you ask **¿Cómo es/son...?**

> **Modelo**   Barack Obama
> **¿Cómo es Barack Obama? Es inteligente y ambicioso.**

1. Brad Pitt y Angelina Jolie _____

2. Oprah Winfrey _____

3. Bill Gates _____

4. Michael Phelps _____

5. Mary-Kate y Ashley Olsen _____

H. Un poco sobre mí. *(A little about me.)* Write a paragraph with the following information: your name, the classes you take (**tomo...**), a description of your instructors (**Mi profesor de... es...**), the number of hours a week you work (**trabajo...**) and study (**estudio...**), and something you like to do.

_____

_____

_____

_____

_____

Vocabulario **1** Identifying Spanish-speaking countries

I. Capitales. Write the capitals of the following countries.

País	Capital
México	_____
Guatemala	_____
Costa Rica	_____
Panamá	_____
Chile	_____
España	_____
República Dominicana	_____
Puerto Rico	_____
Uruguay	_____

J. Los países. Look at the map in order to identify the countries.

1. _____   10. _____
2. _____   11. _____
3. _____   12. _____
4. _____   13. _____
5. _____   14. _____
6. _____   15. _____
7. _____   16. _____
8. _____   17. _____
9. _____   18. _____

Para terminar

K. La Universidad Estatal de San Marcos en California.

Parte 1. Read the description of the university and answer the questions.

La universidad está en la ciudad[1] de San Marcos, localizada a unas cuarenta millas[2] al norte de San Diego. Es la última[3] universidad (la número vientiuno) construída[4] en California por el sistema californiano de universidades estatales. California State University San Marcos es una universidad nueva y todavía es pequeña. La universidad no está totalmente terminada aún. Los salones son nuevos y modernos; todos están equipados con televisiones, computadoras, videocaseteras, pupitres y pizarrones nuevos, pero no hay piscinas. La cafetería y la biblioteca son muy bonitas[5] y modernas. Además hay un centro para el estudio de libros en español, Centro Barahona, que tiene una de las colecciones más grandes de libros infantiles y juveniles en español. Asisten aproximadamente 9.000 estudiantes. Ahora la universidad tiene tres edificios[6] para residencias estudiantiles, un gimnasio y una cancha de fútbol. También tiene muchos estacionamientos porque la mayoría de los estudiantes todavía[7] llegan a la universidad en coche[8]; menos de 600 estudiantes viven[9] en las residencias.

[1]city [2]miles [3]last [4]built [5]pretty [6]buildings [7]still [8]car [9]live

1. Describe the university, its size, and its facilities. _____

_____

2. Describe the classrooms. _____

_____

3. Why is this a good place to study? _____

_____

4. How many students are there? How many live on campus? How is parking?

_____

_____

Parte 2. Use the reading above as a model to write about your own university or college.

_____

_____

_____

_____

_____

L. Una miniprueba. Complete the following communicative tasks to test your knowledge of the content of this chapter.

1. Ask Sofía: a. how many classes she is taking.
                                 b. if she likes the calculus class.

2. Ask Adriana: c. when her composition class is.
                                 d. to describe her instructor.

3. Tell Manolo: e. the classes you take.
                                 f. which ones you like and why.

4. Describe: g. yourself.
                                 h. your favorite instructor.

a. _____

b. _____

c. _____

d. _____

e. _____

f. _____

_____

_____

_____

_____

_____

g. _____

_____

_____

_____

_____

h. _____

_____

_____

_____

_____

Objetivos comunicativos

In this episode, you will practice:

✓ talking about your family

✓ telling and asking for someone's age

✓ saying and asking where someone is from

✓ asking for and giving phone numbers

Episodio 4

Escenas de la vida: ¡Qué internacionales!

 A. ¡Mira cuánto puedes entender!

1. Localiza los siguientes lugares (*places*) en el mapa.

a. México _____
b. Honduras _____
c. La Florida _____
d. Puerto Rico _____
e. Cuba _____

2. Mira la **Escena** para completar las oraciones.

   f. La mamá de Ramón es de _____.
   g. El papá de Ramón es de _____.
   h. Los padres de Manolo son de _____.
   i. Adriana es de _____.

3. Indicate who prefers to speak English and who prefers to speak Spanish.

Los papás y los hermanos de Ramón.

Cultura a lo vivo

Educational politics, when schools actively discourage the use of any language other than English, have intensified the problem of language loss within Hispanic families. Because of these procedures, many Hispanic children have stopped speaking Spanish and will be unable to pass the language on to their children. This trend has led many Spanish-speaking Americans to speak Spanish in their home as a way of preserving the links to their native countries. These families maintain their native language in order to enjoy the cultural and economic benefits of being bilingual and bicultural.

B. ¿Te diste cuenta? Escucha la conversación otra vez para indicar si los comentarios son **ciertos** o **falsos**.

	Cierto	Falso
1. A la hija de Adriana no le gusta hablar español.	☐	☐
2. Manolo está en la clase de cálculo.	☐	☐
3. Adriana y Sofía toman geología juntas *(together)*.	☐	☐
4. Ana Mari habla español muy bien.	☐	☐
5. Ramón y Sofía tienen una clase a las nueve.	☐	☐

C. Completa las oraciones. Complete the following sentences, according to what you heard in the **Escena**.

1. _____ es la hermana de Ramón.
2. Los padres de Manolo viven en _____.
3. Adriana _____ tres hijos.
4. Los _____ menores de Ramón no hablan español, pero lo entienden *(they understand it)*.
5. Manolo escribe _____ en español.

Práctica adicional		
Cuaderno de tareas p. 95, A–B	holaquetal. vhlcentral.com Episodio 4	holaquetal. vhlcentral.com Episodio 4

Para comunicarnos mejor

Vocabulario **1**

Identifying family members and friends
- **The family**
- **Expressing possession**

When Ramón and Adriana talked about their families, they made the following statements.

Mi **mamá** es de México.	*My mom is from Mexico.*
Mi **papá** es de Honduras.	*My dad is from Honduras.*
Mis **hijos** mayores hablan español.	*My older children speak Spanish.*
Mis **hermanos** menores lo entienden todo.	*My younger brothers understand everything.*

Learning Strategy: Make associations

Think of English words that sound similar to the Spanish words you are trying to learn. Then associate them with each other in some creative way. For example, the name *Sabrina* sounds a lot like the Spanish **sobrina** *(niece)*. Create a mental link: **Mi amiga Sabrina tiene una sobrina.** Recognize the relationships that exist in the two languages. For example, look at the words *apprentice (student)* and **aprender** *(to learn)*; to remember the Spanish, visualize an apprentice that must **aprender mucho.**

The following table contains the terms you use to identify the members of your family and your friends.

La familia, los familiares y más			
los abuelos	*grandparents*	el abuelo	la abuela
los amigos	*friends*	el amigo	la amiga
los chicos	*adolescents, teenagers*	el chico	la chica
los cuñados	*brother(s)-in-law and sister(s)-in-law*	el cuñado	la cuñada
los esposos	*husband and wife*	el esposo	la esposa
los familiares	*relatives*	el familiar	
los hermanos	*brother(s) and sister(s)*	el hermano	la hermana
los hijos	*children (one's own): son(s) and daughter(s)*	el hijo	la hija
el/la hijo/a único/a	*only child*		
los nietos	*grandchildren*	el nieto	la nieta
los niños	*children: boy(s) and girl(s)*	el niño	la niña
los novios	*boyfriend and girlfriend; bride and groom; fiancés*	el novio	la novia
los padres	*parents*	el padre	la madre
los primos	*cousins*	el primo	la prima
los sobrinos	*nephew(s) and niece(s)*	el sobrino	la sobrina
los suegros	*in-laws; father-in-law and mother-in-law*	el suegro	la suegra
los tíos	*uncle(s) and aunt(s)*	el tío	la tía
Las mascotas *Pets*			
el/la gato/a	*cat*	el/la perro/a	*dog*
el pájaro	*bird*	el pez	*fish*

También se dice...

los padres ⟶ los papás (el papá, la mamá)

los familiares ⟶ los parientes

los chicos ⟶ los muchachos

¡Fíjate!
Ask your instructor for other family relationships you may need to describe your family. Write them in the **Vocabulario personal** at the end of **Episodio 4**.

• Expressing possession

1. Notice how Spanish uses the construction **el esposo de Adriana** to say *Adriana's husband*. Where English uses *'s* to express possession, Spanish uses [*article*] + [*noun*] **+ de +** [*noun*].

la hermana de Ramón	*Ramón's sister*
los hijos de Adriana	*Adriana's children*
el gato de Manolo	*Manolo's cat*

Ana Mari es la hermana de Ramón.

2. Another way of indicating possession or relationship is to use possessive adjectives. Read the following examples:

Mis padres son de México.	*My parents are from Mexico.*
¿De dónde son **tus** padres?	*Where are your parents from?*
Sus abuelos son de Irlanda.	*His/Her grandparents are from Ireland.*
Éstos son **nuestros** hijos.	*These are our children.*
No me gusta **su** gata. ⎫	
No me gusta **vuestra** gata. ⎬	*I don't like your cat.*
Su perro es un chihuahueño.	*Their dog is a chihuahua.*

3. Notice that the possessive adjectives agree in number with the noun possessed, not with the possessor. **Nuestro/a** and **vuestro/a** also agree in gender.

Los adjetivos posesivos			
mi, mis	*my*	**nuestro, nuestros**	⎫ *our*
tu, tus	*your* (informal)	**nuestra, nuestros**	⎭
su, sus	*his, her, your* (formal)	**vuestro, vuestros**	⎫ *your* (informal)
	their, your (plural)	**vuestra, vuestras**	⎭

PRÁCTICA

A. La familia de Adriana. Indicate if the following statements are **cierto** *(true)* or **falso** *(false)*, according to Adriana's family tree on the next page. Correct the false statements by replacing the incorrect word.

> **Modelo**   José Luis es el esposo de Adriana.
> **Falso. Es el hermano de Adriana.**

	Cierto	Falso
1. Doña Cristina es la esposa de don José Luis.	☐	☐
2. Beto y Esther son primos.	☐	☐
3. Roberto es el papá de Santiaguito.	☐	☐
4. Las sobrinas de José Luis son Tina, Esther y Viviana.	☐	☐
5. El abuelo de Beto se llama Roberto.	☐	☐
6. Don José Luis y doña Cristina tienen tres nietas.	☐	☐
7. Roberto es el tío de Santiaguito y Viviana.	☐	☐
8. Beto, Tina y Esther son hermanos.	☐	☐

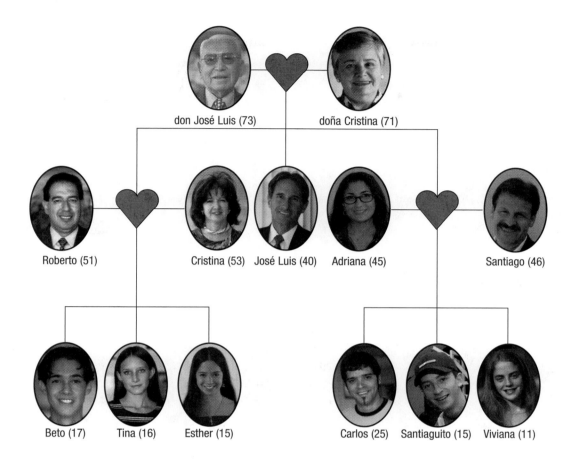

don José Luis (73)   doña Cristina (71)

Roberto (51)   Cristina (53)   José Luis (40)   Adriana (45)   Santiago (46)

Beto (17)   Tina (16)   Esther (15)   Carlos (25)   Santiaguito (15)   Viviana (11)

B. Relaciones familiares. ¿Cuál es la relación entre estas personas en la familia de Adriana?

> **Modelo**   Adriana y Santiago son **esposos.**

1. Santiaguito y Viviana son _____.

2. Esther y Viviana son _____.

3. Roberto y Cristina son los _____ de Esther.

4. Carlos, Santiaguito y Viviana son los _____ de Adriana.

5. Santiaguito y Beto son _____ de doña Cristina.

6. José Luis es el _____ de Santiaguito.

7. Don José Luis y doña Cristina son los _____ de Tina, Esther, Viviana, Beto, Carlos y Santiaguito.

8. Doña Cristina es la _____ de Roberto y Santiago.

C. ¿Quiénes son? *(Who are they?)* Completa las oraciones lógicamente.

¡Fíjate!
Be sure to use the appropriate forms of the possessive adjectives: **mi** and **tu** are singular, while **mis** and **tus** are plural.

Modelo	La hija de mi mamá es **mi hermana.**
	Los papás de tus primas son **tus tíos.**

1. La madre de mi madre es _____.

2. Los hijos de mi hermana son _____.

3. La esposa de tu hermano es _____.

4. Las hijas de tus hijas son _____.

5. El hijo de mis tíos es _____.

6. El padre de tu esposa es _____.

D. ¿Y tus parientes? Who **(Quién)** do the following questions describe? Answer them yourself, and then interview a partner.

1. ¿Con qué familiares vives *(do you live)*? _____

2. ¿Qué *(Which)* familiares viven lejos *(far)*? _____

3. ¿Qué familiares ves *(do you see)* con frecuencia? _____

4. ¿Con quién celebras las fiestas del fin del año *(the holidays)*? _____

Práctica adicional	
Cuaderno de tareas pp. 96–98, C–G	holaquetal. vhlcentral.com Episodio 4

Gramática 1

Expressing age
- **The verb <u>tener</u>**
- **Numbers 41–100**

In the conversation, you heard the following statements.

Yo **tengo** tres hijos.	*I have three children.*
¿Y **tienes** familia en Cuba?	*And do you have family in Cuba?*
En mi casa también **tenemos** ese problema.	*We also have that problem at home.*

Tengo, tienes, and **tenemos** are forms of the verb **tener** *(to have)*. You will use these forms, and the other forms of **tener,** to talk about the members of your family and to tell how old they are. Observe the conjugation of **tener** below.

Tener	
No **tengo** hijos.	*I don't have children.*
¿**Tienes** hermanos?	*Do you have brothers and sisters?*
Sofía **tiene** un hermano.	*Sofía has a brother.*
Tenemos mucha tarea.	*We have a lot of homework.*
¿Uds. **tienen** familia en España? ¿**Tenéis** familia en España?	*Do you have family in Spain?*
Ellos no **tienen** gatos, ¿verdad?	*They don't have cats, right?*
Tener is also used to indicate age.	
¿**Cuántos años tienes?**	*How old are you?*
Tengo treinta y seis **años.**	*I'm thirty-six years old.*
¿**Cuántos años tienen** tus papás?	*How old are your parents?*
Mi papá **tiene** sesenta y tres **años** y mi mamá **tiene** cincuenta y nueve.	*My dad is sixty-three years old, and my mom is fifty-nine.*

PRÁCTICA

E. ¿Cierto o falso? Completa cada oración con la forma apropiada del verbo **tener**. Después decide si la oración es **cierta** o **falsa**.

Basado en la conversación:	Cierto	Falso
1. Adriana y su esposo _____ dos hijas.	☐	☐
2. Ramón _____ una hermana.	☐	☐
3. Adriana dice *(says)*: "Yo _____ tres hijos."	☐	☐
4. Sofía no _____ novio.	☐	☐
5. Ramón y Sofía _____ una clase de cálculo.	☐	☐
Basado en tu experiencia personal:		
6. Mis compañeros y yo _____ mucha tarea *(homework)*.	☐	☐
7. Yo _____ cuatro clases este semestre.	☐	☐
8. Mis papás y yo _____ un perro.	☐	☐
9. Yo _____ veinte años.	☐	☐
10. Y tú, ¿ _____ mascotas?	☐	☐

• Numbers 41–100

Más números			
41	cuarenta y uno	42, 43 . . .	cuarenta y dos, cuarenta y tres...
50	cincuenta	53, 54 . . .	cincuenta y tres, cincuenta y cuatro...
60	sesenta	64, 65 . . .	sesenta y cuatro, sesenta y cinco...
70	setenta	75, 76 . . .	setenta y cinco, setenta y seis...
80	ochenta	86, 87 . . .	ochenta y seis, ochenta y siete...
90	noventa	97, 98 . . .	noventa y siete, noventa y ocho...
100	cien		

PRÁCTICA

F. El inventario. You work in the bookstore at your university. Here is this week's inventory. Tell your co-worker how many of the following articles are in stock. When you are done, your co-worker will repeat them back to you.

> **Modelo**   48 calculadoras ⟶ **Hay cuarenta y ocho calculadoras.**

1.	86 libros de historia	5.	92 plumas
2.	79 cuadernos	6.	43 diccionarios
3.	100 mochilas	7.	58 lápices
4.	65 calculadoras	8.	74 libros de cálculo

G. ¿Cuántos años tiene...? Usa el árbol genealógico de la página 79 para contestar las preguntas.

1. ¿Quién *(Who)* es la persona que tiene setenta y un años? _____

2. ¿Quién tiene cuarenta y cinco años? _____

3. ¿Cuántos años tiene la hermana de Adriana? _____

4. ¿Cuántos años tiene el suegro de Santiago? _____

5. ¿Cuántos años tiene el menor *(the youngest)* de los primos? _____

H. ¿Cuál es tu teléfono? Write down the phone numbers of three of your classmates, and ask them when they are home.

¡Fíjate!
Pay attention to the way Spanish speakers give phone numbers. Look at the model.

> **Modelo**
> —¿Cuál *(What)* es tu teléfono?
> —Es el cuatro-veintitrés-sesenta y ocho-cuarenta y tres (423-6843).
> —¿A qué hora estás en casa *(are you at home)*?
> —A las seis.

Nombre	Buena hora para llamar *(to call)*
1. _____	_____
2. _____	_____
3. _____	_____

I. Preguntas personales. Answer the following questions about your family, your classes, and your social life. Afterwards, interview a partner. Bring photos of your family to share.

¡Fíjate!
Use expressions like:
¡Qué interesante!
¿En serio?
¡Qué bien/mal!

1. **Acerca de *(Concerning)* tu familia:** ¿Tienes una familia grande *(large)*? ¿Cuántos hermanos tienes? ¿Cuántos años tienen? ¿Cuántos años tienen tus papás? ¿Tienes mascotas?

_____

_____

_____

2. **Acerca de tus clases:** ¿Cuántas clases tienes este semestre? ¿Cuáles *(Which ones)* son? ¿Cómo son tus clases: interesantes o aburridas *(boring)*? ¿Qué clase te gusta más?

_____

_____

_____

3. **Acerca de ti:** ¿Tienes novio/a o esposo/a? ¿Cómo se llama? ¿Cuántos años tiene? ¿Cómo es: romántico/a o reservado/a?

_____

_____

_____

_____

Práctica adicional

Cuaderno de tareas
pp. 98–100, H–J

SUPERSITE
holaquetal.
vhlcentral.com
Episodio 4

Gramática 2

Saying where someone is from
• Ser de

In the conversation, you heard the following statements.

¿Y tú, **de dónde eres**?	*Where are you from?*
Soy de aquí.	*I'm from here.*
Mi papá **es de** Honduras.	*My dad is from Honduras.*

When asking and telling where someone is from, use the verb **ser**, plus the preposition **de**.

—¿**De** dónde **son** tus abuelos?　*Where are your grandparents from?*

—Mis abuelos **son de** España.　*My grandparents are from Spain.*

When asking where someone is from, **de** *(from)* is always at the beginning of the question.

—¿**De** dónde eres tu?　*Where are you from?*

PRÁCTICA

J. ¿De dónde son? Complete each description with the appropriate form of **ser**.

1. Adriana _____ de Puerto Rico.
2. Sofía y Lalo _____ de México.
3. Manolo _____ de Cuba.
4. ¿De dónde _____ tú?
5. Yo _____ de aquí.
6. ¿De dónde _____ ustedes?
7. Nosotros _____ de Estados Unidos.
8. Emilio y su esposa _____ de España, ¿verdad?

¡Fíjate!

You may want to review the conjugation of **ser** on page 59 before completing this activity.

K. Personas famosas. In pairs, ask questions to match these people to their countries.

Modelo	—¿De dónde es el jugador de los Lakers, Pau Gasol? —Es de España.	—¿De dónde son los directores de cine Del Toro y Cuarón? —Son de México.

_____ 1. el líder y activista Nelson Mandela　　　　　　a. Colombia

_____ 2. los diseñadores Giorgio Armani y Donatella Versace　b. República Dominicana

_____ 3. la escritora Isabel Allende　　　　　　　　　　c. Sudáfrica

_____ 4. los príncipes William y Harry　　　　　　　　d. Italia

_____ 5. el escritor Gabriel García Márquez　　　　　　e. España

_____ 6. la actriz Penélope Cruz　　　　　　　　　　f. Inglaterra

_____ 7. el beisbolista David Ortiz　　　　　　　　　g. Japón

_____ 8. el emperador Akihito y su esposa　　　　　　h. Chile

L. ¿De dónde es tu familia?

Parte 1. Interview three classmates to find out where their parents and grandparents are from **(de dónde son)**. Write down their answers.

¡Fíjate!
See **Vocabulario adicional**, p. 402 to look up the Spanish names of other countries that you may need. Don't forget to write them in the **Vocabulario personal** section at the end of **Episodio 4**.

Modelo
—¿De dónde eres?
—Soy de...
—¿Y tus abuelos?
—Mi abuela materna es de... Mis abuelos paternos son de...
—¿De dónde son tus padres?
—Mi papá es de..., y mi mamá es de...

Parte 2. ¿Qué tan internacional es nuestra clase? Share with your instructor what you learned about your classmate's family.

¡Fíjate!
Remember to highlight all of the words that you understand. Use the cognates, vocabulary, and structures you have learned in order to make sense of the rest of the information you read.

Modelo
—La mamá de Erik es de Las Filipinas.
—Los abuelos de Kathy son de Alemania.

M. La familia real española. Lee la información y contesta (*answer*) las preguntas.

En España, como en Inglaterra y otros países europeos, todavía[1] existe una monarquía constitucional. Desde 1975, el rey[2] de España representa a la nación y modera el funcionamiento de las instituciones legislativas. El rey Juan Carlos y la reina Sofía son el símbolo de la unidad española y realizan[3] muchas funciones ceremoniales.

La familia real español es una familia grande, ¿no? ¿Cuántas personas hay en la foto?

El rey Juan Carlos I es de España, aunque nació[4] en Roma por razones políticas. Su esposa, Sofía, es de Grecia. Los reyes tienen tres hijos: Elena, Cristina y Felipe. Elena es la mayor[5] y tiene dos hijos. Cristina tiene cuatro hijos, y Felipe, el menor[6], tiene dos.

[1]*still* [2]*king* [3]*carry out* [4]**aunque...** *although he was born* [5]*the oldest* [6]*the youngest*

1. ¿Cuántos nietos tienen los reyes?
2. ¿Cuántas hermanas tiene el príncipe Felipe?
3. ¿Cuántos primos tienen los hijos de Elena?
4. ¿Hay familias muy famosas en los Estados Unidos? ¿Quiénes son?
5. In your own words, explain the role of the royal family in Spain.

Práctica adicional

Cuaderno de tareas
p. 100, K

holaquetal.
vhlcentral.com
Lab practice

SUPERSITE
holaquetal.
vhlcentral.com
Episodio 4

Actividades comunicativas

 A. Los números de emergencia.

Instrucciones para **Estudiante 1**

Imagine you are going to Guadalajara, Mexico, with Sofía and her friends. As a precaution, you want the telephone numbers of various emergency services, and other important numbers. You were able to locate only a few. Ask your partner for the numbers you need and fill them in.

> **Modelo** —¿Tienes el número de teléfono de los bomberos (*firefighters*)?

NOMBRE	TELÉFONO
La Cruz Roja	6-13-15-50 y 6-14-27-07
Los Ángeles Verdes (problemas mecánicos)	
La casa de Odette	
La policía federal	6-21-91-74 y 6-22-88-37
La casa de los abuelos de Ramón	5-54-13-90
Los bomberos (*firefighters*)	
La policía municipal	6-17-60-60 y 6-18-02-06
La defensa del consumidor	

A. Los números de emergencia.

Instrucciones para **Estudiante 2**

Imagine you are going to Guadalajara, Mexico, with Sofía and her friends. As a precaution, you want the telephone numbers of various emergency services, and other important numbers. You were able to locate only a few. Ask your partner for the numbers you need and fill them in.

Modelo —¿Tienes el número de teléfono de la policía federal?

NOMBRE	TELÉFONO
La Cruz Roja	
Los Ángeles Verdes (problemas mecánicos)	5-13-26-64
La casa de Odette	5-82-99-24
La policía federal	
La casa de los abuelos de Ramón	
Los bomberos (*firefighters*)	6-19-52-41 y 6-23-08-33
La policía municipal	
La defensa del consumidor	6-14-94-16 y 6-14-94-01

B. Árbol genealógico: la familia de Ramón y Ana Mari Robledo.

Instrucciones para **Estudiante 1**

Parte 1. With a partner, complete Ramón and Ana Mari's family tree. You have half of the information; your partner has the other half. Use the following expressions.

—¿Cuántos años tiene Luis?   —¿Cuál es la profesión de Pilar?

—Tiene... años.   —Es...

—¿De dónde es?   —¿Cómo se llama el papá de Ana Mari?

—Es de...   —Se llama...

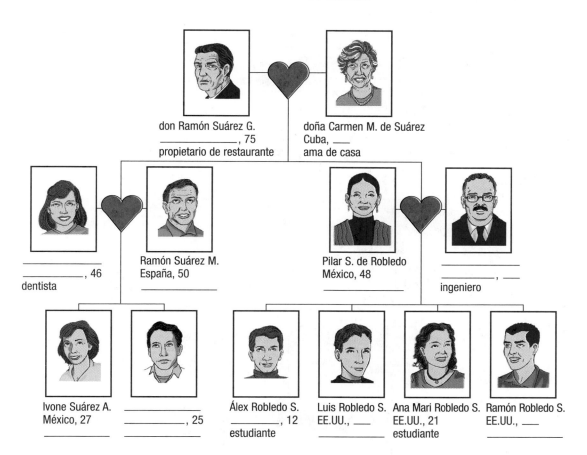

don Ramón Suárez G.
_____ , 75
propietario de restaurante

doña Carmen M. de Suárez
Cuba, ___
ama de casa

_____ , 46
dentista

Ramón Suárez M.
España, 50
_____

Pilar S. de Robledo
México, 48

_____ ,
ingeniero

Ivone Suárez A.
México, 27
_____

_____ , 25

Álex Robledo S.
_____ , 12
estudiante

Luis Robledo S.
EE.UU., ___

Ana Mari Robledo S.
EE.UU., 21
estudiante

Ramón Robledo S.
EE.UU., ___

Parte 2. Now write a paragraph, describing Ramón and Ana Mari's family.

Modelo	Ramón tiene... hermanos. Sus hermanos son... Su papá se llama... Tiene... años...

B. Árbol genealógico: la familia de Ramón y Ana Mari Robledo.

Instrucciones para Estudiante 2

Parte 1. With a partner, complete Ramón and Ana Mari's family tree. You have half of the information; your partner has the other half. Use the following expressions.

—**¿Cómo se llama la mamá de Ana Mari?**　—**¿Cuál es la profesión de Alejandro?**
—Se llama...　　　　　　　　　　　　　　　—Es...
—¿De dónde es?　　　　　　　　　　　　　—**¿Cuántos años tiene Álex?**
—Es de...　　　　　　　　　　　　　　　　—Tiene... años.

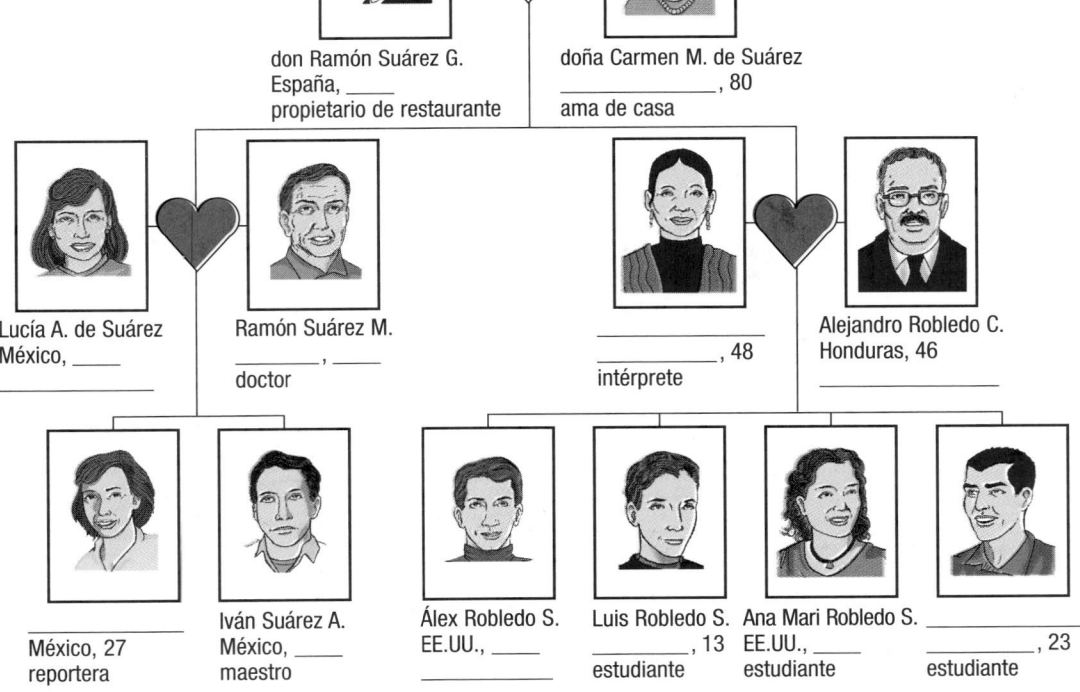

don Ramón Suárez G.
España, _____
propietario de restaurante

doña Carmen M. de Suárez
_____, 80
ama de casa

Lucía A. de Suárez
México, _____
_____

Ramón Suárez M.
_____, _____
doctor

_____, 48
intérprete

Alejandro Robledo C.
Honduras, 46
_____

México, 27
reportera

Iván Suárez A.
México, _____
maestro

Álex Robledo S.
EE.UU., _____
_____

Luis Robledo S.
_____, 13
estudiante

Ana Mari Robledo S.
EE.UU., _____
estudiante

_____
_____, 23
estudiante

Parte 2. Now write a paragraph, describing Ramón and Ana Mari's family.

Modelo Ramón tiene... hermanos. Sus hermanos son... Su papá se llama... Tiene... años...

C. En imágenes.

Instrucciones para **Estudiante 1**

Use the following words and drawings to create logical sentences. When you know what your sentences are, read them to your partner, who will check the answer key to see if your sentences are correct. Take turns.

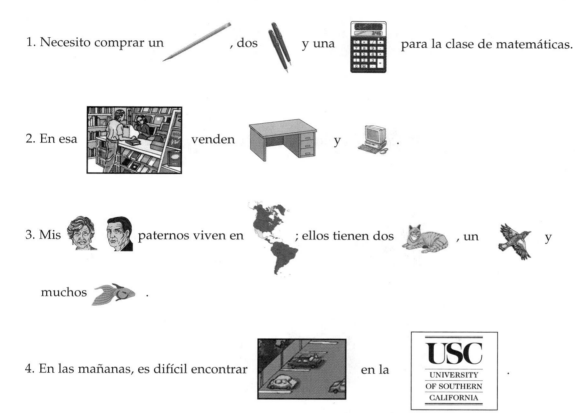

1. Necesito comprar un _____, dos _____ y una _____ para la clase de matemáticas.

2. En esa _____ venden _____ y _____.

3. Mis _____ paternos viven en _____; ellos tienen dos _____, un _____ y muchos _____.

4. En las mañanas, es difícil encontrar _____ en la _____.

5. En la _____ de mi novio hay muchos _____ y _____.

Las respuestas de tu compañero/a:
1. En nuestro **salón de clases** hay treinta y ocho **pupitres**, tres **pizarrones**, una **bandera** y un **reloj**.
2. En la escuela de mi prima no hay **canchas de tenis**, **piscina** ni **gimnasio**.
3. Necesito ir al **baño** antes de mi clase de **química** porque hoy tenemos un **examen** difícil.
4. Mi **profesor** de **matemáticas** tiene cuarenta **chicos/estudiantes** en su clase.
5. Tengo una **familia** pequeña: mis **padres**, una **hermana** y un **perro**.

C. En imágenes.

Instrucciones para **Estudiante 2**

Use the following words and drawings to create logical sentences. When you know what your sentences are, read them to your partner, who will check the answer key to see if your sentences are correct. Take turns.

1. En nuestro  hay treinta y ocho , tres , una y un .

2. En la escuela de mi prima no hay  , ni .

3. Necesito ir al 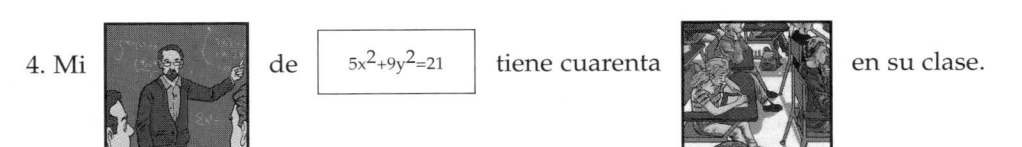 antes de mi clase de porque hoy tenemos un difícil.

4. Mi 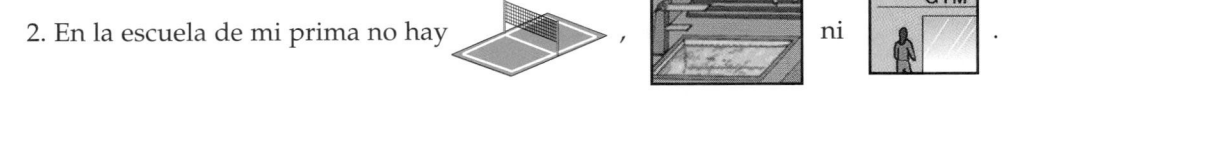 de $5x^2+9y^2=21$ tiene cuarenta en su clase.

5. Tengo una  pequeña *(small)*: mis , una y un .

Las respuestas de tu compañero/a:
1. Necesito comprar un **lápiz**, dos **plumas** y una **calculadora** para la clase de matemáticas.
2. En esa **librería** venden **escritorios** y **computadoras**.
3. Mis **abuelos** paternos viven en **México**; ellos tienen dos **gatos**, un **pájaro** y muchos **peces**.
4. En las mañanas, es difícil encontrar **estacionamiento** en la **universidad**.
5. En la **mochila** de mi novio hay muchos **libros** y **papeles**.

La correspondencia

El correo: Sofía te escribe. *(Sofía writes to you.)* Read the questions and Sofía's letter to you. Then answer the questions.

1. ¿Cuántas personas hay en la familia de Sofía? _____

2. ¿Por qué la abuela de Sofía es más generosa con Lalo? _____

3. ¿Qué profesiones tienen los padres de Sofía? _____

4. ¿Cómo es Lalo? ¿Conoces *(Do you know)* a una persona similar? ¿Quién *(Who)*?

   _____

5. ¿La relación de Sofía y Lalo es buena *(good)* o mala *(bad)*? _____

Querido/a estudiante:

Tengo una familia pequeña[1]: mis abuelos, mis padres, un hermano y un perro. Mi abuela es mexicana y mi abuelo es español. Viven seis meses[2] en Guadalajara y seis meses en Estados Unidos con nosotros. Mi abuela es muy generosa, especialmente con Lalo, porque es su nieto favorito.

Mis padres son jóvenes[3]. Mi papá se llama Rubén. Tiene cuarenta y cuatro años. Es banquero; trabaja mucho y es muy estricto con nosotros. Mi mamá se llama Diana. Es una señora muy elegante e inteligente. Trabaja en un banco también, donde es supervisora de créditos comerciales.

Lalo, mi hermano, tiene quince años. Es estudiante. Es un poco irresponsable e inmaduro, pero es muy buen hermano. Le gustan los deportes y la música alternativa.

Con cariño,
tu amiga Sofía

---

[1]*small* [2]*months* [3]*young*

En papel: Una carta para Sofía. Sofía wants to know what your family is like. Use her letter as a model to write a simple description of your own family.

Modelo	Tengo una familia...: mi..., mi... y...
	Mi... se llama..., tiene... años. Es de...
	Le gusta... (actividades de la página 58, B)...

¡Fíjate!

Try to express yourself simply with the language you know. Although you may be tempted, avoid writing your letter in English and translating it into Spanish. At this point, your ability to write in English far exceeds your ability to communicate in Spanish; however, as time goes on, this will change!

¡A ver de nuevo! Review this episode's **Escena** to complete the summary that follows.

Adriana y Manolo están en la clase de (1)_____ con Sofía. Manolo es

(2)_____ de Sofía. En este episodio, conocemos (*we meet*) a Ramón, el

(3)_____ de Ana Mari. Él es de (4)_____, pero su papá es

de (5)_____ y su (6)_____ es de México. Adriana no es de

México; es de (7)_____. Tiene (8)_____ hijos. Sus hijos

mayores (*older*) hablan español, pero a su (9)_____ no le gusta hablarlo. La

familia de Ramón (10)_____ el mismo (*same*) problema. (11)_____

hermanos (12)_____ entienden español, pero no lo hablan.

Invitación a Cuba

> ### Del álbum de
> ### Manolo
>
> Cuba es una isla grande; es un poco más grande que el estado de Pennsylvania. Hay aproximadamente 11,4 millones de habitantes. La mitad (*half*) de los cubanos es de ascendencia afro-española; el 11% es de ascendencia africana; el 37% es blanco y un pequeño porcentaje es de origen chino.
> Un restaurante famoso, La Bodeguita del Medio, está en una calle (*street*) típica de la parte vieja (*old*) de La Habana, la ciudad capital. El escritor norteamericano Ernest Hemingway visitaba ese restaurante con frecuencia. En sus paredes (*walls*) puedes ver (*see*) muchas fotos de personalidades norteamericanas famosas de los años 50 que comían (*used to eat*) ahí; Frank Sinatra, entre otros. Hoy en día, todas las paredes además están decoradas con las fechas de visita y los nombres de todas las personas que comen (*eat*) en este restaurante.

In your own words. Answer the questions about Cuba in your own words.

1. How large is Cuba in size? _____

2. Is Cuba an ethnically diverse country? Explain.

   _____

   _____

3. Why is **La Bodeguita del Medio** famous?

   _____

   _____

4. Nowadays, what do visitors do in the restaurant, besides eating?

   _____

Práctica adicional

Cuaderno de tareas
p. 100, L

holaquetal.
vhlcentral.com
Episodio 4

holaquetal.
vhlcentral.com
Lab practice

holaquetal.
vhlcentral.com
Episodio 4

Vocabulario del Episodio 4

La familia, los familiares y más

los abuelos	grandparents	el abuelo	la abuela
los amigos	friends	el amigo	la amiga
los chicos	adolescents, teenagers	el chico	la chica
los cuñados	brother(s)-in-law and sister(s)-in-law	el cuñado	la cuñada
los esposos	husband and wife	el esposo	la esposa
los familiares	relatives	el familiar	
los hermanos	brother(s) and sister(s)	el hermano	la hermana
los hijos	children (one's own): son(s) and daughter(s)	el hijo	la hija
el/la hijo/a único/a	only child		
los nietos	grandchildren	el nieto	la nieta
los niños	children: boy(s) and girl(s)	el niño	la niña
los novios	boyfriend and girlfriend; bride and groom; fiancés	el novio	la novia
los padres	parents	el padre	la madre
los primos	cousins	el primo	la prima
los sobrinos	nephew(s) and niece(s)	el sobrino	la sobrina
los suegros	in-laws; father-in-law and mother-in-law	el suegro	la suegra
los tíos	uncle(s) and aunt(s)	el tío	la tía

Las mascotas *Pets*

el/la gato/a	cat
el pájaro	bird
el/la perro/a	dog
el pez	fish

Posesivos

mi, mis	my
tu, tus	your
su, sus	his; her; their
nuestro/a(s)	our
la hija de Adriana	Adriana's daughter

Verbs

tener	to have
ser de	to be from
tener... años	to be... years old
¿Cuántos años tienes? Tengo... años.	How old are you? I'm... years old.
¿De dónde eres? Soy de...	Where are you from? I'm from...

Más números

41	**cuarenta y uno**	42, 43...	**cuarenta y dos, cuarenta y tres...**
50	**cincuenta**	53, 54...	**cincuenta y tres, cincuenta y cuatro...**
60	**sesenta**	64, 65...	**sesenta y cuatro, sesenta y cinco...**
70	**setenta**	75, 76...	**setenta y cinco, setenta y seis...**
80	**ochenta**	86, 87...	**ochenta y seis, ochenta y siete...**
90	**noventa**	97, 98...	**noventa y siete, noventa y ocho...**
100	**cien**		

Vocabulario personal

Write the words that you need to know to talk about yourself and your family in Spanish.

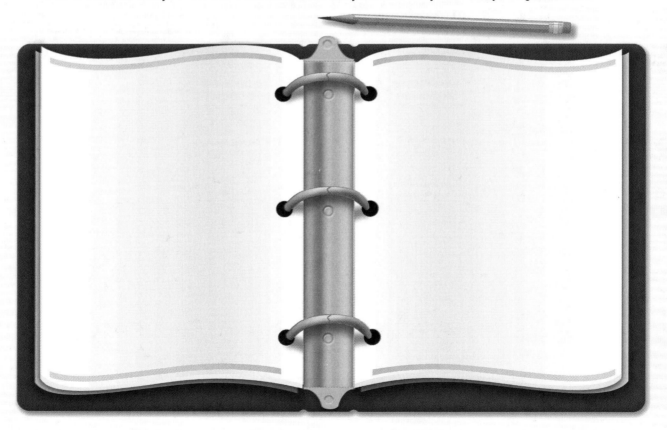

Cuaderno de tareas

Episodio

4

Escenas de la vida: ¡Qué internacionales!

A. ¡A ver cuánto entendiste! See how much of the **Escena** you understood by matching the Spanish sentences with their English equivalents.

En casa

_____ 1. ¡Qué bueno que hablas español!

_____ 2. Los dos mayores hablan español muy bien.

_____ 3. A mi hija no le gusta hablar español.

_____ 4. También tenemos ese problema.

_____ 5. Mis hermanos menores lo entienden todo, pero no lo hablan.

a. The two older ones speak Spanish very well.

b. We also have that problem.

c. That's great that you speak Spanish!

d. My daughter doesn't like to speak Spanish.

e. My younger brothers understand everything, but they do not speak it.

Los amigos

_____ 6. ¿Sabías que Manolo es escritor?

_____ 7. Sí, algunos parientes.

_____ 8. Vamos a llegar tarde a clase.

_____ 9. Vámonos.

_____10. Tomamos geología juntos.

f. We are taking Geology together.

g. Let's go.

h. Did you know Manolo is a writer?

i. Yes, a few relatives.

j. We are going to be late to class.

B. ¡Qué internacionales! Complete the conversation based on what you saw in the video.

Manolo	Ramón, ¿tú, de dónde (1)_____?
Ramón	Soy de (2) _____. Mi mamá (3) _____ México y (4) _____ es de Honduras. ¿Y tú?
Manolo	(5) _____ Cuba. Tengo algunos parientes en Cuba, pero (6) _____ viven en la Florida.
Ramón	Señora, ¿usted también es de Cuba?
Adriana	No. Soy de (7) _____.
Ramón	¡Qué (8) _____!

Nombre _____ Fecha _____

Vocabulario **1** Identifying family members and friends
• **The family**
• **Expressing possession**

C. ¿De quién son las cosas? Tell Adriana to whom the following objects belong.

Modelo	calculadoras/Manolo
	Son las calculadoras de Manolo.

1. mochila/Sofía _____

2. lápices/Santiaguito _____

3. reloj/Santiago _____

4. cuadernos/Viviana _____

5. diccionario/Manolo _____

6. plumas/Ana Mari _____

D. El primo Emilio. Lalo and Sofía talk about their cousin Emilio. Complete their description with the appropriate forms of the possessive adjectives.

Él es (1) _____ (nuestro/tu) primo. Se llama Emilio
y tiene treinta años. (2) _____ (Su/Mi) esposa está
en España. (3) _____ (Su/Sus) padres viven en
Madrid. (4) _____ (Nuestro/Nuestros) tíos, los padres
de Emilio, se llaman Laura y Emilio. Son muy buenos.
Emilio es (5) _____ (mis/mi) primo favorito.
¿Quién es (6) _____ (tu/tus) primo favorito?

Emilio

E. Tu familia. You are showing a family picture to a friend. Answer his/her questions using the appropriate forms of the possessive adjectives.

Modelo	¿Ella es la hermana de tu mamá?
	Sí, es **su** hermana.

1. ¿Éste (*This*) es tu hermano? No, es _____ primo.

2. ¿Él es tu papá? Sí, es _____ papá.

3. Ah, y ellos son los papás de tus primos. Sí, son _____ (*their*) papás.

4. ¿Ellos son tus abuelos? Sí, son _____ abuelos paternos.

5. ¿De quién son estos perritos? Son _____ (*our*) mascotas.

6. ¿Los chicos son tus hermanos? No, él es _____ amigo, y ella es _____
   (*his*) novia._____ hermanos no están en la foto.

F. Crucigrama. You've been asked to create the clues for the crossword puzzle (**crucigrama**) in this week's school newspaper. Write a description or definition of the words in the puzzle.

horizontales

1. _____
4. _____
6. _____ la hija de tus papás es tu... _____
7. _____
8. _____
9. _____
10. _____
14. _____
15. _____

verticales

1. _____
2. _____
3. _____
5. _____
11. _____ un animal como Pluto _____
12. _____
13. _____

				¹C	U	Ñ	A	D	²A				³P
				H					B				Á
			⁴H	I	J	O			U				J
		⁵N		C				⁶H	E	R	M	A	N	A
⁷P	R	I	M	O	S				L				R
		E		S				⁸N	O	V	I	A	O
⁹G	A	T	O						S				
		O											
	¹⁰E	S	¹¹P	O	¹²S	O							
			E		O				¹³P				
			R		B			¹⁴M	A	D	R	E	
			R		R				D				
			O		I				R				
					N				E				
			¹⁵A	M	I	G	O	S					

Cuaderno de tareas

Nombre _____ Fecha _____

G. La familia de Manolo.

Parte 1. Read Manolo's description of his family. Then answer the questions.

> Hola, soy Manolo Báez Rodríguez. Soy estudiante y me gusta mucho tocar[1] la guitarra. Tengo una familia relativamente pequeña. Solamente somos mi hermana y yo. Mi hermana es dos años menor que[2] yo. Se llama Nancy. Mis papás son cubanos y ahora viven en Miami. Mi papá es doctor y mi mamá es profesora. Mi papá se llama Manuel Báez y mi mamá es Isabel Rodríguez de Báez. Los padres de mi papá son Arturo y Carlota. Ellos todavía viven en La Habana. Tengo un tío y una tía. Son los hermanos de mi papá. Mi tío Francisco es soltero y tiene 50 años; mi tía Perla es viuda[3] y tiene tres hijos: dos hombres y una mujer. Mi prima tiene 25 años, como yo; por eso, somos muy buenos amigos. Mis dos primos son menores que nosotros.

[1]to play [2]younger than [3]widowed

1. ¿Cuántos hermanos tiene Manolo? _____

2. ¿Dónde viven sus padres? ¿Como se llaman? _____
_____

3. ¿Qué profesión tiene su papá? ¿Y su mamá? _____

4. ¿Cómo se llaman los abuelos de Manolo? ¿Dónde viven?
_____

5. ¿De quién (Whose) son hermanos los tíos de Manolo? _____

6. ¿Cuántos años tiene Manolo? _____

7. ¿Cuántos primos tiene? _____

Parte 2. Use Manolo's letter as a model to write about your own family.

_____
_____
_____
_____

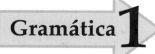

Gramática 1

Expressing age
- **The verb tener**
- **Numbers 41–100**

H. ¿Cuántos años tienen tus familiares? Complete the sentences with the ages of different people in your own family, or an imaginary family.

1. Mi papá _____ años.
2. Mi mamá _____ años.
3. Mi hermano/a menor _____ años.
4. Mi _____ tiene _____ años.
5. Yo _____ años.

I. ¿Qué tiene? Create true statements or questions using an element from each column.

Manolo		mucha tarea
Sofía		cinco clases este semestre
las universidades		novio/a
mis amigos y yo	(no) tener	veintitrés años
mis compañeros		una clase de español
tú		coche (car)
Ana Mari		un hermano
yo		biblioteca y gimnasio

1. _____ .
2. _____ .
3. _____ .
4. _____ .
5. _____ .
6. _____ .
7. _____ .
8. _____ .

J. ¡Cuánto dinero! (So much money!) As the bookkeeper at your university bookstore, you have to pay the distributor of foreign books and movies. Complete the checks according to the invoices. Remember to make note of the items you are paying for (under Memo).

Libro/Video	Cantidad	Total
La colmena	23 libros	$98.35
Pedro Páramo	15 libros	$64.73
La misma luna	1 video	$51.69
¡Ay, Carmela!	1 video	$42.80

Tienda Universitaria   5322

Fecha _____

Páguese a la orden de ___Distribuidora Internacional___ $ _____

La cantidad de _____ dólares

Memo _____   _____

|00231334: 232443 | |2343243434

Tienda Universitaria   5323

Fecha _____

Páguese a la orden de ___*Distribuidora Internacional*___ $ _____

La cantidad de _____ dólares

Memo _____   _____

|00231334: 232443 | |2343243434

Tienda Universitaria   5324

Fecha _____

Páguese a la orden de ___*Distribuidora Internacional*___ $ _____

La cantidad de _____ dólares

Memo _____   _____

|00231334: 232443 | |2343243434

Tienda Universitaria   5325

Fecha _____

Páguese a la orden de ___*Distribuidora Internacional*___ $ _____

La cantidad de _____ dólares

Memo _____   _____

|00231334: 232443 | |2343243434

Gramática 2 **Saying where someone is from**
• Ser de

K. ¿De dónde son? Complete the sentences based on what you know about the characters.

1. Sofía _____ mexicana. _____ la Ciudad de México.
2. Ramón y Ana Mari _____ mexicoamericanos. _____ Estados Unidos.
3. El papá de Ramón _____ Honduras. Su mamá es mexicana; es de _____.
4. Adriana y su familia _____ Puerto Rico.
5. Manolo es cubano. Él _____ Cuba.

Para terminar

L. Mi árbol genealógico. To preserve your heritage, you have decided to record the name, place of origin, and age of as many relatives as you can. Create your family tree. If you prefer not to do your own, you can interview a friend.

Episodio 5

Escenas de la vida: ¿Estudiamos el sábado?

 A. ¡Mira cuánto puedes entender! Listen to the conversation or watch the **Escena** to complete the tasks below.

1. ¿Qué días están libres *(are free)* Manolo y Adriana para estudiar?

	lunes	martes	miércoles	jueves	viernes	sábado	domingo
Manolo							
Adriana							

2. Adriana dice que nunca descansa; ¿por qué? ¿Qué hace Adriana los martes y jueves?

Compra **la comida.**

Trabaja **en una oficina.**

Llega **tarde a casa.**

3. ¿Qué hace la hija de Adriana los lunes?

Baila **en un grupo.**

Lava **su ropa.**

Limpia **su cuarto.**

4. ¿Qué hacen su hijo y sus amigos?

Miran **la tele.**

Visitan **a los abuelos.**

Tocan **la guitarra.**

B. ¿Te diste cuenta? Escucha la conversación o mira la **Escena** otra vez para indicar a quién se refieren los siguientes comentarios: Manolo **(M)**, Adriana **(A)**, Sofía **(S)** o todos **(T)** *(everybody)*.

_____ 1. No es pesimista.

_____ 2. Está libre los sábados por la tarde.

_____ 3. Necesitan estudiar para el examen.

_____ 4. Nunca tiene tiempo para descansar.

_____ 5. Está muy preocupada.

> **Cultura a lo vivo**
> In Spanish-speaking countries, most young adults do not move out to become "independent." It is common for them to stay home until they get married, or relocate to another city to work or pursue their studies. Go to the Supersite to watch a *Flash cultura* episode on this topic.

C. Responde. Contesta las siguientes preguntas.

1. ¿Qué día toca la guitarra el hijo de Adriana?

_____

2. ¿A qué hora trabaja Adriana?

_____

3. ¿Dónde tocan la guitarra el hijo de Adriana y sus amigos?

_____

4. ¿Por qué Adriana nunca descansa?

_____

5. ¿Dónde y cuándo van a estudiar?

_____

Práctica adicional		
Cuaderno de tareas p. 115, A	holaquetal. vhlcentral.com Episodio 5	holaquetal. vhlcentral.com Episodio 5

Para comunicarnos mejor

Gramática 1

Talking about activities at school and at home
- **-ar verbs**
- **Days of the week**

In their conversation, you heard the following statements:

Trabajo en una oficina.	*I work in an office.*
Mi hija **baila** en un grupo folclórico.	*My daughter dances in a folk group.*
Mi hijo **toca** la guitarra.	*My son plays the guitar.*
Estudiamos el sábado a las dos, ¿de acuerdo?	*We'll study on Saturday at two, okay?*

To talk about the activities of her friends and family, Adriana uses different verb endings, which change depending on whom she is describing. In Spanish, verb forms consist of two parts: the stem **(la raíz)** and the ending **(la terminación)**. For example, the verb form **trabajo** *(I work)* is made up of the stem **trabaj-** and the ending **-o**. Different endings are attached to the stem to indicate who does the action *(I, you, he, she, it, we, they)*, when the action occurs *(today, yesterday, tomorrow)*, and how the action is carried out *(right now, only once, all the time)*. Attaching different endings to verb stems is called *conjugating the verb* **(conjugar el verbo)**. Study the following conjugation and use it to conjugate regular **-ar** verbs.

El presente de los verbos del grupo **-ar**		
yo	**Trabajo** en una oficina.	*I work in an office.*
tú	**Trabajas** mucho.	*You work a lot.* (informal)
usted	**Trabaja** por la mañana.	*You work in the morning.* (formal)
él/ella	**Trabaja** en un hospital.	*He/She works in a hospital.*
nosotros/as	**Trabajamos** juntos/as.	*We work together.*
ustedes	**Trabajan** de noche, ¿no? }	*You work at night, right?* (plural)
vosotros/as	**Trabajáis** de noche, ¿no? }	
ellos/as	**Trabajan** en un banco.	*They work in a bank.*

1. When the ending of the verb is **-ar** (as in **trabajar**), **-er**, or **-ir**, the verb has not been conjugated; that is, we do not know who is doing the action. This verb form is called the *infinitive* **(el infinitivo)**. In English, the infinitive is indicated by the word *to*, as in *to work*.

2. As a form of the present tense, **trabajo** may mean *I work* or *I am working*.

Trabajo en una oficina en Nueva York.	*I work in an office in New York.*
Trabajo en una oficina este semestre.	*I'm working in an office this semester.*

3. Every Spanish verb belongs to one of three groups, according to its infinitive ending.

- Verbs that end in **-ar**   **trabajar**   *to work*
- Verbs that end in **-er**   **comer**   *to eat*
- Verbs that end in **-ir**   **vivir**   *to live*

4. Remember that the **vosotros/as** form is used only in Spain.

5. The following verbs use the same endings as **trabajar**.

Actividades frecuentes	
En la escuela	
buscar información en Internet	*to look for information on the Internet*
estudiar mucho/poco	*to study a lot/a little*
llegar a tiempo	*to arrive (to get somewhere) on time*
necesitar libros	*to need books*
sacar buenas notas	*to get good grades*
tomar café	*to drink coffee*
tomar clases	*to take classes*
usar la computadora	*to use the computer*
Los fines de semana	
bailar (bien/mal)	*to dance (well/badly)*
comprar cosas	*to buy things*
comida/ropa	*food/clothes*
descansar	*to rest*
hablar con los amigos	*to talk to friends*
llegar tarde/temprano/a tiempo a casa	*to get home late/early/on time*
tomar el autobús	*to take the bus*
trabajar en una tienda	*to work at a store*
visitar a los abuelos	*to visit one's grandparents*
En la casa	
escuchar música	*to listen to music*
hablar por teléfono	*to talk on the phone*
lavar el coche	*to wash the car*
lavar la ropa	*to do the laundry*
limpiar la casa/el cuarto	*to clean the house/the (one's) room*
mirar la tele	*to watch TV*
tocar la guitarra	*to play the guitar*

También se dice...

el coche ⟶ el carro, el auto
la compu ⟶ el ordenador
mirar la tele ⟶ ver la tele
las notas ⟶ las calificaciones

Learning Strategy: Create flash cards
On one side, write a word in Spanish; on the other, write the English equivalent. If possible, draw a picture of the item and write a sentence where you use the word in a meaningful way. Study the words in both directions: from English to Spanish, and vice versa.

PRÁCTICA

A. ¿Qué hacen? Empareja las ilustraciones de la página siguiente con las oraciones apropiadas.

___ 1. Trabajo en una oficina.

___ 2. Los chicos siempre buscan información en Internet.

___ 3. Sofía escucha música alternativa.

___ 4. A veces tomamos el autobús a la escuela.

___ 5. Me gusta mucho comprar ropa.

___ 6. Los chicos sacan buenas notas.

a.

b.

c.

d.

e.

f.

B. ¿Cuáles son tus actividades? Indica si las oraciones son **ciertas** o **falsas** para ti.

	Cierto	Falso
1. Mis amigos y yo necesitamos dinero.	☐	☐
2. Nunca lavo mi coche.	☐	☐
3. Mi mamá usa la computadora en casa.	☐	☐
4. Mi papá descansa por la noche.	☐	☐
5. Siempre llego a tiempo a la clase de español.	☐	☐
6. No trabajo este semestre.	☐	☐
7. Mis compañeros de clase estudian mucho.	☐	☐
8. Mi familia y yo visitamos a los abuelos los domingos.	☐	☐

C. Las actividades de mi familia. Look at the activities on page 104 in order to tell who among your family and friends does those activities. Write about as many different people as you can.

> **Modelo** Yo busco información en Internet.
> Mi novio Juan estudia mucho.
> Mis amigas Lucy y Bertha llegan a tiempo a clase.

¡Fíjate!

Remember to drop the **-ar** and add the appropriate ending to indicate who you are talking about.

1. _____
2. _____
3. _____
4. _____
5. _____
6. _____
7. _____
8. _____

- ## Days of the week

Los días de la semana y más			
los lunes	*on Mondays*	**entre semana**	*on weekdays*
los martes	*on Tuesdays*	**los fines de semana**	*on weekends*
los miércoles	*on Wednesdays*	**por la mañana**	*in the morning*
los jueves	*on Thursdays*	**por la tarde**	*in the afternoon*
los viernes	*on Fridays*	**por la noche**	*in the evening*
los sábados	*on Saturdays*	**todos los días**	*every day*
los domingos	*on Sundays*		

Note: In Spanish, the days of the week are not capitalized. **Los lunes** means *on Mondays*, but **el lunes** means *on Monday*.

PRÁCTICA

D. Mis actividades. Usa la tabla de arriba para escribir en tu cuaderno las actividades que haces. Escribe un total de 10 oraciones. Usa actividades diferentes.

Modelo   Los lunes lavo la ropa. Los martes trabajo cinco horas. Los miércoles…

Práctica adicional

Cuaderno de tareas
pp. 115–116, B–D

SUPERSITE

holaquetal.
vhlcentral.com
Episodio 5

Gramática 2

Asking yes/no questions
- **Tag questions**
- **Infinitive constructions**

Adding **¿no?** at the end of a statement is one of two ways of asking a yes/no question. When asking a question that need a yes/no answer, use the following two patterns.

1. Intonation. Raise your voice in a questioning tone at the end of the question.

Me gusta bailar salsa.	*I like dancing salsa.*
¿Te gusta bailar salsa?	*Do you like dancing salsa?*
Este semestre no trabajo.	*I don't work this semester.*
¿Este semestre no trabajas?	*You don't work this semester?*

2. Tag questions. Add **¿no?** or **¿verdad?** *(right?)* at the end.

Sus hijos podrían hacernos un *show*, **¿no?**	*Your kids could put on a show for us, right?*
Tus padres trabajan en un banco, **¿verdad?**	*Your parents work at a bank, right?*

PRÁCTICA

E. Una entrevista. Con un(a) compañero/a, convierte las oraciones de la **Práctica B** (página 105) a preguntas. Después, entrevista a otro/a compañero/a.

Modelo   Mis amigos y yo necesitamos dinero.
—**¿Tus amigos y tú necesitan dinero?** *or*
—**Tus amigos y tú necesitan dinero, ¿no?/¿verdad?**

F. Lotería. Find out who does the following things. Ask appropriate questions, according to the model. Write the name of a different classmate who responds **Sí** to your question in each box. The first student to form three straight lines wins the game.

> **Modelo** _____ visita a sus abuelos los domingos.
> —¿**Visitas a tus abuelos los domingos?**
> —**Sí, visito a mis abuelos los domingos.**

_____ lava la ropa los viernes.	_____ saca buenas notas en la clase de español.	_____ no trabaja.	_____ necesita comprar una computadora.
_____ escucha música alternativa.	_____ habla otro idioma *(another language)* con sus padres.	_____ toma cuatro clases este semestre.	_____ siempre llega tarde a clase.
_____ toca bien el piano.	_____ no es de aquí.	_____ no estudia en la biblioteca.	_____ visita a sus abuelos los domingos.
_____ le gusta bailar los fines de semana.	_____ descansa los lunes por la tarde.	_____ busca información en Internet para las clases.	_____ no tiene hermanos.

• Infinitive constructions

In the conversation, Adriana said:

Necesito repasar todo.	*I need to review everything.*
Necesito estar presente, porque si no...	*I need to be there, otherwise...*

In both English and Spanish, some verbs may be used in combination with other verbs in the infinitive. Notice that Adriana uses a combination of two verbs: the main verb, which is conjugated, and a second verb, which is in the infinitive form (the **-r** form). These combined verbs are called *infinitive constructions*, as in the following examples.

No **me gusta llegar** tarde a clase.	*I don't like to be late for class.*
Necesitamos buscar información en Internet.	*We need to look for information on the Internet.*
No **quiero sacar** F.	*I don't want to get an F.*

PRÁCTICA

G. Las actividades de Sofía. Sofía nos habla de sus actividades y las de *(those of)* su familia. Completa las oraciones.

1. Los sábados me gusta _____; por eso *(because of that)*, no trabajo por las tardes.
2. Los domingos necesito _____ la ropa y _____ mi cuarto.
3. Mi hermano nunca _____; por eso, no _____ buenas notas.
4. Mis papás _____ trabajar mucho para vivir *(to live)* bien.
5. Hoy no quiero lavar ropa porque necesito _____ la computadora.

H. Los fines de semana. Escribe seis cosas que **necesitas, te gusta** o **no te gusta** hacer *(to do)* durante los fines de semana. Comparte tus comentarios con un(a) compañero/a.

Modelo	Los viernes por la noche no me gusta estudiar.

1. _____
2. _____
3. _____
4. _____
5. _____
6. _____

¡Fíjate!

Remember to use **los viernes** for *on Fridays* and **el viernes** for *on Friday*.

I. ¡A hablar! In groups of four, try to set a date and time to study Spanish together **(juntos/as)**. Indicate which days and times you can't meet, and why **(no puedo porque...)**. Use expressions like Estoy libre los..., Ese día no puedo..., ¿Estudiamos el...?, ¿Quién puede a las...?, etc.

Actividades comunicativas

A. Las actividades de mis compañeros.

Parte 1. First, answer the questions by writing **yo** in column **B** after any question to which you can respond *yes*. Then ask your classmates these questions and fill in the empty spaces in both columns with the names of those who answer *yes*.

	A	B
1. ¿Limpias tu cuarto los sábados?	_____	_____
2. ¿Usas una computadora Macintosh?	_____	_____
3. ¿Escuchas música *hip hop*?	_____	_____
4. ¿Miras mucho la tele?	_____	_____
5. ¿Necesitas estudiar más para esta clase?	_____	_____
6. ¿Hablas mucho por teléfono?	_____	_____

Práctica adicional

Cuaderno de tareas
pp. 117–118, E–G

holaquetal.
vhlcentral.com
Lab practice

SUPERSITE

holaquetal.
vhlcentral.com
Episodio 5

Parte 2. Now, write a brief report using the information you have uncovered. Include at least six sentences in your report. Be prepared to share your findings with the class.

Modelo	Akiko y Jenny hablan mucho por teléfono.
	Nadie (*Nobody*) usa una computadora Macintosh.

B. Submarino. The object of this game, played like *Battleship*, is to find the location of your classmate's submarines. First, draw submarines in any five of the boxes on your grid. Do not let your partner see your grid. Then take turns asking each other yes/no questions, matching an action pictured at the top of the grid with one of the subjects on the side. If you have a submarine in the box that corresponds to your partner's question, give an affirmative answer, and vice versa; if there is no submarine in the box that corresponds to the question, give a negative answer.

Modelo	—¿Trabajas en una oficina?
	—Sí, trabajo en una oficina. (*If there is a submarine in that box.*)
	or
	—No, no trabajo en una oficina. (*If there is no submarine in that box.*)

Depending on your classmate's answer, write **Sí** or **No** in that box. If you answer **Sí** to your classmate's question, put an **X** through your submarine. It's been found! The first player to find all five submarines wins.

C. La fotonovela.

 Parte 1. Tell a partner about each illustration, indicating if you or someone you know does or does not do each activity.

> **Modelo**   En mi casa, mi mamá lava la ropa los domingos. ¿Y en tu casa?

Parte 2. As you listen to Sofía's weekend routine, indicate which pictures were used to tell her story.

 Parte 3. In groups, use five of the drawings to write a short paragraph describing what Sofía does on weekends. Your pictures do not have to reflect what you heard on the recording. Use connectors like **primero** (*first*), **luego** (*then*), **después** (*later, afterward*), **por la tarde...**, and **por la noche....** Begin with **Por la mañana, Sofía....** When you have finished, be prepared to read your story to the class. Your classmates will guess which pictures you used.

_____

_____

_____

_____

La correspondencia

El correo: Los problemas de Manolo. Lee las siguientes preguntas. Después, lee el correo electrónico (*e-mail*) que Manolo le escribe a un amigo. Contesta las preguntas.

1. ¿Cuál es el peor (*What is the worst*) defecto del compañero de cuarto de Manolo?

   _____

2. ¿Qué cualidades tiene su compañero?

   _____

3. ¿Qué cosas tienen en común?

   _____

4. ¿Cuál es la rutina de Manolo?

   _____

From: mbaez@casa.mía.red
To: Amigo@dayton.fla.red
Re: ¡Hola!

En cuanto a[1] mi compañero de cuarto, tenemos algunos problemas. Es muy desordenado. Casi nunca[2] lava la ropa y no limpia su cuarto, que siempre está sucio[3]. Le gustan mucho las fiestas; con frecuencia invita a sus amigos y bailan y cantan toda la noche... ¡La música es horrible! Bueno, no todo es malo; él es muy generoso, compra todo para la casa y cocina muy rico[4]. También, tenemos varias cosas en común: los dos somos cubanos y tenemos conversaciones muy interesantes porque él es súper inteligente. A veces pasamos toda la noche conversando.

Yo sigo con la misma[5] rutina; estudio por las mañanas y luego trabajo varias horas. Por la noche, lavo mi ropa y, los fines de semana, estudio y limpio la casa. Nada nuevo.

---

[1]*About* [2]*Almost never* [3]*dirty* [4]**cocina...** *he cooks delicious dishes* [5]*I follow the same*

𝓘𝓷𝓿𝓲𝓽𝓪𝓬𝓲ó𝓷 𝓪 **Estados Unidos**

In your own words. Read the information below in order to write in English what you learned about Cuban-Americans. Summarize the information in one or two sentences without translating.

Del álbum de
Manolo

De los 45 millones de hispanos en Estados Unidos, aproximadamente 2 millones son cubanos. La mayor (*highest*) concentración de cubanos está en Miami y el condado (*county*) de Dade, en la Florida, pero hay comunidades cubanas en todos los estados.
La Pequeña Habana, en Miami, es el centro cultural de los cubanoamericanos. Muchas personalidades de la música y el cine son de origen cubano, como Gloria y Emilio Estefan, Andy García, Celia Cruz, Daisy Fuentes, Jon Secada y Cameron Díaz, entre otros (*among others*).

En papel: Mi vida diaria. *(My daily life.)* In his e-mail, Manolo described his living situation. Use his letter as a model to write about your own situation. Write about your weekly activities and the activities of the people you live with.

 ¡A ver de nuevo!

 Parte 1. Escucha la conversación de **Escenas de la vida** o mira el video para escribir un resumen *(summary)* del episodio.

¡Fíjate!
Express yourself simply with the Spanish you know. Do not write your summary in English.

Adriana está preocupada porque tiene un examen de cálculo y quiere sacar A...

 Parte 2. Now, compare your summary with a classmate's and add any information you might have left out.

Práctica adicional			
Cuaderno de tareas pp. 119–120, H–I	holaquetal. vhlcentral.com Episodio 5	holaquetal. vhlcentral.com Lab practice	holaquetal. vhlcentral.com Episodio 5

Vocabulario del Episodio 5

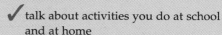

Verbos

bailar (bien/mal)	*to dance (well/badly)*
buscar información en Internet	*to look for information on the Internet*
comprar cosas	*to buy things*
comida/ropa	*food/clothes*
descansar	*to rest*
escuchar música	*to listen to music*
estudiar mucho/poco	*to study a lot/a little*
hablar con los amigos	*to talk to friends*
hablar por teléfono	*to talk on the phone*
lavar el coche	*to wash the car*
lavar la ropa	*to do the laundry*
limpiar la casa	*to clean the house*
el cuarto	*the (one's) room*
llegar a tiempo a casa	*to get home on time*
tarde	*late*
temprano	*early*
mirar la tele	*to watch TV*
necesitar libros	*to need books*
sacar buenas notas	*to get good grades*
tocar la guitarra	*to play the guitar*
tomar café	*to drink coffee*
tomar clases	*to take classes*
tomar el autobús	*to take the bus*
trabajar en casa	*to work at home*
usar la computadora	*to use the computer*
visitar a los abuelos	*to visit one's grandparents*

Los días de la semana y más

los lunes	*on Mondays*	**entre semana**	*on weekdays*
los martes	*on Tuesdays*	**los fines de semana**	*on weekends*
los miércoles	*on Wednesdays*	**por la mañana**	*in the morning*
los jueves	*on Thursdays*	**por la tarde**	*in the afternoon*
los viernes	*on Fridays*	**por la noche**	*in the evening*
los sábados	*on Saturdays*	**todos los días**	*every day*
los domingos	*on Sundays*		

113

Vocabulario personal

In this section, write all the words that you want to know in Spanish so that you can talk in greater detail about your activities and the activities of the people you know.

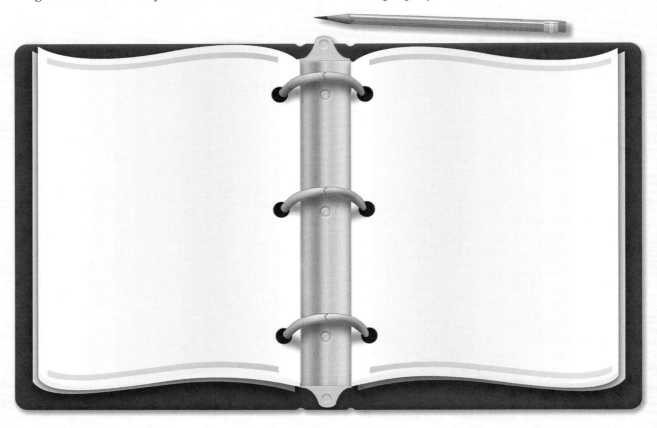

Cuaderno de tareas

Episodio

5

Escenas de la vida: ¿Estudiamos el sábado?

 A. ¡A ver cuánto entendiste! See how much of the **Escena** you understood by matching the Spanish sentences with their English equivalents.

Preguntas

_____ 1. ¿Está libre algún otro día?

_____ 2. ¿A qué hora descansa?

_____ 3. ¿En casa de quién?

_____ 4. ¿Cuándo estudiamos?

_____ 5. ¿Qué hace los sábados y domingos?

a. What do you do on Saturdays and Sundays?

b. Are you free any other day?

c. When are we going to study?

d. When do you rest?

e. At whose house?

Respuestas

_____ 6. Estudiamos el sábado.

_____ 7. ¡Qué ocupada está!

_____ 8. Necesito repasar todo.

_____ 9. Estoy muy preocupada.

_____10. Sus hijos podrían cantar
          y bailar para nosotros.

f. I'm very worried.

g. You are so busy!

h. Let's study on Saturday.

i. Your kids could sing and dance for us.

j. I need to review everything.

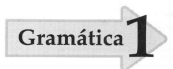

Gramática 1

Talking about activities at school and home
• **-ar verbs**
• **Days of the week**

 B. La vida de Adriana. Use what you know about Adriana to answer Sofia's question.

¿Qué hace Adriana los otros días? (de lunes a viernes)

_____

_____

_____

_____

C. Los días de la semana. Complete these statements with the appropriate word.

1. En español, el primer día de la semana es el _____.

2. Si hoy es miércoles, mañana es _____.

3. Hay siete días en una _____.

4. Mi día favorito es el _____.

5. El Día de la Madre es el segundo *(second)* _____ de mayo.

6. Un día de mala suerte *(bad luck)* en Estados Unidos es el _____ trece.

7. El día preferido para hacer *(throw)* fiestas es el _____.

D. Las actividades de los estudiantes. Describe what the characters are doing in the illustrations. Use the verbs from **Episodio 5,** page 113 of your textbook. Use **porque** to justify the first part of your sentence. Keep the statements simple (e.g., *They study a lot* **because** *they have an exam*).

Modelo

Sofía toma el autobús porque no tiene coche.

1.

2.

3.

4.

5.

6.

1. _____

2. _____

3. _____

4. _____

5. _____

6. _____

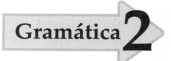 **Gramática 2** Asking yes/no questions
- Tag questions
- Infinitive constructions

E. ¡Preguntas! Imagine you and a classmate are talking about the characters in the video. Use the elements below to form questions. Then answer each question.

> **Modelo** la hija de Adriana / tocar la guitarra / ¿no? (bailar)
> Q. La hija de Adriana toca la guitarra, ¿no?
> A. No, ella baila en un grupo folclórico puertorriqueño.

1. tú / estudiar italiano / ¿no? (español)
   Q. _____ A. _____
2. Adriana / trabajar en un restaurante (oficina)
   Q. _____ A. _____
3. los hermanos de Ramón / hablar español / ¿verdad? (inglés)
   Q. _____ A. _____
4. Manolo / ser de Puerto Rico / ¿no? (Cuba)
   Q. _____ A. _____
5. Sofía y Ana Mari / tener hermanas / ¿verdad? (no)
   Q. _____ A. _____
6. Ana Mari / tomar la clase de cálculo con Sofía y Manolo (Adriana)
   Q. _____ A. _____

F. Sofía y Adriana. You want to know more about Sofía and Adriana. Ask them questions using the cues. In each case, write an answer according to the drawing.

> **Modelo**
>
> if they study geology
> —¿Ustedes estudian geología?
> —No, estudiamos cálculo.

1. if they speak English

_____

_____

2. if Sofía uses the computer Friday nights

_____

_____

3. if Adriana always gets home late

_____

_____

4. if Sofía's mother does the laundry

_____

_____

G. ¿Qué hacen? Say what these people do at the places mentioned. Fill in the blanks with the appropriate forms of the verbs.

1. En la universidad

tomar	hablar	llegar
sacar	estudiar	tocar

Los lunes yo (1) _____ a la universidad a las 8:00 de la mañana.
(2) _____ una clase de español. Normalmente (3) _____
buenas notas cuando (4) _____ el vocabulario. Después de clase, me
gusta (5) _____ con mis amigos. A veces (Sometimes), tomamos café y nos
quedamos (we stay) hablando en la cafetería.

2. En un café

escuchar	bailar	lavar
tocar	cantar (to sing)	trabajar

Los viernes en nuestro café favorito, mi amigo Miguel y yo (6) _____
la guitarra y la flauta en un grupo de jazz. También (7) _____ karaoke
cuando sabemos (we know) la letra (lyrics) de las canciones (songs). A veces
(8) _____ y otras veces solamente (only) nos gusta (9) _____ la música.

3. En mi casa

visitar	usar	lavar	mirar
necesitar	limpiar	trabajar	escuchar

Los domingos mis hermanitos (10) _____ mi coche cuando ellos
(11) _____ dinero. Mi papá (12) _____ el garaje, mientras
(while) mi mamá (13) _____ en su jardín (garden). Yo normalmente
necesito (14) _____ la computadora por la mañana. Por la tarde, mis
papás y mis hermanos (15) _____ a mis abuelos y yo visito a mis amigos.
Por la noche, todos nosotros (16) _____ una película (movie).

Para terminar

H. Preguntas personales. Answer the following questions.

1. ¿Qué clases tomas? ¿Estudias todos los días?

   _____

   _____

2. ¿Te gusta bailar? ¿Dónde?

   _____

   _____

3. ¿Qué te gusta hacer *(to do)* los domingos?

   _____

   _____

4. ¿Cuántos años tienes? ¿Cuántos años tienen tus padres? ¿Cuántos años tiene tu novio/a /esposo/a?

   _____

   _____

5. ¿Qué programas miras en la tele?

   _____

6. ¿Trabajas? ¿Dónde? ¿Qué días trabajas?

   _____

   _____

7. ¿Qué días de la semana descansas?

   _____

8. ¿A qué hora llegas a tu casa los sábados?

   _____

   _____

9. ¿A qué hora llegas a la universidad los lunes?

   _____

   _____

10. ¿Sacas buenas notas en todas tus clases? ¿En qué clases sacas A y B? ¿Por qué?

   _____

   _____

I. La vida de Lorena. First read the questions, then read the following description of Lorena's activities, and then answer the questions.

1. ¿De dónde es Lorena?

_____

2. ¿Qué estudia? ¿Qué quiere estudiar en el futuro?

_____

3. ¿Cuáles son sus actividades favoritas?

_____

4. ¿Qué días tiene clase por la noche? ¿Qué clase es?

_____

5. ¿Qué hace *(does she do)* los fines de semana? ¿Con quién?

_____

Hola, me llamo Lorena; tengo 16 años. Soy de Tijuana, Baja California. Tengo un hermano mayor; se llama Iván y tiene 24 años. También tengo una gata y un hámster; ¡adoro a los animales! Estudio en una preparatoria que tiene un programa internacional; con ese programa puedo estudiar en cualquier universidad del mundo[1]. Quiero estudiar biología en San Diego. Algunas de mis clases me gustan mucho, otras no me gustan, pero tengo que[2] tomarlas. Aquí no tenemos muchas clases opcionales.

Durante las vacaciones trabajé[3] en una tienda de helados[4]. Ahora no trabajo, pero siempre tengo actividades. Por ejemplo, por las tardes, estudio o preparo mi tarea. Los martes por la noche, tomo una clase de actuación[5]. Me gusta mucho la clase, pero llego a las 10 de la noche a mi casa y el miércoles por la mañana no me puedo levantar[6]. Los jueves tengo mi clase de baile. Me gusta el jazz y el tap. Me gusta mirar películas[7] y escuchar música, especialmente el rock mexicano y la música alternativa. La música pop no me gusta mucho. Los viernes o los sábados voy a bailar con mis amigas (y amigos). Nos gusta bailar en una discoteca donde no hay bebidas[8] alcohólicas. Tengo muchas amigas, algunas son amigas de la escuela y otras son amigas de mi colonia[9]. También estudio piano con mi mamá porque ella es maestra de música en una escuela primaria y en la Normal[10].

Todavía no tengo licencia de manejar[11]. Mi papá dice[12] que soy muy joven[13]; ¡yo no opino lo mismo[14]! Los domingos normalmente es día de descanso, pero a veces visito a mi abuela o a mis tías.

[1]*world* [2]**tengo que...** *I have to* [3]*I worked* [4]*ice cream* [5]*acting* [6]**no me...** *I can't get up* [7]*movies* [8]*drinks* [9]*neighborhood* [10]*school that prepares teachers* [11]*driving license* [12]*says* [13]*young* [14]*the same*

Revista cultural

Graduaciones y horarios universitarios

Revistas culturales are designed to help you gain knowledge and understanding of the behaviors, traditions, products, practices, and perspectives of the people in the Spanish-speaking world. In the articles that follow, there will be words that you may not understand. As you read, highlight the words you *do* understand and try to make sense of the information presented with those words. If the pictures and/or the context do not help you, look up the words you need to know in a dictionary.

As you read the **Revistas culturales** in this book, reflect on the following:

1. What is culture?
2. Are your own cultural values and views sufficient to make assumptions and draw conclusions about other cultures?
3. What happens to students who learn languages but not the culture of the people who speak the languages?

Antes de leer

Mira las fotos de la revista para escribir lo que significan estas palabras.

birrete: _____

toga: _____

beca: _____

fogata para quemar: _____

las batas: _____

Las graduaciones se celebran en todos los países de habla hispana. Sin embargo, hay algunas diferencias en las ceremonias, la simbología y las actividades relacionadas con el acto de terminar la universidad.

Revista cultural

A. ¿Te imaginas una graduación universitaria sin toga ni birrete?

En la República Dominicana

el birrete

la toga

Estos graduados llevan una toga y un birrete similar a los que se usan en los Estados Unidos.

En España

Los estudiantes reciben la beca el día de su graduación.

la beca

En muchos países hispanos los estudiantes se ponen togas y birretes, muy similares a los que se usan en Estados Unidos, el día de su graduación. En otros países no es costumbre usar la toga y el birrete para las graduaciones. En algunas regiones de España, por ejemplo, los estudiantes reciben una beca el día de su graduación como símbolo de que ya han terminado la carrera universitaria. Después de la graduación, donde se confiere la imposición de becas°, todos los graduados, sus familias y algunos profesores celebran con una cena elegante en un restaurante de moda de la ciudad.

° *In Spain, colored bands are placed around the shoulders of the graduates by the faculty conferring the degree. Graduates do not necessarily get a diploma.*

En México

La fogata para quemar...

... las batas.

Los estudiantes de la facultad de química queman sus batas.

B. ¿Te gustaría "quemar tu bata"?

En México, los estudiantes de la facultad de química celebran el último día de cursos quemando las batas de laboratorio que utilizaron durante los cinco años de la carrera. Todos los que van a graduarse, se juntan en un lugar específico y celebran bailando, cantando y quemando sus batas. Y después, claro, se van a celebrar con una gran fiesta.

Answer these questions in English.

1. Why would students burn their lab coats?
2. Would you be allowed to have a bonfire as a celebration in your community?
3. How will you celebrate your graduation?

C. Los horarios universitarios.

An important skill when learning a foreign language is to interpret the meaning of words based on your knowledge of the world. Let's practice this skill in the following section. Use your knowledge of universities to answer the questions on the next page about the calendar.

Revista cultural

Algunos países tienen horarios muy similares a de Estados Unidos, otros tienen horarios un poco diferentes. Mira el horario de la UNAM en la página anterior para contestar estas preguntas.

1. When do classes begin at the UNAM? When do they end?
2. How many weeks are in each semester?
3. What does **días inhábiles** mean? (Look at the dates.)

16 de septiembre	**17 de noviembre**	**16 de marzo**
2 de noviembre	**2 de febrero**	**primero (1°) de mayo**

4. Use the Internet to find out the importance of these dates in Mexico.

D. ¿Te imaginas sólo tener dos semanas de vacaciones durante el mes de julio y agosto?

Buenos Aires, Argentina		
Inicio de cursos	Receso	Fin de cursos
03/03	28/07 al 08/08	13/12

En Argentina, las clases empiezan en marzo y terminan en diciembre. En invierno hay un receso de aproximadamente dos semanas durante julio y/o agosto.

1. Look at the school calendar for Argentinean schools. What can you tell about the way Argentineans write dates?
2. How would English speakers write the following dates?
   a. 28/07 _____ b. 13/12 _____ c. 08/05 _____

Los estudios

1. El video. Watch this *Flash cultura* episode from Mexico.

Estudio derecho
en la UNAM.

¿Conoces algún (*any*)
profesor famoso que dé
clases… en la UNAM?

2. Emparejar. Match items from the first column with items from the second column to form complete sentences.

_____ 1. Los estudiantes de la UNAM no viven   a. una universidad muy grande.
_____ 2. México, D.F. es   b. 74 carreras de estudio.
_____ 3. La UNAM es   c. en residencias estudiantiles.
_____ 4. La UNAM ofrece   d. la ciudad más grande (*biggest*)
                     de Latinoamérica.

Episodio

6

Escenas de la vida: ¡Qué guapos!

 A. ¡Mira cuánto puedes entender! Use the spaces provided to describe Adriana and Sofía: what classes they take, what their families are like, where they are from, etc. Then select the statements that apply to the characters.

Adriana _____

_____

_____

_____

Sofía _____

_____

_____

_____

1. ¿Cómo es Adriana?

☐ Es baja.   ☐ Es alta.

☐ Es morena.   ☐ Es rubia.

☐ Es casada.   ☐ Es soltera.

☐ Es agradable.   ☐ Es antipática.

☐ Es perezosa.   ☐ Es trabajadora.

2. ¿Cómo es Sofía?

☐ Es delgada.   ☐ Es gorda.

☐ Es antipática.   ☐ Es agradable.

☐ Es joven.   ☐ Es vieja.

☐ Es bonita.   ☐ Es fea.

☐ Es graciosa.   ☐ Es seria.

3. ¿Qué le gusta a Adriana?

☐ Preparar comida puertorriqueña.

☐ Comer comida mexicana.

4. ¿Quién le gusta a Sofía?

☐ Le gusta Manolo.

☐ Le gusta Carlos.

B. ¿Te diste cuenta? Contesta las siguientes preguntas.

1. ¿En cuánto tiempo prepara Adriana el flan? _____

2. ¿Cómo se llaman los hijos de Adriana? _____

3. ¿Cuántos años tienen? _____

4. ¿Cómo se llama el hermano de Sofía? ¿Cuántos años tiene? _____

5. ¿Cuántas personas hay en la familia de Manolo? _____

C. ¿Cómo son? Selecciona las características de cada uno.

1. **Carlos**	alto	guapo	moreno	casado	joven	soltero
2. **La hermana de Manolo**	rubia	vieja	casada	alta	bonita	gorda
3. **Manolo**	bajo	feo	moreno	bueno	amable	guapo

125

D. Emparejar. Empareja las personas con las oraciones.

___ 1. Santiaguito   a. Tiene un hermano.

___ 2. Carlos   b. Es el mayor.

___ 3. Manolo   c. Tiene quince años.

___ 4. Sofía   d. Tiene una hermana.

Práctica adicional		
Cuaderno de tareas p. 141, A–B	holaquetal. vhlcentral.com Episodio 6	holaquetal. vhlcentral.com Episodio 6

> **Cultura a lo vivo**
> When Spanish speakers are successful in the United States, they are viewed as examples of how dreams can come true by both those who have remained in the home country, as well as by those who have immigrated to the United States. A notable example is Red Sox home-run hitter David Ortiz, hailed as a national hero in his native Dominican Republic for his success on the playing field.

Para comunicarnos mejor

 **Gramática 1**

Describing people and things
- **Descriptive adjectives**
- **Placement of adjectives**

Analizar y descubrir

In the conversation, you heard the following statements.

¡Qué **guapos** son sus hijos!	*Your children are so good-looking!*
Tú eres **alto** y muy **guapo**.	*You're tall and very handsome.*
Tu hermana es **alta** y **rubia**.	*Your sister is tall and blonde.*

1. Notice that the adjectives **guapo** and **alto** have more than one form. Study the previous statements and answer these questions:

   a. Which word was used to describe Adriana's children? _____

   b. Which words were used to describe Manolo? _____ and _____

   c. Which words were used to describe Manolo's sister ? _____ and _____

   Circle the correct answer in items **d–f**, and answer **g**.

   d. **Guapos** is used in **(a)** because it matches **hijas / hijos.**

   e. **Alto** and **guapo** are used in **(b)** because they match **Manolo / Sofía.**

   f. **Alta** and **rubia** are used in **(c)** because they match **él / ella.**

   g. Which form of **guapo** would be used to describe Sofía and Viviana? _____

2. Unlike English, Spanish adjectives change their form to match the gender (masculine or feminine) and number (singular or plural) of the nouns they describe.

La clase es divertid**a**.	*The class is fun.*
Manolo es alt**o**; él y **Carlos** son moren**os**.	*Manolo is tall; he and Carlos are dark-haired.*
Las amigas de Sofía son gracios**as**.	*Sofía's friends are funny.*

3. Some adjectives (ending in **-e** or in some consonants) do not change form to indicate gender. All, however, change form to indicate number.

La casa es grand**e**; **el estadio** es grand**e**.	*The house is big; the stadium is big.*
Los salones no son grand**es**.	*The classrooms are not big.*

Here are some adjectives used to describe physical appearance.

Adjetivos descriptivos: La apariencia física			
guapo/a	handsome, good-looking	feo/a	ugly
bonito/a	good-looking, pretty		
bajo/a	short (height)	alto/a	tall
delgado/a	thin	gordo/a	fat
joven	young	viejo/a*	old
grande	large, big	pequeño/a	small
moreno/a	dark (skin/hair)	rubio/a	blond(e)
pelirrojo/a	red head		

*In some Spanish-speaking countries, it is impolite to describe an older person as **viejo** or **vieja**. It is better to say **Es una persona mayor**.

Below are some adjectives used to describe character and personality.

También se dice...

antipático/a ⟶	pesado/a
delgado/a ⟶	flaco/a
perezoso/a ⟶	flojo/a
gracioso/a ⟶	chistoso/a
rubio/a ⟶	güero/a
agradable ⟶	simpático/a

Adjetivos descriptivos: El carácter y la personalidad			
agradable	pleasant, nice	antipático/a	unpleasant, nasty
malo/a	bad	bueno/a	good, nice
serio/a	serious	gracioso/a	funny
trabajador(a)	hard-working	perezoso/a	lazy
amable	kind, friendly	grosero/a	rude
reservado/a	reserved	cariñoso/a	affectionate
listo/a	smart	tonto/a	dumb, silly

Learning Strategy: Focus on word clusters and word families

You will understand more if you are able to relate words with similar roots: for example, **persona**, **personal**, and **personalidad** or **arte**, **artista**, and **artístico**. Use the words you know to figure out what other words mean: knowing **perezoso**, what could **pereza** mean? It means *laziness*. Try to guess the meaning of **grosería**, **amabilidad**, **aburrimiento**, and **cariño**.

Here are some words and expressions used to describe people and things.

Descripciones: Las personas y las cosas			
nuevo/a	new	viejo/a	old
aburrido/a	boring	divertido/a	fun
desordenado/a	messy, unorganized	ordenado/a	neat, organized
fácil	easy	difícil	hard, difficult
rico/a	wealthy; tasty	pobre	poor
mayor	older	menor	younger
casado/a	married	soltero/a	single

PRÁCTICA

A. ¿Cómo son? Selecciona la característica que mejor describe a los personajes.

1. Manolo es (bajas / gordos / moreno / rubia).
2. Sofía es (vieja / joven / feo / bonitas).
3. Los hijos de Adriana son (soltera / nuevo / guapos / cariñosas).
4. Adriana es (rubios / moreno / mexicanas / trabajadora).
5. Manolo y su compañero de cuarto son (argentinas / cubano / jóvenes / casado).

¡Fíjate!

Be sure to look at the ending of the adjectives to select the one that matches the character in gender and in number.

B. Los opuestos. Completa cada frase con el adjetivo contrario.

> **Modelo**   Sofía no es seria; es **graciosa**.

1. La abuela de Sofía no es joven; es _____ .
2. Lalo no es antipático; es _____ .
3. Sofía no es tonta; es _____ .
4. Los hijos de Adriana no son gordos; son _____ .
5. Manolo no es serio; es _____ .
6. Sofía no es casada; es _____ .

C. Tu familia. Usa dos adjetivos diferentes para describir a tu familia o a una familia que conoces *(you know)*.

> **Modelo**   Mis hermanas **son cariñosas y graciosas**.

1. Mis padres _____ .
2. Mi mamá _____ .
3. Mi papá _____ .
4. Mi hermano/a _____ .
5. Mis hermanos/as _____ .
6. Mis abuelos _____ .

• Placement of adjectives

An important difference between English and Spanish is the order of adjectives and nouns in a sentence. In English, the adjective comes *before* the noun (*I have a boring class*), whereas in Spanish, most adjectives go *after* the noun (**Tengo una clase** *aburrida*).

A few adjectives in Spanish do precede the noun.

1. Adjectives of quantity (**mucho, poco,** etc.) always come before the noun.

Hay **pocos** estudiantes en la clase.   *There are few students in class.*
Hoy tengo **mucha** tarea.   *I have a lot of homework today.*

2. Demonstrative adjectives also precede nouns.

Necesito **este** libro.   *I need this book.*
Sofía desea comprar **esa** mochila.   *Sofía wants to buy that backpack.*

Los adjetivos demostrativos			
este, esta	*this*	**ese, esa**	*that*
estos, estas	*these*	**esos, esas**	*those*

3. The adjectives **bueno** and **malo** may be used before the noun for emphasis. In this case, you must drop the **-o** from the masculine singular form.

Tengo un **buen** coche.   *I have a good car.*
¿Tienes **buenos** profesores?   *Do you have good teachers?*
No es un **mal** estudiante.   *He isn't a bad student.*

PRÁCTICA

D. ¿Qué adjetivo? Completa cada oración con el adjetivo demostrativo correcto.

> **Modelo**   **Este** *(This)* cuaderno es de Sofía.

1. Sofía compra _____ *(that)* mochila.
2. Adriana escucha _____ *(those)* canciones.
3. Carlos, Santiaguito y Viviana limpian _____ *(that)* cuarto.
4. Manolo toma _____ *(this)* clase.
5. Este semestre necesito _____ *(these)* libros.

E. La tarea de Johnny. Imagine you are helping Johnny, your eight-year-old neighbor, with his Spanish homework. He wants to write the following things about his family. Teach him how to do it in Spanish.

1. The blonde girl is my sister.

   _____

2. She has a pretty friend, Lulú.

   _____

3. Lulú is very funny.

   _____

4. I have a married brother.

   _____

5. He buys a lot of cars and all of them **(todos)** are ugly.

   _____

6. I also have three pets: a big dog, a fat cat, and a dumb bird!

   _____

F. Anuncios. Read the personal ads, which appeared in the Spanish-language newspaper *Diario del Club Latino*, in order to answer the questions that follow. First, read the questions so you can determine the purpose of the reading.

Reading Strategy: Using cognates and content to determine meaning
You can read Spanish with far greater ease if you guess at the meaning of cognates—words that look similar to English words. Before you read the personal ads below, consider these cognates: **americano, ingeniero, económicamente estable, español, inteligente, ejercicio, computadoras, atractiva, matrimonio, tel., bilingüe, sensual, educada, elegante, cine, responder**, and **electrónico**. The content of a text will provide clues to the meaning as well. Think about what you would expect to find in a personal ad and use this knowledge to help you understand the reading.

---

1. ¿Cómo es la persona del anuncio?

   _____

2. ¿Qué le gusta a esta persona?

   _____

3. ¿Qué tipo de persona busca?

   _____

AMERICANO

Ingeniero económicamente estable; hablo español. Soy inteligente, cariñoso y trabajador. Me gusta hacer ejercicio, cocinar y trabajar con computadoras. Busco mujer atractiva, flaca. 20-30 años. ¿Amistad? ¿Matrimonio? Niño ok. Tel. 434-4444

4. ¿Cómo es la persona de este anuncio?

_____

5. ¿Cuántos años tiene?

_____

6. ¿Qué le gusta hacer?

_____

ATRACTIVA

Bilingüe, 30 años, sensual, educada, elegante y simpática. Me gusta viajar, bailar e ir al cine. Busco amigo para diversiones sanas[1]. Favor de responder vía correo electrónico. Atractiva@homemail.loc

[1]**diversiones...** _healthy fun_

G. ¡Un anuncio gratis! A local Spanish newspaper is offering free personal ads as a promotion for the weekend edition. Write an ad that will appeal to your ideal mate. Use the ads from **Práctica F** as models.

Writing Strategy: Using a text as a model for writing

To write successfully in Spanish, you will need to look at samples so you can identify the information you need to include when you write your own texts. Prepare to write your personal ad. First, reread the ads from the previous section and identify the information they provide, such as physical characteristics, personality traits, and hobbies. Then list the information you want to communicate in each of these categories in the space provided. Finally, write your ad.

Características físicas	Personalidad	Actividades
_____	_____	_____
_____	_____	_____
_____	_____	_____
_____	_____	_____
_____	_____	_____
_____	_____	_____

H. Mi personaje de televisión favorito. Describe your favorite TV character to the class. Include details such as: name, age, description of appearance and personality, description of the people the character interacts with in his/her show. Bring a picture of the actor or actress and tell your classmates when they can see the show and on what channel **(canal)**.

Práctica adicional

Cuaderno de tareas
pp. 142–144, C–G

holaquetal.
vhlcentral.com
Episodio 6

Modelo   Mi personaje favorito es Betty, del programa _Betty la fea._ Betty es una chica joven, un poco gorda y fea. La actriz, América Ferrera, no es fea, pero el personaje sí. Tiene 24 ó 25 años. Trabaja en una oficina. Betty es muy amable y buena con todas las personas; es cariñosa también. Vive _(She lives)_ con su familia...

Gramática 2

Asking for information
• Interrogative words

Spanish, like English, uses inversion (placing the verb before the subject) to ask information questions. To change a statement into a *wh* question (*who, what, where, when, why*), place the conjugated verb in front of the subject, and add the appropriate interrogative word.

Statement	Question
subject verb	verb subject
Adriana trabaja en una oficina. →	¿Dónde trabaja Adriana?
subject verb	verb subject
Manolo es alto y moreno. →	¿Cómo es Manolo?
subject verb	verb subject
Sofía toma cálculo y vóleibol. →	¿Qué clases toma Sofía?

¡Fíjate!

Cuál and **Qué** mean *what?* or *which?*. However, they are not interchangeable. Do not use **Cuál** + [*noun*]; use **Cuál** + [*verb to be*]. **¿Cuál es tu mochila?** Use **Qué** + [*nouns*].

¿Qué libro lees?
¿Qué coches te gustan?

Here is a summary of all the interrogative words you have been using.

Palabras interrogativas	
¿**Cómo** es Manolo?	*What is Manolo like?*
¿**Cuál** es tu clase favorita?	*What/Which is your favorite class?*
¿**Cuáles** son tus lápices?	*Which are your pencils?*
¿**Cuándo** descansa Adriana?	*When does Adriana rest?*
¿**Cuántos** hijos tiene?	*How many children does she have?*
¿**Cuántas** clases toma Manolo?	*How many clases does Manolo take?*
¿**Dónde** trabaja Adriana?	*Where does Adriana work?*
¿**Por qué** te gusta la clase?	*Why do you like the class?*
¿**Qué** clases toma Manolo?	*What/Which classes is Manolo taking?*
¿**Quién** es Carlos?	*Who is Carlos?*
¿**Quiénes** son tus amigos?	*Who are your friends?*

PRÁCTICA

I. Las respuestas. Empareja las preguntas de arriba *(above)* con las respuestas.

1. ¿_____? Son los hijos de Adriana.

2. ¿_____? La clase de español.

3. ¿_____? Tiene tres hijos.

4. ¿_____? Es alto y moreno.

5. ¿_____? Toma cuatro clases.

6. ¿_____? Porque es muy divertida.

7. ¿_____? En una oficina.

8. ¿_____? Nunca.

9. ¿_____? Cálculo, sicología e historia.

J. Preguntas. Completa las preguntas sobre Adriana.

1. ¿_____ estudia Adriana? En la biblioteca.

2. ¿_____ días a la semana trabaja? Dos días.

3. ¿_____ días? Martes y jueves.

4. ¿_____ descansa? Nunca.

5. ¿_____ es el profesor? Es agradable.

6. ¿_____ es Santiago? Es su esposo.

K. Preguntas personales. Responde apropiadamente a las preguntas. Después entrevista a un(a) compañero/a.

1. ¿Qué clases tomas este semestre?
2. ¿Cuál es tu clase favorita? ¿Por qué?
3. ¿Qué clase no te gusta? ¿Por qué?
4. ¿Cómo es tu profesor(a) de español? ¿Es divertida la clase?
5. ¿Dónde trabajas? ¿Cuántas horas a la semana trabajas? ¿Cuándo descansas?
6. ¿Cuándo estudias? ¿Dónde? ¿Con quién?
7. ¿A qué hora llegas a casa generalmente? ¿Qué haces (do you do) cuando llegas?
8. ¿Qué haces los fines de semana? ¿Lavas la ropa? ¿Limpias la casa? ¿Estudias? ¿Trabajas?

L. Veinte preguntas. Think of three famous people, but do not reveal their names to your partner. Your partner will ask you yes/no questions as they try to guess the names of each person. You get a point for every question your partner must ask you before he or she finds out who you are thinking of. Take turns. Write the names and physical and psychological characteristics below.

Modelo	¿Es hombre?
	¿Es actor?
	¿Es alto?

Nombre	Características físicas	Características sicológicas
1._____	_____	_____
	_____	_____
	_____	_____
2._____	_____	_____
	_____	_____
3._____	_____	_____
	_____	_____
	_____	_____

Práctica adicional

Cuaderno de tareas pp. 144–145, H–I	holaquetal. vhlcentral.com Lab practice	SUPERSITE holaquetal. vhlcentral.com Episodio 6

Actividades comunicativas

A. Crucigrama.

Instrucciones para **Estudiante 1**

You and your partner each have a copy of the same partially completed crossword puzzle. The words missing on your copy of the puzzle are filled in on your partner's copy. Give each other clues to complete the puzzle. Do not say the word your partner needs; instead, use definitions, examples, and incomplete sentences that provide a context for the missing word. Here are some examples:

| Modelo | 17 *vertical:* **La hija de mi hija es mi...** |
| | 15 *horizontal:* **Un niño no es viejo; es...** |

¡Fíjate!

Find simple but creative ways of communicating the meaning of the words to your partner.

A. Crucigrama.

Instrucciones para Estudiante 2

You and your partner each have a copy of the same partially completed crossword puzzle. The words missing on your copy of the puzzle are filled in on your partner's copy. Give each other clues to complete the puzzle. Do not say the word your partner needs; instead, use definitions, examples, and incomplete sentences that provide a context for the missing word. Here are some examples:

| Modelo | *17 vertical:* La hija de mi hija es mi... |
| | *15 horizontal:* Un niño no es viejo; es... |

¡Fíjate!

Find simple but creative ways of communicating the meaning of the words to your partner.

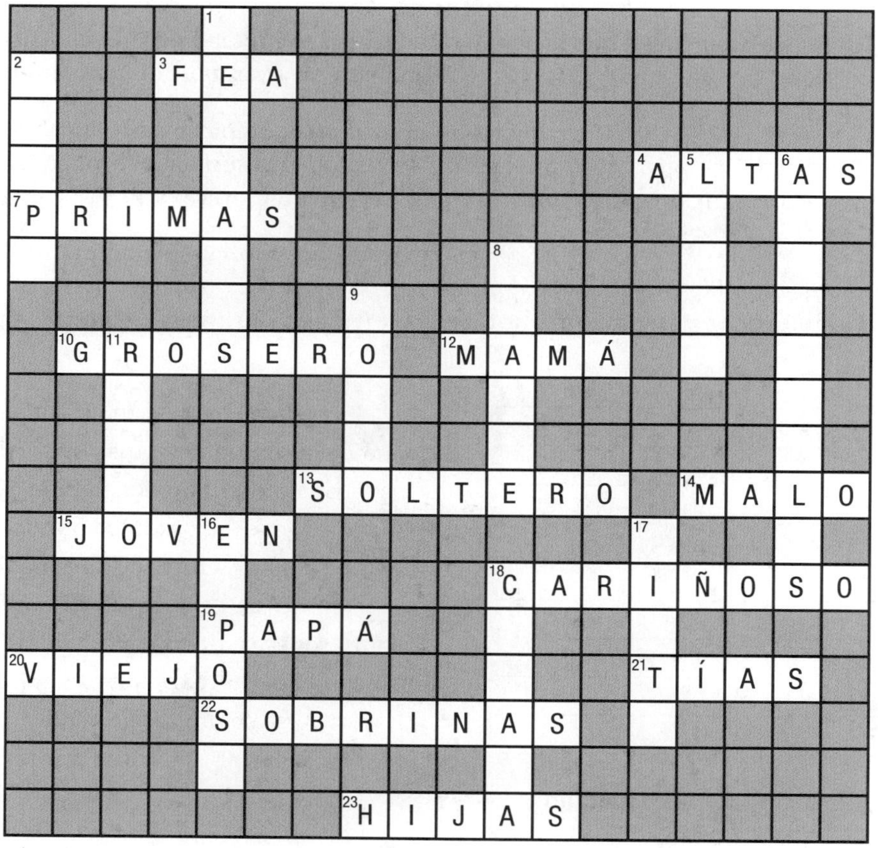

Crossword grid with the following filled entries:

- 3: F E A
- 4: A L T A S
- 7: P R I M A S
- 10: G R O S E R O
- 12: M A M Á
- 13: S O L T E R O
- 14: M A L O
- 15: J O V E N
- 18: C A R I Ñ O S O
- 19: P A P Á
- 20: V I E J O
- 21: T Í A S
- 22: S O B R I N A S
- 23: H I J A S

B. Actividades en común. First answer the questions in the column labeled **Yo**. Then look for classmates whose answers are the same as yours and write their names in the column labeled **Compañero/a**. Be prepared to share your findings with the class.

> **Modelo**　—¿Dónde trabajas?
> —Trabajo en un banco. ¿Y tú?
> —Yo también.　*or*　Yo trabajo en una tienda.
> —Mary y yo trabajamos en un supermercado.

	Compañero/a	Yo
1. ¿Dónde trabajas?	_____	_____
2. ¿Cuántas clases tomas este semestre?	_____	_____
3. ¿Qué programa miras en la televisión?	_____	_____
4. ¿A qué hora llegas a casa los lunes?	_____	_____
5. ¿Con quién hablas más por teléfono?	_____	_____
6. ¿Qué computadora usas?	_____	_____
7. ¿Dónde compras tu ropa?	_____	_____
8. ¿Qué estación de radio escuchas?	_____	_____
9. ¿Dónde estudias para los exámenes?	_____	_____
10. ¿Cuántas hermanas tienes?	_____	_____

C. Una presentación oral: Mi familia y yo. You will prepare a four-minute presentation to share with your classmates. Your presentation should answer all of these questions about your family, an important person in your life, and yourself.

- **Tu familia:** ¿Cómo es tu familia? Describe a tres miembros. Incluye nombre, lugar de origen, edad y una o dos características físicas y de personalidad. Incluye una o dos cosas que le gusta hacer a cada uno/a usando **Le gusta…**

- **Una persona importante:** ¿Hay una persona especial en tu vida? Describe quién es, cómo es (físicamente y su personalidad) y sus actividades entre semana y los fines de semana. Incluye dos actividades que ustedes hacen juntos/as.

- **Tú:** ¿Cómo eres? Descríbete a ti mismo/a *(yourself)*. Incluye nombre, lugar de origen, edad y una o dos características físicas y de personalidad. Incluye una o dos cosas que te gusta hacer usando **Me gusta…**

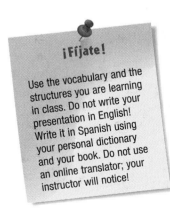

¡Fíjate!

Use the vocabulary and the structures you are learning in class. Do not write your presentation in English! Write it in Spanish using your personal dictionary and your book. Do not use an online translator; your instructor will notice!

¡Fíjate!

Prepare a poster board. Include pictures, photographs or drawings to illustrate what you are talking about. DO NOT READ! However, you may write a few words on the poster to guide your presentation, but DO NOT READ from notes as you go along.

Invitación a **Estados Unidos**

In your own words. Read the information below and then write what you understood.
In English, summarize the information in two or three sentences. Do not translate.

_____

_____

_____

Del álbum de
Adriana

Después de los mexicanos, los puertorriqueños son la comunidad de hispanos más grande del país. Cada verano *(summer)* se celebra en Nueva York el desfile *(parade)* puertorriqueño al que asisten *(attend)* más de un millón de personas. Muchas personalidades famosas son de origen puertorriqueño, como Jennifer López, José Feliciano, Ricky Martin y Marc Anthony, entre otros.

La correspondencia

El correo: Otra carta para Odette. Primero lee estas preguntas. Luego lee la carta
(en la página 138) que Sofía le escribe a su amiga Odette en Guadalajara, México.
Después contesta las preguntas.

1. ¿Cómo es el hijo de Adriana, según *(according to)* Sofía? _____

2. ¿Cómo es Lalo? _____

3. ¿Cómo es el ex novio de Odette? _____

4. ¿Cuándo van a Guadalajara? _____

Querida Odette:

Me da tanta alegría[1] recibir tus cartas. Estoy bien. Mis clases me gustan mucho. En mi clase de cálculo, tengo una compañera puertorriqueña. Se llama Adriana y es una señora muy agradable. Aunque[2] ya es mayor, somos buenas amigas. Además[3], ¡tiene un hijo guapísimo! Bueno, no lo conozco en persona, pero en las fotos es súper atractivo. Es piloto y ahora está en Chicago. ¿Te imaginas, poder visitar todo el mundo gratis[4]? Lalo, como siempre, llega tardísimo a casa, escucha una música horrorosa, nunca saca buenas notas en sus clases y siempre necesita dinero.

¡Qué bueno que terminaste[5] con tu ex novio! Era grosero y flojo. Tú mereces una persona buena y cariñosa como tú. No te preocupes, hay muchos muchachos. Yo no tengo novio, pero tengo muchos amigos.

Bueno, querida amiga, sí voy[6] a visitarte en diciembre. Ramón y Ana Mari van[7] a visitar a sus abuelos en Guadalajara. ¡Tal vez vamos juntos! Escríbeme pronto.

Tu amiga que te quiere,
Sofía

[1]**Me...** *It makes me so happy* [2]*Although* [3]*Besides* [4]*free* [5]*you finished (broke up)* [6]*I'm going*
[7]*are going*

En papel: Una notita para Odette. Write a letter to Odette telling her about friends, instructors, classmates, and other important people in your life. Include their name, their relationship to you, their physical description, their personality, and one or two interesting things about them.

¡Fíjate!

Create a simple outline, in Spanish, of the information you want to include in your letter before you begin to write.

 ¡A ver de nuevo!

 Parte 1. Listen to or watch the **Escena** again and, on a separate piece of paper, write as much as you can about Manolo, Sofía, and Adriana, including: age, description, family, activities, etc.

 Parte 2. Now compare your summary with a classmate's and add any information you may have left out.

Práctica adicional			
Cuaderno de tareas pp. 145–146, J–L	holaquetal. vhlcentral.com Episodio 6	holaquetal. vhlcentral.com Lab practice	holaquetal. vhlcentral.com Episodio 6

Vocabulario del Episodio 6

Para describir a las personas y las cosas

aburrido/a	boring	joven	young
agradable	pleasant, nice	listo/a	smart
alto/a	tall	malo/a	bad
amable	kind, friendly	mayor	older
antipático/a	unpleasant, nasty	menor	younger
bajo/a	short (height)	moreno/a	dark (skin/hair)
bonito/a	good-looking, pretty	nuevo/a	new
bueno/a	good, nice	ordenado/a	neat, organized
cariñoso/a	affectionate	pelirrojo/a	red head
casado/a	married	pequeño/a	small
delgado/a	thin	perezoso/a	lazy
desordenado/a	messy, unorganized	pobre	poor
difícil	hard, difficult	reservado/a	reserved
divertido/a	fun	rico/a	wealthy; tasty
fácil	easy	rubio/a	blond(e)
feo/a	ugly	serio/a	serious
gordo/a	fat	soltero/a	single
gracioso/a	funny	tonto/a	dumb, silly
grande	large, big	trabajador(a)	hard-working
grosero/a	rude	viejo/a	old
guapo/a	handsome, good-looking		

Los adjetivos demostrativos

este, esta	this	ese, esa	that
estos, estas	these	esos, esas	those

Palabras interrogativas

¿Cómo...?	How...?
¿Cuál/Cuáles...?	Which...?
¿Cuándo...?	When...?
¿Cuántos/as...?	How many...?
¿Dónde...?	Where...?
¿Por qué...?	Why...?
¿Qué...?	What...?
¿Quién/Quiénes...?	Who...?

Vocabulario personal

In this section, write all the words that you want to know how to say in Spanish so that you can talk in greater detail about yourself, your family, your friends, and your activities.

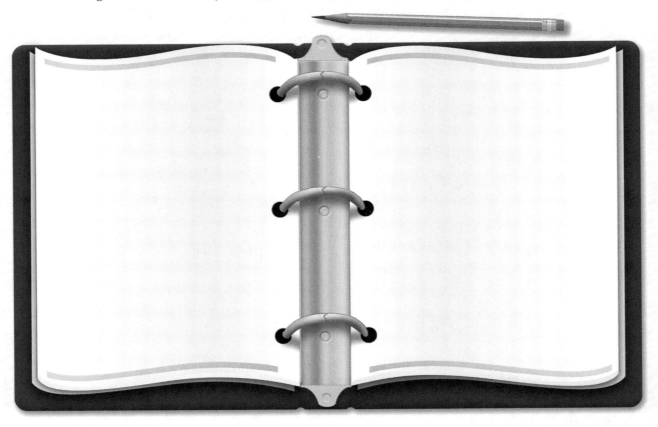

Episodio

Cuaderno de tareas

6

Escenas de la vida: ¡Qué guapos!

A. ¡A ver cuánto entendiste! See how much of the **Escena** you understood by matching the Spanish sentences with their English equivalents.

El flan de queso

_____ 1. ¿Es difícil prepararlo?

_____ 2. ¡Qué rico!

_____ 3. Lo preparo en media hora.

_____ 4. Es fácil prepararlo.

_____ 5. Me gusta mucho cocinar.

a. It's easy to make.

b. Is it hard to make?

c. I like to cook a lot.

d. How delicious!

e. I make it in half an hour.

Los hermanos

_____ 6. Tu hermana es alta y rubia.

_____ 7. ¿Cuántos años tiene?

_____ 8. ¡Qué diferentes son!

_____ 9. Tú eres alto y muy guapo.

_____ 10. Soy moreno y feo.

_____ 11. Tengo su foto.

f. You're tall and very good-looking.

g. You're so different!

h. I have her picture.

i. How old is he?

j. I have dark hair and I'm ugly.

k. Your sister is tall and blonde.

B. Me gusta. Use the expressions to complete the following conversation.

fácil	seria	mexicano	rico	difícil
está	me encanta	media hora	joven	preparar comida

Manolo ¡Qué (1) _____! (2) _____ el flan de queso.

Sofía Es muy similar al flan (3) _____ . ¿Es (4) _____ prepararlo?

Adriana No, es muy (5) _____. Lo preparo en (6) _____.
Me gusta (7) _____ puertorriqueña.

Sofía ¡ (8) _____ delicioso!

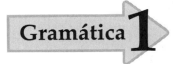
> **Gramática 1**
>
> **Describing people and things**
> • **Descriptive adjectives**
> • **Placement of adjectives**

C. ¡Qué caro! *(How expensive!)* Sofía and Ana Mari are at the bookstore gathering supplies. Complete the conversation with the appropriate forms of the demonstrative adjectives.

este	ese	estos	esos
esta	esa	estas	esas

Sofía ¡Mira cuánto cuestan (1) _____ *(these)* lápices de grafito!

Ana Mari ¡Qué horror! (2) _____ *(Those)* lápices son más caros que los libros. Bueno, (3) _____ *(this)* libro de diseño es carísimo también.

Sofía A ver… ¡Ah! Por suerte ya *(already)* tengo (4) _____ *(that)* libro.

Ana Mari ¿Y (5) _____ *(these)* plumas de colores?

Sofía Ay, de (6) _____ *(those)* plumas necesito dos paquetes *(packages)*.

D. Voy a comprar… Sofía is shopping for school supplies. Fill in her list with the appropriate forms of the demonstrative adjectives for each column.

Voy a comprar…
1. ___*este*___ libro de dibujo
2. _____ lápices
3. _____ plumas
4. _____ mochila
5. _____ diccionario

No necesito…
6. ___*esos*___ papeles
7. _____ mapa
8. _____ banderitas
9. _____ calculadora
10. _____ cuadernos

E. Las descripciones. Write sentences using all the elements.

Modelo	hay / poco / **coches** / bueno / bonito / barato *(inexpensive)*
	Hay pocos coches buenos, bonitos y baratos.

1. Ramón / tener / un / trabajo / fácil / bueno

_____

2. el compañero de cuarto de Manolo / ser / antipático / grosero

_____

3. la / **universidades** públicas en Latinoamérica / ser / muy / grande

_____

4. este semestre / yo / tener / bueno / **profesores**

_____

5. Sofía / tener / mucho / **amigas** / joven / soltero / guapo

_____

¡Fíjate!

Remember to use the appropriate articles to match the adjectives to the nouns, and to conjugate the verbs.

F. Mi familia. Adriana's adolescent daughter likes to talk about her own family. Use her family tree and the adjectives provided to describe her family. Then use your imagination and what you know about the family to create two original sentences.

> **Modelo**   Mi hermano menor es tímido.

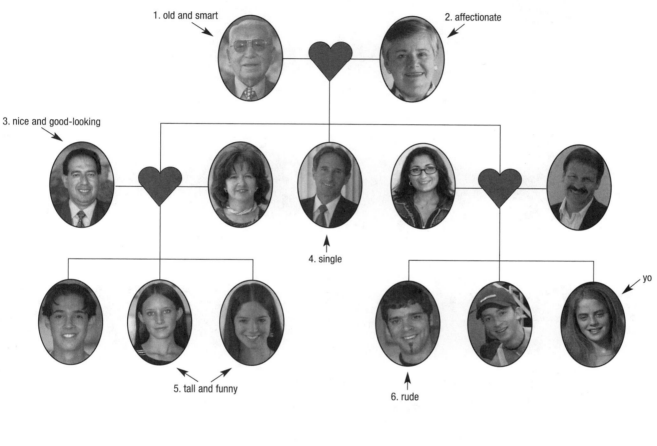

1. old and smart
2. affectionate
3. nice and good-looking
4. single
5. tall and funny
6. rude
yo

1. _____

2. _____

3. _____

4. _____

5. _____

6. _____

7. _____

8. _____

G. ¿Cómo son? Describe the characters of the book. Mention their physical appearance and their personality.

1. Sofía es _____

_____

_____

2. Manolo es _____

_____

_____

3. Ana Mari es _____

_____

_____

4. Adriana es _____

_____

_____

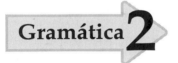 **Gramática 2**   **Asking for information**
   • **Interrogative words**

H. Preguntas y respuestas. Provide the appropriate interrogative expressions and answer the questions.

1. ¿ _____ te llamas?   Me llamo _____.
2. ¿ _____ eres?   Soy de _____.
3. ¿ _____ estudias?   En la universidad de _____.
4. ¿ _____ estudias?   Español y _____.
5. ¿ _____ hermanos tienes?   Tengo _____.
6. ¿ _____ es tu profesor(a)?   Es muy _____.
7. ¿ _____ son tus amigos?   Mis amigos se llaman _____.
8. ¿ _____ es tu teléfono?   Es el _____.
9. ¿ _____ estudias español?   Porque _____.
10. ¿ _____ es tu clase de español?   Es a las _____ de la _____.

I. Una entrevista. You would like to know more about one of your classmates. Write four questions you might ask if you were to interview them.

1. _____
2. _____
3. _____
4. _____

Para terminar

J. Mi persona favorita. On a separate piece of paper, write a diary entry describing the person you like/admire the most. Explain why he/she is your favorite person: **Es mi persona favorita porque** *(because)*... Include the following information.

- name
- age
- where he/she is from
- physical appearance and personality
- activities
- occupation

Start like this: **Querido diario: Mi persona favorita se llama...**

K. El talento latino. Read the questions, then read the following articles and answer the questions.

Jennifer López: Una estrella *(star)* puertorriqueña

1. ¿De dónde son los padres de Jennifer? _____
2. ¿Cuántas hermanas tiene? ¿Qué profesiones tienen sus hermanas? _____
   _____
3. ¿Cómo es Jennifer? _____
4. ¿En qué idioma *(language)* canta? _____

Jennifer López nació[1] en el Bronx, Nueva York. Sus padres son puertorriqueños, originarios de la ciudad de Ponce. Jennifer tiene una hermana que es D. J. en una radiodifusora en Nueva York, y una hermana que es maestra de música, es casada y tiene un hijo. Jennifer toma clases de baile desde los seis años. Ella y sus hermanas hacían[2] presentaciones "artísticas" para la familia en su apartamento de Nueva York. La carrera artística de Jennifer se establece cuando hace la película[3] *Selena*. Su belleza física, típicamente latina, su talento y su ritmo musical la hacen famosa. Poco tiempo después graba[4] un disco que llega a tener ventas[5] de más de un millón. Además de cantar en inglés, ella ahora canta en español, aunque no lo habla muy bien. Por el momento, es la actriz y cantante latina más conocida y mejor pagada *(highest paid)* en Estados Unidos. Dos de sus películas son *Enough* y *Maid in Manhattan*. Hoy en día, ella y su también famoso esposo, Marc Anthony, están muy ocupados con sus hijos.

[1]*was born* [2]*used to do* [3]*movie* [4]*she records* [5]*sales*

Salma Hayek: Una estrella mexicana

1. ¿De dónde es Salma? _____

2. ¿Cómo es? _____

3. ¿De dónde son sus abuelos? _____

4. Según Salma, ¿qué es lo más importante para estar guapa? _____

5. ¿Cuál es su mejor película? _____

> **"Lo más importante en una relación es aceptar a la gente[1] como es."**
> **–Salma Hayek**
>
> Esta bella actriz mexicana es morena, tiene unos grandes ojos cafés y mide solamente 5' 2". Sus abuelos paternos son del Líbano, y su mamá es mexicana. Algunos de sus trabajos en Estados Unidos incluyen la serie de televisión *Ugly Betty* y las películas *Spy Kids 3-D, Once Upon a Time in Mexico* y *Across the Universe*. En una entrevista[2] reciente, Hayek dijo[3]: "Uno de los ingredientes imprescindibles para estar guapa es la felicidad". La mejor actuación de Salma es en la película *Frida*. La actriz trabajó[4] siete años para lograr[5] que filmaran la película. Hoy la actriz divide su tiempo entre su hija y su trabajo.

[1]*people* [2]*interview* [3]*said* [4]*worked* [5]*to achieve*

L. Una miniprueba para terminar. Complete the following communicative tasks to test your knowledge of the content of the chapter.

1. Ask Sofía:
   a. to describe her family.   b. how old her brother is.   c. where her grandparents are from.

2. Ask Adriana:
   d. when she works.   e. if her children clean their rooms.   f. when she usually gets home.

3. Ask Wayne and Ramón:
   g. if they get good grades.   h. who does the laundry in their house.   i. if they use the computer.

4. Tell the characters:
   j. what your typical day is like.   k. something you do on the weekends.   l. something about your family.

a. _____   g. _____

b. _____   h. _____

c. _____   i. _____

d. _____   j. _____

e. _____   k. _____

f. _____   l. _____

Episodio

7

Escenas de la vida: ¿Qué van a hacer el sábado?

 A. ¡Mira cuánto puedes entender! Listen to the conversation or watch the video to complete the tasks that correspond to each picture.

1. Indica qué nota creen que van a sacar en el primer examen de cálculo.

_____ _____ _____

2. Indica qué tiene ganas de hacer Ramón el sábado y por qué Sofía no puede hacer nada el sábado con Ramón. ¿Qué tiene que hacer Sofía?

☐ **Tiene ganas de hacer un picnic.**

☐ Tiene que trabajar.
☐ Tiene que limpiar su cuarto.
☐ Tiene que hacer una presentación.
☐ Tiene que estudiar.

☐ **Tiene ganas de ir a la biblioteca.**

3. Mira los planes de Manolo; completa la hora o la actividad necesaria.

sábado	domingo
____ aeropuerto	¡nada!
después _____	
_____	
en la tarde _____	

4. ¿Qué va a hacer Adriana el domingo?

Cultura a lo vivo

Throughout the Spanish-speaking world, Sunday is considered a day to be spent with family. Some families attend religious services and then go to a restaurant; other families visit their parents and/or grandparents; still others go on outings such as a picnic, a visit to a nearby town, a day at the swimming pool, or a trip to the mountains, a river, or a park. These gatherings include family members of all ages, as well as close friends whose families may live elsewhere. Some parents feel so strongly about reserving Sunday for the family that teenage children are not allowed to go out with friends that day.

B. ¿Te diste cuenta? Escucha la conversación o mira el video otra vez para indicar quién hace estos comentarios: Sofía **(S)**, Adriana **(A)**, Ramón **(R)** o Manolo **(M)**.

_____ 1. El examen fue muy fácil.

_____ 2. Para mí fue muy difícil.

_____ 3. Tenemos que hacer algo divertido.

_____ 4. No tengo nada que hacer el domingo.

_____ 5. Los domingos paso el día con la familia.

_____ 6. Todos están invitados.

C. ¡A responder! Contesta las preguntas.

1. ¿Quién tiene ganas de celebrar? ¿Por qué? _____

_____

2. ¿Qué quiere organizar Ramón? ¿Por qué? _____

_____

3. ¿Qué tiene que hacer Sofía el sábado por la tarde? _____

_____

4. ¿Qué hace Adriana los domingos? _____

_____

Práctica adicional		
Cuaderno de tareas p 165, A–B	holaquetal. vhlcentral.com Episodio 7	holaquetal. vhlcentral.com Episodio 7

Para comunicarnos mejor

Gramática 1

Talking about weekend plans
- **Ir a** + [*infinitive*]
- **The personal a**

In the conversation, you heard Sofía, Ramón, and Adriana say the following:

Creo que **voy a sacar** A.	*I think I'm going to get an A.*
¿Qué **van a hacer** el sábado?	*What are you (all) going to do on Saturday?*
Vamos a visitar a los abuelos.	*We're going to visit our grandparents.*

Voy, van, and **vamos** are forms of the verb **ir** *(to go)*. To talk about things and activities that are going to happen in the future, Spanish uses a form of **ir** followed by **a** and the infinitive (**-r** form) of a verb. In another conversation, the characters said the following about the things they are *going to do.*

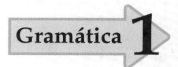

¡Fíjate!
Go to the Supersite to watch an authentic TV commercial from Argentina that practices this structure.

Ir a + [*infinitive*]	
Hoy **voy a llevar** a Viviana a su clase de baile.	*Today I'm going to take Viviana to her dance class.*
¿**Vas a trabajar** el domingo?	*Are you going to work on Sunday?*
Sofía **va a comprar** un regalo.	*Sofía is going to buy a present.*
El próximo domingo **vamos a celebrar** el cumpleaños de Wayne.	*Next Sunday we're going to celebrate Wayne's birthday.*
¿Qué **van a hacer** mañana? ¿Qué **vais a hacer** mañana? }	*What are you going to do tomorrow? (pl.)*
Todos **van a ir** al parque.	*They are all going to go to the park.*

1. Notice that the verb **llevar** *(to take something or someone somewhere)* is followed by an **a** (**llevar a Viviana**). This is called the personal **a** (**la** *a* **personal**), and it has no English equivalent. You need to include **a** after verbs that have a person or a pet as the direct object.

> La familia de Adriana siempre visita **a** los abuelos los domingos.
> Los lunes Adriana **lleva a** su hija a la clase de baile folclórico.
> El sábado Manolo **lleva a** la gata al veterinario, ¿verdad?
> Escucho **a** mis padres.

2. To talk about your plans, use these expressions:

Expresiones de tiempo			
esta noche	*tonight*	**el próximo sábado**	*next Saturday*
hoy	*today*	**la próxima semana**	*next week*
mañana	*tomorrow*	**el año que viene**	*next year*
este jueves	*this Thursday*	**el lunes**	*on Monday*

Este jueves no voy a trabajar por la noche.	*This Thursday I am not going to work at night.*

PRÁCTICA

A. ¿Esto van a hacer ustedes?

Parte 1. Indica si vas a hacer *(to do)* las siguientes actividades.

	Sí	No
1. El sábado por la mañana voy a estudiar.	☐	☐
2. Voy a trabajar hoy.	☐	☐
3. Voy a salir *(to go out)* con mis amigos esta noche.	☐	☐
4. Voy a visitar a mi abuela el domingo.	☐	☐
5. Mi papá y yo vamos a jugar *(to play)* golf el próximo fin de semana.	☐	☐
6. Mi compañero/a y yo vamos a hacer ejercicio *(to exercise)*.	☐	☐
7. Mañana voy a mirar mi programa favorito en la televisión.	☐	☐
8. Voy a escribir *(to write)* una composición este fin de semana.	☐	☐

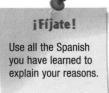

Parte 2. Convierte las oraciones de la **Parte 1** en preguntas. Después entrevista a un(a) compañero/a.

B. ¿Qué van a hacer nuestros amigos?

Parte 1. Usa las fotos para escribir lo que *(what)* van a hacer los personajes la próxima semana y por qué. Usa **ir a** + **verbo** para expresar acciones futuras.

> **Modelo** Ramón **va a buscar infomación en Internet esta noche** porque necesita hacer una presentación oral.

1. Sofía y Manolo...　　2. Adriana...　　3. Nosotros...

_____　_____　_____

¡Fíjate!

Use all the Spanish you have learned to explain your reasons.

4. Manolo...　　5. Sofía...　　6. Ellos...

_____　_____　_____

Parte 2. Tell a partner if you are going to do the same activities sometime next week. Explain when and why.

Práctica adicional

Cuaderno de tareas
op.166–167, C–F

SUPERSITE
holaquetal.
vhlcentral.com
Episodio 7

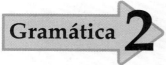

Gramática 2 — Expressing obligations and desires
• Tener que, tener ganas de

You have used the verb **tener** to express ownership and possession.

Tenemos muy poco dinero.	*We have very little money.*
Tengo cuatro perros.	*I have four dogs.*
¿Tienes coche?	*Do you have a car?*

In every language, many common verb phrases have meanings which are independent of those same verbs. In English, these combinations are called *verb constructions*; in Spanish, they are called **construcciones verbales.** For example, when you use *have* as an independent verb, as in *I have a new car, have* means *to own* or *to possess.* When you use *have* in combination with an infinitive, as in *I have to buy a new car, have* does not mean *to possess.* The combination *have* + [*infinitive*] expresses an obligation, something you must do.

1. In Spanish, obligation is expressed by the verb construction **tener que** + [*infinitive*]. In this episode, you heard some of these statements containing **tener que:**

Tengo que trabajar por la mañana.	*I have to work in the morning.*
Tenemos que hacer algo divertido.	*We have to do something fun.*
Lalo **tiene que pagar** la cuenta de su celular.	*Lalo has to pay his cell phone bill.*

2. Another verb construction you heard is **tener ganas de** + [*infinitive*]. Use this construction to express what you feel or don't feel like doing.

Tengo ganas de celebrar.	*I feel like celebrating.*
No **tenemos ganas de estudiar.**	*We don't feel like studying.*
Lalo siempre **tiene ganas de salir** con sus amigos.	*Lalo always feels like going out with his friends.*

PRÁCTICA

C. Y ustedes, ¿qué tienen que hacer? Completa las oraciones lógicamente.

Modelo	Los jueves mi hermana tiene que **lavar la ropa.**

1. Los lunes tengo que _____.

2. En la clase de español todos tenemos que _____.

3. Los sábados mis amigos y yo tenemos ganas de _____.

4. Los domingos no tengo ganas de _____.

5. Yo (no) _____ hacer la tarea.

6. Mi mejor amigo/a _____.

D. Seamos honestos. Mira la página 104 para hablar con un(a) compañero/a. Discutan cuándo tienen o no tienen ganas de hacer esas actividades.

> **Modelo** —Francamente, casi nunca tengo ganas de lavar la ropa. ¿Y tú?
> —A mí me gusta lavar la ropa, pero nunca tengo ganas de limpiar la casa.

Banco de palabras

Casi nunca
Almost never

Siempre
Always

Por suerte
Luckily

Tristemente
Sadly

Francamente
Honestly

E. ¿Por qué no quieres ir? Explícale a un(a) compañero/a por qué no quieres *(you don't want)* ir a esos lugares *(places)*. Usa **no tengo ganas de** con los siguientes verbos.

nadar	hacer ejercicio	estudiar	comprar nada
correr	jugar tenis	leer libros	escribir correo
			electrónico *(e-mail)*

> **Modelo** a las canchas de tenis
> —¿Quieres ir a las canchas de tenis?
> —No, porque hoy no tengo ganas de jugar tenis.

1. al gimnasio
2. a la biblioteca
3. al laboratorio de computadoras

4. al centro comercial
5. al parque
6. a la piscina

Banco de palabras

Quiero...	**nadar**
I want...	*to swim*
Quieres...	**correr**
You want...	*to run*

F. Las obligaciones académicas. Mira las fotos de las obligaciones típicas en la universidad. Dile *(Tell)* a un(a) compañero/a cuáles son tus obligaciones académicas. Explica tus respuestas.

> **Modelo** Este semestre no tengo que escribir trabajos de investigación porque sólo *(only)* tomo matemáticas y español.

sacar buenas notas

estudiar con mis compañeros/as

llegar a tiempo a clases

¡Fíjate!
Don't forget to write down the activities that apply to you in your personal dictionary on page 164.

hacer la tarea

leer mucho

escribir trabajos de investigación

G. Lo siento, pero no puedo. Imagina que un(a) amigo/a te invita a salir *(to go out)*, pero tú no tienes ganas. Por eso, inventas muchas obligaciones. ¡Inventa excusas!

> **Modelo**   ir al cine
> —¿Quieres ir al cine el próximo sábado?
> —Lo siento, pero no puedo porque tengo que trabajar.

1. ir al parque
2. ir al centro comercial
3. ir al concierto de Marc Anthony
4. ir a la cafetería
5. ir a un restaurante a comer *(to eat)*
6. mirar una película *(movie)* en mi casa

> **Banco de palabras**
>
> **No puedo**
> *I can't*
>
> **¿Puedes...?**
> *Can you...?*
>
> **Lo siento.**
> *I'm sorry.*
>
> **¿Quieres...?**
> *Do you want...?*

H. Preguntas personales. Contesta las preguntas. Luego entrevista a un(a) compañero/a.

1. ¿Qué tienes que hacer después de las clases?
2. ¿Qué tienes que hacer los fines de semana?
3. ¿Cuándo tienes ganas de estudiar? ¿Vas a estudiar esta noche? ¿Vas a mirar la tele?
4. ¿Qué tienes ganas de hacer este fin de semana?

Invitación a **Colombia**

In your own words. Read the information below and then write what you understood. In English, summarize the information in two or three sentences. Do not translate.

_____

_____

_____

> **Del álbum de**
> *Sofía*

Colombia tiene casi *(almost)* dos veces *(times)* el tamaño de Texas y aproximadamente 49 millones de habitantes. Es un bello *(beautiful)* país que ha dado *(has given)* al mundo *(world)* renombradas personalidades de fama mundial, como Gabriel García Márquez (Premio Nobel de Literatura) y Fernando Botero (pintor, escultor). Además de *(Besides)* artistas e intelectuales, Colombia es el lugar *(place)* de origen de los cantautores *(singer-songwriters)* Shakira, Juanes y Carlos Vives; y de los actores John Leguizamo y Sofía Vergara. ¿Te gusta el café? Pues Colombia produce, según los expertos, el mejor *(best)* café del mundo. El café es una de las exportaciones de mayor rendimiento *(greatest profitability)* económico del mundo. Para ver un anuncio auténtico de Colombia, ve al Supersitio. **SUPERSITE**

I. Las actividades más comunes para relajarse. Habla con un(a) compañero/a de las actividades que generalmente tienes ganas de hacer durante los fines de semana.

> **Modelo**   Los fines de semana, casi siempre tengo ganas de salir con mis amigos. A veces vamos a bailar o al centro comercial. ¿Y tú?

hacer ejercicio

dormir

¡Fíjate!

Don't forget to write down the activities that apply to you in your personal dictionary on page 164. You will learn the conjugations of these verbs in Episode 8. They are introduced here as vocabulary to talk about entertainment.

jugar fútbol

ir a los partidos de fútbol americano

ir al cine

salir a cenar

 **J. ¡A hablar!** In groups of four, try to set a date and time to go out together to do something fun. Explain which days and times you have other commitments or obligations (**el martes no puedo porque...**). Discuss what you all feel like doing and agree on something you all want to do. Use the expressions from the list.

Banco de palabras

No tengo nada que hacer el [día].
I don't have anything to do on [day].

Ese día no puedo porque tengo que...
That day I can't because I have to...

Tengo muchas ganas de...
I would really like to...

¿Quién puede a las...?
Who is available at...?

Práctica adicional		
Cuaderno de tareas pp. 168–169, G–J	holaquetal. vhlcentral.com Lab practice	holaquetal. vhlcentral.com Episodio 7

Actividades comunicativas

 A. Los planes para el fin de semana.

Instrucciones para **Estudiante 1**

First, fill in the column marked **Yo** to indicate what you are going to do on the days and times indicated on the grid. Then talk to your partner in order to fill in the column marked **Mi compañero/a.** Finally, interview each other so you can fill in the empty boxes in the last two columns; you each have the information that the other needs.

| Modelo | ¿Qué va a hacer Sofía el sábado por la tarde? |

¡Fíjate!

Remember not to conjugate the verbs that follow **ir a**. Always use the infinitive (**-r**) form.

	Yo	Mi compañero/a	Sofía	Ramón y su familia
El viernes por la noche				
El sábado por la mañana				
El sábado por la tarde				
El domingo				

A. Los planes para el fin de semana.

Instrucciones para **Estudiante 2**

First, fill in the column marked **Yo** to indicate what you are going to do on the days and times indicated on the grid. Then talk to your partner in order to fill in the column marked **Mi compañero/a.** Finally, interview each other so you can fill in the empty boxes in the last two columns; you each have the information that the other needs.

| Modelo | ¿Qué va a hacer Sofía el sábado por la tarde? |

¡Fíjate!

Remember not to conjugate the verbs that follow **ir a**. Always use the infinitive (**-r**) form.

	Yo	Mi compañero/a	Sofía	Ramón y su familia
El viernes por la noche				
El sábado por la mañana				
El sábado por la tarde				
El domingo				

B. En imágenes.

Instrucciones para **Estudiante 1**

Use the first letter of the verb and the drawings to create logical sentences stating what you and the characters are going to do, have to do, or feel like doing during the weekend. Concentrate on the actions in the drawings. Then read your sentences to your partner, who will check the answer key to see if they are correct. Take turns.

¡Fíjate!

Try to interpret the whole sentence before attempting to give your partner the answer.

1. Mañana Sofía v _____ con sus amigas.

2. Adriana y Sofía t _____ para la clase de cálculo.

3. Wayne no t _____ de _____.

4. Manolo t _____ a la gata al veterinario.

5. ¿Este fin de semana tú v _____ en Internet?

Las respuestas de tu compañero/a:

1. Adriana **tiene que trabajar** todo el día.
2. Los hermanos de Ramón **tienen ganas de** ir a la **piscina** con sus amigos.
3. Sofía **va a tomar el autobús** porque su coche no funciona.
4. Ana Mari y yo **vamos a mirar** un programa de terror.
5. ¿Tú **tienes que comprar** muchos libros para tus clases como Manolo y Sofía?

B. En imágenes.

Instrucciones para **Estudiante 2**

Use the first letter of the verb and the drawings to create logical sentences stating what you and the characters are going to do, have to do, or feel like doing during the weekend. Concentrate on the actions in the drawings. Then read your sentences to your partner, who will check the answer key to see if they are correct. Take turns.

¡Fíjate!

Try to interpret the whole sentence before attempting to give your partner the answer.

1. Adriana t_____ todo el día.

2. Los hermanos de Ramón t_____ ir a la con sus amigos.

3. Sofía v_____ porque su coche no funciona.

4. Ana Mari y yo v_____ un programa de terror.

5. ¿Tú t_____ muchos libros para tus clases como Manolo y Sofía?

Las respuestas de tu compañero/a:

1. Mañana Sofía **va a bailar** con sus amigas.
2. Adriana y Sofía **tienen que estudiar** para la clase de cálculo.
3. Wayne no **tiene ganas de lavar el coche.**
4. Manolo **tiene que llevar** a la gata al veterinario.
5. ¿Este fin de semana tú **vas a buscar información** en Internet?

C. ¡Mucho gusto!

Instrucciones para **Estudiante 1**

Interview a classmate whom you have not had the opportunity to get to know. Find out:

- your partner's name
- if your partner has brothers and sisters; their names, ages, and physical descriptions
- if he/she works; where and what days
- if he/she uses a computer; what type **(tipo)**
- if he/she likes to watch TV; what programs
- what your partner usually feels like doing on weekends

You will need to report some of the information you learn about your partner to the rest of the class. Take notes.

C. ¡Mucho gusto!

Instrucciones para **Estudiante 2**

Interview a classmate whom you have not had the opportunity to get to know. Find out:

- your partner's name
- if your partner has a boyfriend/girlfriend; their name, age, and physical description
- how many classes they take, which ones, what days
- if your partner likes to listen to music; what kind
- what they have to do after school
- what they are going to do this weekend

You will need to report some of the information you learn about your partner to the rest of the class. Take notes.

La correspondencia

El correo: Una invitación para Wayne. Lee las preguntas. Luego lee el correo electrónico que recibe Wayne y contesta las preguntas.

1. ¿Quién invita a Wayne? _____

2. ¿Qué va a hacer Wayne el sábado por la mañana? _____

3. ¿Adónde va a llevar a su sobrino? _____

4. ¿Qué planes tiene Wayne para el próximo sábado? _____

From: Wayne Reilly <wreilly@micorreo.com>
To: "Guadalupe Amaré" <gamare@micorreo.com>
Re: Invitación para el sábado

Hola, Lupita:

Gracias por la invitación. Me gustaría[1] ir pero no puedo[2]. ¡Tengo muchísimas cosas que hacer! Por la mañana tengo que reparar el coche de un amigo, porque no puede ir a trabajar sin[3] coche. Por la tarde necesito estudiar, porque el lunes tengo un examen de física que va a ser muy difícil y tengo que sacar A. A las siete de la tarde, voy a llevar a mi sobrino a un juego de hockey. Así que muchas gracias de todas maneras[4].

No tengo planes para el próximo fin de semana y tengo muchas ganas de verte[5]. ¿Podemos organizar algo[6]? ¡Que te diviertas mucho![7]

Wayne

[1] *I would like* [2] *I can't* [3] *without* [4] **de...** *anyway* [5] *see you* [6] *something* [7] *Have fun!*

En papel: Lo siento, pero no puedo. A friend sends you an e-mail message inviting you to a crafts fair (**una feria**) this weekend. You have a lot to do and cannot go. Write a reply explaining your weekend plans. Use Wayne's letter as a model, paying special attention to the way that Wayne politely declines the invitation.

¡A ver de nuevo!

 **Parte 1.** Escribe de lo que se trató *(was about)* este episodio en tus propias *(own)* palabras.

¡Fíjate!

Your summary must include everybody's plans for the weekend. Be as specific as you can.

Ramón quiere organizar un picnic para Wayne porque…

 Parte 2. Now compare your summary with a classmate's and add information you may have left out.

Práctica adicional			
Cuaderno de tareas pp. 169–170, K–L	holaquetal. vhlcentral.com Episodio 7	holaquetal. vhlcentral.com Lab practice	holaquetal. vhlcentral.com Episodio 7

Vocabulario del Episodio 7

Objetivos comunicativos

You should now be able to do the following in Spanish:

✓ talk about your weekend plans

✓ talk about what you have to do and want to do

✓ discuss your obligations as a student

ir a + [*infinitive*]	*to be going to +* [*infinitive*]
tener ganas de + [*infinitive*]	*to feel like...*
tener que + [*infinitive*]	*to have to...*
llevar a + [*person*]	*to take someone somewhere*
llevar + [*object*]	*to take something somewhere*
pagar la cuenta del celular	*to pay the cell phone bill*

Expresiones de tiempo

esta noche	*tonight*
hoy	*today*
mañana	*tomorrow*
este jueves	*this Thursday*
el próximo sábado	*next Saturday*
la próxima semana	*next week*
el año que viene	*next year*
el lunes	*on Monday*

Vocabulario personal

Write all the words that you need to know in Spanish so that you can talk in greater detail about your own obligations and weekend plans.

¡Fíjate!

Did you write down the activities that apply to you from pages 152 and 154?

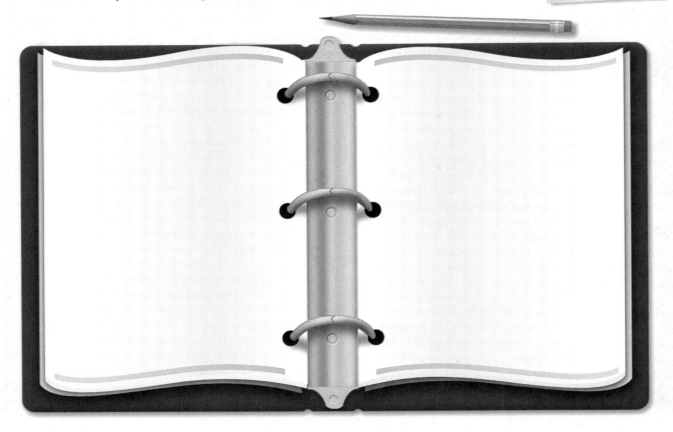

Episodio

Cuaderno de tareas

Escenas de la vida: ¿Qué van a hacer el sábado?

A. ¡A ver cuánto entendiste! See how much of the **Escena** you understood by matching the Spanish sentences with their English equivalents.

Después del examen

_____ 1. ¿Qué les parece a las dos?

_____ 2. Está solo y es su cumpleaños.

_____ 3. ¡Todos están invitados!

_____ 4. Paso el día con la familia.

_____ 5. Y usted, ¿puede ir?

_____ 6. Tenemos que hacer algo divertido
  este fin de semana, ¿no?

_____ 7. Quiero organizar un picnic en el parque.

_____ 8. No tengo nada que hacer el domingo.

_____ 9. Hace años que no veo a Wayne.

_____ 10. Creo que no puedo ir.

a. I spend the day with my family.

b. I don't have to do anything
  on Sunday.

c. How does two o'clock sound
  to you?

d. We have to do something fun this
  weekend, ok?

e. I want to organize a picnic in the park.

f. He's alone and it's his birthday.

g. Can you go?

h. I haven't seen Wayne in years.

i. I don't think I can go.

j. Everyone is invited!

B. ¿A quién se refieren? Indicate whether the statements refer to Manolo **(M)**, Sofía **(S)**, Adriana **(A)**, or Ramón **(R)**.

_____ 1. Tiene que llevar a Jorge al aeropuerto.

_____ 2. Pasa el domingo con la familia.

_____ 3. Quiere organizar un picnic para Wayne.

_____ 4. Tiene que llevar a la gata al veterinario.

_____ 5. Tienen que trabajar el sábado.

_____ 6. Invita a todos al parque.

_____ 7. Tiene ganas de celebrar.

_____ 8. Tiene que estudiar más.

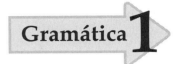

Gramática 1

Talking about weekend plans
- **ir a** + [*infinitive*]
- **The personal a**

C. Las actividades de la próxima semana. Describe what Sofía, her friends, and you are going to do next week.

Modelo Mis hijos y yo

Mis hijos y yo vamos a visitar a los abuelos el domingo.

1.

2.

3.

4.

5.

6.

1. Viviana _____.

2. Ramón y su amiga _____.

3. Adriana y su familia _____.

4. Manolo y Ana Mari _____.

5. Nosotros _____.

6. Y tú, ¿ _____?

D. Los planes de Sofía y Manolo. Sofía and Manolo are making plans for the weekend. Look at the illustrations and describe what they are going to do. Sequence their activities in a cohesive paragraph. Use phrases like **por la mañana/tarde/noche, después, más tarde, también,** etc.

_____
_____
_____
_____
_____
_____
_____
_____

E. ¿Y tus planes? Now describe your own weekend plans. Be specific and thorough.

_____
_____
_____
_____
_____
_____
_____
_____

F. ¡En español! How would you say the following in Spanish?

1. Are you going to work next weekend?

_____

2. No, I am going to study for (**para**) a test.

_____

3. I am going to visit my grandmother in Utah next week, so (**entonces**) I am not going to be (**estar**) in class.

_____

4. But (**pero**) you are going to get an F.

_____

5. No, I am going to talk to the teacher tonight.

_____

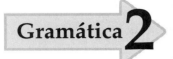

Gramática 2 — **Expressing obligations and desires**
• <u>Tener que</u>, <u>tener ganas de</u>

G. Las actividades de nuestros amigos. Escribe la expresión necesaria para completar los comentarios. Después indica si son **ciertos** o **falsos**. Usa **tener que**, **tener ganas (de)** o **tener.**

	Cierto	Falso
1. Sofía dice: "Yo _____ hacer una presentación en el Club Latino."	☐	☐
2. Adriana _____ mucho trabajo en casa.	☐	☐
3. Manolo _____ llevar a Jorge al aeropuerto.	☐	☐
4. Los chicos _____ de ir al parque después de la clase.	☐	☐
5. Y tú, ¿_____ de ir a una fiesta este fin de semana?	☐	☐
6. Sí, pero (yo) _____ trabajar el domingo.	☐	☐

H. Las obligaciones. Describe the activities that you and the people you know usually have to do during the weekend.

> **Modelo** Mi hijo **tiene que lavar su ropa.**

1. Yo _____.
2. Mi papá _____.
3. Mi mamá _____.
4. Mis hermanos/as _____.
5. Mi mejor amigo/a _____.

I. ¿Qué (no) tienen ganas de hacer? Indicate what the people feel like or don't feel like doing, according to the place or activity indicated.

> **Modelo** Mi novia va a ir a la biblioteca.   **Tiene ganas de estudiar.**
> Yo voy a quedarme (*stay*) en casa.   **No tengo ganas de visitar a mis amigos.**

1. Voy a ir al centro comercial (*mall*). _____
2. Mis amigos y yo vamos a poner (*turn on*) el radio. _____
3. Tú no vas a salir (*go out*) esta noche. _____
4. Mis padres van a ir a la tienda de videos. _____
5. Sofía y Ana Mari van a ir a una discoteca. _____
6. Ramón va a usar la computadora. _____

J. ¿Por qué no pueden salir? *(Why can't they go out?)* Explain why Ana Mari's brothers cannot go out to play on the days and at the times indicated.

> **Modelo**   lunes
> **El lunes a las doce tienen que ir a la biblioteca.**

semana 36   **AGOSTO/SEPTIEMBRE**

31 lunes	**1 martes**	**2 miércoles**
8	8	8
9	9	9
10	10	10
11	11	11
12 biblioteca	12	12
1	1	1
2	2	2
3	3	3
4	4	4
5	5	5
6 lavar el coche	6	6
7 de Ramón	7 estudiar	7
8	8	8

3 jueves	**4 viernes**	**5 sábado**
8	8	lavar la ropa
9	9	
10	10	
11	11	
12	12	**6 domingo**
1	1	
2	2 comprar	visitar a los
3	3 libros	abuelos
4	4	
5	5	
6	6	
7 limpiar el cuarto	7	
8	8	

1. _____

   _____

2. _____

   _____

3. _____

   _____

4. _____

   _____

5. _____

   _____

6. _____

   _____

Para terminar

K. Una invitación. Read the e-mail message Sofía's mother sent to her friend Liz. Then answer the questions in Spanish.

From: Diana Blasio
To: Liz Margolis
Re: Invitación al teatro

Hola Liz:

Gracias por tu invitación al teatro esta noche, pero no voy a poder acompañarte. Tengo que trabajar hasta las cinco de la tarde y después voy a llevar a Lalo al doctor. No está bien. No tiene ganas de comer nada desde hace varios días y también tiene un poco de fiebre. Vamos a ver qué dice el doctor.

Tengo muchas ganas de hablar contigo. ¿Tienes planes mañana por la noche? Llámame.

Diana

1. Who is inviting Diana? _____

2. Where is she invited? _____

3. Why can't she go? _____

4. What is wrong with Lalo? _____

L. Para resumir la historia. Answer the questions about the **Escena**, using the images.

1. ¿Quién va a sacar A en el examen?

_____

2. ¿Quién tiene que estudiar mucho más?

_____

3. ¿Qué tiene ganas de hacer Ramón? ¿Por qué?

_____

4. ¿Por qué Adriana no puede (can't) ir al parque?

_____

5. ¿Qué tiene que hacer Manolo el sábado?

_____

6. ¿Quiénes van a ir al picnic?

_____

Objetivos comunicativos

In this episode, you will practice:

✔ talking about common daily activities

✔ identifying places to go

✔ saying where you are and what you are going to do there

Episodio 8

Escenas de la vida: Vamos al parque

A. ¡Mira cuánto puedes entender! Check the activities that you hear mentioned in the **Escena**.

Sofía y mi hermana **corren** en el parque.

Hace la tarea.

Después **comemos** en El Huarache Veloz.

No **recibe** regalos el día de su cumpleaños.

Lee el periódico y su correo electrónico.

Hacen ejercicio.

Salen a cenar.

Ve películas en la computadora.

Ana Mari quiere **salir** con Wayne.

B. ¿Te diste cuenta? Indica si los comentarios son **ciertos** o **falsos.**

	Cierto	Falso
1. Wayne y Ramón van a jugar vóleibol mañana.	☐	☐
2. Wayne quiere comer en El Huarache Veloz con las chicas.	☐	☐
3. Ramón y Wayne van al parque a las 9 para correr.	☐	☐
4. Wayne lee el periódico en su computadora.	☐	☐
5. A Wayne le gusta Sofía.	☐	☐
6. Wayne tiene clases por la mañana.	☐	☐

C. Responde. Contesta las preguntas.

1. ¿Qué van a hacer Wayne y Ramón el domingo?
   a. Van a estudiar.   b. Van a hacer la tarea.   c. Van a correr.

2. ¿Qué actividad hace Wayne por la mañana?
   a. Mira la tele.   b. Hace su tarea.   c. Limpia su cuarto.

3. ¿Qué quiere hacer Wayne después de correr?
   a. Comer.   b. Jugar tenis.   c. Escribir un trabajo.

4. ¿Quién es adicto a su computadora?
   a. Ramón.   b. Wayne.   c. Sofía.

5. ¿Qué actividades hace Wayne en su computadora?
   a. Lee su correo.   b. Escribe poemas.   c. Habla con sus amigos.

El Retiro

Cultura a lo vivo

Large public parks in major Hispanic cities provide an important place for inexpensive recreational activities. For example, in Mexico City, **El Bosque de Chapultepec** is the oldest, most important, and largest park in the city. There are museums, a lake, rides, an area for picnics, a zoo, restaurants, outdoor cafés, and other activities. In Madrid, Spain, **El Retiro** has just as much variety. From spectacles like street performers, puppet shows, jugglers, mimes, and musical performances, to quick acupuncture sessions or yoga classes, this park offers much more than just a simple stroll or boat ride along its central lake. In Caracas, Venezuela, **Los Caobos** is one of the oldest parks in the city. People go to the park to relax, walk among the beautiful mahogany trees, go bird watching, and enjoy children's activities on weekends. These parks serve an important social function, since families may celebrate birthdays, anniversaries, or any family event at the park. Go to the Supersite to watch a *Flash cultura* episode on this topic.

Práctica adicional

Cuaderno de tareas p. 191, A	holaquetal. vhlcentral.com Episodio 8

Para comunicarnos mejor

 **Gramática 1**

Talking about common daily activities
• Regular **-er** and **-ir** verbs

You have used many regular **-ar** verbs, such as **trabajar** and **descansar**, to talk about some of your activities. When Ramón and Wayne talked, they used verbs ending in **-er** and **-ir** to talk about their activities. You will discover that the endings of these verbs are similar to the verbs you already know.

Analizar y descubrir

1. Complete these statements.

-ar verbs

a. invitar   Yo _____ a mis amigos al picnic.

b. descansar   ¿Tú _____ los fines de semana?

c. trabajar   Sofía _____ los sábados; por eso, no estudia.

d. celebrar   Nosotros _____ el cumpleaños de Wayne el domingo.

e. hablar   Los papás de Wayne _____ con él por teléfono.

2. Compare the verb endings you provided with the endings of the verb **comer** *(to eat)*.

Comer	
Yo **com**o hamburguesas con frecuencia.	*I often eat hamburgers.*
¿Tú, qué **com**es?	*What do you eat?*
Sofía no **com**e grasa.	*Sofía doesn't eat fat.*
Mi papá y yo no **com**emos carne.	*My dad and I don't eat meat.*
¿Ustedes también **com**en tortillas? ¿Vosotros también **com**éis tortillas? }	*Do you also eat tortillas?*
En Cuba no **com**en tacos.	*They don't eat tacos in Cuba.*

3. Now examine the endings of the verb **vivir** *(to live)*.

Vivir	
Yo **viv**o en San Diego.	*I live in San Diego.*
Tú, ¿dónde **viv**es?	*Where do you live?*
Sofía **viv**e cerca de la universidad.	*Sofía lives near the university.*
Mis hermanas y yo **viv**imos con mis papás.	*My sisters and I live with my parents.*
¿Dónde **viv**en ustedes? ¿Dónde **viv**ís vosotros? }	*Where do you live?*
Los abuelos de Ramón **viv**en en México.	*Ramón's grandparents live in Mexico.*

4. In the following chart, fill in the endings of the **-ar (trabajar)**, **-er (comer)**, and **-ir (vivir)** verbs.

	-ar verbs	-er verbs	-ir verbs
yo	trabaj _____	com _____	viv _____
tú	trabaj _____	com _____	viv _____
usted/él/ella	trabaj _____	com _____	viv _____
nosotros/as	trabaj _____	com _____	viv _____
ustedes/ellos/ellas	trabaj _____	com _____	viv _____

5. Compare the endings of the **-ar** and **-er** verbs in the present tense. Where the **-ar** verbs have an **a**, the **-er** verbs have an _____ .

6. Compare the endings of the **-er** and **-ir** verbs. All endings of the **-er** and **-ir** verbs are the same except for the _____ and the _____ forms.

¡Fíjate!

To learn a few more common verbs to talk about your activities, turn to page 282.

Here are some common **-er** and **-ir** verbs you may use to talk about your activities.

Más actividades: verbos -er e -ir			
abrir	*to open*	**leer el periódico**	*to read the newspaper*
beber	*to drink*	**recibir correo electrónico**	*to receive (get) e-mail*
comer hamburguesas	*to eat hamburgers*	**regalos**	*gifts*
correr	*to run, to jog*	**salir* a cenar**	*to go out to dinner*
discutir (de/con)	*to discuss,*	**con los amigos**	*with friends*
	to argue (about/with)	**vender comida**	*to sell food*
escribir cartas	*to write letters*	**ver una película en casa**	*to watch a movie at home*
un trabajo	*a paper*	**vivir en/con**	*to live in/with*
hacer* la tarea	*to do homework*		
ejercicio	*to exercise*		

*hacer and salir have a g in the yo form — Yo **hago** la tarea y **salgo** con mi novio.

7. Use these expressions to tell how often you do something.

¿Con qué frecuencia…?	
todos los días	*every day*
con frecuencia	*often*
a veces	*sometimes*
una vez a la semana	*once a week*
dos veces al mes	*twice a month*
tres (cuatro…) veces al año	*three (four…) times a year*
siempre	*always*
(casi) nunca	*(almost) never*

Por la mañana siempre hago mi tarea y leo mi correo tranquilamente.

8. Use **deber** + [*infinitive*] to talk about what you *should/must do*.

Debo hacer la tarea todos los días.

PRÁCTICA

A. ¿Con qué frecuencia?

Parte 1. Usa expresiones de la página anterior para indicar con qué frecuencia tú o los miembros de tu familia hacen las siguientes cosas.

1. Leo el periódico. _____
2. Mi papá bebe café. _____
3. Discuto con mi papá. _____
4. Debo vender mis libros viejos. _____

5. Abro mi libro de español. _____
6. Vemos películas en casa. _____
7. Escribo mis trabajos en la computadora. _____
8. Mis abuelos comen en mi casa. _____

Parte 2. Convierte las oraciones de **Parte 1** en preguntas para entrevistar a un(a) compañero/a.

Modelo	Leo el periódico.
	—¿Con qué frecuencia lees el periódico?
	—Casi nunca. ¿Y tú?
	—Yo leo la sección deportiva todos los días.

¡Fíjate!

Remember that **nunca** and **casi nunca** go before the verb. The other expressions of frequency may go before or after the verb.

B. En casa de Ramón. Termina la descripción usando las ilustraciones.

1.

2.

3.

En la casa de Ramón tienen la misma (*same*) rutina casi todos los sábados. Por la mañana, el papá de Ramón (1) _____, mientras que (*while*) su mamá (2) _____ escribir los cheques para pagar las cuentas (*pay the bills*). Los hermanos menores siempre (3) _____ el refrigerador para buscar bebidas; generalmente (4) _____ Coca-Cola u otra bebida poco saludable (*healthy*). A las dos de la tarde, toda la familia (5) _____ en su restaurante favorito: El Huarache Veloz. Después de comer, con frecuencia van a una tienda (*store*) donde (6)_____ todo a muy buen precio. Los niños siempre quieren comprar juguetes (*toys*).

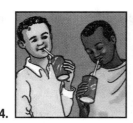
4.

5.

6.

C. Submarino. First draw a submarine in five of the boxes on your grid. Then take turns asking your partner yes/no questions, matching an action pictured at the top of the grid with one of the subjects on the side. Use as many expressions of frequency as you can. See page 174.

Modelo	—¿Adriana lee el periódico todos los días?
	—Sí, lee el periódico. *(If there is a submarine in that box.)*
	or
	—No, no lee el periódico. *(If there is not a submarine in that box.)*

Depending on your partner's answer, write **sí** or **no** in that box. If you answer **sí** to you partner's question, put an **X** through your submarine. It's been located! The first player to locate all five submarines wins.

¡Fíjate!

Be as creative as you can in your questions, using the frequency expressions on page 174. Don't just ask *Do you drink?*, try *Do you drink coffee frequently?* Put all the Spanish you know to use!

Tú				
Tus primos				
Adriana				
Ustedes				

D. Lotería.

Parte 1. Find out who does the following things. Write the name of a different
classmate who respond *yes* to your question in each box. Ask appropriate questions
according to the model. The first student to form three straight lines wins the game.

Modelo	—¿Comes pizza con frecuencia?
	—Sí, como pizza dos veces a la semana. ¿Y tú?

Come pizza con frecuencia.	No baila en las fiestas.	Corre tres veces a la semana.	Abre su libro de español todos los días.
Discute mucho con su hermano/a.	Hace la tarea en la biblioteca.	Recibe muchos correos de sus amigos.	Debe pagar (*pay*) la cuenta del celular.
Sale con su novio/a los sábados.	Vive con su familia.	No lee el periódico.	Vende sus libros viejos al final del semestre.
Nunca hace ejercicio.	Ve una película cada semana.	Debe visitar a los abuelos una vez al año.	Siempre escribe sus trabajos o tareas en la computadora.

Parte 2. Comparte las respuestas con la clase.

Modelo	Estudiante 1:	**John no baila en las fiestas.**
	Estudiante 2:	**¿Qué haces en las fiestas, John?**
	John:	**Hablo con mis amigos.**

Práctica adicional

Cuaderno de tareas
pp. 192–196, B–G

holaquetal.
vhlcentral.com
Episodio 8

Gramática 2

Identifying places to go and places to be
• **Ir a** + [*place*] and **estar en** + [*place*]

You have used the verbs **ir** and **estar** already. We practiced **ir a** to express the future (**Mañana voy a bailar con mis amigos**). **Ir** is also used to indicate where someone is going: **Siempre voy al Museo de Historia los jueves.** We used **estar** to find out how someone is, as in **¿Cómo estás? Estar** is also used to indicate where someone or something is located, as in **¿Dónde estás? Estoy en la escuela.** Notice that you need the preposition **en.**

Read the following examples to examine the present-tense forms of **estar.**

Estar en	
Estoy en el Museo del Oro.	*I'm at the Museo del Oro.*
Estás en casa, ¿verdad?	*You're at home, right?*
El lago **está en** el centro del parque.	*The lake is in the center of the park.*
¿En qué museo **estamos?**	*What museum are we at?*
Uds. **están en** el Museo del Prado. Vosotros **estáis en** el Museo del Prado. }	*You are at the Prado Museum.*
Algunos cuadros de Picasso **están en** el Museo Nacional Reina Sofía.	*Some of Picasso's paintings are at the Reina Sofía National Museum.*

¡Fíjate!

Ser and **estar** both mean *to be*, but they are used differently. To learn about the differences between the two, go to **Apéndice A: Gramática comunicativa,** p. 266.

The verb **ir** usually requires the preposition **a.** Read the following examples.

Las personas van...	*People go...*
al parque	*to the park*
a los museos	*to the museums*
a la discoteca	*to the nightclub (disco)*
a las exhibiciones de arte	*to art exhibitions*

The word **el** forms contractions with the prepositions **a** and **de: al** (**a** + **el** = **al**) and **del** (**de** + **el** = **del**). These are used before masculine singular nouns.

¿Vamos a la oficina **del** profesor López?

Bueno, pero después vamos **al** laboratorio de computadoras.

¿Tienes el teléfono **del** doctor Aspin?

Sofía y Manolo están en la cafetería de la universidad.

Wayne está en su cama. Está enfermo.

You have already learned the names of many places at the university or college. Here are some places where people can go in the city.

Más lugares en la ciudad	
(No) Voy...	*I (don't) go...*
al aeropuerto	to the airport
al boliche	to the bowling alley
al café	to the café
a la casa de mi novio/a	to my boyfriend's/girlfriend's house
a la casa de mis amigos/padres	to my friends'/parents' house
al centro comercial	to the mall
al cine	to the movie theater
a la discoteca	to the nightclub (disco)
al/a la doctor(a)	to the doctor
a la escuela	to school
a la exhibición de arte	to the art exhibition
a la iglesia/a misa	to church/Mass
al museo	to the museum
a ninguna parte	nowhere/anywhere
al partido de fútbol	to the soccer game
a la playa	to the beach
a un restaurante	to a restaurant
al supermercado	to the supermarket
a la tienda	to the store
al trabajo	to work

¡Fíjate!

Do you remember the present tense of **ir**?
Voy a la escuela.
Vas a la cafetería.
Va al baño.
Vamos al salón.
Van al trabajo.

También se dice...

discoteca ⟶ antro, club nocturno, bar

a la iglesia: depende de la religión, se usa **a la sinagoga** o **al templo**.

PRÁCTICA

E. Una llamada telefónica. Llama por teléfono a un(a) compañero/a para saber *(to find out)* dónde está y qué va a hacer allí. Empareja los lugares con las actividades.

Modelo parque ⟶ hacer ejercicio un rato
—¿Dónde estás ahora?
—Estoy en el parque.
—¿Qué vas a hacer allí?
—Voy a hacer ejercicio un rato.

1. playa
2. casa de mi novio/a
3. supermercado
4. boliche
5. casa
6. cine
7. restaurante
8. discoteca

a. ver una película española
b. escribir un trabajo en la computadora
c. comer con una amiga
d. correr con unos amigos
e. bailar con mis amigos/as
f. jugar boliche con mis primas
g. mirar la tele y descansar un rato
h. comprar la comida para la fiesta

F. ¿Es fácil localizarte? Indica dónde estás en los días y a las horas mencionadas. Después compara tus respuestas con las de un(a) compañero/a.

¿Dónde estás...   *Estoy en mi casa.*

1. los lunes a las siete de la mañana? _____

2. los miércoles a las diez de la mañana? _____

3. los jueves a las dos de la tarde? _____

4. los viernes por la noche? _____

5. los sábados por la mañana? _____

6. los domingos al mediodía? _____

G. ¿Cuántas veces? *(How often?)*

Parte 1. En grupos de tres personas, contesten las preguntas para decidir quién es la persona **más activa** o **más tranquila**.

Nombres   _____   _____   _____

En el transcurso *(course)* de un mes, ¿con qué frecuencia…

1. vas al cine?   _____   _____   _____
2. comes en un restaurante?   _____   _____   _____
3. vas a las discotecas?   _____   _____   _____
4. vas al centro comercial?   _____   _____   _____
5. vas al parque?   _____   _____   _____
6. vas a casa de tus amigos?   _____   _____   _____
7. vas al boliche?   _____   _____   _____

Parte 2. Ahora compartan la información con el resto de la clase. Usen expresiones como:

Modelo	**Nancy es la más activa porque va a las discotecas tres veces al mes. Larry es el más tranquilo porque nunca va al cine ni a las discotecas.**

¡Fíjate!
When using **a ninguna parte** *(nowhere/anywhere)*, place **no** before the verb. **Los domigos no voy a ninguna parte.**

H. ¿Adónde vas? Indica adónde vas en cada situación. Usa **voy**.

¿Adónde vas...

1. cuando tienes ganas de beber algo? _____

2. cuando tienes que estudiar? _____

3. cuando tienes ganas de comer comida italiana? _____

4. cuando estás enfermo/a *(sick)*? _____

5. después de tus clases? _____

6. cuando no tienes ganas de hablar con nadie *(anybody)*? _____

7. cuando estás aburrido/a? _____

I. ¿Dónde estás ahora y adónde vas después? Usa las ilustraciones para indicar a un(a) compañero/a dónde están las personas ahora, adónde van después y por qué. Usa **tener ganas de, tener que** u otros verbos.

Mis hermanos pero después porque...

| Modelo | **Mis hermanos están en casa ahora, pero después van al aeropuerto porque tienen ganas de ver a sus abuelos de México.** |

1. Adriana pero después porque...

¡Fíjate!
Remember to use **en** after **estar** and **a** after **ir.** Be as creative as you can in your explanations. Use all the Spanish you have acquired!

2. Mi mamá pero después porque...

3. Yo pero después porque...

4. Mis amigas y yo pero después porque...

5. Mis compañeros de clase pero después porque...

J. La historia va así.

Parte 1. Look carefully at each of the eight images. Then, as you listen to Wayne's plans for Saturday, identify the sequence of events by placing the numbers 1 through 8 next to the appropriate image. Check your answers when you listen to Wayne's plans the second time.

Parte 2. En grupos de tres, escriban la historia en diferente orden.

Práctica adicional

Cuaderno de tareas pp. 196–200, H–N

holaquetal. vhlcentral.com Lab practice

holaquetal. vhlcentral.com Episodio 8

Actividades comunicativas

A. Actividades, obligaciones, deseos y planes semanales.

Instrucciones para **Estudiante 1**

First, ask your partner the necessary questions in order to fill in all the missing information. You each have the information your partner needs. Then, ask your partner about their activities and write them under **Mi compañero/a** column.

Modelo	¿Qué hace Sofía por las tardes?
	¿Qué tienen ganas de hacer Ramón y Wayne...?
	¿Dónde estás...?

	Sofía	Ramón y Wayne	Wayne	Mi compañero/a
Actividades de rutina	una vez a la semana			
Deseos (tener ganas de)		los sábados por la noche	los viernes después de clase	
Obligaciones (tener que...)	tres veces a la semana	Account Number 0123456 Phone Bill Summary Access Charges $69.99 Usage Charges Voice $0.00 Data $6.00 Total Charges $75.99	para sus clases	
Lugares (estar en...)		los domingos		

A. Actividades, obligaciones, deseos y planes semanales.

Instrucciones para **Estudiante 2**

First, ask your partner the necessary questions in order to fill in all the missing information. You each have the information your partner needs. Then, ask your partner about their activities and write them under the **Mi compañero/a** column.

| **Modelo** | ¿Qué hace Wayne los sábados por la tarde?
¿Qué tienen ganas de hacer Ramón y Wayne...?
¿Dónde está Sofía...? |

	Sofía	Ramón y Wayne	Wayne	Mi compañero/a
Actividades de rutina		los sábados por la mañana	a las cinco	
Deseos (tener ganas de)	los sábados por la mañana			
Obligaciones (tener que...)		cada mes		
Lugares (estar en...)	de 4 a 6 de la tarde		los jueves a las seis y cuarto de la tarde	

B. Cosas en común.

Parte 1. First answer the questions in the column labeled **Yo**. Then look for classmates whose answers are the same as yours and write their names in the column labeled **Compañero/a**.

> **Modelo**   —¿Qué bebes en las fiestas?
> —Coca–Cola. ¿Y tú?
> —Yo también.   *or*   —Yo bebo agua.

	Yo	Compañero/a
1. Generalmente, ¿qué bebes en las fiestas?	_____	_____
2. ¿Con quién discutes más?	_____	_____
3. ¿Dónde vives?	_____	_____
4. ¿A qué hora comes los sábados?	_____	_____
5. ¿Qué vas a hacer hoy después de clase?	_____	_____
6. ¿A qué hora llegas a la escuela los martes?	_____	_____
7. ¿Recibes regalos el día de San Valentín?	_____	_____
8. ¿Dónde estás los lunes a las 8:00 de la mañana?	_____	_____
9. ¿Con quién sales los fines de semana?	_____	_____
10. ¿Con qué frecuencia haces ejercicio?	_____	_____

Parte 2. Be prepared to share your findings with the class.

> **Modelo**   Lupe y yo bebemos Coca–Cola en las fiestas.

C. ¡A hablar! In groups of four, find out who has the healthiest lifestyle. You will determine this based on the number of times per week they exercise, eat fruits and vegetables (**frutas y verduras**), go out, rest, how many hours they watch TV, read, listen to music, talk to their family, study, and do homework. Be ready to share your findings with the class.

Nombre	Actividad	Frecuencia
_____	_____	_____
_____	_____	_____
_____	_____	_____
_____	_____	_____
_____	_____	_____
_____	_____	_____
_____	_____	_____
_____	_____	_____
_____	_____	_____
_____	_____	_____

La correspondencia

 El correo: El regreso a la escuela. Lee las preguntas; luego lee la carta que Adriana le escribe a su hermana en Puerto Rico. Después contesta las preguntas.

1. ¿Cómo está Adriana?

_____

2. ¿Cómo son los compañeros según *(according to)* Adriana?

_____

3. ¿Por qué Adriana no tiene tiempo para cocinar ni limpiar?

_____

4. ¿Ahora quién tiene que lavar y cocinar?

_____

5. ¿Quién apoya y ayuda a Adriana?

_____

Querida hermana: 15 de octubre

¿Cómo estás? Yo estoy muy bien. Estudiar en la universidad es una experiencia fabulosa.

Éste es el segundo mes de clases y todavía[1] estoy muy nerviosa. Tengo clases muy interesantes, pero tengo que dedicar mucho tiempo a leer y estudiar. Los fines de semana no salgo mucho porque tengo que escribir trabajos y buscar información en Internet constantemente.

Por suerte[2] tengo unos compañeros de clase muy buenos y siempre me invitan a estudiar con ellos. Aunque[3] son muy jóvenes (tienen la edad de Carlos, ¿te imaginas?), son responsables e inteligentes, y siempre me incluyen en sus actividades.

Desafortunadamente para Santiago, ahora él tiene que cocinar[4] y lavar, pues yo no tengo tiempo (ni ganas) para cocinar, limpiar y lavar. No le gusta mucho la situación. También creo que está un poco celoso[5] de mis actividades y mis nuevos amigos. Por suerte, a Viviana, a Santiaguito y a Carlos les gusta mucho que yo estudie, y por eso me apoyan y me ayudan[6] en la casa. Escríbeme pronto.

Tu hermana que te quiere,
Adriana

[1]*still*   [2]*Luckily*   [3]*Although*   [4]*to cook*   [5]*jealous*   [6]***me...** support me and help me*

Invitación a **México**

In your own words. Read the information below in order to write what you understood. In English, summarize the information in two or three sentences. Do not translate.

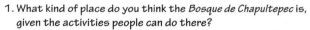

> Del álbum de
> *Sofía*

Con más de 20 millones de habitantes, la Ciudad de México tiene actividades recreativas, culturales y de entretenimiento las 24 horas del día. Los fines de semana, la gente (*people*) va al Bosque de Chapultepec, a Coyoacán o a Xochimilco, donde encuentran diversas actividades para toda la familia. La ciudad está llena (*full*) de museos famosos, como el Museo de Antropología, el de Arte Moderno, el Museo Casa de Frida Kahlo, el Museo del Niño o el Museo Nacional de Historia en el Castillo de Chapultepec. Ve al Supersitio para mirar un episodio de *Flash cultura* sobre este tema.

Puerta del Museo Casa de Frida Kahlo.

1. What kind of place do you think the *Bosque de Chapultepec* is, given the activities people can do there?
2. What is the *Museo del Niño*?
3. When you visit a new city, what kind of places do you visit?

En papel: Los fines de semana. Write to Adriana about how you and your family and friends spend your weekends. Describe where you go, what you do at home, and how you prepare for school.

¡A ver de nuevo!

Parte 1. In your own words, write a description of what Ramón wants to do with Wayne at the park. Explain why he wants Wayne to go.

¿Qué vas a hacer mañana?

Tengo muchas cosas que hacer.

Ramón llama a Wayne por teléfono…

Parte 2. Now work with a partner to add any information you may have left out.

Práctica adicional			
Cuaderno de tareas p. 200, Ñ	holaquetal. vhlcentral.com Episodio 8	holaquetal. vhlcentral.com Lab practice	holaquetal. vhlcentral.com Episodio 8

Vocabulario del Episodio 8

Expresiones verbales

estar en	*to be (at/in)*
ir a + [*place*]	*to go to*
al	*to the*
a la (los, las)	*to the*

Más actividades: verbos **-er** e **-ir**

abrir	*to open*
beber	*to drink*
comer hamburguesas	*to eat hamburgers*
correr	*to run, to jog*
deber	*should/must*
discutir (de/con)	*to discuss, to argue (about/with)*
escribir cartas	*to write letters*
un trabajo	*a paper*
hacer ejercicio	*to exercise*
la tarea	*to do homework*
leer el periódico	*to read the newspaper*
recibir correo electrónico	*to receive (get) e-mail*
regalos	*gifts*
salir a cenar	*to go out to dinner*
con los amigos	*with friends*
vender comida	*to sell food*
ver una película en casa	*to watch a movie at home*
vivir en/con	*to live in/with*

¿Con qué frecuencia...? *How often…?*

todos los días	*every day*
con frecuencia	*often*
a veces	*sometimes*
una vez a la semana	*once a week*
dos veces al mes	*twice a month*
tres (cuatro...) veces al año	*three (four...) times a year*
siempre	*always*
(casi) nunca	*(almost) never*

Los lugares en la ciudad *Places in the city*

el aeropuerto	*airport*
el boliche	*bowling alley*
el café	*café*
la casa de mi novio/a	*my boyfriend's/girlfriend's house*
la casa de mis amigos/padres	*my friends'/parents' house*

el centro comercial	*mall*
el cine	*movie theater*
la discoteca	*nightclub (disco)*
el/la doctor(a)	*doctor*
la escuela	*school*
la exhibición de arte	*art exhibition*
la iglesia/misa	*church/Mass*
el museo	*museum*
ninguna parte, (a)	*nowhere/anywhere*
el parque	*park*
el partido de fútbol	*soccer game*
la playa	*beach*
el restaurante	*restaurant*
el supermercado	*supermarket*
la tienda	*store*
el trabajo	*work*

Write the words you need to know to talk about the places you like to go to and the activities you like to do.

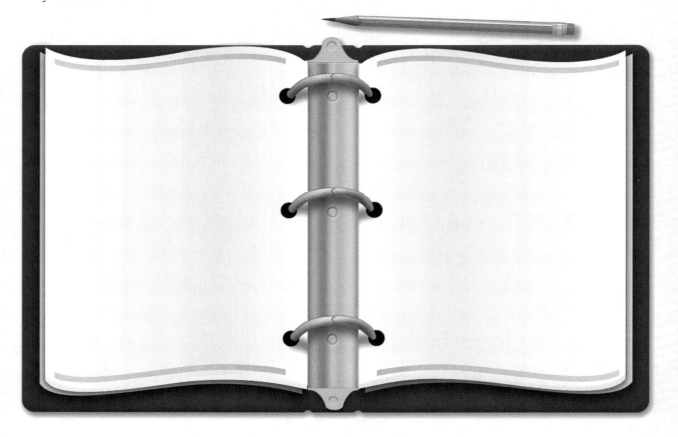

Cuaderno de tareas

Episodio

8

Escenas de la vida: Vamos al parque

 A. ¡A ver cuánto entendiste! See how much of the **Escena** you understood by matching the Spanish sentences with their English equivalents.

En el parque

_____ 1. Hace mucho que no hacemos ejercicio juntos.

_____ 2. Además, ¿no quieres ver a Sofía?

_____ 3. Todo listo. Ya convencí a Wayne de ir al parque mañana.

_____ 4. Bueno, ¿y cómo lo convenciste?

_____ 5. Le dije que Sofía muere por salir con él.

a. I told him that Sofía is dying to go out with him.

b. Besides, don't you want to see Sofía?

c. We haven't exercised together for a while.

d. All done! I convinced Wayne to go to the park tomorrow.

e. Good, and how did you convince him?

¿Dónde y cuándo?

_____ 6. Qué, ¿la usa mucho?

_____ 7. ¿Vamos a correr un par de millas?

_____ 8. Vamos a vernos a las dos.

_____ 9. Leo mi correo tranquilamente.

_____ 10. Hace todo en su computadora.

f. I read my mail in peace.

g. He does everything on his computer.

h. Should we run a couple of miles?

i. What, does he use it a lot?

j. We are going to meet at two.

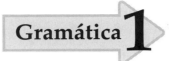

Nombre _____ Fecha _____.

Gramática 1 **Taking about common daily activities**
• **Regular -er and -ir verbs**

B. Actividades para todos. Use the expressions to complete the description of the park.

venden	museos
ejercicio	familias
restaurantes	correr
comer	celebrar
leer	discutir

El Bosque de Chapultepec

Muchas personas van al Bosque de Chapultepec en la Ciudad de México a hacer (1) _____ o van a (2) _____ alrededor del lago (*around the lake*). Otros simplemente van a descansar, estudiar, (3) _____, escribir o conversar bajo los árboles (*trees*). Los domingos muchas (4) _____ hacen picnics para (5) _____ cumpleaños y aniversarios. Alrededor del lago hay bares, cafés y (6) _____ donde la gente va a (7) _____, a beber y a escuchar música. Hay centros culturales donde (8) _____ artesanía (*handicrafts*) mexicana y recuerdos (*souvenirs*). Hay conciertos de música al aire libre (*outdoor*), exhibiciones en los (9) _____ y clases de pintura (*painting*) y teatro.

C. Manolo y su compañero de cuarto.

Parte 1. Escribe los verbos necesarios de la página 189 para completar el texto acerca de la vida de Manolo y su compañero de cuarto.

Manolo, el amigo cubano de Sofía, no (1) _____ con su familia. Sus padres (2) _____ en Miami, y él

(3) _____ en California con un amigo. Manolo les

(4) _____ correos electrónicos a sus padres con frecuencia, pues es más barato[1] que llamarlos por teléfono. Él también

(5) _____ muchos correos electrónicos de sus padres y de sus familiares de Cuba.

Manolo y Jorge, su compañero de cuarto, a veces (6) _____ de política cubana. Pero en general, ellos tienen muchas cosas en común; por ejemplo, la comida y el gusto por los libros.

A Jorge le gusta estar siempre en buena condición física[2]; por eso, él

(7) _____ dos millas todos los días. A Manolo no le gusta

(8) _____, pero le gusta jugar fútbol. Manolo y Jorge desean estar saludables[3]; por eso, ellos siempre

(9) _____ comida nutritiva y (10) _____ mucha agua[4].

[1]**más...** *cheaper*   [2]**en...** *in good shape*   [3]*healthy*   [4]*water*

Parte 2. Ahora contesta las preguntas.

1. ¿Por qué Manolo escribe y recibe muchos correos electrónicos?

   _____

   _____

2. ¿Qué es importante para Manolo y Jorge?

   _____

   _____

3. ¿Qué hacen para estar en buena condición física?

   _____

   _____

D. Más actividades. Sofía habla de las actividades de los fines de semana. Escribe oraciones lógicas.

Sofía

¡Fíjate!

Remember to conjugate the verbs appropriately!

1. mis padres / leer / periódico / la mañana

_____

2. mi mamá / escribir / cartas

_____

3. yo / ver / películas / con Ana Mari / viernes

_____

4. Lalo / nunca / abrir / libros / fines de semana

_____

5. Lalo y mi papá / discutir / porque / Lalo / ser / irresponsable

_____

6. por la noche / nosotros / deber / hacer / ejercicio

_____

E. Actividades frecuentes. Write a complete sentence describing each illustration. Include how often the activity takes place.

Modelo

Adriana a veces habla por teléfono con los clientes.

 1.

 2.

 3.

1. Y tú, ¿ _____ ?
2. Adriana y su esposo _____
3. Wayne _____
4. Ana Mari y Sofía _____
5. Yo siempre _____
6. Mi primo y yo _____

 4.

 5.

 6.

F. ¿Qué hacen? Write five true statements about your family, friends, or instructors using elements from the columns. If you like, add additional information.

> **Modelo**   Mi amiga Angie come hamburguesas una vez a la semana.

	comer		
siempre	hacer la tarea	en la casa	una vez a la semana
a veces	salir con	hamburguesas	con frecuencia
casi nunca	leer novelas	amigos	todos los días
nunca	discutir con	novio/a	por la noche

¡Fíjate!
Notice that some frequency expressions are placed before the verb and some are placed at the end of the sentence. For **Práctica F**, use only one expression per sentence.

1. _____
2. _____
3. _____
4. _____
5. _____

G. Las obligaciones y los deseos. Explain what the characters and you feel like doing but can't and why.

> **Modelo**   Adriana tiene ganas de descansar, pero debe trabajar porque necesita dinero.

1. Wayne _____
_____
_____
_____

2. Ana Mari y Ramón _____

_____

_____

_____

3. Manolo y yo _____

_____

_____

_____

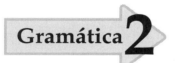

Identifying places to go and places to be
• <u>ir a</u> + [*place*] and <u>estar en</u> + [*place*]

H. ¿Dónde están? Sofía reveals where she and her friends are on different days and at different times. Complete her statements with the appropriate forms of **estar**.

1. Los lunes por la mañana, mis amigos y yo _____ en la clase de cálculo.

2. Los martes a las seis, la Sra. Barrón _____ en el trabajo.

3. Los miércoles por la tarde, generalmente Ramón y Wayne _____ en casa.

4. Los jueves a las doce, (yo) _____ en la clase de geología.

5. Y tú, ¿dónde _____ a esa hora?

I. ¿Y a qué hora, Sofía? Sofía's mother always wants to know where her daughter is going and when she will come back. Complete the mother's questions and Sofía's answers, using contractions where necessary.

> **Modelo** —¿Adónde vas, Sofía?
> —Voy **al** cine.
> —¿Y a qué hora llegas **del cine**?

Sofía   **Mamá**

1. —Voy _____ casa de Ana Mari.

   —¿Y a qué hora llegas _____?

2. —Voy _____ biblioteca.

   —¿Y a qué hora llegas _____?

3. —Voy _____ trabajo.

   —¿Y a qué hora llegas _____?

4. —Voy _____ museo.

   —¿Y a qué hora llegas _____?

5. —Voy _____ exhibición de arte.

   —¿Y a qué hora llegas _____?

¡Fíjate!

Del indicates *where you arrive or return from,* with the expression **llegar de.**

Vamos a llegar *del* aeropuerto a las dos.

J. ¿Adónde vas? Indicate where you go when you want to do the following things.

> **Modelo** Voy **a la biblioteca** cuando tengo ganas de estudiar.

1. Voy _____ cuando tengo ganas de correr.

2. Voy _____ cuando tengo ganas de escuchar música.

3. Voy _____ cuando necesito hablar con un profesor.

4. Voy _____ cuando necesito comprar un regalo.

5. Voy _____ cuando tengo ganas de nadar y tomar el sol.

6. Voy _____ cuando necesito comprar la comida para toda la semana.

7. Voy _____ cuando tengo que trabajar.

8. Voy _____ cuando no tengo ganas de comer en mi casa.

K. ¿De quién son las cosas? Say to whom the following things belong. Use an element from each column.

Modelo	Estos pacientes son del Dr. Pérez.

gato
mochilas
oficina es
novela son
video

del
de la
de los
de las

profesor
estudiante de literatura
jugadores/as (players)
Sr. López
niño

¡Fíjate!

de + el = del

Del is used to express *to whom* something belongs, often with the expression **ser de**.

¿Este coche nuevo es *del* hijo de Adriana?

1. _____
2. _____
3. _____
4. _____
5. _____

L. ¡Adivina! *(Guess!)* Look at the images and write where the characters are now.

Modelo

Manolo va a hablar con el doctor.
Está en la clínica veterinaria.

1. Sofía va a lavar su ropa.

_____

2. Adriana va a comprar la comida.

_____

3. Ramón y yo vamos a mirar una película.

_____

4. Ana Mari va comprar ropa nueva.

_____

5. Yo voy a hacer un poco de ejercicio.

_____

6. Adriana va a comprar libros para sus hijos.

_____

7. ¿Tú vas a ver a tus amigos?

_____

8. Wayne y Ramón van a tomar el sol y jugar vóleibol.

_____

M. ¿Cuándo vas? Write how often you go to the following places and explain why.

cine	casa de mis abuelos	iglesia (a misa)
trabajo	centro comercial	tienda de videos

> **Modelo** a ninguna parte
> **Muchos domingos no voy a ninguna parte porque tengo que hacer tarea.**

1. _____

_____

2. _____

_____

3. _____

_____

4. _____

_____

5. _____

_____

6. _____

_____

N. ¿Qué tienes que hacer? Explain what you have to do at each place using **tengo ganas de** or **tengo que**.

> **Modelo**   ¿Estás en el aeropuerto?
> **Sí, porque tengo que llevar a Jorge; va a Miami.**

1. ¿Estás en la discoteca? _____

_____

2. ¿Estás en el parque? _____

_____

3. ¿Estás en la librería? _____

_____

4. ¿Estás en el supermercado? _____

_____

5. ¿Estás en la casa de tus padres? _____

_____

6. ¿Estás en un restaurante? _____

_____

Para terminar

Ñ. Una miniprueba para terminar. Complete the following communicative tasks to test your knowledge of the content of the episode.

1. Ask Sofía and Ana Mari:

    a. if they watch TV programs in Spanish.

    b. how many times a week they run.

    c. if they argue with their parents.

    d. where they live.

2. Ask Adriana:

    e. if she sells her books at the end of the (**al final del**) semester.

    f. what she feels like doing this weekend.

    g. what her kids have to do on Sundays.

1.

    a. _____

    b. _____

    c. _____

    d. _____

2.

    e. _____

    f. _____

    g. _____

Episodio

9

Escenas de la vida: ¡Qué rica comida!

 A. ¡Mira cuánto puedes entender! Mira el video o escucha la **Escena** para contestar las preguntas.

1. ¿Qué comida llevan los chicos al parque?

sándwiches	carne para asar
salsa	pasteles puertorriqueños
refrescos	pastel
helado	flan
frutas	tortillas
verduras	arroz
guacamole	papas

2. ¿Cómo se prepara la carne en casa de Ramón? Selecciona los ingredientes.

Cultura a lo vivo

In the Spanish-speaking world, meals are important social events. **La comida,** the principal meal, usually begins at one and lasts until three in the afternoon. People generally go home to eat with family members and rest before returning to work for a few more hours. In Spain, for example, most small stores are closed between one and three so people can return home.

Since Spanish speakers like to relax and to enjoy the food and conversation, a meal in a restaurant may last as long as three hours. For this reason, it would be extremely rude for the server to bring the check right after the meal has been served. Servers wait until the customer asks for the check. These days, Latin food has become so popular in the United States that you can find the dishes you desire in many local restaurants. Go to the Supersite to watch a *Flash cultura* episode on this topic.

3. ¿Qué comida pide Wayne cuando sale a comer?

 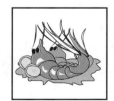 

4. ¿Qué comida sirven en El Rincón Caribeño?

a. mexicana	c. china
b. cubana	d. puertorriqueña

B. ¿Te diste cuenta? Indica si los comentarios son **ciertos** o **falsos.**

	Cierto	Falso
1. No es necesario ser puntual para las fiestas.	☐	☐
2. A Wayne le gusta mucho la comida puertorriqueña.	☐	☐
3. En México no hay chili.	☐	☐
4. Los pasteles puertorriqueños tienen plátano verde y carne.	☐	☐
5. El plato favorito de Manolo es arroz con carne de cerdo.	☐	☐
6. Los chicos están en el café.	☐	☐

C. El picnic. Contesta las preguntas.

1. ¿Por qué llegan tarde Ana Mari y Sofía? _____

2. ¿Quién sabe *(knows)* el secreto para preparar carne? _____

3. ¿Qué llevó Manolo al picnic? _____

4. ¿Qué pide Manolo en El Rincón Caribeño? _____

5. ¿Pica la salsa? _____

Práctica adicional
Cuaderno de tareas   holaquetal.
p. 221, A–B   vhlcentral.com
Episodio 9

Para comunicarnos mejor

Vocabulario **1**

Talking about food
• **Food and meals**

El desayuno

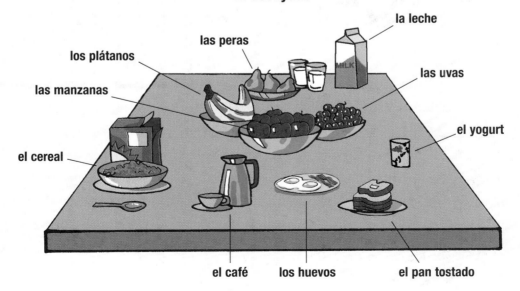

la leche

las peras

los plátanos

las uvas

las manzanas

el yogurt

el cereal

el café   los huevos   el pan tostado

El almuerzo

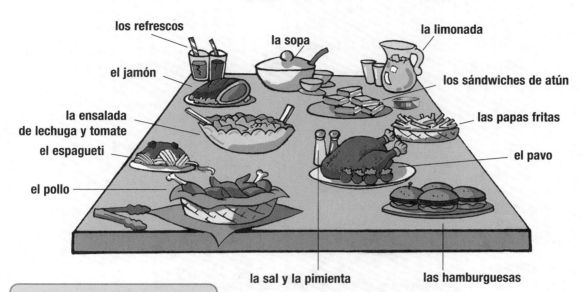

los refrescos

la sopa

la limonada

el jamón

los sándwiches de atún

la ensalada
de lechuga y tomate

las papas fritas

el espagueti

el pavo

el pollo

la sal y la pimienta

las hamburguesas

También se dice...

refrescos → gaseosas

papas → patatas

plátanos → bananas, guineos

¿Qué tienes ganas de cenar?

No sé todavía, pero tengo mucha hambre. ¿Y tú?

Cultura a lo vivo

In the Spanish-speaking world, table manners are important. It is disrespectful to start eating before everyone has been served, to put your elbows on the table, to speak with your mouth full, or to leave the table before everyone has finished eating. When leaving the table, Spanish speakers usually say: **Con permiso, buen provecho** (*Excuse me, bon appétit*).

Although the morning and evening meals vary from country to country, breakfast **(el desayuno)** and dinner **(la cena)** are generally light and less formal. Dinner or supper takes place between 8 and 10 in the evening, and often consists of leftovers from **la comida,** or coffee and bread. Go to the Supersite to watch an authentic clip on this subject.

Para hablar de las comidas en un restaurante

desayunar	*to have breakfast*	el plato/platillo	*dish*
comer	*to eat; to have lunch*	el/la mesero/a	*waiter/waitress*
almorzar	*to have lunch*	la cuenta	*bill*
cenar	*to have dinner/supper*	el desayuno	*breakfast*
tener hambre	*to be hungry*	el almuerzo	*lunch*
tener sed	*to be thirsty*	la cena	*dinner/supper*

La cena

el vino tinto

la cerveza

el agua

los dulces

las galletas

los camarones

el arroz

los frijoles

el pastel

el helado

la carne de cerdo

las zanahorias

el brócoli

las papas al horno

el bistec de res

la langosta

el pescado

Otro vocabulario

la bebida	drink	**la fruta**	fruit
la carne	meat	**el jugo de naranja**	orange juice
la carne de res	beef	**los mariscos**	seafood
la dona	donut	**el postre**	dessert
la ensalada de	lettuce and tomato	**el queso**	cheese
lechuga y tomate	salad	**el té**	tea
el flan	flan	**la verdura**	vegetable

PRÁCTICA

A. Asociaciones. ¿Qué platos y bebidas asocias con las siguientes comidas?

1. la comida china
2. la comida italiana
3. la comida mexicana
4. la comida norteamericana
5. la comida japonesa
6. la comida vegetariana

B. ¿Tienes una dieta saludable *(healthy)*? Marca con un círculo la mejor *(best)* respuesta según tus hábitos de comida.

Un "test" de nutrición

1. Generalmente, desayuno...
a. leche y cereal.
b. café y pan tostado.
c. huevos con frijoles.
d. nada.

2. Generalmente, ceno...
a. pescado y verduras.
b. pollo con arroz.
c. espagueti, o arroz y frijoles.
d. carne con papas.

3. En una fiesta prefiero beber...
a. jugo.
b. refresco.
c. vino.
d. cerveza.

4. Me gusta comer sándwiches de...
a. atún.
b. pavo.
c. jamón y queso.
d. mantequilla de cacahuate[1] con mermelada.

5. Generalmente, para el almuerzo como...
a. sopa y ensalada.
b. un yogurt con fruta.
c. un sándwich de jamón y queso.
d. una hamburguesa con papas fritas.

6. Cuando tengo sed, bebo...
a. agua.
b. limonada.
c. jugo de fruta.
d. refrescos.

7. Mi postre favorito es...
a. frutas.
b. galletas.
c. dulces.
d. helado con pastel.

Convierte las letras en números
(1 por cada a, 2-b, 3-c, 4-d) y suma
tus preguntas.

Marcador[2] _____

Interpreta tus resultados

De 7 a 14. ¡Bravo! Seguramente eres una persona consciente de la salud[3]. Tienes buenos hábitos de comida. Probablemente eres muy organizado/a y haces ejercicio regularmente.

De 15 a 22. ¡Muy bien! Probablemente eres una persona consciente de la salud, pero a veces sucumbes a la tentación de comer cosas con muchas calorías o grasas. Seguramente haces ejercicio para compensar.

De 23 a 28. ¡Qué barbaridad! Seguramente no tienes tiempo de preparar comidas saludables. Tienes que incluir en tu dieta más frutas y verduras. Debes evitar las cosas dulces y grasosas.

[1]*peanut butter* [2]*score* [3]*health*

C. La nueva pirámide de la salud.

Parte 1. Primero indica cuántas porciones comes de las siguientes categorías. Luego lee *La nueva pirámide de la salud* para completar la información y determinar si llevas una dieta saludable.

Generalmente como...

1. ___ porciones de frutas.
2. ___ porciones de carnes.
3. ___ porciones de verduras.
4. ___ porciones de panes y cereales.
5. ___ porciones de productos lácteos.
6. ___ porciones de dulces y grasas.

Parte 2. Con un(a) compañero/a, hablen de las porciones y los productos que ven en la pirámide.

MiPirámide
PASOS HACIA UNA MEJOR SALUD
MyPyramid.gov

GRANOS	VERDURAS	FRUTAS	PRODUCTOS LÁCTEOS	CARNES Y FRIJOLES

GRANOS	VERDURAS	FRUTAS	PRODUCTOS LÁCTEOS	CARNES Y FRIJOLES
Consuma la mitad en granos integrales	Varíe las verduras	Enfoque en las frutas	Coma alimentos ricos en calcio	Escoja proteínas bajas en grasas
Consuma al menos 3 onzas de cereales, panes, galletas, arroz o pasta provenientes de granos integrales todos los días. Una onza es, aproximadamente, 1 rebanada de pan, 1 taza de cereales para el desayuno ó 1/2 taza de arroz, cereal o pasta cocidos.	Consuma mayor cantidad de verduras de color verde oscuro como el brócoli, la espinaca y otras verduras de color verde oscuro. Consuma mayor cantidad de verduras de color naranja como zanahorias y batatas. Consuma mayor cantidad de frijoles y guisantes secos como frijoles pinto, colorados y lentejas.	Consuma una variedad de frutas. Elija frutas frescas, congeladas, enlatadas o secas. No tome mucha cantidad de jugo de frutas.	Al elegir leche, opte por leche, yogur y otros productos lácteos descremados o bajos en contenido graso. En caso de que no consuma o no pueda consumir leche, elija productos sin lactosa u otra fuente de calcio como alimentos y bebidas fortalecidos.	Elija carnes y aves de bajo contenido graso o magras. Cocínelas al horno, a la parrilla o a la plancha. Varíe la rutina de proteínas que consume – consuma mayor cantidad de pescado, frijoles, guisantes, nueces y semillas.

En una dieta de 2.000 calorías, necesita consumir las siguientes cantidades de cada grupo de alimentos. Para consultar las cantidades correctas para usted, visite MyPyramid.gov.

Coma 6 onzas cada día	Coma 2½ tazas cada día	Coma 2 tazas cada día	Coma 3 tazas cada día; para niños edades 2-8, 2 tazas	Coma 5½ onzas cada día

Encuentre el equilibrio entre lo que come y su actividad física

- Asegúrese de mantenerse dentro de sus necesidades calóricas diarias.
- Manténgase físicamente activo por lo menos durante 30 minutos la mayoría de los días de la semana.
- Es posible que necesite alrededor de 60 minutos diarios de actividad física para evitar subir de peso.
- Para mantener la pérdida de peso, se necesitan al menos entre 60 y 90 minutos diarios de actividad física.
- Los niños y adolescentes deberían estar físicamente activos durante 60 minutos todos los días o la mayoría de los días.

Conozca los límites de las grasas, los azúcares y la sal (sodio)

- Trate de que la mayor parte de su fuente de grasas provenga del pescado, las nueces y los aceites vegetales.
- Limite las grasas sólidas como la mantequilla, la margarina, la manteca vegetal y la manteca de cerdo, así como los alimentos que los contengan.
- Verifique las etiquetas de Datos Nutricionales para mantener bajo el nivel de grasas saturadas, grasas *trans* y sodio.
- Elija alimentos y bebidas con un nivel bajo de azúcares agregados. Los azúcares agregados aportan calorías con pocos o ningún nutriente.

Parte 3. Lee la información de la nueva pirámide para contestar las preguntas.

1. Granos: ¿Cuántas onzas al día necesitamos consumir? Da un ejemplo de una onza de granos.

2. Verduras: ¿Qué tipo de verduras nos recomiendan? En una dieta de 2.000 calorías, ¿cuántas porciones de verduras necesitamos consumir?

3. Frutas: ¿Qué recomiendan en cuanto a las frutas?

4. Productos lácteos: Busca lo que quiere decir "descremados o bajos en contenido graso".

5. Carnes y frijoles: ¿Cómo necesitamos cocinar (*to cook*) las carnes? ¿Qué quiere decir **parrilla, horno** y **plancha**? ¿Qué proteínas recomiendan?

D. Una entrevista. Entrevista a tu compañero/a para saber qué le gusta comer y beber. Usa el vocabulario de las páginas anteriores.

E. Un menú saludable. You have realized that you are not eating a balanced diet. Using the food pyramid on the previous page, write out a balanced menu that includes breakfast, lunch, dinner, and beverages.

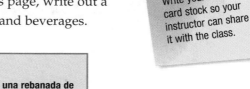

¡Fíjate!

Write your menu on card stock so your instructor can share it with the class.

Banco de palabras			
un vaso de *a glass of*	**un taza de** *a cup of*	**un pedazo de** *a piece of*	**una rebanada de** *a slice of*

F. Los hábitos alimenticios del grupo. En grupos de tres, contesten las preguntas para hacer un resumen de los hábitos alimenticios de sus compañeros.

1. ¿Qué desayunan generalmente? _____

2. ¿Qué cenan? _____

3. ¿Qué beben cuando tienen sed? _____

4. ¿Qué comen cuando tienen mucha hambre? _____

5. ¿Con qué frecuencia comen comida chatarra (*junk food*)? _____

6. ¿Cuáles son sus frutas y verduras favoritas? _____

7. ¿Qué tipo de comida prefieren? ¿Cuál es su plato favorito? _____

_____

G. La comida latina. En grupos de seis, investiguen en Internet en qué consisten los platos típicos de los diferentes países. Cada persona investiga un plato, busca una foto y lo presenta al resto de su grupo.

1. Puerto Rico: maduritos y mofongo
2. Cuba: ropa vieja y lechón asado
3. México: cochinita pibil y los sopes
4. España: la paella y la fabada
5. Costa Rica: gallo pinto y pejibayes
6. Venezuela: el pabellón criollo y las arepas

¡Fíjate!

Go to the Supersite to watch a *Flash cultura* episode on this topic.

Práctica adicional		
Cuaderno de tareas pp. 222–225, C–G	holaquetal. vhlcentral.com Lab practice	holaquetal. vhlcentral.com Episodio 9

Gramática 1 — Ordering a meal
• <u>Pedir</u>, <u>servir</u>, and <u>almorzar</u>

Analizar y descubrir

In the conversation, you heard the following:

¿Por qué siempre **pides** chili? *Why do you always order chili?*
Ahí siempre **pido** arroz con pollo. *I always order chicken with rice there.*
También **sirven** comida cubana. *They also serve Cuban food.*

Pides, pido, and **sirven** are forms of the stem-changing verbs **pedir** (*to ask for, order a meal*) and **servir** (*to serve*).

1. Read the following examples to complete the conjugation of the verbs **pedir**, **servir**, and **almorzar**.

Pedir	
¿Desea **pedir** algo más?	*Do you want to order something else?*
Nunca **pido** el plato más caro del menú.	*I never order the most expensive dish on the menu.*
¿Qué **pides** cuando cenas aquí?	*What do you order when you eat dinner here?*
Ana Mari a veces **pide** postre.	*Ana Mari sometimes orders dessert.*
¿**Pedimos** vino para todos?	*Should we order wine for everyone?*
Ustedes siempre **piden** lo mismo. Vosotros siempre **pedís** lo mismo. }	*You always order the same thing.*
Ellos siempre **piden** la cuenta primero.	*They always ask for the check first.*

Servir	
¿Qué van a **servir?**	*What are you going to serve?*
Casi nunca **sirvo** nada tan tarde.	*I almost never serve anything so late.*
Y tú, ¿qué **sirves?**	*And what do you serve?*
Mi mamá siempre nos **sirve** un desayuno saludable.	*My mom always serves us a healthy breakfast.*
En casa **servimos** tamales para las fiestas.	*At home we serve tamales for parties.*
Y ustedes, ¿qué **sirven?** Y vosotros, ¿qué **servís?** }	*And what do you serve?*
¿Con qué **sirven** el bistec aquí?	*What do they serve the steak with here?*

Almorzar	
¿Dónde van a **almorzar** hoy?	*Where are you going to have lunch today?*
Generalmente **almuerzo** en mi casa.	*I usually have lunch at home.*
Si **almuerzas** en la cafetería gastas más dinero.	*If you have lunch at the cafeteria, you spend more money.*
Sofía **almuerza** con Ana Mari los martes y jueves.	*Sofía has lunch with Ana Mari on Tuesdays and Thursdays.*
Ramón y yo nunca **almorzamos** temprano.	*Ramón and I never eat lunch early.*
Y ustedes, ¿a qué hora **almuerzan?** Y vosotros, ¿a qué hora almorzáis? }	*And at what time do you have lunch?*
Mis hijos **almuerzan** juntos los domingos.	*My kids have lunch together on Sundays.*

2. Now complete the conjugations of **pedir**, **servir**, and **almorzar**.

	Pedir	Servir	Almorzar
yo	_____	_____	_____
tú	_____	_____	_____
usted/él/ella	_____	_____	_____
nosotros/as	_____	_____	_____
vosotros/as	pedís	servís	almorzáis
ustedes/ellos/ellas	_____	_____	_____

3. In which forms of **pedir** and **servir** does the **-e-** of the infinitive change to an **-i-**?

_____

4. In which forms does the **-e-** remain unchanged? _____

5. In which forms of **almorzar** does the **-o-** of the infinitive change to a **-ue-**?

_____

The verb **poder** means *to be able to* and has the same stem change as **almorzar**. You will learn more about this verb in Episode 10, p. 231.

PRÁCTICA

H. Recomendaciones. En grupos de tres personas, hagan (*make*) recomendaciones sobre los mejores lugares de la ciudad para comer. Incluye muchos detalles. Después comparte tu opinión con tus compañeros.

> **Modelo** comida italiana
> **Si tienes ganas de comer comida italiana, tienes que ir al Mamma Lucia. El restaurante está en la calle Juárez. Generalmente pido la pizza vegetariana. También sirven un espagueti delicioso.**

1. comida mexicana (cubana, china, japonesa, etc.)
2. hamburguesas
3. espagueti
4. pastel de chocolate

5. desayuno
6. café
7. helados
8. ensaladas

I. Adriana y Santiago van a cenar. Usa estas palabras para completar el diálogo entre el mesero, Adriana y Santiago.

ensalada	mariscos	pides	cerveza	pido
servir	vino	pedir	pescado	sirven

Mesero   Buenas tardes, señores. ¿Están listos para (1) _____?

Adriana   Pues más o menos. ¿Qué nos recomienda?

Mesero   Bueno, la especialidad de la casa es el pescado y los (2) _____ .

Santiago   ¿Con qué (3) _____ el filete de pescado?

Mesero   Lo servimos con arroz y verduras. Tenemos un pescado excelente.

Adriana   Yo no tengo ganas de comer (4) _____ hoy. Voy a pedir carne.

Santiago   ¿Por qué no pedimos una (5) _____ César para los dos?

Tú (6) _____ un filete miñón y yo (7) _____ el filete de pescado.

Adriana   También queremos una botella de (8) _____ tinto. Gracias.

J. ¿Qué te gusta comer en ocasiones especiales? En grupos de tres, hablen de las cosas que comen en algunas ocasiones especiales (cumpleaños, aniversarios, graduaciones, etc.). Incluyan en su conversación:

- qué hacen, adónde van, con quién(es), qué sirven en casa
- cuando van a restaurantes, qué piden, cuál es su plato favorito
- si van al parque, qué llevan para almorzar, a qué parque van, qué hacen allí

K. En el restaurante. En grupos de tres, escriban las conversaciones entre las personas; inventen todos los detalles. Después actúen los diálogos para el resto de la clase.

1.    2.

Invitación a **Argentina**

In your own words. Read the information below and then write what you understood. In English, summarize the information in two or three sentences. Do not translate.

_____

_____

_____

> ### Del álbum de
> ### Sofía

Argentina tiene aproximadamente 40 millones de habitantes. Es el país de habla hispana más grande (en extensión) de Sudamérica, y es famosa por su carne, el mate y el tango. El asado es uno de los platos principales de la comida argentina. ¿En qué consiste este famoso 'asado'? La carne de res es su principal ingrediente. Los argentinos asan (barbecue) la carne y la sazonan con una deliciosa salsa llamada chimichurri. En este plato se incluyen también los chorizos y la morcilla. El mate (un té verde) es la bebida argentina por excelencia, aunque se bebe en Uruguay y otros países también. Para beber mate, se necesita una taza (cup) especial y un popote (straw) metálico. Para los argentinos, el mate es más que una simple bebida; es una tradición, una sensación y un modo de vida.

El famoso asado argentino

La típica bombilla para el mate

Práctica adicional		
Cuaderno de tareas p. 226, H–I	holaquetal. vhlcentral.com Lab practice	holaquetal. vhlcentral.com Episodio 9

Actividades comunicativas

A. ¿Cuánto ejercicio necesito hacer?

Instrucciones para Estudiante 1

Parte 1. You have decided to get in shape, so you are counting calories. You are making sure that you burn the calories you eat by exercising. As you look at these food items, you will notice that you have only half of the information. Your partner has the other half. Fill in all the missing information by interviewing your partner.

> **Modelo** —¿Cuántas calorías tiene la hamburguesa grande con queso?

COMIDA	Cal.	VERDURAS	Cal.
Burrito de frijoles y arroz	380	brócoli	___
		zanahorias	22
Hamburguesa grande con queso	___	coliflor	___
Papas fritas tamaño grande	540	**POSTRES**	
		Frutas	
Pizza de 12"	1.080	pera (1 fruta mediana)	___
Sándwich de atún con mayonesa	___	manzana	75
		plátano	___
Tacos de carne	280		
Tacos de pollo	___	**BEBIDAS**	
Un *bagel* de cebolla con queso crema	250	Jugo de naranja	105
		Cerveza	150
Un bistec de 12 oz.	___	Café laté descremado	___

Parte 2. Decide what you are going to eat for dinner. Write down the calories in each item and add them all up.

Voy a comer _____. _____ cal.

Voy a beber _____. _____ cal.

Para postre _____. _____ cal.

Calorías para quemar: _____ cal.

Parte 3. Look at the chart to see how many calories you burn per hour for the activities listed. Now talk to your partner to decide which activities you will do in order to burn all the calories you ate. Your partner has a list of different activities that you may also choose from. Consult with each other in order to choose.

	Cal.		Cal.
Hacer aeróbicos	396	Cortar el pasto (*to mow the lawn*)	324
Andar en bicicleta	240		
Hacer una caminata (*to go for a hike*)	432	Jugar tenis	400
		Limpiar la casa	252
Correr	740	Nadar (*to go swimming*)	500

A. ¿Cuánto ejercicio necesito hacer?

Instrucciones para Estudiante 2

Parte 1. You have decided to get in shape, so you are counting calories. You are making sure that you burn the calories you eat by exercising. As you look at these food items, you will notice that you have only half of the information. Your partner has the other half. Fill in all the missing information by interviewing your partner.

> **Modelo** —¿Cuántas calorías tiene el burrito de frijoles con arroz?

COMIDA	Cal.	VERDURAS	Cal.
Burrito de frijoles y arroz	____	brócoli	15
		zanahorias	____
Hamburguesa grande con queso	700	coliflor	30
Papas fritas tamaño grande	____	**POSTRES**	
		Frutas	
Pizza de 12"	____	pera (1 fruta mediana)	50
Sándwich de atún con mayonesa	640	manzana	____
		plátano	80
Tacos de carne	____		
Tacos de pollo	190	**BEBIDAS**	
Un *bagel* de cebolla con queso crema	____	Jugo de naranja	____
		Cerveza	____
Un bistec de 12 oz.	900	Café laté descremado	220

Parte 2. Decide what you are going to eat for dinner. Write down the calories in each item and add them all up.

Voy a comer _____ . _____ cal.

Voy a beber _____ . _____ cal.

Para postre _____ . _____ cal.

Calorías para quemar: _____ cal.

Parte 3. Look at the chart to see how many calories you burn per hour for the activities listed. Now talk to your partner to decide which activities you will do in order to burn all the calories you ate. Your partner has a list of different activities that you may also choose from. Consult with each other in order to choose.

	Cal.		Cal.
Esquiar	576	Sembrar plantas *(to garden)*	324
Jugar frisbi	216		
Levantar pesas *(to lift weights)*	216	Jugar vóleibol	288
		Jugar vóleibol de playa	576
Jugar ráquetbol	720	Jugar waterpolo	720

B. ¿Es comida saludable?

Instrucciones para **Estudiante 1**

First, ask your partner the necessary questions in order to fill in all the missing information. You each have the information your partner needs. Then ask your partner about his/her eating habits and write them under the **Mi compañero/a** column.

Modelo	¿Qué desayuna Sofía?
	¿Qué almuerzan Adriana y su familia?
	¿Cuál es tu postre favorito?

	Sofía	Adriana y su familia	Wayne	Mi compañero/a
El desayuno				
El almuerzo				
La cena				
Postres favoritos				

B. ¿Es comida saludable?

Instrucciones para **Estudiante 2**

First, ask your partner the necessary questions in order to fill in all the missing information. You each have the information your partner needs. Then ask your partner about his/her eating habits and write them under the **Mi compañero/a** column.

Modelo   ¿Qué desayunan Adriana y su familia?
¿Qué almuerza Sofía?
¿Cuál es tu postre favorito?

	Sofía	Adriana y su familia	Wayne	Mi compañero/a
El desayuno				
El almuerzo				
La cena				
Postres favoritos				

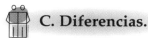

C. Diferencias.

Instrucciones para **Estudiante 1**

Hay varias diferencias entre tu restaurante y el restaurante de tu compañero/a. Para encontrar las diferencias, necesitas describir qué hay en el restaurante, qué comen o beben las personas, qué piden o qué sirven los meseros. Anota siete diferencias.

Modelo   En este restaurante, un mesero sirve el jugo de naranja.

C. Diferencias.

Instrucciones para **Estudiante 2**

Hay varias diferencias entre tu restaurante y el restaurante de tu compañero/a. Para encontrar las diferencias, necesitas describir qué hay en el restaurante, qué comen o beben las personas, qué piden o qué sirven los meseros. Anota siete diferencias.

Modelo   En este restaurante, un mesero sirve el jugo de naranja.

Especiales
del día
Camarones
a la diabla $19.45
Langosta
termidor $41.95
Helado de
chocolate $2.45

La correspondencia

El correo: La Estancia Santa Gertrudis. A friend of yours wants to go to a place to relax, eat a healthy diet, and relieve stress. She found this brochure in Spanish. First, read the questions. Then read the brochure for her and answer the questions in English.

1. Where is the resort? _____

2. What is the spa like? _____

3. What is the food like? _____

4. What are the daily activities? Describe them. _____
_____

5. What do you think are some special features of this spa? Would it be a place for relaxation and meditation? Why? _____

Reading Strategy: Scanning for specific information

When reading a Spanish text for specific information, you can disregard information that does not correspond to your purpose for reading. Be content with understanding the overall meaning. *Scan* the text—that is, locate and read carefully only the information you are looking for. For example, in the following article, you need to know where **la Estancia Santa Gertrudis** is. *Scan* the first paragraph to locate the country or state. Be sure to read the questions first so you know what specific information you are looking for. Remember to look for cognates to help you understand the text.

Lo último en salud y descanso:

Un fin de semana en la Estancia Santa Gertrudis

La Estancia Santa Gertrudis es un spa ecológico de 1.660 hectáreas, con enormes arboledas[1], un lago de 200 hectáreas y actividades para todos los gustos. Está localizada en el partido[2] de Chascomús, a 165 kilómetros de la capital, en Argentina. La estancia recibe un máximo de diez personas cada fin de semana: seis en la casa principal y cuatro en la casa de huéspedes[3].

En un oasis de tranquilidad, comida saludable, ejercicio diario, safaris fotográficos y observación de varias clases de animales silvestres, la Estancia Santa Gertrudis es una "opción ideal para un fin de semana saludable y activo".

Las actividades del día incluyen caminatas alrededor del lago, fútbol, natación, caballos, bicicletas y, la especialidad de la casa, clases de yoga (método Iyengar).

La comida es natural y casera, elaborada con harinas integrales, verduras cultivadas en la estancia y, para quienes lo deseen, carne ecológica de producción propia. Por la tarde, usted puede descansar en la vieja arboleda que rodea la casa, leer, conversar con los otros huéspedes, remar[4] en el lago o simplemente relajarse.

Un fin de semana de dieta saludable, ejercicio diario, descanso total y cuidados especiales hacen que usted se sienta[5] extraordinariamente bien y feliz.

Para recibir más información, llame a Darío Sarachaga, teléfono (0242) 3-21-33, fax 8-06-14.

[1]*forests* [2]*state or province* [3]*guests* [4]*row* [5]*you feel*

En papel: Una visita por la ciudad. A good friend of yours from high school is coming to visit you for a week next month. Write a letter telling your friend what you have planned during his/her stay—places you will see, activities you have planned, new restaurants you will visit, and so on.

> **Writing Strategy: Recombining learned material**
>
> As your ability to communicate in Spanish increases, you will be able to link the words and phrases you know to express more complex messages. When responding to a writing task—in this case, a letter to a friend—you should devise an appropriate plan to organize your ideas effectively. First, determine the information that needs to be included in the letter. Then identify the places you want to go. Organize your letter by linking those places with activities you plan to do. Finally, write your letter.

¡A ver de nuevo!

Parte 1. Escribe un resumen del episodio. Incluye la comida que llevan al parque y las cosas que les gusta comer.

Parte 2. Después trabaja con un(a) compañero/a para añadir más información.

Práctica adicional			
Cuaderno de tareas pp. 226–228, J–K	holaquetal. vhlcentral.com Episodio 9	holaquetal. vhlcentral.com Lab practice	holaquetal. vhlcentral.com Episodio 9

Vocabulario del Episodio 9

Para hablar de las comidas

almorzar (o → ue)	*to have lunch*	el almuerzo	*lunch*
cenar	*to have dinner/supper*	la cena	*dinner/supper*
comer	*to eat; to have lunch*	la cuenta	*bill, check*
desayunar	*to have breakfast*	el desayuno	*breakfast*
pedir (e → i)	*to ask (for), order* (a meal)	el/la mesero/a	*waiter/waitress*
servir (e → i)	*to serve*	el plato/platillo	*dish*
tener hambre	*to be hungry*		
tener sed	*to be thirsty*		

La comida

Un desayuno internacional *An international breakfast*

el cereal	*cereal*	el pan tostado	*toast*
la dona	*donut*	la pera	*pear*
el huevo	*egg*	el plátano	*banana*
la fruta	*fruit*	la uva	*grape*
la manzana	*apple*	el yogurt	*yogurt*

Un almuerzo norteamericano *An American lunch*

la ensalada de lechuga y tomate	*lettuce and tomato salad*
el espagueti	*spaghetti*
la hamburguesa	*hamburger*
el jamón	*ham*
las papas fritas	*French fries*
el pavo	*turkey*
la pimienta	*pepper*
el pollo	*chicken*
el queso	*cheese*
la sal	*salt*
el sándwich de atún	*tuna sandwich*
la sopa	*soup*

La cena *Dinner*

el arroz	*rice*	la carne de res	*beef*
el bistec de res	*roast beef*	la langosta	*lobster*
los camarones	*shrimp*	los mariscos	*seafood*
la carne de cerdo	*pork*	el pescado	*fish*

Las verduras *Vegetables*

el brócoli	*broccoli*
los frijoles	*beans*
la papa al horno	*baked potato*
la zanahoria	*carrot*

Los postres *Desserts*

los dulces	*candy, sweets*
el flan	*flan*
las galletas	*cookies*
el helado	*ice cream*
el pastel	*cake*

Las bebidas *Drinks*

el agua	*water*
el café	*coffee*
la cerveza	*beer*
el jugo de naranja	*orange juice*
la leche	*milk*
la limonada	*lemonade*
los refrescos	*sodas/soft drinks*
el té	*tea*
el vino tinto	*red wine*

Vocabulario personal

Write all the words you need to know in Spanish so that you can talk in greater detail about your eating habits and the foods you like/dislike.

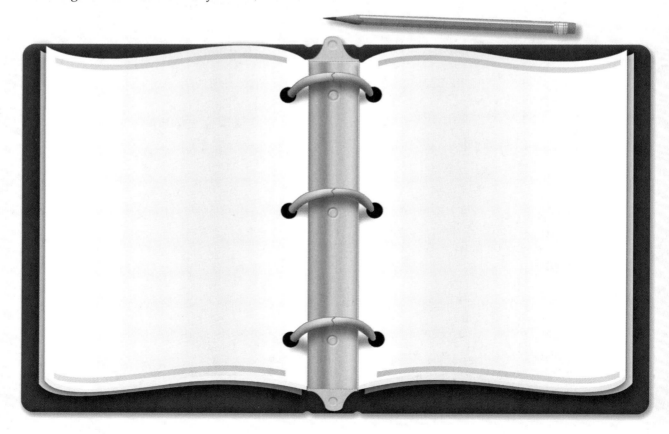

Cuaderno de tareas

Episodio

9

Escenas de la vida: ¡Qué rica comida!

 A. ¡A ver cuánto entendiste! See how much of the **Escena** you understood by matching the Spanish sentences with their English equivalents.

El picnic

_____ 1. Es hora latina.

_____ 2. Para fiestas no es necesario ser puntual.

_____ 3. Si no es el trabajo.

_____ 4. ¡Ya era hora!

_____ 5. Eso dice mi papá.

a. For parties, it's not necessary to be punctual.

b. But it's not work.

c. It's Latin time.

d. That's what my dad says.

e. It's about time!

La comida

_____ 6. La carne está muy buena.

_____ 7. El secreto es prepararla la noche anterior.

_____ 8. La salsa no pica nada.

_____ 9. Pensé que se les había olvidado.

_____ 10. ¿Por qué siempre pides chili?

f. Why do you always order chili?

g. I thought you had forgotten.

h. The meat is very good.

i. The secret is to prepare it the night before.

j. The sauce isn't spicy at all.

 B. Todos en el parque. Order the statements so the dialogue makes sense.

_____ a. El secreto para que la carne esté perfecta es prepararla la noche anterior con cerveza, sal y limón. Bueno, eso dice mi papá.

_____ b. Ana Mari, ¿pica la salsa?

__1__ c. La carne está muy buena.

_____ d. Tu papá tiene razón. Me gusta mucho la comida mexicana.

_____ e. No, no pica nada.

_____ f. ¿Entonces por qué siempre pides chili? En México no hay chili.

_____ g. *No way!*

Nombre ______________________ Fecha ______________

Vocabulario 1

Talking about food
• Food and meals

C. Las categorías. Your 10-year-old niece has asked you to help her with her school project on food groups in Spanish. Fill in each of the categories with the names of foods in Spanish.

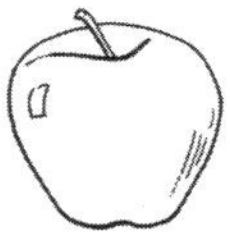

Frutas

____
____
____
____
____
____
____

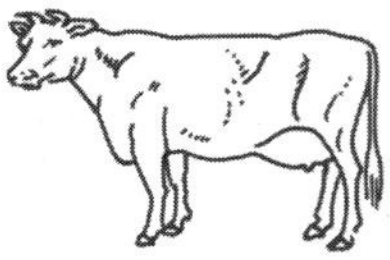

Productos lácteos

____
____
____
____
____
____
____

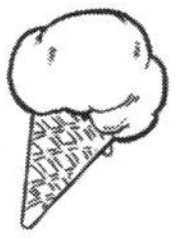

Postres

____
____
____
____
____
____
____

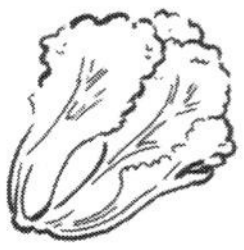

Verduras

____
____
____
____
____
____
____

D. Cuerpo sano, mente sana. *(Healthy body, healthy mind.)* Look at the foods in the illustrations. Then write the foods you consider healthy under **Saludable** and write the reason why each is considered good: vitamins **(vitaminas)**, proteins **(proteínas)**, calcium **(calcio)**, or low in fat **(poca grasa)**. Under **No muy saludable,** list the foods and beverages that are high in fat **(grasa)**, sugar **(azúcar)**, salt **(sal)**, or cholesterol **(colesterol)**.

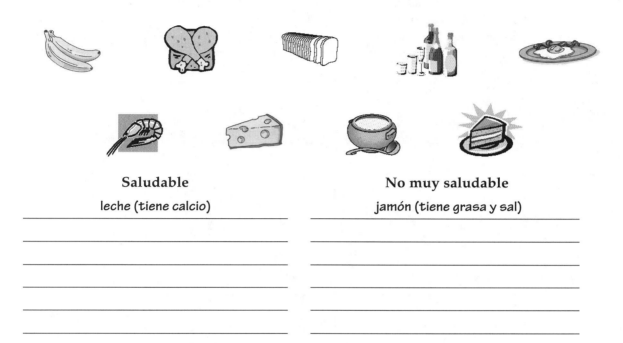

Saludable	No muy saludable
leche (tiene calcio)	jamón (tiene grasa y sal)

E. Tres menús. You are planning three different breakfasts for the restaurant where you work. Write down the appropriate foods and beverages.

Un desayuno norteamericano

Un desayuno dominguero (Sunday brunch)

Un desayuno ligero

F. Un crucigrama. Fill out the crossword puzzle by writing the appropriate word for each item.

Definiciones

Verticales

1. Una bebida de fruta común para el desayuno.
2. Se sirven con la comida mexicana; son pequeños y negros o cafés.
3. Se comen fritos o en omelet; tienen mucho colesterol.
4. Es común hacer sándwiches de _____ y queso.
5. La comida del mediodía.
7. Todo lo que comemos; los alimentos.
9. Se come en el desayuno con leche; tiene fibra.
10. Lo que se come en KFC.
12. Una bebida similar al té.
13. La primera comida del día.
14. Los vegetarianos nunca comen _____.
15. La Coca-Cola y el 7-UP son _____.

Horizontales

6. Los camarones y la langosta son _____.
8. Una bebida blanca; tiene calcio.
10. Se necesita para hacer un sándwich.
11. Se usa mucho en la comida china; es blanco.
14. Un marisco pequeño y caro (en la forma plural).
16. Vive en el agua; se come en filetes.
17. Un producto lácteo; se come con o sin frutas.
18. La última comida del día.
19. Tienen vitaminas; no son dulces; se usan para hacer ensaladas.

G. Las definiciones. Write the food item that best fits the description.

> **Modelo** La comida favorita de los chimpancés.   **Los plátanos.**

1. Una bebida anaranjada *(orange)*, no tiene alcohol. _____
2. Son unas verduras anaranjadas. A Bugs Bunny le gustan. _____
3. Es un marisco rojo muy caro. _____
4. Un pescado que se usa para hacer sándwiches. _____
5. Tienes que beber ocho vasos de este líquido al día. _____
6. A los niños les gusta mucho; es frío, de chocolate o vainilla. _____
7. Escribe dos ejemplos de carne. _____
8. Es la comida más común para Acción de Gracias *(Thanksgiving).* _____
9. Un plato de verduras frescas. _____
10. De esta bebida, hay tinto, blanco y rosado. _____

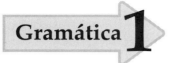

Gramática 1

Ordering a meal
• Pedir, servir, and almorzar

¡Fíjate!

To learn more about the object pronouns **me** and **te**, turn to page 285.

H. ¡Qué desastre! Lalo and Santiaguito are working at a cafeteria during their vacation. Unfortunately, they bring the wrong things to Sofía and her friends. Complete the sentences with the appropriate forms of **pedir** and **servir**. (Note: **me** means *[to] me,* **te** means *[to] you,* **le** means *[to] him/her,* and **les** means *[to] them.*)

> **Modelo**   Los niños **piden** una pizza de queso, pero Lalo les **sirve** una pizza vegetariana.

1. Sofía _____ un café, pero Santiaguito le _____ un té.
2. Adriana y Ana Mari _____ frutas, pero los chicos les
   _____ pastel.
3. Yo _____ pastel, pero ellos me _____ yogurt.
4. Nosotras _____ limonadas para todas, pero Lalo nos
   _____ refrescos.
5. ¿Tú _____ helado de fresa? ¡De seguro *(for sure),* Lalo y Santiaguito
   te van a _____ helado de vainilla!

I. ¡Vamos a cenar! Imagine you are at an Argentinian restaurant. Answer the waiter's questions.

1. Buenas tardes, ¿qué plato principal va a pedir? _____
2. ¿Y quiere pedir algo *(something)* antes del plato principal? _____
   _____
3. ¿Qué va a beber? _____
4. ¿Va a pedir postre? _____

Para terminar

J. ¡Vivir bien con poca grasa[1]! Lee las preguntas, después lee el anuncio del libro *Vivir bien con poca grasa* y responde a las preguntas.

1. ¿Qué beneficios puede tener el comer con poca grasa? _____
   _____
2. ¿Qué ayuda a que la grasa se queme más rápidamente? _____
3. ¿Qué actividad hace que engordemos *(makes us get fat)*? _____

¡Disfrute[2] de la mejor salud de toda su vida! Una vez que usted viva con poca grasa, su calidad de vida va a mejorar inmediatamente. Va a tener mejor humor y más energía. Va a dejar de[3] preocuparse por su peso y va a comenzar a disfrutar de los beneficios de un cuerpo más delgado y sano, sin los peligros propios[4] de las dietas. ¡No espere más! Envíe el **Certificado de Inspección GRATUITA ¡hoy mismo!**

INSPECCIÓN GRATUITA DE 21 DÍAS

Secreto para controlar la **GRASA** automáticamente

Nº 1

Tomar agua puede ayudar a reducir los depósitos de grasa. Cuando usted está totalmente hidratada, su cuerpo transporta más rápidamente la grasa a los músculos para ser quemada[5] allí. En la PÁGINA 107 de VIVIR BIEN CON POCA GRASA, descubra cómo el AGUA HELADA puede servir durante todo el día como ¡SÚPER estimulante de la combustión de grasa!

Secreto para controlar la **GRASA** automáticamente

Nº 2

La TV hace aumentar de peso: Increíble, pero es ¡la pura verdad! Estar sentada[6] delante del televisor la hace engordar más que el estar solamente sentada. Además, si usted mira TV por cuatro horas o más, es DOS VECES más probable que sufra[7] de sobrepeso. Antes de prender[8] el "control de producción de grasa" de su televisor, lea la PÁGINA 71 para saber cuántas horas de televisión puede usted mirar.

[1]*fat*   [2]*enjoy*   [3]**dejar**... *stop*   [4]**peligros**... *inherent risks*   [5]*burned*   [6]*sitting*   [7]*suffer*   [8]*turn on*

K. Una miniprueba para terminar. Give Ramón the following information about yourself. Write it in the form of a paragraph. Then write how you would ask him for the information in **2**. Remember that you have to create the questions that would elicit the information you need.

1. Tell Ramón:
    a. about your eating habits.
    b. the places you usually go after school.
    c. who you live with.
    d. everything you are going to do tomorrow.

2. Ask Ramón:
    e. what they serve at his home for lunch.
    f. what his favorite dish is.
    g. what he usually eats between meals (**entre comidas**).
    h. where he goes when he feels like eating his favorite food.
    i. if he has to work on Sundays.

1. a.–d. _____

_____

_____

_____

_____

_____

_____

_____

_____

2. e. _____

f. _____

g. _____

h. _____

i. _____

Episodio 10

Escenas de la vida: Una invitación confusa

 A. ¡Mira cuánto puedes entender! As you listen, indicate the order in which you hear these statements.

La película empieza a las 8:30.

Podemos **tomar café antes de la película.**

Ana Mari, ¿puedes venir conmigo al cine?

Bueno, voy contigo, pero necesitas modernizarte.

Me invita y no viene por mí a la casa.

Es difícil encontrar estacionamiento.

Prefiero no manejar de noche.

Además, por la noche no me gusta salir sola.

Bueno, entonces nos vemos el sábado.

B. Los hechos. Selecciona la respuesta correcta.

Sofía   **Wayne**   **Ana Mari**

1. Wayne dice *(says)*...
   a. Voy por ti.
   b. ¿Dónde dan la película?
   c. ¿Quieres ir al cine el sábado?

2. Wayne dice...
   a. ¿Quieres visitar el Centro Cultural de la universidad?
   b. ¿Puedes llegar a las 7:30?
   c. Mi coche no funciona.

3. Ana Mari...
   a. no entiende a Sofía.
   b. piensa que Sofía es muy moderna.
   c. puede ir en su coche.

4. Sofía...
   a. sale sola por la noche con frecuencia.
   b. va al cine en el coche de Ramón.
   c. no cree que Wayne la invite a salir otra vez.

C. ¿Te diste cuenta? Contesta las preguntas.

1. ¿Por qué quiere Wayne llegar temprano al cine?
   _____

2. ¿Dónde y a qué hora van a verse?
   _____

3. ¿Por qué Sofía invita a Ana Mari?
   _____

4. ¿Qué piensa Ana Mari de Sofía?
   _____

5. ¿Por qué invitan también a Ramón?
   _____

Cultura a lo vivo

In many traditional families of Latin American countries, when a young man invites a girl out on a date, he is expected to pick her up at home. This custom provides an opportunity for the parents of the girl to meet the young man.

Learning Strategy: Making an educated guess

To understand the general meaning of a message, you do not have to understand every word you hear or read. In most situations, you can use the context, your knowledge of the world and of how people communicate, and visual cues such as facial expressions, gestures, and body language to make an educated guess about meaning.

Use the context to derive meaning. More often than not, you can correctly guess the meaning of a word by focusing on the words that precede and follow it. For example, when Wayne said to Sofía, "**quiero llegar temprano porque es difícil encontrar estacionamiento**," you had not seen **encontrar** before, but you know that **quiero llegar temprano** means *I want to arrive early* and that **estacionamiento** means *parking*. Therefore, by using context, you can easily guess that **encontrar** means *to find*.

Práctica adicional

Cuaderno de tareas
p. 247, A

holaquetal.
vhlcentral.com
Episodio 10

Para comunicarnos mejor

Accepting and declining invitations
- **Stem-changing verbs (e → ie) and (o → ue)**

In the conversation, Wayne said **¿Quieres ir al cine el sábado?** to ask Sofía if she wanted to go to the movies. Sofía responded **Sí, puedo. Quieres** and **puedo** are forms of the verbs **querer** and **poder**.

Analizar y descubrir
1. Study the following exchanges:

Querer y poder	
—¿**Quieres** tomar un café?	*Do you want some coffee?*
—Sí, **quiero**, pero no **puedo** tomar cafeína.	*Yes, I want some, but I can't have any caffeine.*
—¿Ana Mari **quiere** llevar su coche?	*Does Ana Mari want to take her car?*
—No **puede**, porque no funciona.	*She can't, because it doesn't work.*
—¿Sofía y Ana Mari **quieren** ir al cine?	*Do Sofía and Ana Mari want to go to the movies?*
—Sí, **quieren**, pero no **pueden**.	*Yes, they want to, but they can't.*
—¿**Quieren** ustedes ir al cine? —¿**Queréis** ir al cine?	*Do you want to go to the movies?*
—**Queremos** ir pero no **podemos**, porque tenemos que trabajar.	*We want to go but we can't, because we have to work.*

2. Write the forms of **querer** and **poder**.

	querer	poder
yo	_____	puedo
tú	_____	_____
usted/él/ella	quiere	_____
nosotros/as	_____	_____
vosotros/as	queréis	podéis
ustedes/ellos/ellas	_____	_____

3. Look at the endings of **querer** and **poder.** Are they the same as other **-er** verbs you know, such as **comer** and **beber?** _____

4. Look at the stems of the two verbs **(quer-, pod-)** and answer the questions.

   a. What happens to the -**e**- of **querer**? It becomes _____.

   b. What happens to the -**o**- of **poder**? It becomes _____.

   c. Does the -**e**- of **querer** change in all the verb forms? _____.

   d. Does the -**o**- of **poder** change in all the verb forms? _____.

5. Complete these rules for stem-changing verbs.

    a. In stem-changing verbs like **querer,** -e- changes to _____ in all forms except the _____ and _____ forms.

    b. In stem-changing verbs like **poder,** -o- changes to _____ in all forms except the _____ and _____ forms.

6. The following expressions contain other common stem-changing verbs:

Para hacer planes con los amigos			
e ⟶ ie		**o/u ⟶ ue**	
empezar a...	*to start...*	**almorzar**	*to have lunch*
entender el problema	*to understand the problem*	**dormir bien/mal**	*to sleep well/poorly*
pensar en	*to think about* (someone or something)	**encontrar**	*to find*
pensar que...	*to think that...* (phrase)	**jugar*** (al) tenis**	*to play tennis*
preferir* no manejar	*to prefer not to drive*	**(no) poder ir**	*to (not) be able to go*
querer	*to want; to love*	**recordar**	*to remember*
venir** por mí	*to pick me up*		

*Note that the second **-e-** in **preferir** is the one that changes to **-ie-.** **¿Prefieres el té o el café?**

****venir** has a **g** in the **yo** form—**yo vengo. Venir** alone means *to come.* **Vengo a clase todos los días.**

***Note that **jugar** is the only verb that has the **u ⟶ ue** stem change.

PRÁCTICA

A. Otra invitación. Organiza el diálogo de forma lógica. Después actúa la conversación con un(a) compañero/a.

_____ a. A las cuatro es muy temprano. Tengo que trabajar hasta las seis.

_____ b. Bueno, ¿qué película quieres ver?

_____ c. ¿Quieres ir al cine conmigo el viernes?

_____ d. No sé. ¿Qué tipo de películas prefieres, románticas o de terror?

_____ e. Puedo ir por ti a las siete. Si quieres, podemos cenar después de la peli.

_____ f. Perfecto, estoy en tu casa a las siete en punto. Hasta el viernes.

_____ g. Bueno, pues tú decides qué película vemos. ¿Voy por ti a las cuatro?

_____ h. Definitivamente o románticas o cómicas. No de terror.

_____ i. Si encuentro una película entre siete y ocho, podemos cenar después. Pero si la película empieza después de las ocho, prefiero cenar antes. ¿Te parece?

B. Problemas de familia. Completa la conversación entre Adriana y su esposo con los verbos de la lista. Después contesta las preguntas.

empiezas	almuerzas	quieres
puedes	duermes	prefiero
encontrar	jugar	vienes

Santiago   Adriana, no entiendo por qué (1) _____ trabajar y estudiar. Si quieres estudiar para contadora, es mejor *(better)* que no trabajes hasta que termines.

Adriana   Si no tengo experiencia, no voy a poder (2) _____ trabajo cuando termine.

Santiago   Es cierto, pero tú (3) _____ adquirir *(acquire)* experiencia más adelante *(later)*. Recuerda que tienes esposo, casa e hijos. No tienes tiempo para nada. La casa es un desastre.

Adriana   Ay, Santiago, limpiar la casa es muy aburrido. (4) _____ trabajar y estudiar. Con el dinero que gano le puedo pagar *(pay)* a una empleada *(maid)*.

Santiago   No es sólo la casa; últimamente *(lately)* tú no (5) _____ lo suficiente, a veces sólo cinco o seis horas por noche. Además (6) _____ mal, porque no tienes tiempo ni para ir al supermercado. Casi nunca hay comida en el refrigerador.

Adriana   Santiago, (7) _____ a hablar como esos hombres que no quieren que sus esposas progresen.

Santiago   No es verdad. Quiero que tú progreses, pero...

1. ¿Por qué quiere trabajar Adriana?

_____

_____

2. ¿Qué piensa Santiago que Adriana debe hacer?

_____

_____

3. En tu opinión, ¿quién tiene razón *(is right)*?

_____

_____

C. Hombres y mujeres.

Parte 1. Indica si estás de acuerdo *(if you agree)* con estos estereotipos.

¡Fíjate!

Use these expressions to react to your partner's opinions:

Estoy de acuerdo.
I agree.

No estoy de acuerdo.
I disagree.

Tienes razón.
You are right.

¡Ya quisieras!
¡You wish!

¡Sí, cómo no!
¡Yeah, right!

	Sí	No	Depende
Los hombres...			
1. nunca encuentran las cosas.	☐	☐	☐
2. no pueden vivir solos.	☐	☐	☐
3. no entienden a las mujeres.	☐	☐	☐
4. prefieren no casarse *(to get married)*.	☐	☐	☐
5. no pueden aceptar sus errores.	☐	☐	☐
Las mujeres...			
6. siempre piensan que están gordas.	☐	☐	☐
7. no entienden a los hombres.	☐	☐	☐
8. quieren tener hijos.	☐	☐	☐
9. no pueden hacer mucho ejercicio.	☐	☐	☐
10. no encuentran interesantes los deportes *(sports)*.	☐	☐	☐

Parte 2. En grupos de tres compartan sus respuestas y hablen de sus ideas.

> **Modelo** **No estoy de acuerdo con el comentario número dos. Mis amigos y yo vivimos solos y estamos muy bien. No necesitamos a las mujeres.**

D. Lotería.

Parte 1. Walk around the class and find a classmate who fits each description. Write his/her name in the space provided; the first student with two lines of four in a row wins.

> **Modelo** —¿Haces ejercicio tres veces a la semana?
> —Sí, hago ejercicio tres veces a la semana. ¿Y tú?

casi nunca almuerza en la cafetería.	juega vóleibol una vez a la semana.	prefiere no manejar por la noche.	empieza a estudiar tres días antes del examen.
hace ejercicio tres veces a la semana.	a veces no entiende la tarea.	quiere ir al cine este fin de semana.	no tiene ganas de hacer la tarea hoy.
ve videos en casa de su novio/a.	no duerme ocho horas por noche.	recuerda a su primer(a) maestro/a.	vive en casa de sus abuelos.
encuentra estacionamiento cuando llega.	sirve tamales en Navidad.	no puede tomar clases por las noches.	piensa que esta clase es muy fácil.

Parte 2. Comparte la información con la clase.

Invitación a España

In your own words. Read the information below and then write what you understood. In English, summarize the information in two or three sentences. Do not translate.

Del álbum de
Sofía

España tiene aproximadamente 42 millones de habitantes y es dos veces el tamaño *(size)* del estado de Oregón. Salamanca, en España, es una ciudad *(city)* con una larga tradición intelectual y cultural. La Universidad de Salamanca se fundó en 1218 y es la más antigua *(oldest)* del país. Hoy en día, la ciudad tiene innumerables academias, institutos, escuelas, colegios y universidades, por lo que estudian ahí miles *(thousands)* de estudiantes nacionales e internacionales. Salamanca es una ciudad con muchas actividades. Los jóvenes van a conciertos, discotecas y obras de teatro *(plays)*. Las discotecas abren sus puertas a las once o doce de la noche y las cierran a las tres o cuatro de la mañana.

E. Preguntas personales. Contesta las preguntas en tu cuaderno y después entrevista a un(a) compañero/a y escribe sus respuestas aquí.

En la universidad

1. ¿Qué quieres estudiar? ¿Por qué?

_____

2. ¿Vas bien en tus clases? ¿Cuáles son las más difíciles?

_____

3. ¿Empiezas a estudiar con tiempo para un examen? ¿Qué cosas haces para prepararte?

_____

4. ¿Dónde prefieres estudiar? ¿Por qué te gusta estudiar ahí?

_____

Los fines de semana

5. ¿En qué ocasiones prefieres estar con tus amigos? ¿Y con tu familia?

_____

6. ¿Puedes hacer todas las cosas que quieres? Si no, ¿por qué no?

_____
_____

7. ¿Cuántas horas duermes? ¿Piensas que es importante dormir lo suficiente? ¿Por qué sí o por qué no?

_____
_____

8. ¿Almuerzas en casa? ¿Qué almuerzas generalmente? ¿Con quién?

_____

9. ¿Qué deportes *(sports)* practicas? ¿Juegas béisbol?, ¿tenis?, ¿fútbol americano?

_____

10. ¿Sales mucho? ¿Con quién? ¿Qué hacen?

_____

_____

11. Cuando sales con alguien por primera vez, ¿piensas que el chico tiene que ir por la chica a su casa? ¿En qué casos sí y en qué casos no? Explica.

_____

_____

_____

> **Banco de palabras**
> Para hablar del trabajo
>
> **el horario flexible/fijo**
> *flexible/fixed schedule*
>
> **el sueldo alto/bajo**
> *high/low salary*
>
> **tiempo completo/parcial**
> *full-time/part-time*
>
> **el tiempo libre**
> *free time*
>
> **el turno de la mañana/ tarde/noche**
> *morning/afternoon/evening (night) shift*

¡Fíjate!
You will need these words to answer the questions, so familiarize yourself with them.

En el trabajo

12. ¿Es fácil encontrar trabajo en tu ciudad *(city)*? ¿Qué tipo de trabajos hay? ¿Te gusta tu trabajo? ¿Por qué?

_____

_____

13. ¿Trabajas tiempo completo o tiempo parcial? ¿Recibes buen sueldo o quieres ganar más *(to earn more)*?

_____

_____

14. ¿Cuántas horas a la semana puedes trabajar? ¿Qué días no puedes trabajar?

_____

15. ¿Prefieres trabajar el turno de la tarde o el de la mañana? ¿Tienes un horario flexible?

_____

_____

16. ¿Quieres encontrar otro trabajo este semestre? ¿Por qué?

_____

_____

Práctica adicional

Cuaderno de tareas
pp. 247–249, B–F

SUPERSITE
holaquetal.
vhlcentral.com
Episodio 10

Gramática **2**

Extending invitations
• Prepositional pronouns

In other conversations, the characters said the following statements.

Pronombres preposicionales	
¿Quieres ir **conmigo** a cenar?	*Do you want to go to dinner with me?*
Bueno, voy **contigo** si vienes **por mí**.	*Fine, I'll go with you if you pick me up.*
Wayne siempre habla **de ti**.	*Wayne always talks about you.*
¿Y Sofía? ¿Piensa **en él**?	*And Sofía? Does she think about him?*
Ramón va a jugar **con nosotros**.	*Ramón is going to play with us.*
¿Wayne vive **con ustedes**? ¿Wayne vive **con vosotros**? }	*Does Wayne live with you?*
No, él vive **con ellos**.	*No, he lives with them.*

Los pronombres preposicionales			
mí	*me* (but: *conmigo*)	**nosotros/as**	*us*
ti	*you* (but: *contigo*)	**ustedes**	*you* (pl.)
usted	*you*	**vosotros/as**	*you* (pl.)
él/ella	*him/her*	**ellos/ellas**	*them*

1. Notice that the subject pronouns **(yo, tú, usted, él, ella, nosotros/as, ustedes, vosotros/as,** and **ellos/ellas)** and pronouns that follow prepositions **(a, con, de, en, para, por)** are the same, with two exceptions: **yo/mí** (**Vienes** *por mí.*) and **tú/ti** (**Lo siento, no puedo ir** *por ti.*).
2. Notice that **conmigo** means *with me* and **contigo** means *with you.*
3. Some prepositions in Spanish have different translations depending on the verb they follow. Learn the verb with its preposition. Some verbs you already know may be followed by prepositions: **hablar de, discutir con, vivir con, jugar con, pensar en, ir por,** and **venir por.**

Las preposiciones		
a	*to, at* (with time)	*Voy **a** tu casa **a** las tres de la tarde.*
con	*with*	*Wayne juega fútbol **con** Ramón los domingos.*
de	*from; about* (with **hablar**)	*Manolo no habla **de** sus planes profesionales.*
en	*in, on; about* (with **pensar**)	*Wayne piensa **en** Sofía con frecuencia.*
para	*for* (destination/purpose)	*La computadora es **para** Wayne.*
por	*for* (with **ir** and **venir**)	*¿Quién va a venir **por** mí?*

PRÁCTICA

F. ¿De quién habla? Sofía hizo *(made)* estos comentarios. ¿A quién(es) se refiere(n) los pronombres preposicionales? Empareja las dos columnas.

_____ 1. Necesito hablar *con ella*.

_____ 2. Lalo va a jugar fútbol *con ellos*.

_____ 3. Mi abuela vive *con nosotros*.

_____ 4. Quiero hablar *contigo*.

_____ 5. No comparte *(he doesn't share)* sus cosas *con ellas*.

a. amigos

b. Ana Mari y Adriana

c. mis padres y yo

d. la profesora

e. tú

G. Un poco de lógica. Empareja cada pregunta o declaración con la respuesta lógica.

_____ 1. ¿Está Sofía en casa?

_____ 2. ¿Quieres ir conmigo al cine?

_____ 3. Su hijo es muy considerado, ¿no?

_____ 4. ¿Puedo ir contigo?

_____ 5. Estas flores son para ti.

a. Lo siento, pero no puedo.

b. Claro que puedes venir conmigo.

c. Sí. ¿Quieres hablar con ella?

d. Sí. Siempre piensa en nosotros primero.

e. Gracias. Siempre piensas en mí.

H. Traducción. Escribe estas oraciones en español.

1. I have tickets for the game tonight—do you want to go? Manolo and Jorge are also coming with us. We can go in Jorge's car.

_____

_____

2. Sure I want to go, but I'd rather take my own car. I don't understand why you always invite Jorge—he's silly!

_____

_____

¡Fíjate!

Remember not to translate word-for-word; translate ideas.

I. Escribe sobre las personas queridas. Contesta todas las preguntas en forma de párrafo. Después comparte tus respuestas con un(a) compañero/a.

Modelo	Tu hermano/a: ¿Ves a tu hermano/a? ¿Qué haces con él/ella? ¿Vives con él/ella? **Veo a mi hermana casi todos los días. Tomo café con ella por las mañanas. A veces salgo con ella a cenar. Nunca discuto con ella. Y tampoco voy por ella con frecuencia. Prefiere manejar su coche. No vivo con ella, vivo con mi hija.**

1. Tus abuelos: ¿Ves a tus abuelos? ¿Sales con ellos? ¿Qué haces con ellos?

2. Tu novio/a /mejor amigo/a: ¿Hablas mucho con él/ella? ¿Discutes con él/ella?

3. Tus compañeros de clase: ¿Qué actividades haces con ellos? ¿Estudias con ellos? ¿Dónde y cuándo?

4. Tu mamá o tu papá: ¿Vives con él/ella? ¿Discuten con frecuencia? ¿Por qué? ¿Qué actividades hacen juntos/as *(together)*?

Práctica adicional

Cuaderno de tareas
pp. 250–251, G–K

SUPERSITE

holaquetal.
vhlcentral.com
Episodio 10

Actividades comunicativas

 A. La historia va así.

Parte 1. Mira las ilustraciones y escucha los comentarios de Manolo con respecto a su trabajo. Indica el orden cronológico en que menciona las actividades. Después escucha los comentarios otra vez para verificar tus respuestas.

 Parte 2. En grupos de tres, escriban la historia en diferente orden.

B. ¿Qué hace Manolo los sábados?

Instrucciones para **Estudiante 1**

 Parte 1. Tú tienes la mitad *(half)* de las ilustraciones, y tu compañero/a tiene la otra mitad. Juntos/as tienen que descubrir *(find out)* cómo es la rutina de Manolo los sábados. Describe tus ilustraciones y haz preguntas para completar el cuadro. Tu compañero/a empieza.

> **Modelo**   Manolo limpia su cuarto por la mañana.
> ¿Qué hace después?

 Parte 2. Ahora escribe un párrafo con los eventos. Inventa los detalles *(details)*.

> **Modelo**   Los sábados por la mañana Manolo generalmente...

_____

_____

_____

_____

_____

_____

_____

_____

_____

B. ¿Qué hace Manolo los sábados?

Instrucciones para **Estudiante 2**

Parte 1. Tú tienes la mitad *(half)* de las ilustraciones, y tu compañero/a tiene la otra mitad. Juntos/as tienen que descubrir *(find out)* cómo es la rutina de Manolo los sábados. Describe tus ilustraciones y haz preguntas para completar el cuadro. Tú empiezas.

Modelo   ¿Qué hace Manolo primero?

Parte 2. Ahora escribe un párrafo con los eventos. Inventa los detalles *(details)*.

Modelo   Los sábados por la mañana Manolo generalmente...

_____

_____

_____

_____

_____

_____

_____

_____

_____

C. Un programa de intercambio.

Instrucciones para Estudiante 1

You are considering becoming a host family for an international student. Interview the student applying to stay at your home for a summer immersion program. Based on his/her responses, decide if you wish to accept this student.

Find out this information about the student:

- activities he/she prefers to do after school and on weekends
- eating habits and dietary requirements
- family and hometown or country
- personality traits

¡Fíjate!

You may take time to prepare written questions for your partner before you begin this activity, i.e., **¿Te gusta bailar? ¿Qué te gusta comer? ¿Haces ejercicio?**

C. Un programa de intercambio.

Instrucciones para **Estudiante 2**

You are applying for an exchange program and are being interviewed by a prospective host. Based on this interview, you will decide if you will stay with this family or look for another one. Answer all the questions you are asked, and ask a few of your own.

Ask about:

- the members of the host family
- their activities
- their eating habits
- anything else you think may be important

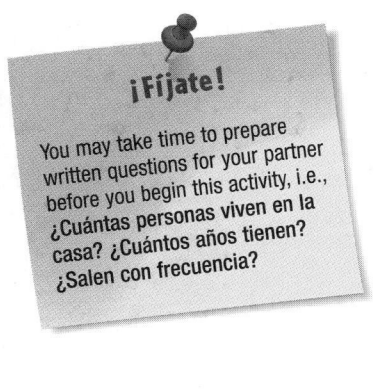

¡Fíjate!

You may take time to prepare written questions for your partner before you begin this activity, i.e., ¿Cuántas personas viven en la casa? ¿Cuántos años tienen? ¿Salen con frecuencia?

D. Te invito a salir. Vas a salir con tu compañero/a. Selecciona una cartera *(wallet)* para saber cuánto dinero pueden gastar *(spend)*. Inventen una conversación que incluya (1) adónde van a ir, (2) cuándo y a qué hora van y (3) cómo van a gastar todo el dinero. Estén listos para actuar su diálogo en clase.

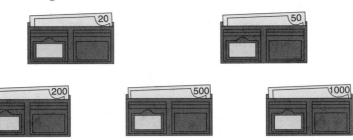

La correspondencia

El correo: ¡Los hombres! Primero, lee las siguientes preguntas. Después, lee la página del diario de Sofía y contesta las preguntas.

1. ¿Por qué invita Sofía a sus amigos al cine?

   _____

2. ¿Por qué cree Sofía que Wayne va a pensar que está loca?

   _____

3. ¿Crees que es interesante salir con una persona de otra cultura? ¿Por qué?

   _____

   _____

   _____

Querido diario: 9 de octubre

Hoy me llamó Wayne para invitarme al cine, pero pienso que acabo de[1] tener un malentendido[2] cultural con él. Creo que Wayne quiere salir conmigo, y yo quiero salir con él, pero como no conoce[3] mis costumbres, no se ofreció a venir a la casa por mí. Creo que él no entiende que tiene que venir por mí a mi casa; así mis papás pueden conocerlo[4]. Wayne va a pensar que no quiero salir con él o que estoy loca. ¡Llegar con Ana Mari y Ramón a nuestra primera cita! ¡Qué problema! Bueno, los dos tenemos que recordar que tenemos culturas y costumbres diferentes. ¡Así es más interesante! ¡A ver qué pasa el sábado!

[1]*I have just*   [2]*misunderstanding*   [3]*he doesn't know*   [4]*meet him*

En papel: ¡Un viaje a Salamanca! Vas a ir a Salamanca a estudiar el próximo verano *(summer)*. Escríbele una carta a la familia con quien vas a vivir para presentarte *(introduce yourself)*. Incluye esta información:

- tu nombre, tu edad y una descripción de tu familia
- tu rutina diaria y cosas que quieres hacer en Salamanca
- los platos que te gusta comer y los que no puedes comer
- las actividades que te gusta hacer después de las clases y los fines de semana

 ¡A ver de nuevo!

 Parte 1. Escucha **Escenas de la vida** otra vez para escribir un resumen del episodio.

El resumen debe contestar estas preguntas:

¿A qué hora quiere Wayne ir al cine?
¿Cómo van a llegar al cine?
¿Qué error comete *(makes)* Wayne?
¿Sofía acepta ir al cine?
¿Por qué llama Sofía a Ana Mari inmediatamente?
¿Qué piensa Ana Mari?
Por fin, ¿quiénes van al cine?

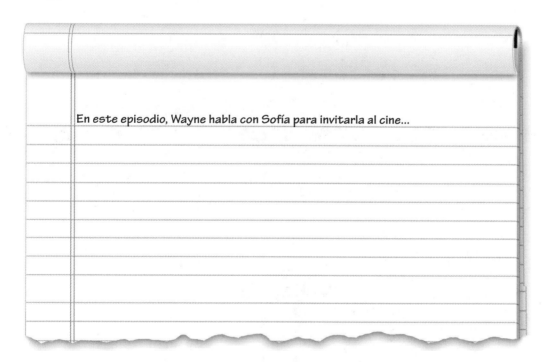

En este episodio, Wayne habla con Sofía para invitarla al cine...

 Parte 2. Ahora trabaja con un(a) compañero/a para comparar la información y añadir lo que te haya faltado.

Práctica adicional			
Cuaderno de tareas p. 252, L	holaquetal. vhlcentral.com Episodio 10	holaquetal. vhlcentral.com Lab practice	holaquetal. vhlcentral.com Episodio 10

Vocabulario del Episodio 10

Verbos

almorzar (o ⟶ ue)	*to have lunch*	**pensar (e ⟶ ie) en**	*to think about (someone or something)*
dormir (o ⟶ ue) bien/mal	*to sleep well/poorly*		
empezar (e ⟶ ie) a...	*to start...*	**pensar (e ⟶ ie) que...**	*to think that...*
encontrar (o ⟶ ue)	*to find*	**poder (o ⟶ ue)**	*to be able to, can*
entender (e ⟶ ie)	*to understand*	**(no) poder (o ⟶ ue) ir**	*to (not) be able to go*
el problema	*the problem*	**preferir (e ⟶ ie)**	*to prefer*
invitar a	*to invite*	**querer (e ⟶ ie)**	*to want; to love*
jugar (u ⟶ ue) (al) tenis	*to play tennis*	**recordar (o ⟶ ue)**	*to remember*
manejar	*to drive*	**venir (e ⟶ ie)**	*to come*
		venir (e ⟶ ie) por mí	*to pick me up*

Las preposiciones y los pronombres preposicionales

a mí	*to me*	**por él**	*for him*	**de ellos/ellas**	*from/about them*
para ti	*for you*	**de nosotros/as**	*from/about us*	**conmigo**	*with me*
con ella	*with her*	**de ustedes**	*from/about you* (pl.)	**contigo**	*with you*

Write all the words you need to know in Spanish so that you can talk in greater detail about your dates and your weekend plans.

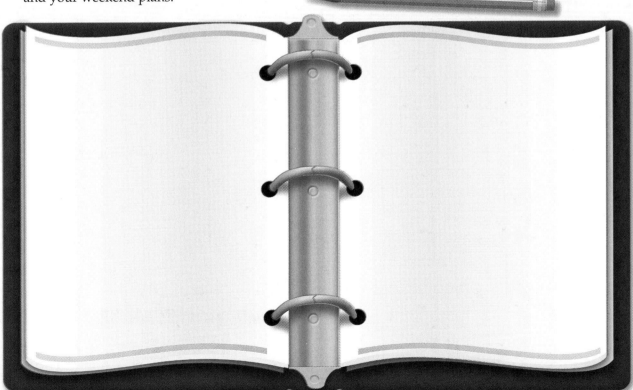

246

Cuaderno de tareas

Episodio **10**

Escenas de la vida: Una invitación confusa

A. ¡A ver cuánto entendiste! See how much of the **Escena** you understood by matching the Spanish sentences with their English equivalents.

_____ 1. No viene por mí.

_____ 2. Es normal hacer eso en una cita.

_____ 3. Vamos a encontrarnos ahí.

_____ 4. La película empieza temprano.

_____ 5. Voy contigo.

_____ 6. ¿Puedes ir conmigo?

_____ 7. La próxima vez te apuesto que viene por mí.

_____ 8. ¡A ver si hay una próxima vez!

_____ 9. En una cita, el muchacho viene a la casa.

_____ 10. ¿Puedes creer que no viene por mí?

a. The movie starts early.

b. Next time I bet you he'll come to pick me up.

c. Can you believe he won't pick me up?

d. We'll see if there's a next time!

e. He's not going to pick me up.

f. It's normal to do that on a date.

g. We're going to meet there.

h. On a date, the guy comes to your house.

i. Can you go with me?

j. I'll go with you.

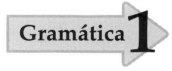

Gramática 1

Accepting and declining invitations
- **Stem-changing verbs (e → ie) and (o → ue)**

B. Una invitación a jugar. Use the verbs to complete the conversation.

quieres	puedo	empieza	encuentro
venir	prefiero	preferir	puedes

Ramón   Hola, Wayne, ¿(1) _____ ir a jugar fútbol esta tarde?

Wayne   Me gustaría *(I would like to)*, pero no (2) _____ porque no
        (3) _____ mis tenis *(sneakers)* de fútbol.

Ramón   Tengo dos pares de tenis. Si quieres, (4) _____ usar los míos.

Wayne   Gracias, pero (5) _____ buscar bien mis tenis o ir a comprar otros.

Ramón   ¡Como quieras *(As you wish)!* El juego (6) _____ a las seis.
        Si decides ir conmigo, puedes (7) _____ a mi casa.

C. ¿Qué hacen? Write a complete sentence for each illustration.

1.   2.   3.   4.

1. Wayne y su amiga/almorzar

_____

2. Adriana/(no) entender

_____

3. Manolo/encontrar trabajo

_____

4. ¿Tú/venir por mí?

_____

D. Un anuncio de periódico.

Parte 1. Adriana siempre lee el periódico para estar bien informada. Hoy encuentra este anuncio *(ad)* de un restaurante nuevo cerca de su casa. Completa el anuncio con las formas apropiadas de los verbos.

> ### Restaurante El Huarache Veloz
> **Calle Rancho del Rey 345   Tel. 2-A-COMER**
>
> Si usted (1) _____ (querer) almorzar bien y sin *(without)* trabajo, venga a nuestro restaurante, El Huarache Veloz. Nosotros (2) _____ (entender) las necesidades de la mujer moderna que trabaja y que no (3) _____ (tener) tiempo para cocinar *(cook)*. Ud. y sus compañeros de trabajo (4) _____ (poder) comunicarse con nosotros por teléfono al número 2-A-COMER. Es muy fácil (5) _____ (recordar) nuestro número. Si usted (6) _____ (preferir), comuníquese por correo electrónico al hv@acomer.com. Nuestro restaurante se (7) _____ (encontrar) en las calles *(streets)* de Rancho del Rey y Paseo Ladera. Nosotros (8) _____ (empezar) a tomar órdenes desde *(from)* las ocho de la mañana.

Parte 2. Encuentra un restaurante en Internet que acepte las órdenes por correo electrónico. Escribe una descripción del restaurante. Incluye estos datos y otros que creas importantes.

- **nombre del restaurante**
- **dónde está**
- **qué tipo de comida sirven**
- **qué platos te gustaría** *(would you like)* **ordenar**

E. ¡Ay, Lalo!

Parte 1. Use the appropriate forms of the verbs to complete the description.

tener	entender	llegar	preferir
recordar	querer	empezar	jugar

¡Lalo es tremendo! Sus clases (1) _____ a las siete y media de la mañana; por eso, (2) _____ que salir de casa a las seis y cuarto a más tardar (*at the latest*). Pues nunca lo hace. Siempre (3) _____ tarde a sus clases. No (4) _____ que es muy importante ser puntual y responsable. Pero cuando (5) _____ salir con una chica, entonces sí (6) _____ que ser puntual es importante. Le dice a mi mamá: "Mami, (7) _____ salir temprano de casa porque a las chicas no les gusta que llegue tarde." ¡Vaya inconsistencia!

Parte 2. What is the inconsistency in Lalo's behavior? Explain in your own words.

_____

_____

_____

_____

F. Las actividades. Make up six true statements using elements from each column.

Modelo

Mi amigo Roberto piensa que su trabajo es aburrido.

yo	dormir	los libros
mi novio/a	entender	los problemas de matemáticas
mis profesores/as	jugar	(a) los/las estudiantes
mi hermano/a	encontrar	la tarea
mi amigo/a y yo	pensar (en/que)	comer
		bien
		hasta tarde los domingos

1. _____

2. _____

3. _____

4. _____

5. _____

6. _____

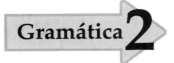

Gramática 2 Extending invitations
• Prepositional pronouns

G. ¡Ramón está celoso (jealous)! Use five of these words to complete the conversation.

ti   usted   conmigo   mí   contigo   ella   él   nosotros

Laura   Ramón, ¿quién va a ir (1) _____ a la fiesta?
Ramón   Nadie (Nobody). ¿Quieres ir (2) _____?
Laura   Lo siento, pero voy a ir con Jorge.
Ramón   ¿¡Con quién!? ¿Por qué vas con (3) _____ ? Es un antipático.
Laura   Pues sí, un poco, pero viene por (4) _____ a mi casa, me
        paga (he pays for) todo y me lleva a lugares elegantes.
Ramón   A (5) _____ sólo te interesa lo material y eso no está bien.

H. Hablando de Wayne. Choose the appropriate words to complete the conversation.

contigo   ella   nosotros   ustedes
ti   ellos   él   mí

Ramón   Sofía, Wayne habla mucho de (1) _____.
Sofía   ¿Ah sí? ¿Y qué cosas dice de (2) _____?
Ramón   Pues… que quiere salir (3) _____.
Sofía   Él es muy agradable. ¿Por qué no lo invitas a salir con (4) _____
        con más frecuencia? Así puedo conocerlo mejor.
Ramón   Creo que tú debes salir sola con (5) _____.

I. Preguntas personales. Answer the questions using prepositional pronouns.

> **Modelo**   ¿Discutes mucho con tus hermanos?
> **Sí, a veces discuto con ellos.**

1. ¿Vives con tus padres?

   _____

2. ¿Piensas mucho en tu novio/a?

   _____

3. ¿Qué deporte (sport) juegas con tus amigos/as?

   _____

4. ¿Hablas con tus profesores/as con frecuencia?

   _____

5. ¿Vas por tu mejor (best) amigo/a a su casa cuando salen?

   _____

J. Traducción. Write the following sentences in Spanish.

1. —Do you want to go out with me on Friday or Saturday?
   —I prefer Saturday, because Friday I can't.

   _____
   _____

2. —I am going to have lunch with him, and then we are going to watch a movie.
   —Is he going to pick you up?

   _____
   _____

3. —Are you going to start going out with him?
   —Yes, I think he is a good guy.

   _____
   _____

K. ¿Quieres salir? Manolo finally calls Ana Mari to go out. However, they have very different ideas about what kind of date it is. Write their conversation using the illustrations; take either Manolo's or Ana Mari's role. Make sure you use **poder, preferir,** and **querer** to express your preferences and desires. Finish up by agreeing to meet at a time and place.

Manolo	Hola, Ana Mari. ¿Cómo estás? Habla Manolo.
Ana Mari	¡Hola, qué milagro!
Manolo	_____
Ana Mari	_____
Manolo	_____
Ana Mari	_____
Manolo	_____
Ana Mari	_____
Manolo	_____
Ana Mari	_____

Para terminar

L. Chiquita.

Parte 1. Lee la historia de una joven liliputiense cubana llamada Espiridona "Chiquita" Cenda, basada en la novela *Chiquita* de Antonio Orlando Rodríguez°.

La familia Cenda vive en la ciudad de Matanzas, Cuba. El señor Ignacio Cenda es doctor, y su esposa Cirenia es una dama de sociedad. Ellos tienen cuatro hijos. Uno es una niña muy, muy pequeñita. Los hijos crecen[1] normalmente, pero Chiquita no. A los cuatro años, todavía parece[2] un bebé, aunque ya habla y camina[3]. Los papás están muy preocupados[4] y no entienden por qué su hija no crece igual que sus hermanos. Hacen lo imposible por lograr que la niña crezca; su papá la mide[5] todas las semanas y le da todo tipo de remedios, y su mamá está obsesionada con alimentarla[6] excesivamente con granos, proteínas y mucha leche. Chiquita no crece ni un centímetro; con tan sólo veinte pulgadas[7], parece una perfecta muñequita[8]. Mortificados, la llevan con muchos médicos, quienes determinan que la niña está perfectamente saludable, pero nunca va a crecer a un tamaño[9] normal.

Cuando Chiquita cumple[10] 15 años, sólo mide 26 pulgadas. Es una perfecta y bella señorita en miniatura, pero lo único pequeño en ella es su tamaño. Tiene la inteligencia, personalidad y voluntad[11] de un gigante. Habla, además de español, francés, inglés y alemán, canta ópera, baila y lee casi todo el día (a esa edad ya ha leído[12] a todos los clásicos de la literatura), porque no va a la escuela y no tiene amigos.

Antes de que Chiquita cumpla los dieciocho años, sus papás mueren[13] en un accidente y, poco después, ella queda en la ruina. Chiquita sabe que en Cuba una persona como ella no va a poder encontrar trabajo, entonces decide ir a vivir a Nueva York, pues quiere ser una gran artista de los teatros de variedades.

[1]**crecer** *to grow,* **crecen** *and* **crezca** *are conjugations of the verb* [2]**todavia...** *she still looks like/seems like* [3]*walks* [4]*worried* [5]*measures her* [6]*feeding her* [7]*inches* [8]*doll* [9]*size* [10]*turns* [11]*will* [12]**ha...** *she has read* [13]*die*

°Antonio Orlando Rodríguez es un escritor cubano que reside en Miami y que ganó el premio Alfaguara 2008.

Parte 2. Contesta las preguntas.

1. ¿Cómo es Chiquita? _____

2. ¿Por qué están preocupados sus padres? _____

3. ¿Qué hace Chiquita durante el día? _____

4. ¿Por qué Chiquita quiere ir a Nueva York? _____

5. ¿Qué opinas de la decisión de Chiquita de salir de Cuba a Estados Unidos?

_____

Parte 3. Investiga en Internet dónde trabajó Chiquita en Nueva York. Escribe un párrafo con la información que encontraste *(you found)*.

Revista cultural

La música y los ritmos latinos

Antes de leer

Veamos qué sabes de la música y el baile hispanos. Mira estas fotos para contestar las preguntas.

1. ¿Qué países crees que representan estas fotos?
   _____

2. ¿Qué tipo de música crees que tocan?
   _____

3. ¿Qué ritmos bailan?
   _____

4. ¿Qué instrumentos musicales usan?
   _____

5. ¿Qué influencias se ven en la música y el baile?
   _____

6. Prepara una lista de todos los ritmos latinos que conoces.
   _____   _____   _____

   _____   _____   _____

   _____   _____   _____

A. La música latinoamericana.

Hoy en día, los ritmos latinoamericanos se escuchan por todo el mundo.

La música de los diferentes países latinoamericanos es el resultado de la fusión de la música española con elementos de las músicas de la América precolombina, África, Asia y, más recientemente, las influencias de Estados Unidos y países de Europa Occidental.

Hoy en día, los ritmos latinoamericanos se escuchan por todo el mundo. Entre los más populares están la salsa, predominante en los países caribeños, la rumba, el danzón, el chachachá y el mambo de origen cubano. El tango argentino, los corridos y canciones rancheras mexicanos, la cumbia colombiana, el joropo venezolano y los valses peruanos son mundialmente conocidos e identifican las ricas tradiciones musicales de estos países. En España, el canto flamenco, el fandango andaluz y las coplas están entre los ritmos peninsulares que más influyeron en la música del continente americano.

1. ¿Qué influencias hay en la música latinoamericana?

   _____

2. ¿Qué ritmos arriba mencionados conoces o escuchas?

   _____

3. En grupos, usen Internet para escuchar algunos de éstos: una rumba cubana, un tango argentino, una ranchera mexicana, una cumbia colombiana o un canto flamenco. Si es posible, traigan *(bring)* la música para compartir con sus compañeros de clase.

el tango (Argentina)

B. Los bailes tradicionales.

La diversidad musical y cultural española y de la América hispana dieron origen al surgimiento *(rise)* de bailes y danzas tradicionales. Entre estos bailes típicos o folclóricos de España y las naciones hispanoamericanas se encuentran: el jarabe (México), el pericón (Argentina y Uruguay), el danzón (Cuba), el flamenco (España), el xuc (El Salvador), el tamborito (Panamá), el palo de mayo (Nicaragua) y el merengue (República Dominicana).

Actualmente, el reggaetón es uno de los ritmos con más difusión entre los jóvenes de Estados Unidos, América Latina y Europa. Surgido en Panamá con influencias del *reggae* jamaiquino y la música *dancehall*, el reggaetón incorpora elementos de muy diversos ritmos musicales como el *rap* y el *reggae*.

1. ¿Conoces el reggaetón? ¿Tienes algún grupo favorito?

2. Descubre quiénes son algunos de los intérpretes más conocidos de vallenato, mariachi y reggaetón para presentarlos a la clase.

la cuenca (Bolivia y Chile)

la bomba (Puerto Rico)

3. Busca la música que acompaña algunos de los bailes mencionados para compartir con la clase.

4. En parejas, escojan la salsa, el flamenco o el tango y hagan una demonstración de baile en clase, enseñando a sus compañeros los pasos del baile.

C. El rock en español.

Juanes (Colombia)

Café Tacuba (México)

En México, a fines de los años 50 se organizan las primeras bandas que escriben y cantan rock en español. A fines de los años 60, Argentina ocupa un lugar preeminente en el mundo rockero en español y se convierte en el país que más rock exporta en el mundo. Hoy día existen movimientos de rock en español importantes en Bolivia, Chile, Colombia, Cuba, España, Estados Unidos, Venezuela y Uruguay.

Rockeros hispanos	
Argentina	Luis Alberto Spinetta, Miranda!, El otro yo, Catupecu Machu y Bersuit Vergarabat
Colombia	Juanes, Aterciopelados, Doctor Krápula, 1280 almas y Tr3s de corazón
Cuba	Moneda Dura, Los Kent, Viento Solar y Gens
España	Enrique Bunbury, Muchachito bombo infierno, Amparanoia y Marea
México	Julieta Venegas, Maná, Camila, Jaguares, Café Tacuba y Jumbo
Venezuela	Desorden Público, Los amigos invisibles y Papashanty SaundSystem

1. Investiga a uno de los rockeros que canta en español. Describe su apariencia física y su música. ¿Qué semejanzas y diferencias encuentras con los rockeros de Estados Unidos? ¿Te gusta su música? Explica tu respuesta.

2. Investiga los movimientos rockeros de Bolivia, Chile o Uruguay. ¿Quiénes son los cantantes más famosos? ¿Cómo son físicamente? ¿Te gusta su música? Explica por qué sí o no.

D. Los instrumentos musicales.

la quena

Los instrumentos musicales precolombinos incluyen la quena, las maracas y los caracoles marinos (*conch shells*). En las civilizaciones precolombinas no existían los instrumentos de cuerda (*string*). Éstos fueron traídos (*were brought*) por los españoles: la guitarra, el violín y el arpa. Los africanos contribuyeron con instrumentos de percusión y ritmo, entre ellos las congas, los tambores batá, el güiro y los tambores bongó.

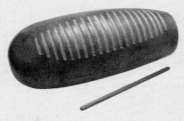

el güiro

1. ¿Tocas algún instrumento? Explica tu repuesta.

_____

2. ¿Qué tipo de instrumento es la quena?

_____

3. ¿Qué tipo de instrumento es el güiro?

_____

E. Si quieres explorar más...

1. Imita ante la clase a tu artista o grupo hispano favorito y explica por qué te gusta su música y/o su forma de interpretarla.
2. Explora los ritmos y bailes de otros países hispanos no mencionados en esta revista e ilustra una presentación con fotos, música y videos.
3. Imagina cómo va a evolucionar tu música hispana favorita en los próximos veinte años y crea tu propia música mediante la fusión de ritmos y tendencias musicales.
4. Descubre cuáles compositores e intérpretes de música y baile clásicos han sobresalido en el mundo hispano e ilustra tu investigación con fotos y música.
5. Investiga los carnavales latinoamericanos más famosos y divertidos. Trae fotos de la ropa, música y bailes típicos.

Lo mejor de Argentina

1. El video. Watch this *Flash cultura* episode from Argentina.

Para bailar el tango hay que ser más elegante que atlético.

Bienvenidos al campo argentino.

2. Emparejar. Find the items in the second column that correspond to the ones in the first.

_____ 1. Grupo de personas que comparte una actividad.   a. estancia

_____ 2. Pequeño acordeón que se usa en el tango.   b. bombilla

_____ 3. Cilindro metálico para beber mate.   c. tertulia

_____ 4. Carne preparada en una parrilla al aire libre.   d. asado

   e. bandoneón

Vocabulario adicional

Para hablar con el/la profesor(a)

¿Podría explicar eso otra vez/repetirlo?
Perdone que haya llegado tarde.
No sé.
No entiendo.
Lo siento, se me olvidó.
¿Hay tarea?
¿Cuándo es la prueba?
No voy a venir a clase mañana.
Gané./Nosotros ganamos.
No hemos terminado.
Más despacio, por favor.
Tengo una duda/pregunta.
¿Cómo se escribe?

To talk to your teacher

Could you explain that again/repeat that?
Excuse me for being late.
I don't know.
I don't understand.
I'm sorry, I forgot.
Is there any homework?
When is the test?
I won't be in class tomorrow.
I won./We won.
We have not finished yet.
Slower, please.
I have a question.
How do you spell that?

Para interactuar con tus compañeros

¿Trabajas conmigo?
¿En qué página estamos?
Yo empiezo./Empieza tú.
Te toca./Me toca.
Dímelo otra vez./¿Cómo?

To interact with your classmates

Do you want to work with me?
What page are we on?
I'll start./You start.
Your turn./My turn.
Say that again.

Tu profesor(a) dirá...

¿Listos para empezar?
Abran/Cierren sus libros.
Para mañana, hagan...
Escuchen./Repitan.
Escríbanlo en sus cuadernos.
¿Entienden?
¿Quién ganó?
No hablen inglés.
Felicidades.
¿Con quién vas a trabajar?
Quiero que hables con otro compañero.
Mañana van a entregar...
Pasen la tarea hacia el frente.
¿Han terminado?/¿Ya terminaron?
¿Hay preguntas/dudas?
¿Puedo continuar?
Escribe en la pizarra/el pizarrón...

Your professor will say...

Are you ready to start?
Open/Close your books.
For tomorrow, do…
Listen./Repeat.
Write it in your notebooks.
Do you understand?
Who won?
Don't speak English.
Congratulations.
Who are you going to work with?
I want you to talk to a different classmate.
Tomorrow you are going to turn in…
Pass the homework to the front.
Have you finished?
Are there any questions?
May I continue?
Write on the board…

Frases de cortesía

Muchas gracias.
De nada.
Con permiso.
Perdone.
No es nada.
No importa.
¡Salud!
¿Puedo pasar?
Perdona la molestia.
A sus órdenes.
Es un placer.

Courtesy phrases

Thanks alot.
You're welcome.
Excuse me.
Pardon me.
No problem.
No problem.
Cheers! Bless you!
May I get by?
Pardon the interruption.
At your service.
It's a pleasure.

En instrucciones

Fecha
Con un(a) compañero/a…
En grupos…
Escribe un resumen/una oración/frase.
…de lo que se trató.
Primero escucha la conversación.
Después mira el video otra vez.
Lee la siguiente carta.
Empareja/Corrige las frases.
…cambiando…
Según el árbol genealógico…
Contesta las preguntas.
Comparte tus respuestas.
Túrnense para saber…
Entrevista a tres personas.
Haz una encuesta para encontrar…
Pregúntale/Dile a tu profesor(a).
Convierte oraciones/frases a preguntas.
Ella quiere/desea saber…
Usa su carta como modelo.
Haz los cambios necesarios.
…para añadir lo que te haya faltado.
Indica si estás de acuerdo.

In direction lines

Date
With a partner…
In groups…
Write a summary/a sentence.
…what it was about.
First listen to the conversation.
Then watch the video again.
Read the following letter.
Match/Correct the phrases.
…by changing…
According to the family tree…
Answer the questions.
Share your answers.
Take turns to find out…
Interview three people.
Do a survey to find…
Ask/Tell your professor.
Change the statements to questions.
She wants to know…
Use her letter as a model.
Make the necessary changes.
…to add whatever you are missing.
Indicate if you agree.

Réplicas

¡Caramba!
¡Qué bien!
¡No me digas!
¡Qué esperanza!
¡Qué pena!
¡Qué lío!
¡Ojalá!
¿De veras?
¿En serio?
Por supuesto.
¡Qué fastidio!
¡Qué gracioso!
De acuerdo.

Rejoinders

Wow!
Great!
You don't say!
Fat chance!
What a pain!
What a mess!
Hopefully!
Really?
Seriously?
Of course.
What a drag!
How funny!
Okay.

LOS PAÍSES

Alemania	*Germany*
Angola	*Angola*
Arabia Saudí	*Saudi Arabia*
Australia	*Australia*
Austria	*Austria*
Bélgica	*Belguim*
Brasil	*Brazil*
Bulgaria	*Bulgaria*
Canadá	*Canada*
China	*China*
Corea del Norte	*North Korea*
Corea del Sur	*South Korea*
Croacia	*Croatia*
Dinamarca	*Denmark*
Egipto	*Egypt*
Escocia	*Scotland*
Eslovaquia	*Slovakia*
Etiopía	*Ethiopia*
Filipinas	*Philippines*
Finlandia	*Finland*
Francia	*France*
Gran Bretaña	*Great Britain*
Grecia	*Greece*
Haití	*Haiti*
Hungría	*Hungary*
India	*India*
Inglaterra	*England*
Irán	*Iran*
Iraq, Irak	*Iraq*
Irlanda	*Ireland*
Israel	*Israel*
Italia	*Italy*
Japón	*Japan*
Kuwait	*Kuwait*
Países Bajos	*Netherlands*
Pakistán	*Pakistan*
Polonia	*Poland*
Rusia	*Russia*
Siria	*Syria*
Somalia	*Somalia*
Sudáfrica	*South Africa*
Sudán	*Sudan*
Suecia	*Sweden*
Suiza	*Switzerland*
Tailandia	*Thailand*
Taiwán	*Taiwan*
Turquía	*Turkey*
Vietnam	*Vietnam*

LAS MATERIAS

la agronomía	*agriculture*
el alemán	*German*
el álgebra	*algebra*
la anatomía	*anatomy*
la antropología	*anthropology*
la arqueología	*archaeology*
la arquitectura	*architecture*
la astronomía	*astronomy*
la bioquímica	*biochemistry*
la botánica	*botany*
el cálculo	*calculus*
el chino	*Chinese*
las ciencias políticas	*political science*
las comunicaciones	*communications*
el derecho	*law*
el desarrollo infantil	*child development*
la educación	*education*
la educación física	*physical education*
la enfermería	*nursing*
la ética	*ethics*
la filosofía	*philosophy*
el francés	*French*
la geología	*geology*
el griego	*Greek*
el hebreo	*Hebrew*
la informática	*computer science*
la ingeniería	*engineering*
el italiano	*Italian*
el japonés	*Japanese*
el latín	*Latin*
las lenguas clásicas	*classical languages*
las lenguas romances	*romance languages*
la lingüística	*linguistics*
la lógica	*logic*
la medicina	*medicine*
el mercadeo	*marketing*
la música	*music*
los negocios	*business*
el portugués	*Portuguese*
el ruso	*Russian*
la salud física	*physical health*
los servicios sociales	*social services*
la trigonometría	*trigonometry*
la zoología	*zoology*

LA COMIDA

Frutas

el albaricoque	apricot
la cereza	cherry
la ciruela	plum
la frambuesa	raspberry
la fresa	strawberry
la mandarina	tangerine
el mango	mango
la papaya	papaya
la piña	pineapple
el pomelo, la toronja	grapefruit
la sandía	watermelon

Vegetales

la aceituna	olive
el aguacate	avocado
la alcachofa	artichoke
el apio	celery
la berenjena	eggplant
el brócoli	broccoli
la calabaza	squash; pumpkin
la col, el repollo	cabbage
las espinacas	spinach
las judías verdes	string beans
el pepino	cucumber
el rábano	radish
la remolacha	beet

Otras comidas

el batido	milkshake-like drink
los fideos	noodles; pasta
la harina	flour
la mermelada	marmalade; jam
la miel	honey
la tortilla	omelet (Spain)

El pescado y los mariscos

la almeja	clam
el calamar	squid
el cangrejo	crab
el langostino	prawn
el lenguado	sole, flounder
el mejillón	mussel
la ostra	oyster
el pulpo	octopus
la sardina	sardine
la vieira	scallop

La carne

la albóndiga	meatball
el chorizo	pork sausage
el cordero	lamb
los fiambres	cold meats
el filete	fillet
el hígado	liver
el perro caliente	hot dog
el puerco	pork
la ternera	veal
el tocino	bacon

Adjetivos relacionados con la comida

ácido/a	sour
amargo/a	bitter
caliente	hot
dulce	sweet
duro/a	tough
fuerte	strong; heavy
ligero/a	light
picante	spicy
salado/a	salty

LAS CELEBRACIONES

Celebraciones en familia

la amistad	*friendship*
el anfitrión/ la anfitriona	*host/hostess*
el bizcocho	*cake*
la fiesta sorpresa	*surprise party*
el globo	*balloon*
la invitación	*invitation*
la reunión	*social gathering*
la serpentina	*streamers*
la torta	*cake*
las velas	*candles*

Más palabras de celebraciones

las bodas de oro	*golden wedding anniversary*
las bodas de plata	*silver wedding anniversary*
los fuegos artificiales	*fireworks*
el pastel de bodas	*wedding cake*
el ramo de flores	*bouquet, cut flowers*
el reconocimiento	*recognition*
agradecer	*to thank*
festejar	*to celebrate*
gozar	*to enjoy*

Celebraciones religiosas

el bautismo, el bautizo	*baptism, christening*
el funeral	*funeral*
la madrina	*godmother*
el padrino	*godfather*
la Pascua	*Easter*
la primera comunión	*first communion*
el/la sacerdote	*priest*

Expresiones para brindar

¡Por los años que pasamos juntos!	*To many years together!*
¡Por tu futuro!	*To your future!*
¡Por una carrera brillante!	*To a brilliant career!*
¡Te felicito!	*Congratulations!*
¡Felicidades!	*Happiness to you!*
¡Larga vida y prosperidad para _____!	*Long life and prosperity to _____!*

Días feriados

el Año Nuevo	*New Year's*
el día de acción de gracias	*Thanksgiving Day*
el día de la independencia	*Independence Day*
el día de San Valentín	*Valentine's Day*

LA CASA

En la casa

el aire acondicionado	*air conditioning*
la buhardilla	*attic*
la calefacción central	*central heating*
el calentador	*hot water heater*
la decoración de interiores	*interior design*
la despensa	*pantry*
el gas	*gas*
la madera	*wood*
la sala de estar	*common room*
el techo	*roof*
el tendedero	*clothesline*
arriba	*upstairs*
abajo	*downstairs*

Los quehaceres

la limpieza	*cleaning*
el mantenimiento	*maintenance*
enjabonar	*to soap up*
enjuagar	*to rinse*
pulir	*to polish*
regar las plantas	*to water the plants*
tender la cama	*to make one's bed*
ventilar	*to ventilate*

Objetos de la casa

el baúl	*chest*
el bombillo/ la bombilla	*lightbulb*
la licuadora	*blender*
el perchero	*coat rack*
la persiana	*blinds*
la repisa	*shelf*
la vajilla	*dishes*

Otras palabras

el/la niñero/a	*babysitter*
el/la plomero/a	*plumber*
acogedor(a)	*cozy*
amplio/a	*spacious*
mixto/a	*co-ed*
prefabricado/a	*prefabricated*

LA SALUD

El gimnasio

la adrenalina	*adrenaline*
el baño de vapor	*steam room*
el baño turco	*Turkish bath*
la bicicleta de ejercicio	*exercise bike*
la correa	*strap, belt*
el/la entrenador(a)	*trainer*
el jacuzzi	*jacuzzi*
la meta	*goal*
la perseverancia	*perseverance*
la presión sanguínea	*blood pressure*
el pulso	*pulse*
la rapidez	*speed*
el ritmo	*rhythm*
cansar(se)	*to tire (to get tired)*
progresar	*to progress*
(re)bajar de peso	*to lose weight*
benéfico/a	*beneficial*
musculoso/a	*muscular*

El bienestar

el ánimo	*spirits*
el bienestar	*well-being*
la concentración	*concentration*
la meditación	*meditation*
la relajación	*relaxation*
la respiración	*breathing*
la tranquilidad	*tranquility, peace*
reposar	*to rest*

La nutrición

la diabetes	*diabetes*
la fibra	*fiber*
el fluido	*fluid*
la información nutricional	*nutritional information*
el líquido	*liquid*

EL TRABAJO

Las ocupaciones

el/la administrador(a)	*administrator*
el/la agente de bienes raíces	*real estate agent*
el/la agente de seguros	*insurance agent*
el/la agricultor(a)	*farmer*
el albañil	*construction worker*
el/la artesano/a	*artisan*
el/la auxiliar de vuelo	*flight attendant*
el/la basurero/a	*garbage collector*
el/la bibliotecario/a	*librarian*
el/la cajero/a	*bank teller; cashier*
el/la camionero/a	*truck driver*
el/la cantinero/a	*bartender*
el/la carnicero/a	*butcher*
el/la cirujano/a	*surgeon*
el/la cobrador(a)	*bill collector*
el/la comprador(a)	*buyer*
el/la diplomático/a	*diplomat*
el/la empresario/a de una funeraria	*funeral director*
el/la nutriólogo/a	*dietician*
el/la fisioterapeuta	*physical therapist*
el/la fotógrafo/a	*photographer*
el/la intérprete	*interpreter*
el/la juez	*judge*
el/la marinero/a	*sailor*
el/la obrero/a	*manual laborer*
el/la optometrista	*optometrist*
el/la panadero/a	*baker*
el/la paramédico/a	*paramedic*
el/la piloto	*pilot*
el/la plomero/a	*plumber*
el/la quiropráctico/a	*chiropractor*
el/la redactor(a)	*editor*
el/la sastre	*tailor*
el/la supervisor(a)	*supervisor*
el/la vendedor(a)	*sales representative*
el/la veterinario/a	*veterinarian*

Gramática comunicativa

Gramática **1**   ¿Cómo es?
  • **Ser** and **estar**

Ramón	¿Cómo **es** tu hermana?
Emilio	**Es** muy guapa. **Es** alta y delgada. Pero lo importante **es** que **es** buena e inteligente. **Es** contadora.
Ramón	**Es** casada, ¿verdad?
Emilio	Pues... era *(she was)*. Ahora **está** divorciada, pero **está** contenta. **Está viviendo** en casa de mi madre para ahorrar *(save)* y comprarse un piso *(apartment)*.

1. Remember that you have learned the forms and several uses of the verbs **ser** and **estar.** Here is a detailed summary of their uses.

Ser
a. to identify people, places, or objects
Ésa es mi casa. Ella es Ana Mari.
b. to identify characteristics that define people and objects, including profession, nationality and religion
La mamá de Sofía es banquera. Sus abuelos son mexicanos.
Toda la familia es católica. Todos son muy amables.
c. to give a definition
—¿Qué es eso? —Es un regalo para Sofía.
d. to tell time
—¿Qué hora es? —Son las tres.
e. to tell when and where an event takes place
—¿Dónde es la fiesta? —Es en el parque Bolívar.
—¿Cuándo es? —Es el sábado próximo.

Estar
f. to talk about how someone feels
Ramón está enfermo.
g. to express your opinion about something you perceive with your senses
¡Qué guapa estás hoy! Los tacos están muy buenos. La música está muy alta.
h. to tell where something or someone is located
—¿Dónde está Wayne? —Está en casa de Ramón.
i. with the present progressive
Estoy hablando con Manolo.

Note: with **divorciado/a** and **casado/a**, you may use either **ser** or **estar**.
Emilio es casado.
Adriana no está divorciada.

Ser and **estar** may be confusing to English speakers when they try to describe a person or an object. **Ser** and **estar** both mean *to be*, but have very distinct uses in Spanish.

2. **Ser** is used to talk about traits that characterize a person or thing. For example, you may think of yourself as generous, intelligent, funny, shy or easy-going; tall or short; Protestant or Buddhist. You may be a student, a clerk, or a teacher. All these are qualities and properties that describe you as a person in a long-term or permanent sense. Use **ser** to talk about these qualities.

Soy alto/a, generoso/a, inteligente y tímido/a.
Soy budista y soy estudiante.

3. **Estar** is used to describe how you feel, your state of mind, or a resulting condition. For example, you may be tired, sick or very busy, you may feel angry or happy, or you may be nervous because you are waiting for your grades. **Estar** is used with adjectives that tell how you feel. They do not describe you as a person.

Estoy cansado/a y un poco enfermo/a.
¿Estoy enojado/a o contento/a?
Estoy nervioso/a.

4. Looking at the uses of **ser** and **estar,** you will see this tendency of permanent/long-term vs. temporary qualities prevails over some of the uses. However, some other uses of **ser** and **estar** are somewhat arbitrary, and you will need to learn them without looking for an explanation.

5. One adjective that does not follow the patterns outlined here is **muerto/a** *(dead)*. Although death is a permanent state, **muerto/a** takes **estar**.

Mi abuelo está muerto.   *My grandfather is dead.*

PRÁCTICA

A. El coche de Ana Mari. Completa cada oración con el verbo correcto.

> **Modelo**   El coche de Ana Mari **está** en la calle.

El coche de Ana Mari es/está...

1. _____ nuevo.
2. _____ en el garaje.
3. _____ rojo.
4. _____ un Toyota.
5. _____ limpio.
6. _____ japonés.

B. Completar. Completa las conversaciones con la forma correcta de **ser** o **estar**.
Lee la respuesta primero.

1. —¿Cómo _____ tu novio?

    —_____ muy agradable y guapo.

2. —Hola Adriana, ¿cómo _____?

    —_____ bien, pero un poco ocupada.

3. —¿Ustedes _____ aficionados al fútbol?

    —Sí, los tres _____ seguidores (*fans*) del Real Madrid.

4. —¿Qué _____ haciendo los abuelos?

    —_____ escribiendo las invitaciones porque la próxima semana

    _____ su aniversario.

C. Un poco de la vida de Adriana. Completa el párrafo con la forma correcta de **ser** o **estar** para saber un poco de la vida de Adriana.

Adriana (1) _____ en la universidad, porque (2) _____

muy responsable y necesita estudiar. (3) _____ un poco nerviosa

porque mañana tiene el examen de cálculo. Por suerte, la universidad

(4) _____ cerca de su casa y sus hijos (5) _____ muy

comprensivos (*understanding*) y la ayudan en la casa. Santiago a veces

no (6) _____ tan comprensivo como sus hijos; por eso, algunas

veces Adriana (7) _____ enojada con él.

D. Situación. Your university is going to choose two student ambassadors to welcome a group of students visiting from Argentina. Work in groups of three and practice telling each other what you will say to prove that you are the ideal candidate. Describe yourself, talk about how you feel about your current activities, and identify the qualities that make you a good choice.

E. Adivinar. Write a description of a celebrity without mentioning his or her name. Share your description with a partner. Can your partner guess who you are describing? Use these questions as a guide when writing your description.

- ¿Cómo es?
- ¿Cómo está?
- ¿De dónde es?
- ¿Dónde está?
- ¿Qué está haciendo?
- ¿Cuál es su profesión?

_____

_____

_____

_____

_____

_____

_____

_____

_____

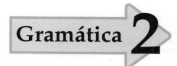

Gramática 2

¿Conoces a Wayne?
• Saber and conocer

Mamá Sofía, ¿quién es Wayne?

Sofía No **lo conoces**, mami. Es amigo de Ramón. Vamos al cine esta tarde.

Mamá ¡Ah! ¿Y de dónde es este chico?

Sofía Bueno, es americano, pero no **sé** de dónde. Lo que **sé** es que hace mucho tiempo que **conoce** a Ramón. Y habla español bastante bien.

Mamá Supongo que **voy a conocerlo** cuando venga por ti.

Sofía Ay, pues no, mami. Wayne **sabe** muchas cosas de la cultura hispana, **conoce** varios países, y a veces, **sabe** más historia de Latinoamérica que yo... ¡pero no **sabe** que tiene que venir por mí! Por eso invité *(I invited)* a Ramón y a Ana Mari; no estaba *(I wasn't)* segura de que él me estaba invitando a una cita.

You have learned two verbs that mean *to know*: **saber** and **conocer.** However, these verbs are used for "knowing" different things.

1. The verb **saber** means *to know information* and *to know how to do something.*

   > **Wayne sabe mucho de historia latinoamericana.**
   > *Wayne knows a lot about Latin American history.*

   > **Sofía sabe manejar, pero no quiere llevar su coche.**
   > *Sofía knows how to drive, but she doesn't want to take her car.*

   > **Sé hablar inglés, español y francés.**
   > *I know how to speak English, Spanish, and French.*

2. The verb **conocer** means *to know* in the sense of being acquainted or familiar with people (to have met this person), places (to have been to a place), or things.

   > **Wayne conoce varios países latinoamericanos.**
   > *Wayne knows (has been to) several Latin American countries.*

   > **La mamá de Sofía no conoce a Wayne.**
   > *Sofía's mother doesn't know (hasn't met) Wayne.*

   > **No conozco la música de Andrea Bocelli.**
   > *I don't know (I am not familiar with) Andrea Bocelli's music.*

   > **No conozco la obra de García Márquez.**
   > *I am not familiar with García Márquez' work.*

Notice the use of the personal **a** when what you know is a person.

   > **Yo conozco a Ana Mari, pero no conozco a Ramón.**
   > *I know Ana Mari, but I don't know Ramón.*

   > **¿Ustedes conocen a mi abuela?**
   > *Do you know my grandmother?*

   > **Claro que conozco a Juanes. Es uno de mis mejores amigos.**
   > *Of course I know Juanes. He's one of my best friends.*

PRÁCTICA

A. ¿Saber o conocer? Completa las conversaciones con las formas correctas de **saber** o **conocer**.

1. **Ramón**   Wayne, ¿_____ jugar tenis?

   Wayne   No, no _____ jugar, pero me gustaría aprender.

   Ramón   ¿_____ a una persona que te puede enseñar?

2. **Sofía**   Manolo, ¿ya _____ a Adriana?

   Manolo   Sí, pero no _____ de dónde es.

   Sofía   Es de Puerto Rico, pero no _____ de qué ciudad.

3. **Wayne**   No _____ ningún grupo de rock mexicano.

   Ana Mari   ¿No _____ al grupo Camila?

 B. ¿Qué saben y a quién conocen? Escribe oraciones ciertas para ti usando un elemento de cada columna. Después comparte tus oraciones con un(a) compañero/a.

> **Modelo**   Mi mamá conoce la ciudad de Nueva York.

		tocar el piano.
		la última canción de Luis Fonsi.
		a la mamá de mi novio/a.
Yo		cocinar muy bien.
Mis amigos y yo	(no) saber	la ciudad de Nueva York.
Mi mamá	(no) conocer	que los incas hablaban (*used to speak*) quechua.
Mis primos		cómo llegar a tu casa.
		las pinturas de Picasso.
		el teléfono del/de la profesor(a).
		las pirámides de Tikal.

1. _____

2. _____

3. _____

4. _____

5. _____

6. _____

7. _____

8. _____

C. ¿Quieres ir? Completa la conversación. Después actúala con dos compañeros.

> Yo te puedo enseñar a bucear.

> Tú no estás invitada, sólo vamos a ir los hombres.

Ramón	¿Tienes planes para el próximo fin de semana?
Manolo	No, no tengo nada planeado, ¿por qué?
Ramón	Es que Wayne y yo no (1) _____ la isla Catalina y queremos ir.
	Dicen que es muy bonita. ¿Tú ya la (2) _____?
Ana Mari	Yo sí la (3) _____, es bellísima. Podemos ir a bucear.
Manolo	Pues yo no (4) _____ Catalina, ni (5) _____ bucear.
Ana Mari	No importa, ¿(6) _____ nadar?
Ramón	Ay, Ana Mari, ¡qué pregunta! Claro que Manolo (7) _____ nadar;
	no (8) _____ a ningún cubano que no sepa (*would not know how to*) nadar.
Manolo	Así es. También (9) _____ esquiar en agua; eso me gusta mucho.
Ana Mari	Pues entonces podemos nadar y esquiar. Yo te puedo enseñar a bucear.
Ramón	Tú no estás invitada, sólo vamos a ir los hombres.

D. Oraciones completas. Create sentences, using the elements and **saber** or **conocer**.

1. Eugenia / mi amiga Frances

   _____

2. Pamela / hablar español muy bien

   _____

3. el sobrino de Rosa / leer y escribir

   _____

4. José y Laura / la ciudad de Barcelona

   _____

5. nosotros no / cómo llegar a la residencia estudiantil

   _____

6. yo / al profesor de literatura

   _____

7. Elena y María Victoria / patinar en línea

   _____

E. Situación. Talk to your partner about a place, a city, or a town you know. Describe it and identify interesting places you can visit and what you can do there.

Gramática 3

¡Siempre el trabajo!
• **Por** and **para**

Después de comer, voy a ir a la oficina por unos papeles.

¿Por qué no vas por la noche para evitar problemas de tráfico?

Santiago	¿Adónde vas?
Adriana	Voy a la oficina **por** unos papeles.
Santiago	¿Y no puedes esperar hasta mañana?
Adriana	Desgraciadamente (*unfortunately*) no. Tengo que terminar el informe (*report*) de unos clientes **para** mañana.
Santiago	¿**Por qué** no vas **por** la noche **para** evitar (*to avoid*) problemas de tráfico? ¡No sé por qué trabajas **para** una compañía que te pide tanto!

You have used **por** and **para** in different expressions such as **por la mañana, voy por ti,** and **para mañana, para mí.** This section will outline some distinctions between these prepositions.

One of the basic differences between **por** and **para** is that **por** is used to refer to a motive or a cause, whereas **para** is used for purpose and destination.

Para is used to indicate...

1. **Destination**..
   (*toward, in the direction of*)

   Salimos **para** Córdoba el sábado.
   We are leaving for Córdoba on Saturday.

2. **Deadline or a specific time in the future**.........
   (*by, for*)

   Tiene que estar listo **para** mañana.
   It has to be ready for tomorrow.

3. **Purpose or goal** + [*infinitive*].........................
   (*in order to*)

   Quiero verte **para** hablar contigo.
   I want to see you so we can talk.

4. **Purpose** + [*noun*].....................................
   (*for, used for*)

   Es una llanta **para** el carro.
   It's a tire for the car.

5. **The recipient of something**.........................
   (*for*)

   Compro una impresora **para** mi hijo.
   I am buying a printer for my son.

6. **Comparison with others or an opinion**...........
   (*for, considering*)

   Para un joven, es demasiado serio.
   For a young person, he is too serious.

7. **In the employ of**.....................................
   (*for*)

   Trabajo **para** el distrito escolar.
   I work for the school district.

Por is used to indicate...

8. Motion or a general location............. *(around, through, along, by)*	Voy a caminar **por** el parque. *I am going to walk through the park.*
9. Duration of an action..................... *(for, during, in)*	Hago ejercicio **por** una hora todos los días. *I exercise for one hour everyday.* Ana Mari navega por Internet **por** la tarde. *Ana Mari surfs the Internet in the afternoon.*
10. Reason or motive for an action........... *(because of, on account of, on behalf of)*	Le duele el estómago **por** comer demasiado pozole. *Her stomach hurts because she ate too much pozole.* Adriana llega tarde a casa **por** el tráfico. *Adriana arrives home late because of the traffic.*
11. Object of a search........................ *(for, in search of)*	Vamos a la farmacia **por** jarabe. *We are going to the pharmacy for cough syrup.* Wayne va **por** su cámara digital. *Wayne is going (in search of) his digital camera.*
12. Means by which something is done....... *(by, by way of, by means of)*	No me gusta viajar **por** avión. *I don't like traveling by plane.* ¿Hablaste con la policía **por** teléfono? *Did you talk to the police by (on the) phone?*
13. Exchange or substitution.................. *(for, in exchange for)*	Le doy dinero **por** la videocasetera. *I give him money for the VCR.* Muchas gracias **por** el cederrón. *Thank you very much for the CD-ROM.*
14. Unit of measure........................... *(per, by)*	José maneja a 120 kilómetros **por** hora. *José drives 120 kilometers per hour.*

- **Por** is also used in several idiomatic expressions, such as these.

por aquí *around here*	**por eso** *that's why*
por ejemplo *for example*	**por fin** *finally*

- Remember that when giving an exact time, **de** is used instead of **por** before **la mañana**, **la tarde**, or **la noche**.

  La clase empieza a las nueve de la mañana.

- In addition to **por, durante** is also commonly used to mean *for* when referring to time.

  Esperé al mecánico durante cincuenta minutos.

PRÁCTICA

A. ¿Por qué? Lee estas oraciones. Luego usa las reglas anteriores para seleccionar el número que explica cada uso de **por** y **para.**

_____ a. No toques eso, es para tu tía Adriana.

_____ b. Emilio, ¿me vas a mandar la información por fax o por correo electrónico?

_____ c. Mi papá trabaja para la NASA.

_____ d. Voy a pasar a la biblioteca por un libro de arquitectura moderna.

_____ e. Lalo, necesitas levantarte más temprano para llegar a tiempo a tus clases.

_____ f. Saqué F en el examen por no estudiar lo suficiente.

_____ g. El trabajo de investigación es para el lunes, 12 de octubre.

_____ h. La carretera panamericana pasa por casi todos los países de Latinoamérica.

B. ¿Por o para? Completa las oraciones con **por** o **para.**

1. Quiero la tarea _____ mañana, por favor.

2. Sofía, ayer pasé _____ tu casa, pero no te encontré.

3. Ayer fui al supermercado _____ pan, leche y chocolates.

4. Estoy enfermo del estómago _____ comerme todos los chocolates.

5. La blusa verde es _____ Ana Mari.

6. Wayne, es necesario practicar mucho _____ hablar bien el español, ¿verdad?

7. Mañana vienes _____ mí, ¿no? Te espero.

8. Voy a comprar estos tenis _____ jugar fútbol los domingos con Ramón.

9. Vamos a ir _____ avión. No volvemos a viajar _____ carretera.

10. Necesito tomar tres clases más _____ recibirme (*to graduate*).

C. ¡Las preguntas de los niños! Imagínate que estás cuidando a los tres hijos de tu vecina. Contesta las preguntas que te hacen. Después comparte tus respuestas con un(a) compañero/a.

1. ¿Por qué tenemos que comer verduras todos los días?

_____

2. ¿Por qué tengo que acostarme temprano?

_____

3. ¿Para quién compraste esa camisa?

_____

4. ¿Para qué son los faxes? ¿Por qué tú no tienes uno en tu casa?

_____

5. ¿Por qué vas a viajar en avión?

_____

6. ¿Para qué quieres hablar con mi abuela?

_____

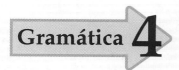**Gramática 4**

Lo que me gusta es...
• Relative pronouns

In both English and Spanish, relative pronouns are used to combine two sentences or clauses that share a common element, such as a noun or pronoun. Study these diagrams.

Adriana toma muchas classes.
Adriana takes a lot of classes.

Las clases son muy difíciles.
The classes are very difficult.

Las clases que toma Adriana son muy difíciles.
The classes that Adriana takes are very difficult.

Ana Mari es muy inteligente.
Ana Mari is very intelligent.

Ana Mari es la hermana de Ramón.
Ana Mari is Ramón's sister.

Ana Mari, quien es la hermana de Ramón, es muy inteligente.
Ana Mari, who is Ramón's sister, is very intelligent.

A Sofía le gusta la ropa que venden en esta tienda.

Manolo, quien está al lado de Sofía, estudia cálculo.

1. Spanish has three frequently-used relative pronouns. **¡Atención!** Interrogative words **(qué, quién, etc.)** always carry an accent. Relative pronouns, however, do not.

Pronombres relativos	
que	*that; which; who*
quien(es)	*who; whom; that*
lo que	*that which; what*

2. **Que** is the most frequently used relative pronoun. It can refer to things or to people. Notice that, though its English counterpart, *that*, may be omitted in speech or writing, **que** is never omitted.

¿Dónde está la cafetera **que** necesito comprar?
Where is the coffee maker (that) I need to buy?

El hombre **que** limpia es Pedro.
The man who is cleaning is Pedro.

3. The relative pronoun **quien** refers only to people, and is often used after a preposition or the personal **a. Quien** has two forms: **quien** (singular) and **quienes** (plural).

¿Son las chicas **de quienes** me hablaste la semana pasada?
Are they the girls (that) you told me about last week?

Eva, **a quien** conozco muy bien, es mi nueva vecina.
Eva, whom I know very well, is my new neighbor.

4. **Quien(es)** is occasionally used in written Spanish instead of **que** in clauses set off by commas.

Manolo, **quien** es cubano, es estudiante.
Manolo, who is Cuban, is a student.

Emilio, **que** es español, ya llegó.
Emilio, who is Spanish, already arrived.

5. **Lo que** doesn't refer to a specific noun. It refers to a specified or unspecified object, idea, situation, or past event and means *what, that which,* or *the thing that.*

¡Fíjate!

In English, it is generally recommended that *who(m)* be used to refer to people, and that *that* and *which* be used to refer to things. In Spanish, however, it is perfectly acceptable to use **que** when referring to people.

Lo que necesita es un nuevo compañero de cuarto.

A Wayne no le gusta lo que ve.

PRÁCTICA

A. Inténtalo. Completa estas oraciones con pronombres relativos.

1. Voy a usar los platos _____ me regaló mi abuela.

2. Ana comparte un apartamento con la chica a _____ conocimos en la fiesta de Jorge.

3. Esta oficina tiene todo _____ necesitamos.

4. Puedes estudiar en el cuarto _____ está a la derecha de la cocina.

5. Los señores _____ viven en esa casa acaban de llegar de Centroamérica.

6. Los niños, a _____ ves en nuestro jardín, son mis sobrinos.

7. La piscina _____ ves desde la ventana es de mis vecinos.

8. Úrsula es _____ ayuda a mamá a limpiar el refrigerador.

9. _____ te dice Pablo no es cierto.

10. Tengo que buscar el suéter azul _____ está en el altillo (*attic*).

11. No entiendo _____ me dices.

12. La señora Ortiz, a _____ saludas todas las tardes, vive en San Juan.

13. ¿Sabes _____ necesita esta clase? ¡Otro profesor!

14. No me gusta vivir con personas a _____ no conozco.

B. Completar. Completa la historia sobre la casa que Jaime y Tina quieren comprar, usando los pronombres relativos **que, quien, quienes** o **lo que.**

1. Jaime y Tina son los chicos a _____ conocí (*I met*) la semana pasada.

2. Quieren comprar una casa _____ está en el centro de la ciudad.

3. Es una casa _____ está cerca de la universidad.

4. Jaime, _____ quiere ser médico, estudia en esta universidad.

5. _____ le encanta a Tina es el jardín de la casa.

C. Entrevista. En parejas, túrnense para hacerse estas preguntas.

1. ¿Qué es lo que más te gusta de vivir aquí?
   _____

2. ¿Cómo son las personas que viven en tu barrio (*neighborhood*)?
   _____

3. ¿Cuál es la clase que menos te gusta? ¿Y la que más te gusta?
   _____

4. ¿Quién es la persona que hace los quehaceres domésticos (*chores*) en tu casa?
   _____

5. ¿Quiénes son las personas con quienes más sales los fines de semana?
   _____

6. ¿Quién es la persona a quien más llamas por teléfono?
   _____

7. ¿Cuál es el deporte que más te gusta?
   _____

8. ¿Cuál es el barrio de tu ciudad que más te gusta y por qué?
   _____

9. ¿Quién es la persona a quien más llamas cuando tienes problemas?
   _____

10. ¿Quién es la persona a quien más admiras? ¿Por qué?
    _____

11. ¿Qué es lo que más te gusta de tu casa?
    _____

12. ¿Qué es lo que más te molesta de tus amigos/as?
    _____

D. Adivinanza. En grupos, túrnense para describir los objetos en la clase o los lugares de la universidad usando pronombres relativos. Los demás compañeros tienen que hacer preguntas hasta que adivinen la cosa o el lugar descrito/a.

Modelo	Estudiante 1: **Es lo que tenemos en la mochila.**
	Estudiante 2: **¿Es la computadora?**
	Estudiante 1: **No. Es lo que usamos para hablar con los amigos.**
	Estudiante 3: **Lo sé. Es el teléfono.**

Gramática 5

Odette se levanta temprano.
• Reflexive pronouns

Analizar y descubrir

Look at these examples.

Sólo **me pongo** camisetas.
¿Y **te pintas**?
La gente **se acuesta** temprano.
Nos levantamos temprano.

I only wear t-shirts.
And do you wear makeup?
People go to bed early.
We get up early.

1. The verb forms **me pongo**, **te pintas**, **se acuesta**, and **nos levantamos** each include a reflexive pronoun. You will know that a verb is conjugated with a reflexive pronoun when **se** appears in the infinitive form: **ponerse, pintarse, acostarse, levantarse**. Reflexive verbs have the same endings as other **-ar**, **-er**, and **-ir** verbs.

Study the following examples and answer the questions.

Verbos con pronombres reflexivos	
Los sábados **me levanto** tarde.	*On Saturdays I get up late.*
¿A qué hora **te levantas**?	*What time do you get up?*
Usted nunca **se acuesta** temprano, ¿verdad?	*You never go to bed early, do you?*
Sofía **se quita** las gafas para dormir.	*Sofía takes off her glasses to sleep.*
Nosotros **nos bañamos** por la mañana.	*We take a shower/bathe in the morning.*
¿Ustedes **se divierten** en la clase, ¿no? ¿Vosotros **os divertís** en la clase, ¿no?	*You have fun in class, right?*
Los niños no **se lavan** las manos antes de comer.	*The kids do not wash their hands before eating.*

2. Which reflexive pronoun is used...

    a. with the **yo** form of the verb? _____

    b. with the **tú** form? _____

    c. with the **usted** form? _____

    d. with the **él/ella** form? _____

    e. with the **nosotros/as** form? _____

    f. with the **ustedes** form? _____

    g. with the **ellos/ellas** form? _____

3. Spanish uses the definite article **(el, la, los, las)** when reflexive verbs are used with parts of the body and clothing. English uses a possessive adjective **(my, your, her)**. Identify the statements above that illustrate this rule.

    a. _____

    b. _____

4. Reflexive pronouns, like direct object pronouns, may be placed before a conjugated verb or attached to the infinitive.

> Tengo que **levantarme** temprano porque voy a trabajar.

or   **Me** tengo que **levantar** temprano porque voy a trabajar.

5. Reflexive pronouns are not optional. Verbs used reflexively have different meanings than those used without reflexive pronouns; for example, while **ir** means *to go*, **irse** means *to leave*.

Para hablar de tu rutina diaria			
acostarse (o → ue) tarde	*to go to bed late*	levantarse temprano	*to get up early*
bañarse por la noche	*to take a bath/shower at night*	pintarse	*to put on makeup*
divertirse (e → ie)	*to have fun*	ponerse la ropa	*to put on/wear clothing*
irse (a)	*to leave*	quedarse en casa	*to stay home*
irse de vacaciones	*to go on vacation*	quitarse los zapatos	*to take off one's shoes*
juntarse	*to get together*		
lavarse las manos	*to wash one's hands*		
los dientes	*to brush one's teeth*		

> **También se dice...**
>
> pintarse —→ maquillarse
>
> lavarse los dientes —→ cepillarse los dientes

PRÁCTICA

A. ¿Qué hacen?

Parte 1. Empareja las ilustraciones con las descripciones de la página siguiente.

a

b

c

d

e

f

_____ 1. Sofía se levanta tarde los sábados.

_____ 2. ¿Te pintas todos los días?

_____ 3. Me baño por la noche cuando hace frío.

_____ 4. Todos se divierten cuando se juntan para salir.

_____ 5. Nosotros nos quedamos en casa esta noche.

_____ 6. Me pongo pantalones para ir a la universidad.

 Parte 2. Con un(a) compañero/a, habla de estas actividades.

> **Modelo**   Yo me levanto a las seis. ¿Y tú?

 ## B. Lotería.

Parte 1. Encuentra un(a) compañero/a que haga las siguientes cosas. Escribe su nombre en el cuadro (box) apropiado. La persona que llene todas las líneas sin repetir nombres gana el juego.

> **Modelo**   _____ prefiere bañarse por la noche.
> —¿Te bañas por la noche?
> —No, me baño por la mañana. ¿Y tú?

_____ se acuesta antes de las once de la noche.	_____ sabe jugar golf.	_____ se levanta tarde los domingos.	_____ no se pone pijama para dormir.
_____ se divierte en su trabajo.	_____ no conoce a los padres de su novio/a.	_____ se queda en casa los sábados por la tarde.	_____ no se pinta todos los días.
_____ prefiere bañarse por la noche.	_____ se va de vacaciones todos los años.	_____ se junta con la familia el día de su cumpleaños.	_____ ayuda a su mamá en la casa.
_____ se quita los zapatos cuando llega a casa.	_____ se lava los dientes con *Aquafresh*.	_____ nunca pide postre en los restaurantes.	_____ usa lentes de contacto.

¡Fíjate!

Remember to use reflexive pronouns only with reflexive verbs!

Parte 2. Comparte (share) la información con la clase.

> **Modelo**   Estudiante 1:   **Rick se va de vacaciones todos los años.**
> Estudiante 2:   **¿Adónde vas?**
> Rick: **Generalmente vamos a Utah a esquiar.**

C. La rutina diaria. Ordena las oraciones del uno al diez en una secuencia lógica.

_____ a. Y me acuesto porque ya es tarde.

_____ b. Luego me voy a la universidad.

_____ c. Luego me pongo el pijama.

_____ d. Después me baño.

_____ e. Voy a mi cuarto a ponerme la ropa.

_____ f. Me lavo los dientes antes de acostarme.

_____ g. Me quedo en la universidad todo el día.

_____ h. Me levanto temprano porque es lunes.

_____ i. Me voy a casa porque ya estoy cansado.

_____ j. Me divierto un rato (for a little while) mirando mi programa cómico favorito.

D. En casa de Ramón y Ana Mari.

Parte 1. Ana Mari describe la rutina diaria de su familia. Conjuga los verbos para formar oraciones completas y haz los cambios necesarios.

En mi casa:

1. mis padres / levantarse / antes que todos

_____

2. a mí / me / gustar / acostarse / temprano

_____

3. por eso / (yo) / bañarse / por la noche

_____

4. mis hermanos / preferir / bañarse / por la mañana

_____

5. mi mamá / pintarse / mientras que mi papá / preparar / el desayuno

_____

6. a las ocho / todos / (nosotros) / desayunar / juntos

_____

7. luego / todos / irse / al trabajo o a la escuela

_____

Parte 2. Ahora contesta las preguntas.

1. ¿Quién se levanta primero en casa de Ramón y Ana Mari? ¿Y en tu casa?

_____

2. ¿Quién se baña por la noche? Y tú, ¿cuándo te bañas?

_____

3. ¿Quién prepara el desayuno? ¿Y en tu casa?

_____

E. Debate. En grupos, discutan este tema: ¿Quiénes necesitan más tiempo para arreglarse *(to get ready)* antes de salir, los hombres o las mujeres? Hagan una lista de las razones que tienen para defender sus ideas e informen a la clase.

Hombres

_____
_____
_____
_____
_____
_____

Mujeres

_____
_____
_____
_____
_____
_____

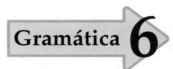

Gramática 6

Siempre digo la verdad.
• Verbs with irregular **yo** forms

In Spanish, several verbs have irregular **yo** forms in the present tense. You have already seen some verbs with the **–go** ending in the **yo** form: **hacer ⟶ hago, tener ⟶ tengo,** and **salir ⟶ salgo.**

1. Here are some common verbs with irregular **yo** forms ending in **–go**.

	decir (e➙i)	poner	venir (e➙ie)	suponer	traer
	(to say)	*(to put, to place)*	*(to come)*	*(to suppose)*	*(to bring)*
yo	**digo**	**pongo**	**vengo**	**supongo**	**traigo**
tú	dices	pones	vienes	supones	traes
él	dice	pone	viene	supone	trae
nosotros	decimos	ponemos	venimos	suponemos	traemos
vosotras	decís	ponéis	venís	suponéis	traéis
ellas	dicen	ponen	vienen	suponen	traen

2. Here are some common expressions with **decir**. Note that **decir** also has an
   e ➤ i stem change.

decir la verdad	**decir mentiras**
to tell the truth	*to tell lies*
decir que	**decir la respuesta**
to say that	*to say the answer*

3. **Poner** can also mean *to turn on* a household appliance.

   Carlos **pone** la radio.   María **pone** la televisión.
   Carlos turns on the radio.   *María turns on the television.*

> **¡Fíjate!**
> Another important verb to know is **poder** (o ➤ ue), which means *can*.
> ¿**Puedes** venir a la fiesta? Sí, **puedo.** Vengo a las ocho y media.

4. **Salir de** is used to indicate that someone is leaving a particular place.

   Hoy **salgo del** hospital.   **Sale de** la clase a las cuatro.
   Today I leave the hospital.   *He leaves class at four.*

5. **Salir para** is used to indicate someone's destination.

   Mañana **salgo para** México.   Hoy **salen para** España.
   Tomorrow I leave for Mexico.   *Today they leave for Spain.*

6. **Salir con** means to leave with someone or something, or to date someone.

   Alberto **sale con** su mochila.   Margarita **sale con** Guillermo.
   Alberto is leaving with his backpack.   *Margarita is going out with Guillermo.*

7. The verb **oír** (*to hear*) has an irregular **yo** form and the spelling change **i ➤ y** in the **tú**,
   usted, él, ella, ustedes, ellos, and **ellas** forms. The **nosotros/as** and **vosotros/as** forms
   have an accent mark.

oír (*to hear*)			
yo	**oigo**	nosotros/as	**oímos**
tú	**oyes**	vosotros/as	**oís**
Ud./él/ella	**oye**	Uds./ellos/ellas	**oyen**

8. While most commonly translated as *to hear*, **oír** is also used in contexts where English
   would use *to listen*.

   Oigo a unas personas en la otra sala.   ¿**Oyes** la radio por la mañana?
   I hear some people in the other room.   *Do you listen to the radio in the morning?*

PRÁCTICA

A. Inténtalo. Provide the appropriate forms of these verbs.

1. venir   Isabel_____.   Nosotros_____.   Yo_____.
2. poner   Rita y yo_____. Yo_____.   Los niños_____.
3. decir   Yo_____.   Tú_____.   Ud._____.
4. oír   Él_____.   Nosotros_____.   Yo_____.
5. traer   Ellas_____.   Yo_____.   Tú_____.
6. suponer   Yo_____.   Mi amigo_____.   Nosotras_____.

B. Oraciones. Form sentences using the cues provided and verbs you just studied.

1. mis amigos / _____ / conmigo / centro

   _____

2. tú / _____ / verdad

   _____

3. Alberto / _____ / música del café Pasatiempos

   _____

4. yo / no / _____ / mucho ruido (*noise*)

   _____

5. domingo / nosotros / _____ / mucha / tarea

   _____

6. si / yo / _____ / que / yo / querer / ir / cine /
   mis amigos / ir / también

   _____

C. Describir. Describe what these people are doing.

1. Fernán

_____

2. los aficionados

_____

_____

3. yo

_____

4. nosotros

_____

_____

5. la señora Vargas

_____

_____

6. el estudiante

_____

_____

D. Charadas. In groups, play a game of charades. Each person should think of a phrase using the verbs you just studied. The first person to guess correctly acts out the next charade.

E. Entrevista. You are doing a market research report on lifestyles. Interview a classmate to find out when he or she goes out with the following people and what they do for entertainment.

- los amigos
- el/la novio/a
- el/la esposo/a
- la familia

Gramática 7

¡Sólo me dan problemas!
- The object pronouns **me** and **te**

Analizar y descubrir

Study these examples and answer the questions.

Me pagan bien.

Mis compañeros **me invitan** a salir y
   me ayudan.

Por lo menos a ti **te dan** propinas; a mí sólo
   me dan problemas.

They pay me well.

*My co-workers invite me out and
   help me.*

*At least they give you tips; they only
   give me problems.*

1. Where are **me** and **te** placed in relation to the verb (**pagan, invitan, ayudan, dan**) in Spanish? _____

   Where are *me* and *you* placed in relation to the verb in English? _____

2. Notice the use of **a ti** and **a mí** in the third example. Use them for emphasis or contrast.

A mí me pagan mal, pero **a ti te pagan**
   una fortuna. ¡No es justo!

*They pay me poorly, but they pay you
   a fortune. It's not fair!*

3. Here are some common verbs used with **me** and **te**.

> **¡Fíjate!**
>
> The verb **contar** is conjugated like **recordar**. ¿Recuerdas? ¿**Me cuentas** ese problema?

Las cosas que mi familia y mis amigos hacen

ayudar	*to help*	Mi mamá **me ayuda** mucho.
contar (o → ue) los problemas	*to tell one's problems*	Mis hermanos no **me cuentan** sus problemas.
dar consejos/un regalo	*to give advice/a gift*	Mi abuela **me da** buenos consejos.
dejar usar su coche	*to let someone use one's car*	Mi novio **me deja** usar su coche.
invitar a salir	*to ask/invite someone out*	Tus compañeros, ¿**te invitan** a salir?
llamar	*to call*	Mi profesora no **me llama** a la casa.
mandar mensajes de texto	*to send text messages*	Mis amigos siempre **me mandan** mensajes de texto.
pagar	*to pay*	¿**Te pagan** bien en el trabajo?
pedir (e → i) cosas prestadas	*to borrow things*	Mi sobrina **me pide** ropa *(clothes)* prestada.
prestar dinero	*to lend money*	¿Quién **te presta** dinero cuando necesitas?

4. **Dar** is irregular in the **yo** form.
   Doy consejos a mi hermano.   *I give my brother advice.*

5. Now observe where **me** (or **te**) is placed in expressions with multiple verbs.

   Me tienes que ayudar.
   Tienes que ayudar**me**.   } *You have to help me.*

   No va a invitar**me** a salir otra vez.
   No **me** va a invitar a salir otra vez. } *He's not going to ask me out again.*

6. In an expression with multiple verbs, a conjugated verb and an unconjugated verb, you may place **me** and **te** _____ the first verb or attach it to the _____.

7. Many other verbs you know may be used to express what people do for you: **Mi novia me escucha; ¿Te llevan a la universidad?; Mi mamá me lava la ropa;** etc.

PRÁCTICA

A. Otra cita. Wayne llama a Sofía para invitarla a salir. Lee la conversación y escribe la forma apropiada de los verbos en la lista. Después contesta las preguntas con un(a) compañero/a.

saber	**salir**	**estar**	**querer**
ver	**invitar**	**poder**	**hablar**

¿A qué hora voy por ti?

A las 12, ¿te parece?

> **¡Fíjate!**
> Remember that some verbs have irregular **yo** forms.

Sofía   ¿Bueno?

Wayne   ¿Sofía? Habla Wayne.

Sofía   ¡Hola, Wayne! ¿Cómo (1) _____?

Wayne   Bien, gracias. Oye, te (2) _____ al cine mañana por la noche.

Sofía   Gracias, pero por la noche no (3) _____. Voy a (4)_____ a mis abuelos. Pero si quieres, podemos (5) _____ a almorzar.

Wayne   Bueno, ¿a qué hora voy por ti?

Sofía   A las doce, ¿te parece? Esta vez (tú) no (6) _____ que invite a todos mis amigos, ¿verdad? ¿Como la última vez?

Wayne   ¡No, por favor! Ya (7) _____ cuál fue *(was)* mi error.

Sofía   No te preocupes. Fue un malentendido *(misunderstanding)*. Yo tampoco quiero ir con ellos esta vez.

1. ¿Adónde quiere ir Wayne mañana?

   _____

2. ¿Qué va a hacer Sofía por la noche?

   _____

3. ¿Adónde van a ir Sofía y Wayne?

   _____

B. ¡Tengo suerte! *(I am lucky!)* Escribe el nombre de la(s) persona(s) que hace(n) estas cosas por ti. Después comparte *(share)* tus respuestas con un(a) compañero/a.

> **Modelo**　**Mis primos** me hablan por teléfono el día de mi cumpleaños *(birthday)*.

1. _____ me deja(n) usar su coche.
2. _____ me habla(n) por teléfono el día de mi cumpleaños.
3. _____ me manda(n) mensajes constantemente.
4. _____ me invita(n) a salir los fines de semana.
5. _____ me ayuda(n) con la tarea.
6. _____ me lleva al doctor cuando estoy enfermo/a *(sick)*.
7. _____ me cuenta los problemas de su familia.

> **¡Fíjate!**
> Use **nadie** for *nobody*. Remember to respond to your classmate's comments using these expressions.
> **¡Pobrecito/a!** *Poor thing!*
> **¡Qué suerte!** *What luck!*
> **¡Qué consentido/a!** *How spoiled!*

C. ¡Qué consentido! *(How spoiled!)* Indica si los siguientes comentarios son **ciertos** o **falsos**.

	Cierto	Falso
1. Mi mamá me prepara el desayuno entre semana.	☐	☐
2. Mi compañero/a de cuarto me ayuda en todo.	☐	☐
3. Mi familia siempre me escucha cuando tengo problemas.	☐	☐
4. Mis profesores no me dan mucha tarea.	☐	☐
5. Todos me quieren mucho.	☐	☐
6. Mis amigos/as siempre me prestan dinero.	☐	☐
7. Mi jefe/a me deja salir temprano.	☐	☐
8. Mis abuelos me dan muchos regalos.	☐	☐
9. Mis amigos/as vienen por mí cuando vamos a las fiestas.	☐	☐

D. ¿Quién? Contesta las siguientes preguntas. Después entrevista a un(a) compañero/a para ver si tienen algo en común.

> **Modelo**　¿Quién te manda mensajes?
> **Mi amiga Irene me manda mensajes casi todos los días.**

1. ¿Quién te presta dinero? _____
2. ¿Quién te escribe cartas de amor? _____
3. ¿Quién te da buenos consejos? _____
4. ¿Quién te manda mensajes? _____
5. ¿Quién te pide cosas prestadas? _____
6. ¿Quién te deja usar su computadora? _____
7. ¿Quién te necesita más? _____
8. ¿Quién te escucha cuando tienes problemas? _____

> **¡Fíjate!**
> Remember to place **me** before the conjugated verb.

E. Una entrevista. Convierte a preguntas las oraciones de la **Práctica C** para entrevistar a un(a) compañero/a. Haz los cambios necesarios. Después decide si tu compañero/a es un(a) consentido/a (*spoiled*) o no.

> **Modelo**   Mi mamá me prepara el desayuno entre semana.
> **¿Tu mamá te prepara el desayuno entre semana?**

 F. Una persona especial. Habla con un(a) compañero/a de una persona importante en tu vida. Explica las cosas que esta persona hace por ti.

> **Modelo**   **Mi hermana es muy importante para mí. Siempre me ayuda cuando tengo problemas. Hablo mucho con ella porque siempre me da buenos consejos. Nunca me presta dinero; no tiene porque compra mucha ropa. Pero me deja usar su coche y su computadora cuando los necesito.**

G. El trabajo de Adriana.

Parte 1. Completa el párrafo con **me** y la forma correcta de los verbos.

ayudar	dejar	llamar	pedir
contar	explicar	mandar	prestar

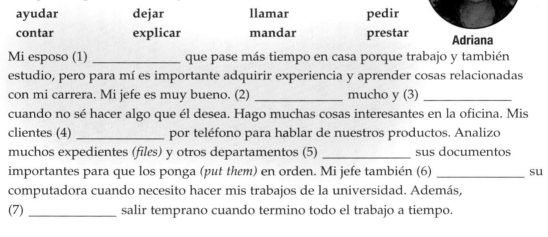

Adriana

Mi esposo (1) _____ que pase más tiempo en casa porque trabajo y también estudio, pero para mí es importante adquirir experiencia y aprender cosas relacionadas con mi carrera. Mi jefe es muy bueno. (2) _____ mucho y (3) _____ cuando no sé hacer algo que él desea. Hago muchas cosas interesantes en la oficina. Mis clientes (4) _____ por teléfono para hablar de nuestros productos. Analizo muchos expedientes (*files*) y otros departamentos (5) _____ sus documentos importantes para que los ponga (*put them*) en orden. Mi jefe también (6) _____ su computadora cuando necesito hacer mis trabajos de la universidad. Además, (7) _____ salir temprano cuando termino todo el trabajo a tiempo.

 Parte 2. Ahora responde a las preguntas.

1. ¿Por qué quiere Adriana trabajar?

   _____

2. ¿Cómo es su jefe?

   _____

3. ¿Qué hace Adriana en la oficina donde trabaja?

   _____

4. ¿Tu jefe te presta su computadora? ¿Te deja salir temprano? ¿Te ayuda cuando no entiendes algo?

   _____

H. Preguntas personales. Usa las siguientes preguntas para conversar con tu compañero/a.

> **Modelo** ¿Haces ejercicio? ¿Dónde? ¿Con qué frecuencia?
> **Hago ejercicio tres veces a la semana.**
> **Mi amigo Ramón me llama para ir al gimnasio. ¿Y tú?**

1. ¿Haces ejercicio? ¿Dónde? ¿Con qué frecuencia? ¿Quién te invita a hacer ejercicio?

_____

_____

2. ¿Sabes cocinar? ¿Qué platos haces? ¿Con qué frecuencia cocinas? ¿Te gusta cocinar?

_____

_____

3. ¿A qué hora sales del trabajo? ¿Qué días sales tarde? Si tú no trabajas, ¿quién sale tarde del trabajo entre tus familiares y amigos? ¿Quién sale temprano? ¿A qué hora?

_____

_____

4. ¿Ves a tus familiares con frecuencia? ¿Cuándo ves a tus tíos y primos? ¿Qué actividades haces con ellos? ¿Te llaman con frecuencia?

_____

_____

5. ¿Pones tu ropa en el clóset o en el suelo (*floor*) cuando llegas tarde a casa? ¿Dónde pones tu mochila? ¿Y tus libros? En general, ¿pones las cosas en su lugar?

_____

_____

6. Normalmente, ¿sales bien en tus clases? ¿A veces sales mal en algunas clases? ¿En cuáles? ¿Por qué? ¿Qué necesitas hacer para salir bien en los exámenes?

_____

_____

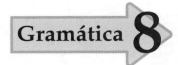

Gramática **8**

¿El español? Lo hablo muy bien.
• The direct object pronouns **lo, la, los,** and **las**

Analizar y descubrir

Condoleezza Rice fue la primera mujer afroamericana en llegar al puesto de Secretaria de Estado. ¿La recuerdan?

¿Las computadoras? Las entiendo mejor que a las personas.

Voy a trabajar con computadoras.	*I'm going to work with computers.*
Las entiendo mucho mejor que	*I understand them much better*
a las personas.	*than people.*
Admiro mucho a Janet Reno.	*I admire Janet Reno a lot.*
¿**La** recuerdan?	*Do you remember her?*
También hablo japonés. Bueno,	*I also speak Japanese. Well, actually I don't*
en realidad no **lo** hablo bien y no	*speak it well, and I don't know*
lo sé escribir.	*how to write it.*
Todos mis amigos ya saben qué quieren ser.	*All my friends already know what they want*
Los envidio.	*to be. I envy them.*

1. In the first example, what word does **las** replace? _____
2. In the second example, what words does **la** replace? _____
3. In the third example, what word does **lo** replace? _____
4. In the fourth example, what words does **los** replace? _____
5. Where, with respect to the verb, are **lo, la, los,** and **las** placed? _____
6. Which other pronouns that you know are also placed before the conjugated verb?_____
7. In a construction with multiple verbs **(En poco tiempo voy a hablarlo bien. / En poco tiempo lo voy a hablar bien.)**, where may the object pronoun be placed?

_____

In summary, direct object pronouns match in gender (masculine or feminine) and number (singular or plural) with the nouns they replace, and are placed in the same position as the object pronouns **me** and **te**—that is, before conjugated verbs or attached to infinitives.

PRÁCTICA

A. ¿Dónde está? El compañero de cuarto de Manolo es muy desordenado; él nunca sabe dónde están sus cosas. ¿Qué cosas busca ahora? Completa los diálogos con la(s) palabra(s) apropiada(s) de la lista.

¡Fíjate!

Remember that direct object pronouns match the nouns they replace in gender and in number.

discos compactos	calculadora	diccionarios
el cheque de la renta	las fotografías	plumas

1. —¿Tienes _____?
   —No, ¡tú lo tienes!

2. —¿Dónde está mi _____?
   —No sé. No la necesito para nada.

3. —¿Tienes mis _____?
   —No, no las tengo. Yo uso lápices.

4. —¿Dónde están mis _____?
   —No sé. Yo no los tengo. No escucho tu música.

5. —¿Tienes _____ de la fiesta?
   —No, Sofía las tiene.

6. —¿Tienes mis _____?
   —No, yo nunca los uso.

¡Yo no los tengo!

B. La comida. Habla con un(a) compañero/a acerca de lo que les gusta comer y beber. No repitan la comida; usen **lo, la, los** o **las**.

> **Modelo** —¿Prefieres las hamburguesas con queso o sin queso?
> —**Las prefiero sin queso. ¿Y tú?**

1. ¿Cómo sirven el pollo en tu casa, frito (*fried*) o asado (*grilled*)?

2. ¿Cómo tomas el café, negro o con leche?

3. ¿Bebes la leche fría (*cold*) o caliente (*hot*)?

4. ¿Prefieres los huevos fritos o en *omelette*?

5. ¿Prefieres las enchiladas de pollo o de queso?

6. ¿Cómo sirven el espagueti en tu casa, con carne o con mantequilla (*butter*)?

C. En la casa. Entrevista a un(a) compañero/a. No repitas el objeto directo (*it is underlined*). Usa **lo, la, los** o **las** en tus respuestas, según sea necesario.

> **Modelo** —¿Cuándo limpias <u>tu cuarto</u>?
> —**Lo limpio cuando tengo tiempo. ¿Y tú?**

1. ¿Cuándo visitas a <u>tus abuelos</u>? _____

2. ¿A qué hora haces <u>la tarea</u>? _____

3. ¿Qué día limpias <u>tu cuarto</u>? _____

4. ¿Con quién ves <u>películas</u> (*movies*)? _____

5. ¿Para qué usas <u>tu computadora</u>? _____

D. ¡Cuánta repetición! The following comments are too repetitive. Use **lo, la, los,** and **las** to make the conversations less repetitive. Then practice the dialogue with a classmate.

> **Modelo** —¿Adónde va **tu novio**?
> —Va a San Francisco. Mañana tengo que llevar a **mi novio** al aeropuerto y no voy a ver a **mi novio** hasta el domingo.
>
> **Sin repetición**
> —Va a San Francisco. Mañana lo tengo que llevar al aeropuerto y no lo voy a ver hasta el domingo.
> *or*
> —Va a San Francisco. Mañana tengo que llevarlo al aeropuerto y no voy a verlo hasta el domingo.

1. — ¡Qué bonita **pluma**!

— Gracias. ¿Quieres **la pluma**? Tengo muchas.

— ¿Puedo usar **la pluma**?

— Sí, es tuya (*it's yours*).

Sin repetición

— ¡Qué bonita pluma!

— _____

— _____

— _____

> **¡Fíjate!**
> Remember that object pronouns are placed before a conjugated verb or attached to an infinitive.

2. — ¿Ves **a tus padres** con frecuencia?

— No mucho, veo **a mis padres** dos o tres veces al año.

— ¿Tú visitas **a tus padres** en Miami o ellos te visitan aquí?

— Yo visito **a mis padres**. Ellos no pueden viajar.

Sin repetición

— ¿Ves a tus padres con frecuencia?

— _____

— _____

— _____

3. — Mamá, **tu coche** siempre está limpio.

— Por supuesto, lavo **mi coche** con mucha frecuencia. También pongo **mi coche** en el garaje. Además, cuido mucho **mi coche**.

Sin repetición

— Mamá, tu coche siempre está limpio.

— _____

_____

_____

E. Preguntas personales. Usa las preguntas como guía para hablar con un(a) compañero/a; escribe sus respuestas. Usa **lo, la, los** y **las** para evitar la repetición cuando sea posible.

> **Modelo** — ¿Tienes muchos amigos? ¿Cuándo los ves? ¿Los visitas con frecuencia?
> — Me gusta tener amigos; por eso, tengo muchos. Los veo en la escuela todos los días, pero también los veo los fines de semana. Estudio con ellos con frecuencia. Casi nunca los visito porque ellos prefieren venir a mi casa.

1. ¿Tienes muchos amigos? ¿Cuándo los ves? ¿Los visitas con frecuencia?

_____
_____
_____
_____

¡Fíjate!

Be as creative as you can with your answers. Put all the Spanish you have acquired to work!

2. ¿Qué computadora usas? ¿La usas con mucha frecuencia? ¿Dónde la tienes?

_____
_____
_____
_____

3. ¿Siempre haces tu tarea? ¿A qué hora prefieres hacerla? ¿Dónde?

_____
_____
_____
_____

4. ¿Tienes novio/a? ¿Cómo se llama? ¿Lo/La ves todos los días? ¿Tus padres lo/la conocen? ¿Qué piensan de él/ella?

_____
_____
_____
_____

5. ¿Vives con tus padres? ¿Los ayudas en la casa? Si no vives con ellos, ¿los invitas a tu casa? ¿Los llamas por teléfono con frecuencia?

_____
_____
_____
_____

Glossary of Grammatical Terms

ADJECTIVE A word that modifies or describes a noun or pronoun.

muchos libros
many books

un hombre **rico**
*a **rich** man*

las mujeres **altas**
*the **tall** women*

Demonstrative adjective An adjective that points out a specific noun.

esta fiesta
***this** party*

ese chico
***that** boy*

aquellas flores
***those** flowers*

Possessive adjective An adjective that indicates ownership or possession.

mi mejor vestido
***my** best dress*

Éste es **mi** hermano.
*This is **my** brother.*

Stressed possessive adjective A possessive adjective that emphasizes the owner or possessor.

Es un libro **mío**.
*It's **my book**./It's a book **of mine**.*

Es amiga **tuya**; yo no la conozco.
*She's a friend **of yours**; I don't know her.*

ADVERB A word that modifies or describes a verb, adjective, or another adverb.

Pancho escribe **rápidamente**.
*Pancho writes **quickly**.*

Este cuadro es **muy** bonito.
*This picture is **very** pretty.*

ARTICLE A word that points out either a specific (definite) noun or a non-specific (indefinite) noun.

Definite article An article that points out a specific noun.

el libro
the book

la maleta
the suitcase

los diccionarios
the dictionaries

las palabras
the words

Indefinite article An article that points out a noun in a general, non-specific way.

un lápiz
a pencil

una computadora
a computer

unos pájaros
some birds

unas escuelas
some schools

CLAUSE A group of words that contains both a conjugated verb and a subject, either expressed or implied.

Main (or Independent) clause A clause that can stand alone as a complete sentence.

Pienso ir a cenar pronto.
I plan to go to dinner soon.

Subordinate (or Dependent) clause A clause that does not express a complete thought and therefore cannot stand alone as a sentence.

Trabajo en la cafetería **porque necesito dinero para la escuela**.
*I work in the cafeteria **because I need money for school.***

COMPARATIVE A word or construction used with an adjective or adverb to express a comparison between two people, places, or things.

Este programa es **más interesante que** el otro.
*This program is **more interesting than** the other one.*

Tomás no es **tan alto como** Alberto.
*Tomás is not **as tall as** Alberto.*

CONJUGATION A set of the forms of a verb for a specific tense or mood or the process by which these verb forms are presented.

Preterit conjugation of **cantar**

cant**é**	cant**amos**
cant**aste**	cant**asteis**
cant**ó**	cant**aron**

CONJUNCTION A word or phrase used to connect words, clauses, or phrases.

Susana es de Cuba **y** Pedro es de España.
*Susana is from Cuba **and** Pedro is from Spain.*

No quiero estudiar, **pero** tengo que hacerlo.
*I don't want to study, **but** I have to do it.*

CONTRACTION The joining of two words into one. The only contractions in Spanish are **al** and **del**.

Mi hermano fue **al** concierto ayer.
*My brother went **to the** concert yesterday.*

Saqué dinero **del** banco.
*I took money **from the** bank.*

DIRECT OBJECT A noun or pronoun that directly receives the action of the verb.

Tomás lee **el libro**.   **La** pagó ayer.
*Tomás reads **the book**.   She paid **it** yesterday.*

GENDER The grammatical categorizing of certain kinds of words, such as nouns and pronouns, as masculine, feminine, or neuter.

Masculine
articles **el**, un**o**
pronouns **él**, l**o**, mí**o**, ést**e**, és**e**
adjective simpátic**o**

Feminine
articles **la**, un**a**
pronouns **ella**, l**a**, mí**a**, ést**a**, és**a**, aquéll**a**
adjective simpátic**a**

GERUND See Present Participle on next page.

IMPERSONAL EXPRESSION A third-person pl. and sing. expression with no expressed or specific subject.

Es muy importante.   **Llueve** mucho.
It's very important.   It's raining hard.

Aquí **se habla** español.   **Sirven** lasaña.
*Spanish **is spoken** here.   They serve lasagna.*

INDIRECT OBJECT A noun or pronoun that receives the action of the verb indirectly; the object, often a living being, to or for whom an action is performed.

Eduardo **le** dio un libro **a Linda**.
*Eduardo gave a book **to Linda**.*

La profesora **me** dio una C en el examen.
*The professor gave **me** a C on the test.*

INFINITIVE The basic form of a verb. Infinitives in Spanish end in **-ar**, **-er**, or **-ir**.

hablar   correr   abrir
to speak   to run   to open

INTERROGATIVE An adjective or pronoun used to ask a question.

¿**Quién** habla?   ¿**Cuántos** compraste?
Who is speaking?   How many did you buy?

¿**Qué** piensas hacer hoy?
What do you plan to do today?

INVERSION Changing the word order of a sentence, often to form a question.

Statement: Tu mamá vive en Boston.

Inversion: ¿Vive en Boston tu mamá?

MOOD A grammatical distinction of verbs that indicates whether the verb is intended to make a statement or command, or to express a doubt, emotion, or condition contrary to fact.

Imperative mood Verb forms used to make commands.

Diga la verdad.   **Caminen** Uds. conmigo.
Tell the truth.   Walk with me.

¡**Comamos** ahora!
Let's eat now!

Indicative mood Verb forms used to state facts, actions, and states considered to be real.

Sé que **tienes** el dinero.
I know that you have the money.

Subjunctive mood Verb forms used principally in subordinate (or dependent) clauses to express wishes, desires, emotions, doubts, and certain conditions, such as contrary-to-fact situations.

Prefieren que **hables** en español.
*They prefer that **you speak** in Spanish.*

Dudo que Luis **tenga** el dinero necesario.
*I doubt that Luis **has** the necessary money.*

NOUN A word that identifies people, animals, places, things, and ideas.

hombre   gato
man   cat

México   casa
Mexico   house

libertad   libro
freedom   book

NUMBER A grammatical term that refers to singular or plural. Nouns in Spanish and English have number. Other parts of a sentence, such as adjectives, articles, and verbs, can also have number.

Singular	Plural
una cosa	**unas** cosa**s**
a thing	*some things*
el profesor	**los** profesor**es**
the professor	*the professors*

NUMBERS Words that represent amounts.

Cardinal numbers Words that show specific amounts.

cinco minutos
five minutes

el año **dos mil quince**
the year 2015

Ordinal numbers Words that indicate the order of a noun in a series.

el **cuarto** jugador   la **décima** hora
the fourth player   *the tenth hour*

PAST PARTICIPLE A past form of the verb used in compound tenses. The past participle may also be used as an adjective, but it must then agree in number and gender with the word it modifies.

Han **buscado** por todas partes.
They have searched everywhere.

Yo no había **estudiado** para el examen.
I hadn't studied for the exam.

Hay una **ventana rota** en la sala.
There is a broken window in the living room.

PERSON The form of the verb or pronoun that indicates the speaker, the one spoken to, or the one spoken about. In Spanish, as in English, there are three persons: first, second, and third.

Person	Singular	Plural
1st	**yo** *I*	**nosotros/as** *we*
2nd	**tú, Ud.** *you*	**vosotros/as, Uds.** *you*
3rd	**él, ella** *he/she*	**ellos, ellas** *they*

PREPOSITION A word that describes the relationship, most often in time or space, between two words.

Anita es **de** California.
Anita is from California.

La chaqueta está **en** el carro.
The jacket is in the car.

¿Quieres hablar **con** ella?
Do you want to speak to her?

PRESENT PARTICIPLE In English, a verb form that ends in *-ing*. In Spanish, the present participle ends in **–ndo**, and is often used with **estar** to form a progressive tense.

Mi hermana está **hablando** por teléfono ahora mismo.
My sister is talking on the phone right now.

PRONOUN A word that takes the place of a noun or nouns.

Demonstrative pronoun A pronoun that takes the place of a specific noun.

Quiero **ésta**.
I want this one.

¿Vas a comprar **ése**?
Are you going to buy that one?

Juan prefirió **aquéllos**.
Juan preferred those (over there).

Object pronoun A pronoun that functions as a direct or indirect object of the verb. Object pronouns may be placed before conjugated verbs or attached to an infinitive or present participle.

Te digo la verdad.
I'm telling you the truth.

Me lo trajo Juan.
Juan brought it to me.

Lo voy a llevar a la escuela.
Voy a **llevarlo** a la escuela.
I'm going to bring him to school.

Me estaba llamando por teléfono.
Estaba **llamándome** por teléfono.
She was calling me on the phone.

Reflexive pronoun A pronoun that indicates that the action of a verb is performed by the subject on itself. These pronouns are often expressed in English with -self: myself, yourself, etc.

Yo **me bañé** antes de salir.
I bathed (myself) before going out.

Elena **se acostó** a las once y media.
Elena went to bed at eleven-thirty.

Relative pronoun A pronoun that connects a subordinate clause to a main clause.

El chico **que** nos escribió viene a visitarnos mañana.
The boy who wrote to us is coming to visit us tomorrow.

Ya sé **lo que** tenemos que hacer.
I already know what we have to do.

Subject pronoun A pronoun that replaces the name or title of a person or thing and acts as the subject of a verb.

Tú debes estudiar más.
You should study more.

Él llegó primero.
He arrived first.

SUBJECT A noun or pronoun that performs the action of a verb and is often implied by the verb.

María va al supermercado.
María goes to the supermarket.

(Ellos) Trabajan mucho.
They work hard.

Esos **libros** son muy caros.
Those books are very expensive.

SUPERLATIVE A word or construction used with an adjective or adverb to express the highest or lowest degree of a specific quality among three or more people, places, or things.

Entre todas mis clases, ésta es la **más interesante**.
Among all my classes, this is the most interesting.

Raúl es el **menos simpático** de los chicos.
Raúl is the least pleasant of the boys.

TENSE A set of verb forms that indicates the time of an action or state: past, present, or future.

Compound tense A two-word tense made up of an auxiliary verb and a present or past participle. In Spanish, there are two auxiliary verbs: **estar** and **haber**.

En este momento, **estoy estudiando**.
At this time, I am studying.

El paquete no **ha llegado** todavía.
The package has not arrived yet.

Simple tense A tense expressed by a single verb form.

María **estaba** mal anoche.
María was ill last night.

Juana **hablará** con su mamá mañana.
Juana will speak with her mom tomorrow.

VERB A word that expresses actions or states-of-being.

Auxiliary verb A verb used with a present or past participle to form a compound tense. **Haber** is the most commonly used auxiliary verb in Spanish.

Los chicos **han** visto los elefantes.
The children have seen the elephants.

Espero que **hayas** comido.
I hope you have eaten.

Reflexive verb A verb that describes an action performed by the subject on itself and is always used with a reflexive pronoun.

Me compré un carro nuevo.
I bought myself a new car.

Pedro y Adela **se levantan** muy temprano.
Pedro and Adela get (themselves) up very early.

Spelling change verb A verb that undergoes a predictable change in spelling in order to reflect its actual pronunciation in the various conjugations.

practicar	c → qu	practico	practiqué
dirigir	g → j	dirijo	dirigí
almorzar	z → c	almorzó	almorcé

Stem-changing verb A verb whose stem vowel undergoes one or more predictable changes in the various conjugations.

entender (i → ie)	entiendo
pedir (e → i)	piden
dormir (o → ue, u)	duermo, durmieron

Verb Conjugation Tables

The verb lists

The list of verbs below and the model-verb tables that start on page 300 show you how to conjugate the most common verbs in Spanish, including every verb taught in **HOLA, ¿QUÉ TAL?** Each verb in the list is followed by a model verb conjugated according to the same pattern. The number in parentheses indicates where in the tables you can find the conjugated forms of the model verb. If you want to find out how to conjugate **divertirse**, for example, look up number 29, **sentir**, the model for verbs that follow the **i ➤ ie** stem-change pattern.

How to use the verb tables

In the tables you will find the infinitive, past and present participles, and all the simple forms of each model verb. The formation of the compound tenses of any verb can be inferred from the table of compound tenses, pages 300–301, either by combining the past participle of the verb with a conjugated form of **haber** or combining the present participle with a conjugated form of **estar**.

abrir like vivir (3) *except* past participle is abierto
acabar de like hablar (1)
aceptar like hablar (1)
aconsejar like hablar (1)
acostarse (o ➤ ue) like contar (21)
afeitarse like hablar (1)
ahorrar like hablar (1)
almorzar (o ➤ ue) like contar (21) *except* (z ➤ c)
alquilar like hablar (1)
andar like hablar (1) *except* preterit stem is anduv-
aprender like comer (2)
armar like hablar (1)
ayudar(se) like hablar (1)

bailar like hablar (1)
bañarse like hablar (1)
barrer like comer (2)
beber like comer (2)
besar(se) like hablar (1)
bucear like hablar (1)
buscar (c ➤ qu) like tocar (35)

cambiar like hablar (1)
cantar like hablar (1)
casarse like hablar (1)
castigar like hablar (1)
cenar like hablar (1)

chocar (c ➤ qu) like tocar (35)
colorear like hablar (1)
comer (2)
compartir like vivir (3)
comprar like hablar (1)
conocer (c ➤ zc) (30)
contar (o ➤ ue) (21)
correr like comer (2)
cortar like hablar (1)
costar (o ➤ ue) like contar (21)
creer (y) (31)
cruzar (z ➤ c) (32)
cuidar(se) like hablar (1)

dar(se) (4)
deber like comer (2)
decidir like vivir (3)
decir (e ➤ i) (5)
dejar like hablar (1)
desayunar like hablar (1)
descansar like hablar (1)
descomponerse like poner(se) (12)
dibujar like hablar (1)
discutir like vivir (3)
disfrazar(se) like hablar (1)
divertirse (e ➤ ie) like sentir (29)
divorciarse like hablar (1)
dormir(se) (o ➤ ue) (22)
ducharse like hablar (1)
dudar like hablar (1)

embarazar(se) like hablar (1)
empezar (e ➤ ie) (z ➤ c) (23)
empujar like hablar (1)
enamorarse like hablar (1)
encantar like hablar (1)
encontrar(se) (o ➤ ue) like contar (21)
enfermarse like hablar (1)
enseñar like hablar (1)
entender (e ➤ ie) (24)
entrar like hablar (1)
entregar like hablar (1) *except* (g ➤ gu)
entrenarse like hablar (1)
escribir like vivir (3) *except* past participle is escrito
escuchar like hablar (1)
esperar like hablar (1)
esquiar (esquío) (33)
estacionar(se) like hablar (1)
estar (6)
estudiar like hablar (1)
explicar (c ➤ qu) like tocar (35)

fascinar like hablar (1)
frenar like hablar (1)
fumar like hablar (1)

ganar like hablar (1)
gastar like hablar (1)
gustar like hablar (1)

haber (hay) (7)
hablar (1)
hacer (8)

iluminar like hablar (1)
importar like hablar (1)
interesar like hablar (1)
invitar like hablar (1)
ir(se) (9)

jugar (u→ue) (g→gu) (25)
juntar(se) like hablar (1)

lastimarse like hablar (1)
lavar(se) like hablar (1)
leer (y) like creer (31)
levantar(se) like hablar (1)
limpiar like hablar (1)
llamar(se) like hablar (1)
llegar (g→gu) (34)
llenar like hablar (1)
llevar(se) like hablar (1)
mandar like hablar (1)
manejar like hablar (1)
mirar like hablar (1)
molestar like hablar (1)
montar like hablar (1)
morir (o→ue) like dormir (22) *except* past participle is muerto
mudarse like hablar (1)

necesitar like hablar (1)
nevar (e→ie) like pensar (27)

obedecer (c→zc) like conocer (30)
ofrecer (c→zc) like conocer (30)
oír (10)

pagar (g→gu) like llegar (34)
parar(se) like hablar (1)
pasar(se) like hablar (1)
pasear like hablar (1)
patinar like hablar (1)
pedir (e→i) (26)
pegar like hablar (1) *except* (g→gu)
pelearse like hablar (1)
pensar (e→ie) (27)
perder (e→ie) like entender (24)
pintar(se) like hablar (1)
planchar like hablar (1)
poder (o→ue) (11)
poner(se) (12)

ponchar(se) like hablar (1)
portar(se) like hablar (1)
practicar (c→qu) like tocar (35)
preferir (e→ie) like sentir (29)
prestar like hablar (1)
prometer like comer (2)

quedar(se) like hablar (1)
querer (e→ie) (13)
quitar(se) like hablar (1)

rasurar(se) like hablar (1)
recibir(se) like vivir (3)
recomendar (e→ie) like pensar (27)
recordar (o→ue) like contar (21)
regalar like hablar (1)
regañar like hablar (1)
romper(se) like comer (2) *except* past participle is roto

saber (14)
sacar (c→qu) like tocar (35)
salir(se) (15)
saltar like hablar (1)
seguir (e→i) (28)
sentir(se) (e→ie) (29)
separarse like hablar (1)
ser (16)
servir (e→i) like pedir (26)
solicitar like hablar (1)
subir(se) like vivir (3)

tener (e→ie) (17)
terminar like hablar (1)
tocar (c→qu) (35)
tomar like hablar (1)
trabajar like hablar (1)
traer (18)

usar like hablar (1)

vender like comer (2)
venir (e→ie) (19)
ver (20)
vestir(se) (e→i) (36)
viajar like hablar (1)
visitar like hablar (1)
vivir (3)

Regular verbs: simple tenses

| Infinitive | INDICATIVE | | | | | SUBJUNCTIVE | | IMPERATIVE |
	Present	Imperfect	Preterit	Future	Conditional	Present	Past	
1 hablar	hablo	hablaba	hablé	hablaré	hablaría	hable	hablara	
	hablas	hablabas	hablaste	hablarás	hablarías	hables	hablaras	habla tú (no hables)
	habla	hablaba	habló	hablará	hablaría	hable	hablara	hable Ud.
Participles:	hablamos	hablábamos	hablamos	hablaremos	hablaríamos	hablemos	habláramos	hablemos
hablando	habláis	hablabais	hablasteis	hablaréis	hablaríais	habléis	hablarais	hablad (no habléis)
hablado	hablan	hablaban	hablaron	hablarán	hablarían	hablen	hablaran	hablen Uds.
2 comer	como	comía	comí	comeré	comería	coma	comiera	
	comes	comías	comiste	comerás	comerías	comas	comieras	come tú (no comas)
	come	comía	comió	comerá	comería	coma	comiera	coma Ud.
Participles:	comemos	comíamos	comimos	comeremos	comeríamos	comamos	comiéramos	comamos
comiendo	coméis	comíais	comisteis	comeréis	comeríais	comáis	comierais	comed (no comáis)
comido	comen	comían	comieron	comerán	comerían	coman	comieran	coman Uds.
3 vivir	vivo	vivía	viví	viviré	viviría	viva	viviera	
	vives	vivías	viviste	vivirás	vivirías	vivas	vivieras	vive tú (no vivas)
	vive	vivía	vivió	vivirá	viviría	viva	viviera	viva Ud.
Participles:	vivimos	vivíamos	vivimos	viviremos	viviríamos	vivamos	viviéramos	vivamos
viviendo	vivís	vivíais	vivisteis	viviréis	viviríais	viváis	vivierais	vivid (no viváis)
vivido	viven	vivían	vivieron	vivirán	vivirían	vivan	vivieran	vivan Uds.

All verbs: compound tenses

PERFECT TENSES

INDICATIVE

Present Perfect		Past Perfect		Future Perfect		Conditional Perfect	
he		había		habré		habría	
has	hablado	habías	hablado	habrás	hablado	habrías	hablado
ha	comido	había	comido	habrá	comido	habría	comido
hemos	vivido	habíamos	vivido	habremos	vivido	habríamos	vivido
habéis		habíais		habréis		habríais	
han		habían		habrán		habrían	

SUBJUNCTIVE

Present Perfect		Past Perfect	
haya		hubiera	
hayas	hablado	hubieras	hablado
haya	comido	hubiera	comido
hayamos	vivido	hubiéramos	vivido
hayáis		hubierais	
hayan		hubieran	

PROGRESSIVE TENSES

	INDICATIVE				SUBJUNCTIVE	
	Present Progressive	Past Progressive	Future Progressive	Conditional Progressive	Present Progressive	Past Progressive
	estoy estás está estamos estáis estan + hablando comiendo viviendo	estaba estabas estaba estábamos estabais estaban + hablando comiendo viviendo	estaré estarás estará estaremos estaréis estarán + hablando comiendo viviendo	estaría estarías estaría estaríamos estaríais estarían + hablando comiendo viviendo	esté estés esté estemos estéis estén + hablando comiendo viviendo	estuviera estuvieras estuviera estuviéramos estuvierais estuvieran + hablando comiendo viviendo

Irregular verbs

Infinitive	INDICATIVE					SUBJUNCTIVE		IMPERATIVE
	Present	Imperfect	Preterit	Future	Conditional	Present	Past	
4 dar	**doy** das da damos dais dan	daba dabas daba dábamos dabais daban	**di** diste dio dimos disteis dieron	daré darás dará daremos daréis darán	daría darías daría daríamos daríais darían	**dé** des dé demos deis den	diera dieras diera diéramos dierais dieran	da tú (no **des**) **dé** Ud. **demos** dad (no **deis**) **den** Uds.
Participles: dando dado								
5 decir (e → i)	**digo** dices dice decimos decís dicen	decía decías decía decíamos decíais decían	**dije** dijiste dijo dijimos dijisteis dijeron	**diré** dirás dirá diremos diréis dirán	diría dirías diría diríamos diríais dirían	diga digas diga digamos digáis digan	dijera dijeras dijera dijéramos dijerais dijeran	di tú (no **digas**) **diga** Ud. **digamos** decid (no **digáis**) **digan** Uds.
Participles: diciendo dicho								
6 estar	**estoy** estás está estamos estáis están	estaba estabas estaba estábamos estabais estaban	**estuve** estuviste estuvo estuvimos estuvisteis estuvieron	estaré estarás estará estaremos estaréis estarán	estaría estarías estaría estaríamos estaríais estarían	esté estés esté estemos estéis estén	estuviera estuvieras estuviera estuviéramos estuvierais estuvieran	está tú (no estés) esté Ud. estemos estad (no estéis) estén Uds.
Participles: estando estado								

Infinitive	INDICATIVE					SUBJUNCTIVE		IMPERATIVE
	Present	Imperfect	Preterit	Future	Conditional	Present	Past	
7 haber **Participles:** habiendo habido	he has ha hemos habéis han	había habías había habíamos habíais habían	hube hubiste hubo hubimos hubisteis hubieron	habré habrás habrá habremos habréis habrán	habría habrías habría habríamos habríais habrían	haya hayas haya hayamos hayáis hayan	hubiera hubieras hubiera hubiéramos hubierais hubieran	
8 hacer **Participles:** haciendo hecho	hago haces hace hacemos hacéis hacen	hacía hacías hacía hacíamos hacíais hacían	hice hiciste hizo hicimos hicisteis hicieron	haré harás hará haremos haréis harán	haría harías haría haríamos haríais harían	haga hagas haga hagamos hagáis hagan	hiciera hicieras hiciera hiciéramos hicierais hicieran	haz tú (no **hagas**) haga Ud. hagamos haced (no **hagáis**) hagan Uds.
9 ir **Participles:** yendo ido	voy vas va vamos vais van	iba ibas iba íbamos ibais iban	fui fuiste fue fuimos fuisteis fueron	iré irás irá iremos iréis irán	iría irías iría iríamos iríais irían	vaya vayas vaya vayamos vayáis vayan	fuera fueras fuera fuéramos fuerais fueran	ve tú (no **vayas**) vaya Ud. vamos id (no **vayáis**) vayan Uds.
10 oír (y) **Participles:** oyendo oído	oigo oyes oye oímos oís oyen	oía oías oía oíamos oíais oían	oí oíste oyó oímos oísteis oyeron	oiré oirás oirá oiremos oiréis oirán	oiría oirías oiría oiríamos oiríais oirían	oiga oigas oiga oigamos oigáis oigan	oyera oyeras oyera oyéramos oyerais oyeran	oye tú (no **oigas**) oiga Ud. oigamos oíd (no **oigáis**) oigan Uds.
11 poder (o → ue) **Participles:** pudiendo podido	puedo puedes puede podemos podéis pueden	podía podías podía podíamos podíais podían	pude pudiste pudo pudimos pudisteis pudieron	podré podrás podrá podremos podréis podrán	podría podrías podría podríamos podríais podrían	pueda puedas pueda podamos podáis puedan	pudiera pudieras pudiera pudiéramos pudierais pudieran	puede tú (no **puedas**) pueda Ud. ' podamos poded (no podáis) puedan Uds.
12 poner **Participles:** poniendo puesto	pongo pones pone ponemos ponéis ponen	ponía ponías ponía poníamos poníais ponían	puse pusiste puso pusimos pusisteis pusieron	pondré pondrás pondrá pondremos pondréis pondrán	pondría pondrías pondría pondríamos pondríais pondrían	ponga pongas ponga pongamos pongáis pongan	pusiera pusieras pusiera pusiéramos pusierais pusieran	pon tú (no **pongas**) ponga Ud. pongamos poned (no **pongáis**) pongan Uds.

Infinitive	INDICATIVE					SUBJUNCTIVE		IMPERATIVE
	Present	Imperfect	Preterit	Future	Conditional	Present	Past	
13 querer (e→ie)	**quiero**	quería	**quise**	**querré**	**querría**	**quiera**	**quisiera**	
	quieres	querías	**quisiste**	**querrás**	**querrías**	**quieras**	**quisieras**	**quiere** tú (no **quieras**)
	quiere	quería	**quiso**	**querrá**	**querría**	**quiera**	**quisiera**	**quiera** Ud.
Participles:	queremos	queríamos	**quisimos**	**querremos**	**querríamos**	queramos	**quisiéramos**	**queramos**
queriendo	queréis	queríais	**quisisteis**	**querréis**	**querríais**	queráis	**quisierais**	quered (no queráis)
querido	**quieren**	querían	**quisieron**	**querrán**	**querrían**	**quieran**	**quisieran**	**quieran** Uds.
14 saber	**sé**	sabía	**supe**	**sabré**	**sabría**	**sepa**	**supiera**	
	sabes	sabías	**supiste**	**sabrás**	**sabrías**	**sepas**	**supieras**	sabe tú (no **sepas**)
	sabe	sabía	**supo**	**sabrá**	**sabría**	**sepa**	**supiera**	**sepa** Ud.
Participles:	sabemos	sabíamos	**supimos**	**sabremos**	**sabríamos**	**sepamos**	**supiéramos**	**sepamos**
sabiendo	sabéis	sabíais	**supisteis**	**sabréis**	**sabríais**	**sepáis**	**supierais**	sabed (no **sepáis**)
sabido	saben	sabían	**supieron**	**sabrán**	**sabrían**	**sepan**	**supieran**	**sepan** Uds.
15 salir	**salgo**	salía	salí	**saldré**	**saldría**	**salga**	saliera	
	sales	salías	saliste	**saldrás**	**saldrías**	**salgas**	salieras	**sal** tú (no **salgas**)
	sale	salía	salió	**saldrá**	**saldría**	**salga**	saliera	**salga** Ud.
Participles:	salimos	salíamos	salimos	**saldremos**	**saldríamos**	**salgamos**	saliéramos	**salgamos**
saliendo	salís	salíais	salisteis	**saldréis**	**saldríais**	**salgáis**	salierais	salid (no **salgáis**)
salido	salen	salían	salieron	**saldrán**	**saldrían**	**salgan**	salieran	**salgan** Uds.
16 ser	**soy**	**era**	**fui**	seré	sería	**sea**	**fuera**	
	eres	**eras**	**fuiste**	serás	serías	**seas**	**fueras**	**sé** tú (no **seas**)
	es	**era**	**fue**	será	sería	**sea**	**fuera**	**sea** Ud.
Participles:	**somos**	**éramos**	**fuimos**	seremos	seríamos	**seamos**	**fuéramos**	**seamos**
siendo	**sois**	erais	**fuisteis**	seréis	seríais	**seáis**	**fuerais**	sed (no **seáis**)
sido	**son**	eran	**fueron**	serán	serían	**sean**	**fueran**	**sean** Uds.
17 tener (e→ie)	**tengo**	**tenía**	**tuve**	**tendré**	**tendría**	**tenga**	**tuviera**	
	tienes	**tenías**	**tuviste**	**tendrás**	**tendrías**	**tengas**	**tuvieras**	**ten** tú (no **tengas**)
	tiene	**tenía**	**tuvo**	**tendrá**	**tendría**	**tenga**	**tuviera**	**tenga** Ud.
Participles:	tenemos	**teníamos**	**tuvimos**	**tendremos**	**tendríamos**	**tengamos**	**tuviéramos**	**tengamos**
teniendo	tenéis	**teníais**	**tuvisteis**	**tendréis**	**tendríais**	**tengáis**	**tuvierais**	tened (no **tengáis**)
tenido	**tienen**	**tenían**	**tuvieron**	**tendrán**	**tendrían**	**tengan**	**tuvieran**	**tengan** Uds.
18 traer	**traigo**	traía	**traje**	traeré	traería	**traiga**	**trajera**	
	traes	traías	**trajiste**	traerás	traerías	**traigas**	**trajeras**	trae tú (no **traigas**)
	trae	traía	**trajo**	traerá	traería	**traiga**	**trajera**	**traiga** Ud.
Participles:	traemos	traíamos	**trajimos**	traeremos	traeríamos	**traigamos**	**trajéramos**	**traigamos**
trayendo	traéis	traíais	**trajisteis**	traeréis	traeríais	**traigáis**	**trajerais**	traed (no **traigáis**)
traído	traen	traían	**trajeron**	traerán	traerían	**traigan**	**trajeran**	**traigan** Uds.

19

Infinitive	INDICATIVE					SUBJUNCTIVE		IMPERATIVE
	Present	Imperfect	Preterit	Future	Conditional	Present	Past	
venir (e→ie)	vengo	venía	vine	vendré	vendría	venga	viniera	
	vienes	venías	viniste	vendrás	vendrías	vengas	vinieras	ven tú (no vengas)
	viene	venía	vino	vendrá	vendría	venga	viniera	venga Ud.
Participles:	venimos	veníamos	vinimos	vendremos	vendríamos	vengamos	viniéramos	vengamos
viniendo	venís	veníais	vinisteis	vendréis	vendríais	vengáis	vinierais	venid (no vengáis)
venido	vienen	venían	vinieron	vendrán	vendrían	vengan	vinieran	vengan Uds.

20

Infinitive	INDICATIVE					SUBJUNCTIVE		IMPERATIVE
	Present	Imperfect	Preterit	Future	Conditional	Present	Past	
ver	veo	veía	vi	veré	vería	vea	viera	
	ves	veías	viste	verás	verías	veas	vieras	ve tú (no veas)
	ve	veía	vio	verá	vería	vea	viera	vea Ud.
Participles:	vemos	veíamos	vimos	veremos	veríamos	veamos	viéramos	veamos
viendo	veis	veíais	visteis	veréis	veríais	veáis	vierais	ved (no veáis)
visto	ven	veían	vieron	verán	verían	vean	vieran	vean Uds.

Stem–changing verbs

21

Infinitive	INDICATIVE					SUBJUNCTIVE		IMPERATIVE
	Present	Imperfect	Preterit	Future	Conditional	Present	Past	
contar (o→ue)	cuento	contaba	conté	contaré	contaría	cuente	contara	
	cuentas	contabas	contaste	contarás	contarías	cuentes	contaras	cuenta tú (no cuentes)
	cuenta	contaba	contó	contará	contaría	cuente	contara	cuente Ud.
Participles:	contamos	contábamos	contamos	contaremos	contaríamos	contemos	contáramos	contemos
contando	contáis	contabais	contasteis	contaréis	contaríais	contéis	contarais	contad (no contéis)
contado	cuentan	contaban	contaron	contarán	contarían	cuenten	contaran	cuenten Uds.

22

Infinitive	INDICATIVE					SUBJUNCTIVE		IMPERATIVE
	Present	Imperfect	Preterit	Future	Conditional	Present	Past	
dormir (o→ue)	duermo	dormía	dormí	dormiré	dormiría	duerma	durmiera	
	duermes	dormías	dormiste	dormirás	dormirías	duermas	durmieras	duerme tú (no duermas)
	duerme	dormía	durmió	dormirá	dormiría	duerma	durmiera	duerma Ud.
Participles:	dormimos	dormíamos	dormimos	dormiremos	dormiríamos	durmamos	durmiéramos	durmamos
durmiendo	dormís	dormíais	dormisteis	dormiréis	dormiríais	durmáis	durmierais	dormid (no durmáis)
dormido	duermen	dormían	durmieron	dormirán	dormirían	duerman	durmieran	duerman Uds.

23

Infinitive	INDICATIVE					SUBJUNCTIVE		IMPERATIVE
	Present	Imperfect	Preterit	Future	Conditional	Present	Past	
empezar (e→ie) (z:c)	empiezo	empezaba	empecé	empezaré	empezaría	empiece	empezara	
	empiezas	empezabas	empezaste	empezarás	empezarías	empieces	empezaras	empieza tú (no empieces)
	empieza	empezaba	empezó	empezará	empezaría	empiece	empezara	empiece Ud.
Participles:	empezamos	empezábamos	empezamos	empezaremos	empezaríamos	empecemos	empezáramos	empecemos
empezando	empezáis	empezabais	empezasteis	empezaréis	empezaríais	empecéis	empezarais	empezad (no empecéis)
empezado	empiezan	empezaban	empezaron	empezarán	empezarían	empiecen	empezaran	empiecen Uds.

24. entender (e→ie)
Participles: entendiendo, entendido

	INDICATIVE					SUBJUNCTIVE		IMPERATIVE
	Present	Imperfect	Preterit	Future	Conditional	Present	Past	
	entiendo	entendía	entendí	entenderé	entendería	entienda	entendiera	
	entiendes	entendías	entendiste	entenderás	entenderías	entiendas	entendieras	entiende tú (no entiendas)
	entiende	entendía	entendió	entenderá	entendería	entienda	entendiera	entienda Ud.
	entendemos	entendíamos	entendimos	entenderemos	entenderíamos	entendamos	entendiéramos	entendamos
	entendéis	entendíais	entendisteis	entenderéis	entenderíais	entendáis	entendierais	entended (no entendáis)
	entienden	entendían	entendieron	entenderán	entenderían	entiendan	entendieran	entiendan Uds.

25. jugar (u→ue) (g:gu)
Participles: jugando, jugado

	INDICATIVE					SUBJUNCTIVE		IMPERATIVE
	Present	Imperfect	Preterit	Future	Conditional	Present	Past	
	juego	jugaba	jugué	jugaré	jugaría	juegue	jugara	
	juegas	jugabas	jugaste	jugarás	jugarías	juegues	jugaras	juega tú (no juegues)
	juega	jugaba	jugó	jugará	jugaría	juegue	jugara	juegue Ud.
	jugamos	jugábamos	jugamos	jugaremos	jugaríamos	juguemos	jugáramos	juguemos
	jugáis	jugabais	jugasteis	jugaréis	jugaríais	juguéis	jugarais	jugad (no juguéis)
	juegan	jugaban	jugaron	jugarán	jugarían	jueguen	jugaran	jueguen Uds.

26. pedir (e→i)
Participles: pidiendo, pedido

	INDICATIVE					SUBJUNCTIVE		IMPERATIVE
	Present	Imperfect	Preterit	Future	Conditional	Present	Past	
	pido	pedía	pedí	pediré	pediría	pida	pidiera	
	pides	pedías	pediste	pedirás	pedirías	pidas	pidieras	pide tú (no pidas)
	pide	pedía	pidió	pedirá	pediría	pida	pidiera	pida Ud.
	pedimos	pedíamos	pedimos	pediremos	pediríamos	pidamos	pidiéramos	pidamos
	pedís	pedíais	pedisteis	pediréis	pediríais	pidáis	pidierais	pedid (no pidáis)
	piden	pedían	pidieron	pedirán	pedirían	pidan	pidieran	pidan Uds.

27. pensar (e→ie)
Participles: pensando, pensado

	INDICATIVE					SUBJUNCTIVE		IMPERATIVE
	Present	Imperfect	Preterit	Future	Conditional	Present	Past	
	pienso	pensaba	pensé	pensaré	pensaría	piense	pensara	
	piensas	pensabas	pensaste	pensarás	pensarías	pienses	pensaras	piensa tú (no pienses)
	piensa	pensaba	pensó	pensará	pensaría	piense	pensara	piense Ud.
	pensamos	pensábamos	pensamos	pensaremos	pensaríamos	pensemos	pensáramos	pensemos
	pensáis	pensabais	pensasteis	pensaréis	pensaríais	penséis	pensarais	pensad (no penséis)
	piensan	pensaban	pensaron	pensarán	pensarían	piensen	pensaran	piensen Uds.

28. seguir (e→i) (g:gu)
Participles: siguiendo, seguido

	INDICATIVE					SUBJUNCTIVE		IMPERATIVE
	Present	Imperfect	Preterit	Future	Conditional	Present	Past	
	sigo	seguía	seguí	seguiré	seguiría	siga	siguiera	
	sigues	seguías	seguiste	seguirás	seguirías	sigas	siguieras	sigue tú (no sigas)
	sigue	seguía	siguió	seguirá	seguiría	siga	siguiera	siga Ud.
	seguimos	seguíamos	seguimos	seguiremos	seguiríamos	sigamos	siguiéramos	sigamos
	seguís	seguíais	seguisteis	seguiréis	seguiríais	sigáis	siguierais	seguid (no sigáis)
	siguen	seguían	siguieron	seguirán	seguirían	sigan	siguieran	sigan Uds.

29. sentir (e→ie)
Participles: sintiendo, sentido

	INDICATIVE					SUBJUNCTIVE		IMPERATIVE
	Present	Imperfect	Preterit	Future	Conditional	Present	Past	
	siento	sentía	sentí	sentiré	sentiría	sienta	sintiera	
	sientes	sentías	sentiste	sentirás	sentirías	sientas	sintieras	siente tú (no sientas)
	siente	sentía	sintió	sentirá	sentiría	sienta	sintiera	sienta Ud.
	sentimos	sentíamos	sentimos	sentiremos	sentiríamos	sintamos	sintiéramos	sintamos
	sentís	sentíais	sentisteis	sentiréis	sentiríais	sintáis	sintierais	sentid (no sintáis)
	sienten	sentían	sintieron	sentirán	sentirían	sientan	sintieran	sientan Uds.

Reflexive verbs and verbs with spelling changes

Infinitive	Present	Imperfect	Preterit	Future	Conditional	Present (Subj.)	Past (Subj.)	IMPERATIVE
30 conocer (c→zc)	conozco	conocía	conocí	conoceré	conocería	conozca	conociera	
	conoces	conocías	conociste	conocerás	conocerías	conozcas	conocieras	conoce tú (no conozcas)
	conoce	conocía	conoció	conocerá	conocería	conozca	conociera	conozca Ud.
Participles:	conocemos	conocíamos	conocimos	conoceremos	conoceríamos	conozcamos	conociéramos	conozcamos
conociendo	conocéis	conocíais	conocisteis	conoceréis	conoceríais	conozcáis	conocierais	conoced (no conozcáis)
conocido	conocen	conocían	conocieron	conocerán	conocerían	conozcan	conocieran	conozcan Uds.
31 creer (y)	creo	creía	creí	creeré	creería	crea	creyera	
	crees	creías	creíste	creerás	creerías	creas	creyeras	cree tú (no creas)
	cree	creía	creyó	creerá	creería	crea	creyera	crea Ud.
Participles:	creemos	creíamos	creímos	creeremos	creeríamos	creamos	creyéramos	creamos
creyendo	creéis	creíais	creísteis	creeréis	creeríais	creáis	creyerais	creed (no creáis)
creído	creen	creían	creyeron	creerán	creerían	crean	creyeran	crean Uds.
32 cruzar (z:c)	cruzo	cruzaba	crucé	cruzaré	cruzaría	cruce	cruzara	
	cruzas	cruzabas	cruzaste	cruzarás	cruzarías	cruces	cruzaras	cruza tú (no cruces)
	cruza	cruzaba	cruzó	cruzará	cruzaría	cruce	cruzara	cruce Ud.
Participles:	cruzamos	cruzábamos	cruzamos	cruzaremos	cruzaríamos	crucemos	cruzáramos	crucemos
cruzando	cruzáis	cruzabais	cruzasteis	cruzaréis	cruzaríais	crucéis	cruzarais	cruzad (no crucéis)
cruzado	cruzan	cruzaban	cruzaron	cruzarán	cruzarían	crucen	cruzaran	crucen Uds.
33 esquiar (esquió)	esquio	esquiaba	esquié	esquiaré	esquiaría	esquie	esquiara	
	esquias	esquiabas	esquiaste	esquiarás	esquiarías	esquies	esquiaras	esquia tú (no esquies)
	esquia	esquiaba	esquió	esquiará	esquiaría	esquie	esquiara	esquie Ud.
Participles:	esquiamos	esquiábamos	esquiamos	esquiaremos	esquiaríamos	esquiemos	esquiáramos	esquiemos
esquiando	esquiáis	esquiabais	esquiasteis	esquiaréis	esquiaríais	esquiéis	esquiarais	esquiad (no esquiéis)
esquiado	esquian	esquiaban	esquiaron	esquiarán	esquiarían	esquien	esquiaran	esquien Uds.
34 llegar (g:gu)	llego	llegaba	llegué	llegaré	llegaría	llegue	llegara	
	llegas	llegabas	llegaste	llegarás	llegarías	llegues	llegaras	llega tú (no llegues)
	llega	llegaba	llegó	llegará	llegaría	llegue	llegara	llegue Ud.
Participles:	llegamos	llegábamos	llegamos	llegaremos	llegaríamos	lleguemos	llegáramos	lleguemos
llegando	llegáis	llegabais	llegasteis	llegaréis	llegaríais	lleguéis	llegarais	llegad (no lleguéis)
llegado	llegan	llegaban	llegaron	llegarán	llegarían	lleguen	llegaran	lleguen Uds.

Infinitive	INDICATIVE					SUBJUNCTIVE		IMPERATIVE
	Present	Imperfect	Preterit	Future	Conditional	Present	Past	
35 tocar (c:qu)	toco	tocaba	**toqué**	tocaré	tocaría	**toque**	tocara	
	tocas	tocabas	tocaste	tocarás	tocarías	**toques**	tocaras	toca tú (no **toques**)
	toca	tocaba	tocó	tocará	tocaría	**toque**	tocara	**toque** Ud.
Participles:	tocamos	tocábamos	tocamos	tocaremos	tocaríamos	**toquemos**	tocáramos	**toquemos**
tocando	tocáis	tocabais	tocasteis	tocaréis	tocaríais	**toquéis**	tocarais	tocad (no **toquéis**)
tocado	tocan	tocaban	tocaron	tocarán	tocarían	**toquen**	tocaran	**toquen** Uds.
36 vestir(se) (e→i)	**me visto**	me vestía	me vestí	me vestiré	me vestiría	**me vista**	**me vistiera**	
	te vistes	te vestías	te vestiste	te vestirás	te vestirías	**te vistas**	**te vistieras**	**vístete** tú (no te vistas)
	se viste	se vestía	**se vistió**	se vestirá	se vestiría	**se vista**	**se vistiera**	**vístase** Ud.
Participles:	nos vestimos	nos vestíamos	nos vestimos	nos vestiremos	nos vestiríamos	**nos vistamos**	**nos vistiéramos**	**vistámonos**
vistiendo	os vestís	os vestíais	os vestisteis	os vestiréis	os vestiríais	**os vistáis**	**os vistierais**	vestíos (no os **vistáis**)
vestido	**se visten**	se vestían	**se vistieron**	se vestirán	se vestirían	**se vistan**	**se vistieran**	**vístanse** Uds.

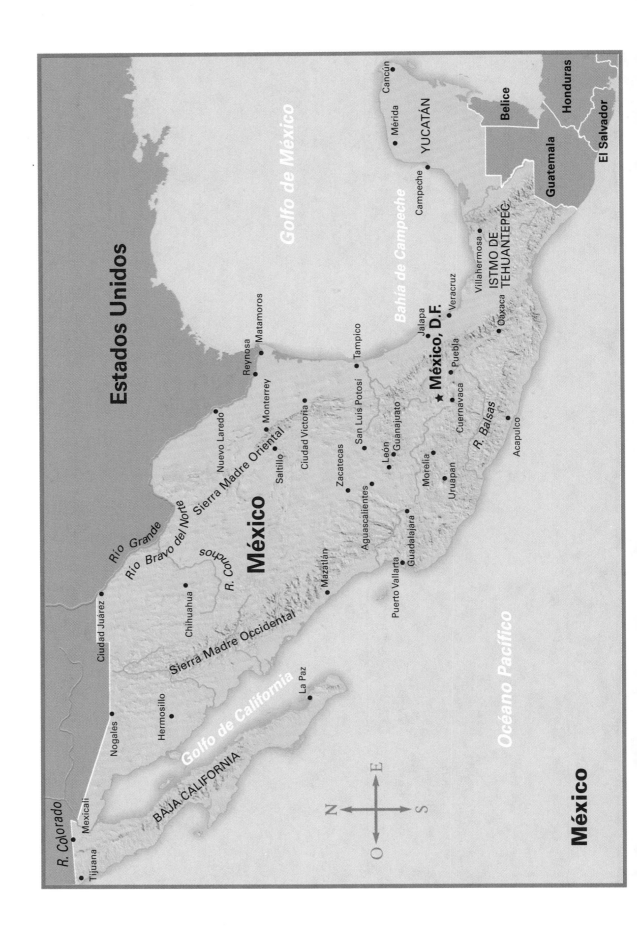

México

308

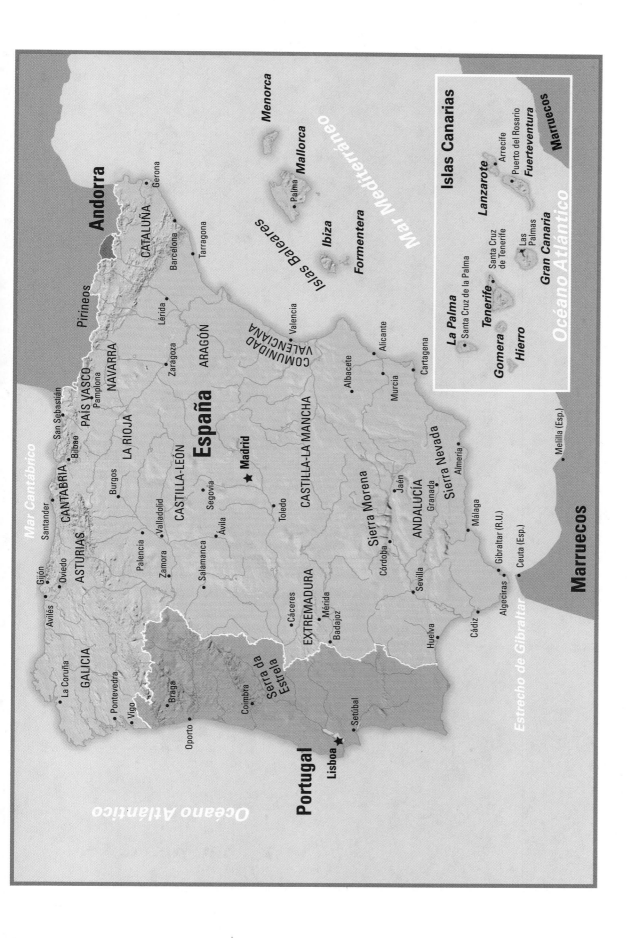

Andorra

Pirineos

CATALUÑA

Gerona

Barcelona

Tarragona

Menorca

Mallorca

Palma

Ibiza

Formentera

Islas Baleares

Mar Mediterráneo

NAVARRA

Pamplona

PAÍS VASCO

San Sebastián

Bilbao

LA RIOJA

Lérida

Zaragoza

ARAGÓN

COMUNIDAD VALENCIANA

Valencia

Alicante

Albacete

Murcia

Cartagena

Mar Cantábrico

Santander

CANTABRIA

ASTURIAS

Oviedo

Gijón

Avilés

GALICIA

La Coruña

Pontevedra

Vigo

Burgos

Palencia

Valladolid

Zamora

CASTILLA-LEÓN

Salamanca

Segovia

Ávila

España

★ Madrid

Toledo

CASTILLA-LA MANCHA

Sierra Morena

Córdoba

Sevilla

Huelva

Cádiz

Algeciras

Gibraltar (R.U.)

Ceuta (Esp.)

ANDALUCÍA

Jaén

Granada

Sierra Nevada

Almería

Málaga

Melilla (Esp.)

EXTREMADURA

Cáceres

Mérida

Badajoz

Serra da Estrela

Braga

Coimbra

Oporto

Portugal

Lisboa ★

Setúbal

Océano Atlántico

Estrecho de Gibraltar

Marruecos

Islas Canarias

Marruecos

Lanzarote

Arrecife

Puerto del Rosario

Fuerteventura

Santa Cruz de Tenerife

Las Palmas

Gran Canaria

La Palma

Santa Cruz de la Palma

Tenerife

Gomera

Hierro

Océano Atlántico

América del Sur

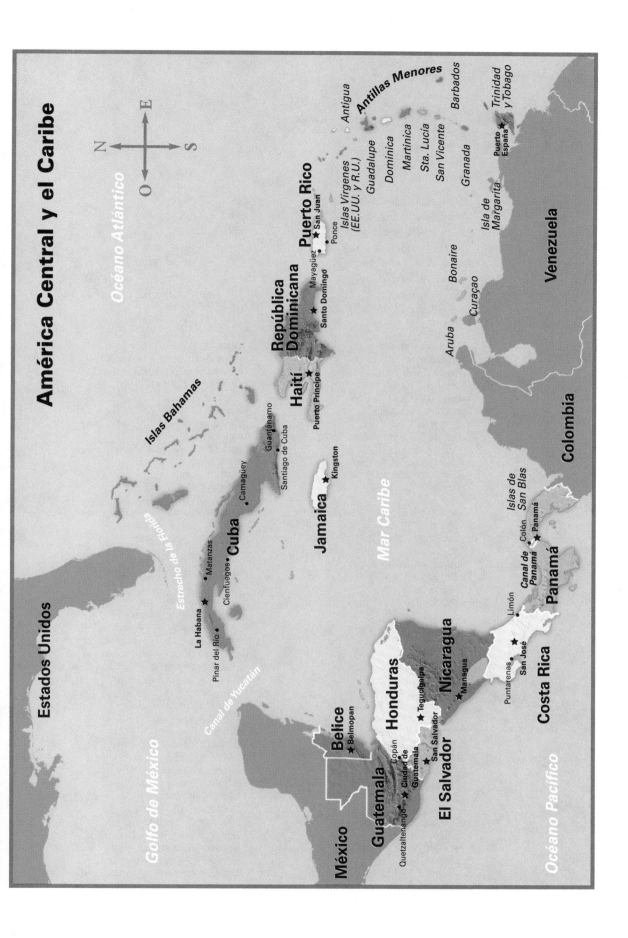

América Central y el Caribe

Estados Unidos

Golfo de México

Océano Atlántico

N
E
O
S

Islas Bahamas

Estrecho de la Florida

México

Canal de Yucatán

Pinar del Río •
La Habana ★
Cienfuegos •
Matanzas •
Cuba
Camagüey •
Guantánamo •
Santiago de Cuba •

Jamaica
★ Kingston

Mar Caribe

Belice
★ Belmopan

Quetzaltenango •
★ Ciudad de
Guatemala
Guatemala

Copán
Honduras
★ Tegucigalpa
San Salvador ★
El Salvador

Nicaragua
★ Managua

Limón •

Puntarenas •
San José ★
Costa Rica

Océano Pacífico

Islas de San Blas

Colón •
Panamá ★
Panamá
Canal de Panamá

Haití
Puerto Príncipe ★

República Dominicana
Santo Domingo ★
Mayagüez •

Puerto Rico
San Juan ★
Ponce •

Islas Vírgenes
(EE.UU. y R.U.)

Antigua

Antillas Menores

Guadalupe

Dominica

Martinica

Sta. Lucía

San Vicente

Barbados

Granada

Isla de Margarita

Aruba
Curaçao
Bonaire

Trinidad y Tobago

Puerto España ★

Venezuela

Colombia

311

Guide to Vocabulary

Note on alphabetization

For purposes of alphabetization, **ch** and **ll** are not treated as separate letters, but **ñ** still follows **n**. Therefore, in this glossary you will find that **año**, for example, appears after **anuncio**.

Abbreviations used in this glossary

adj.	adjective	*form.*	formal	*pl.*	plural
adv.	adverb	*indef.*	indefinite	*poss.*	possessive
art.	article	*interj.*	interjection	*prep.*	preposition
conj.	conjunction	*i.o.*	indirect object	*pron.*	pronoun
def.	definite	*m.*	masculine	*ref.*	reflexive
d.o.	direct object	*n.*	noun	*sing.*	singular
f.	feminine	*obj.*	object	*sub.*	subject
fam.	familiar	*p.p.*	past participle	*v.*	verb

Spanish-English

A

a *prep.* at; to
  ¿A qué hora...? At what time...? **2**
  a bordo aboard
  a dieta on a diet
  a la derecha de to the right of
  a la izquierda de to the left of
  a la plancha grilled
  a la(s) + *time* at + *time*
  a menos que unless
  a menudo often
  a mi nombre in my name
  a nombre de in the name of
  a plazos in installments
  A sus órdenes. At your service.
  a tiempo on time
  a veces sometimes **8**
  a ver let's see
al *conj., m., sing.* to the **8**
a la *f.,sing.* to the **8**
a las *f.,pl.* to the **8**
a los *m.,pl.* to the **8**
¡Abajo! *adv.* Down!
abeja *f.* bee
abierto/a *adj.* open; *p.p.* opened
abogado/a *m., f.* lawyer
abrazar(se) *v.* to hug; to embrace (each other)
abrazo *m.* hug
abrigo *m.* coat
abril *m.* April
abrir *v.* to open **8**
  abrir *v.* **los regalos** to open presents
abuelo/a *m., f.* grandfather; grandmother **4**
abuelos *pl.* grandparents **4**
aburrido/a *adj.* bored; boring **6**
aburrir *v.* to bore
aburrirse *v.* to get bored
acabar de (+ *inf.*) *v.* to have just (*done something*)
acampar *v.* to camp

ir de campamento to go camping
accidente *m.* accident
acción *f.* action
aceite *m.* oil
acelerar *v.* to accelerate
aceptar *v.* to accept
ácido/a *adj.* acid
acompañar *v.* to go with; to accompany
aconsejar *v.* to advise
acontecimiento *m.* event
acordarse (de) (o:ue) *v.* to remember
acostarse (o:ue) *v.* to lie down; to go to bed
  acostarse (o:ue) *v.* **tarde** to go to bed late
activo/a *adj.* active **3**
actor *m.* actor
actriz *f.* actress
actualidades *f., pl.* news; current events
acuático/a *adj.* aquatic
adelgazar *v.* to lose weight; to slim down
además (de) *adv.* furthermore; besides; in addition (to)
(a)dentro *adv.* inside
  estar adentro/dentro de to be inside
adicional *adj.* additional
adiós *m.* goodbye **1**
adjetivo *m.* adjective
administración de empresas *f.* business administration
administrador/a de empresas *m.f.* business administrator
adolescencia *f.* adolescence
adolorido/a *adj.* sore
¿adónde? *adv.* where (to)? (*destination*)
aduana *f.* customs
aeróbico/a *adj.* aerobic
aeropuerto *m.* airport **8**
afectado/a *adj.* affected
afeitarse *v.* to shave

aficionado/a *adj.* fan
afirmativo/a *adj.* affirmative
afueras *f., pl.* suburbs; outskirts
agencia de bienes raíces *f.* real estate agency
agencia de viajes *f.* travel agency
agente de viajes *m., f.* travel agent
agosto *m.* August
agradable *adj.* pleasant **6**
agrio/a *adj.* sour
agua *f.* water **9**
  agua mineral mineral water
ahora *adv.* now
  ahora mismo right now
ahorrar *v.* to save money
ahorros *m., pl.* savings
aire *m.* air
ajo *m.* garlic
al (*contraction of a + el*)
  al aire libre open-air
  al contado in cash
  (al) este (to the) east
  al fondo (de) at the end (of)
  al lado de next to; beside
  al lado derecho on the right side
  al lado izquierdo on the left side
  (al) norte (to the) north
  (al) oeste (to the) west
  (al) sur (to the) south
alcoba *f.* bedroom
alcohol *m.* alcohol
alcohólico/a *adj.* alcoholic
alegrarse (de) *v.* to be happy
alegre *adj.* happy; joyful
alegría *f.* happiness
alemán, alemana *adj.* German
alérgico/a *adj.* allergic
alfombra *f.* carpet; rug
algo *pron.* something; anything
algodón *m.* cotton
alguien *pron.* someone; anyone
algún, alguno/a(s) *adj.* any; some
  alguna vez ever
aliviar *v.* to relieve
  aliviar el estrés/la tensión to relieve stress/tension

allí *adv.* there
  allí mismo right there
almacén *m.* department store
almohada *f.* pillow
almorzar (o:ue) *v.* to have lunch 9
almuerzo *m.* lunch 9
¿Aló? *interj.* Hello?
  (*on the telephone*)
alojamiento *m.* lodging
alquilar *v.* to rent
alquiler *m.* rent
alternador *m.* alternator
altillo *m.* attic
alto/a *adj.* tall 6
alto *m.* red light
aluminio *m.* aluminum
amable *adj.* nice; friendly 6
ama *m., f.* **de casa** homemaker;
  housekeeper; housewife
amarillo/a *adj.* yellow
ambicioso/a *adj.* ambitious 3
amigo/a *m., f.* friend 4
amistad *f.* friendship
amor *m.* love
analista de sistemas *m., f.* systems
  analyst
anaranjado/a *adj.* orange
andar *v.* **en bicicleta** to ride a bike
anillo (de compromiso) *m.*
  (engagement) ring
animal *m.* animal
aniversario (de bodas) *m.*
  (wedding) anniversary
anoche *adv.* last night
anteayer *adv.* the day before
  yesterday
antes *adv.* before
  antes de *prep.* before
  antes (de) que *conj.* before
antropología *f.* anthropology 1
antibiótico *m.* antibiotic
antipático/a *adj.* unpleasant 6
anunciar *v.* to announce; to
  advertise
anuncio *m.* advertisement
año *m.* year
  el año pasado last year
  el año que viene next year 7
apagar *v.* to turn off
  apagar *v.* **el coche** to turn off the
  car
aparato *m.* appliance
apartamento *m.* apartment
apellido *m.* last name
apenas *adv.* hardly; scarcely; just
aplaudir *v.* to applaud
apreciar *v.* to appreciate
aprender *v.* to learn
  aprender (*+ verb*) learn (how)
  aprender cosas nuevas to learn
  new things
apurarse *v.* to hurry; to rush
aquel, aquella *adj.* that; those
  (over there)
aquél, aquélla *pron.* that; those
  (over there)

aquello *neuter, pron.* that; that
  thing; that fact
aquellos/as *pl. adj.* that; those (over
  there)
aquéllos/as *pl. pron.* those (ones)
  (over there)
aquí *adv.* here
  Aquí está... Here it is…
  Aquí estamos en... Here we are
  at/in…
  aquí mismo right here
árbol *m.* tree
  subir(se) a los árboles to climb
  trees
archivo *m.* file
armar rompecabezas *v.* to do
  puzzles
armario *m.* closet
arqueólogo/a *m., f.* archaeologist
arquitecto/a *m., f.* architect
arrancar *v.* to start (a car)
arreglar *v.* to fix; to arrange; to
  neaten; to straighten up
arreglado/a *adj.* tidy
  estar arreglado/a to be tidy
arriba *adv.* up
arrogante *adj.* arrogant 3
arroz *m.* rice 9
arte *m.* art
artes *f., pl.* arts
artesanía *f.* craftsmanship; crafts
artículo *m.* article
artista *m., f.* artist
artístico/a *adj.* artistic
arveja *m.* pea
asado/a *adj.* roasted
asador *m.* grill
ascenso *m.* promotion
ascensor *m.* elevator
así *adj.* like this; so (*in such a way*)
  así así so-so
asistir (a) *v.* to attend
aspiradora *f.* vacuum cleaner
  pasar la aspiradora to vacuum
aspirante *m., f.* candidate;
  applicant
aspirina *f.* aspirin
astronomía *f.* astronomy 1
atender(e:ie) *v.* **a los clientes**
  attend to the customers/clients
atractivo/a *adj.* attractive 3
atrás *adv.* behind
  por atrás from behind
atún *m.* tuna
  sandwich de atún *m.* tuna
  sándwich 9
auditorio *m.* auditorium 2
aumentar *v.* **de peso** to gain weight
aumento *m.* increase
  aumento de sueldo pay raise
aunque *conj.* although
autobús *m.* bus
automático/a *adj.* automatic
auto(móvil) *m.* auto(mobile)
autopista *f.* highway; freeway;
  expressway

ave *f.* bird
avenida *f.* avenue
aventura *f.* adventure
avergonzado/a *adj.* embarrassed
avión *m.* airplane
  ir en avión to go by plane
¡Ay! *interj.* Oh!
  ¡Ay, qué dolor! Oh, what pain!
ayer *adv.* yesterday
ayudar *v.* to help
ayudarse *v.* to help each other
azúcar *m.* sugar
azul *adj.* blue

B

bailar *v.* to dance 5
bailarín/bailarina *m., f.* dancer
baile *m.* dance
bajar *v.* to go down
bajar(se) de *v.* to get off of/out of
  (a vehicle)
bajo/a *adj.* short (*in height*) 6
  bajo control under control
balcón *m.* balcony
ballena *f.* whale
ballet *m.* ballet
baloncesto *m.* basketball
banana *f.* banana 9
banco *m.* bank
banda *f.* band
bandera *f.* flag 2
bañarse *v.* to bathe; to take a bath
  bañarse *v.* **por la noche** take a
  bath/shower at night
baño *m.* bathroom 2
barato/a *adj.* cheap
barco *m.* boat
barrer *v.* to sweep
  barrer el suelo to sweep the floor
  barrer el garaje to sweep the
  garage
barrio *m.* neighborhood
bastante *adv.* enough; quite; pretty
basura *f.* trash
  sacar *v.* **la basura** take out the
  trash
baúl *m.* trunk
beber *v.* to drink 8
bebida *f.* drink
  bebida alcohólica alcoholic
  beverage
béisbol *m.* baseball
bellas artes *f., pl.* fine arts
belleza *f.* beauty
beneficio *m.* benefit
berrinche *m.* tantrum
  hacer *v.* **berrinches** to throw
  tantrums
besar(se) *v.* to kiss (each other)
beso *m.* kiss
  dar *v.* **un beso** to give a kiss
biblioteca *f.* library 2
bicicleta *f.* bicycle
  andar *v.* **en bicicleta** to ride a
  bike

bien *adj.* fine **1;** well *adj.*
bienestar *m.* well-being
¡Bienvenido(s)/a(s)! *adj.* Welcome!
bikini *m.* bikini
billete *m.* paper money
billón trillion
biología *f.* biology **1**
bistec *m.* steak
bistec de res *m.* roast beef **9**
bizcocho *m.* biscuit
blanco/a *adj.* white
bluejeans *m., pl.* jeans
blusa *f.* blouse
boca *f.* mouth
boda *f.* wedding
boleto *m.* ticket
boliche *m.* bowling alley **8**
bolsa *f.* bag; purse
bombero/a *m., f.* firefighter
bonito(a) *adj.* pretty **6**
borracho(a) *adj.* drunk
borrador *m.* eraser
bosque *m.* forest
   bosque tropical tropical forest;
   rainforest
bota *f.* boot
botella *f.* bottle
   botella de vino bottle of wine
botones *m., f., sing.* bellhop
brazo *m.* arm
brindar *v.* to toast (drink)
brócoli *m.* broccoli **9**
bucear *v.* to scuba dive/snorkel
bueno... *adv.* well...
buen, bueno/a *adj.* good **6**
   ¡Buen viaje! Have a good trip!
   buena forma good shape
   (physical)
   ¡Buena idea! Good idea!
   Buenas noches. Good evening;
   Good night. **1**
   Buenas tardes. Good afternoon. **1**
   buenísimo extremely good
   ¿Bueno? Hello? *(on telephone)*
   Buenos días. Good morning. **1**
bufanda *f.* scarf
bulevar *m.* boulevard
buscar *v.* to look for **5**
buzón *m.* mailbox

C

caballo *m.* horse
cabaña *f.* cabin
cabe: no cabe duda de there's no
   doubt
cabeza *f.* head
cada *adj.* each
   cada año *adj.* each year
caerse *v.* to fall (down)
café *m.* café **8;** *adj.* brown; **coffee**
   m. **9**
cafetera *f.* coffee maker
cafetería *f.* cafeteria **2**
caído/a *p.p.* fallen
caja *f.* cash register

cajero/a *m., f.* cashier
   cajero automático automatic
   teller machine (ATM)
calcetín *m.* sock
calculadora *f.* calculator **2**
caldo *m.* soup
   caldo de patas beef soup
calentamiento global *m.* global
   warming
calentarse (e:ie) *v.* to warm up
calidad *f.* quality
calle *f.* street
calor *m.* heat
caloría *f.* calorie
calzar *v.* to take size . . . shoes
cama *f.* bed
cámara *f.* camera
   cámara de video videocamera
   cámara digital digital camera
camarero/a *m., f.* waiter/waitress **9**
camarón *m.* shrimp **9**
cambiar (de) *v.* to change
cambio *m.* **de moneda** currency
   exchange
caminar *v.* to walk
camino *m.* route
camión *m.* truck; bus
camisa *f.* shirt
camiseta *f.* t-shirt
campo *m.* countryside
canadiense *adj.* Canadian
canal *m.* channel (TV)
cancha de tenis *f.* tennis court **2**
cancha de vóleibol *f.* volleyball
   court **2**
canción *f.* song
candidato/a *m., f.* candidate
cansado/a *adj.* tired
cantante *m., f.* singer
cantar *v.* to sing
   cantar *v.* **villancicos** sing carols
   cantar *v.* **las mañanitas** sing a
   birthday song
capital *f.* capital city
capó *m.* (car) hood
cara *f.* face
caramelo *m.* caramel
cariñoso/a *adj.* affectionate **6**
carne *f.* meat
   carne de res *m.* beef **9**
   carne de cerdo *m.* pork **9**
carnicería *f.* butcher shop
caro/a *adj.* expensive
carpintero/a *m., f.* carpenter
carrera *f.* career
carretera *f.* highway
carro *m.* car
carta *f.* letter; (playing) card
cartel *m.* poster
cartera *f.* wallet
cartero *m.* mail carrier
casa *f.* house; home
   la casa de mi novio/a my
   boyfriend's/girlfriend's house **8**
   la casa de mis amigos/padres my
   friends'/parents' house **8**

casado/a *adj.* married **6**
casarse (con) *v.* to get married (to)
casi *adv.* almost **8**
castigar *v.* to punish
catarro *m.* cold
   tener (el) catarro to have a cold
catorce fourteen **1**
caza *f.* hunting
cebolla *f.* onion
celebrar *v.* to celebrate
celular *adj.* cellular
cena *f.* dinner **9**
cenar *v.* to have dinner **9**
centro *m.* downtown
   centro comercial *m.* mall **8**
cepillarse los dientes/el pelo *v.* to
   brush one's teeth/one's hair
cerámica *f.* pottery
cerca de *prep.* near
cerdo *m.* pork **9**
cereales *m., pl.* cereal; grains **9**
cero zero **1**
cerrado/a *adj.* closed
cerrar (e:ie) *v.* to close
cerveza *f.* beer **9**
césped *m.* grass
ceviche *m.* lemon-marinated fish
   dish
   ceviche de camarón lemon-
   marinated shrimp
chaleco *m.* vest
champán *m.* champagne
champiñón *m.* mushroom
champú *m.* shampoo
chaqueta *f.* jacket
chau *fam., interj.* bye
cheque *m.* (bank) check
   cheque de viajero traveler's check
chévere *adj., fam.* terrific
chico/a *m., f.* boy/girl **4**
chino/a *adj.* Chinese
chocar *v.* **(con)** to run into; to crash;
   to shock; to hit (a car); to hate;
   to dislike
chocolate *m.* chocolate
chofer *m., f.* driver, chauffeur
choque *m.* collision
chuleta *f.* chop *(food)*
   chuleta de cerdo pork chop
ciclismo *m.* cycling
cielo *m.* sky
cien(to) one hundred **4**
   por ciento percent
ciencia *f.* science
   ciencia ficción science fiction
científico/a *m., f.* scientist
cierto *m.* certain; true
   es cierto it's true/certain
   no es cierto it's not true/certain
cifra *f.* figure
cinco five **1**
cincuenta fifty **4**
cine *m.* movie theater **8**
cinta *f.* (audio) tape
cinturón *m.* belt
   cinturón *m.* **de seguridad** seat belt

ponerse *v.* **el cinturón de seguridad** to wear the seat belt
circulación *f.* traffic
cita *f.* date; appointment
ciudad *f.* city
ciudadano/a *adj.* citizen
claro que sí *fam.* of course
clase *f.* class
    clase de ejercicios aeróbicos aerobics class
clásico/a *adj.* classical
cliente/a *m., f.* client
clínica *f.* clinic
clóset *m.* closet
cobrar *v.* to cash a check; to charge for a product or service
coche *m.* car
    ir *v.* **en coche** to go by car
cocina *f.* kitchen; stove
cocinar *v.* to cook
cocinero/a *m., f.* cook, chef
cola *f.* line
colegio *m.* school
    colegio católico *m.* catholic school
colesterol *m.* cholesterol
color *m.* color
colorear *v.* to color
columpio *m.* swing (leisure)
comedia *f.* comedy; play
comedor *m.* dining room
comenzar (e:ie) *v.* to begin
comer *v.* to eat **8, 9**
comercial *adj.* commercial; business-related
comida *f.* food; meal **5**
como *prep.* like, as
¿cómo? what?; how? **6**
    ¿Cómo es...? What's... like? **3**
    ¿Cómo está usted? How are you? *(form.)*
    ¿Cómo estás? How are you? *(fam.)* **1**
    ¿Cómo les fue...? *pl.* How did... go for you?
    ¿Cómo se llama usted? What's your name? *(form.)*
    ¿Cómo te llamas (tú)? What's your name? *(fam.)* **1**
    ¿Cómo son...? What are... like? **3**
cómoda *f.* chest of drawers
cómodo/a *adj.* comfortable
compañero/a de clase *m., f .pl.* classmate **2**
compañero/a de cuarto *m., f.* roommate
compañía *f.* company; firm
compartir *v.* to share
    compartir *v.* **los juguetes** share toys
competente *adj.* competent; able **3**
completamente *adv.* completely
compositor(a) *m., f.* composer
comprar *v.* to buy **5**
compras *f., pl.* purchases

ir de compras go shopping
comprender *v.* to understand
comprobar *v.* to check
comprometerse (con) *v.* to get engaged (to)
computación *f.* computer science
computadora *f.* computer
computadora portátil *f.* laptop; portable computer
comunicación *f.* communication
comunicarse (con) *v.* to communicate (with)
comunidad *f.* community
con *prep.* with
    Con él/ella habla This is he/she *(on telephone)*
    con frecuencia *adv.* frequently **8**
    Con permiso Pardon me, Excuse me.
    con tal (de) que provided that
concierto *m.* concert
concordar *v.* to agree
concurso *m.* contest; game show
conducir *v.* to drive
conductor(a) *m., f.* driver; chauffeur
confirmar *v.* to confirm
    confirmar una reservación to confirm a reservation
congelador *m.* freezer
congestionado/a *adj.* congested; stuffed-up
conmigo *pron.* with me **10**
conocer *v.* to know; to be acquainted with; to meet someone
conocido/a *adj.* known
conseguir (e:i) *v.* to get; to obtain
consejero/a *m., f.* counselor; advisor **2**
consejo *m.* advice
consentido/a *adj.* spoiled
    ser consentido/a to be spoiled
conservación *f.* conservation
conservar *v.* to conserve
construir *v.* to build
consultorio *m.* doctor's office
consumir *v.* to consume
contabilidad *f.* accounting
contador(a) *m., f.* accountant
contaminación *f.* pollution; contamination
    contaminación del aire/del agua air/water pollution
contaminado/a *adj.* polluted
contaminar *v.* to pollute
contar (con) *v.* to count (on)
    contar (o:ue) *v.* **los problemas** to tell your problems
contento/a *adj.* happy; content
contestadora *f.* answering machine
contestar *v.* to answer
    contestar *v.* **los teléfonos/los correos** to answer the phone/e-mails
contigo *pron.* with you **10**
contratar *v.* to hire
control *m.* control

control remoto remote control
controlar *v.* to control
conversación *f.* conversation
conversar *v.* to talk; to chat
copa *f.* wineglass; goblet
corazón *m.* heart
corbata *f.* tie
cortar *v.* **el pasto** to mow the lawn
corredor(a) *m., f.* **de bolsa** stockbroker
correo *m.* post office; mail
    correo electrónico e-mail
correr *v.* to run **8**
cortesía *f.* courtesy
cortinas *f., pl.* curtains
corto/a *adj.* short *(in length)*
cosa *f.* thing **5**
costar (o:ue) *f.* to cost
cráter *m.* crater
creativo/a *adj.* creative **3**
creer *v.* to believe; to think
    creer (en) *v.* to believe *(in)*
creído/a *p.p.* believed
crema de afeitar *f.* shaving cream
crimen *m.* crime; murder
cruzar *v.* to cross
    cruzar *v.* **la calle** to cross the street
cuaderno *m.* notebook **2**
cuadra *f.* city block
cuadro *m.* picture
cuadros *m., pl.* plaid
¿cuál(es)? which?; which one(s)?; what? **6**
    ¿Cuál es la fecha de hoy? What is today's date?
cuando *conj.* when
    cuando era niño/a when I was a child
    cuando tenía... años when I was ... years old
¿cuándo? *adv.* when? **6**
¿cuánto(s)/a(s)? *adv.* how much?, how many? **6**
    ¿Cuántas classes tomas? How many classes are you taking? **1**
    ¿Cuántas horas trabajas? How many hours do you work? **1**
    ¿Cuánto cuesta...? How much does... cost?
    ¿Cuántos años tienes/tiene? **4** How old are you?
    ¿Cuánto tiempo hace que...? How long has it been since...?
cuarenta forty **4**
cuarto *m.* room
cuarto/a *adj.* quarter; fourth
    menos cuarto quarter to (time)
    y cuarto quarter after (time)
cuarto de baño *m.* bathroom
cuatro four **1**
cuatrocientos/as four hundred
cubiertos *m., pl.* silverware
cubierto/a *p.p.* covered
cubrir *v.* to cover
cuchara *f.* spoon
cuchillo *m.* knife

cuello *m.* neck
cuenta *f.* bill **9;** account
  cuenta corriente *f.* checking
  account
  cuenta de ahorros *f.* savings
  account
cuento *m.* story
cuerda *f.* rope
  saltar *v.* **la cuerda** to jump rope
cuerpo *m.* body
cuidado *m.* care
cuidar *v.* to take care of
  cuidar *v.* **a los niños/ancianos** to
  take care of (to watch) kids/the
  elderly
cuidarse *v.* take care of oneself
¡Cuídense! Take care!
culpa *f.* fault
cultura *f.* culture
cumpleaños *m., sing.* birthday
cumplir años *v.* to have a birthday
cuñado/a *m., f.* brother-in-law;
  sister-in-law **4**
currículum *m.* résumé; curriculum
  vitae
curso *m.* course

D

damas chinas *f., pl. (game)* checkers
  jugar a las damas chinas to play
  checkers
danza *f.* dance
dañar *v.* to damage; to breakdown
dar *v.* to give
  dar *v.* **consejos** to give advice
  dar *v.* **un beso** to give a kiss
  dar *v.* **un paseo** go for a walk
  dar *v.* **vuelta a la**
  derecha/izquierda en la
  avenida/calle... to turn right/
  left at ... Avenue/Street
  darle *v.* **de comer al gato** to feed
  the cat
  darse *v.* **con** to bump into; to run
  into
  darse *v.* **cuenta** to realize
  darse *v.* **prisa** to hurry; to rush
de *prep.* of; from
  ¿de dónde? from where?
  ¿De dónde eres? *fam.* Where are
  you from? **4**
  ¿De dónde es usted? *form.* Where
  are you from?
  ¿De parte de quién? Who is
  calling? *(on telephone)*
  ¿de quién...? whose...? *(sing.)*
  ¿de quiénes...? whose...? *(pl.)*
  de algodón (made of) cotton
  de aluminio (made of) aluminum
  de compras shopping
  de cuadros plaid
  de excursión hiking
  de hecho in fact
  de ida y vuelta round-trip

de la mañana in the morning; A.M.
de la noche in the evening; at
  night; P.M.
de la tarde in the afternoon; in
  the early evening; P.M.   **1**
de lana (made of) wool
de lunares polka-dotted
de mi vida of my life
de moda in fashion
De nada. You're welcome. **1**
de ninguna manera no way
de niño/a as a child
de parte de on behalf of
de plástico (made of) plastic
de rayas striped
de repente *adv.* suddenly; all of a
  sudden
de seda (made of) silk
de vaqueros western (genre)
de vez en cuando from time to
  time
de vidrio (made of) glass
debajo de *prep.* below; under
deber *(+ inf.) v.* to have to (do
  something), should (do
  something)
  Debe ser... It must be...
deber *m.* responsibility; obligation
debido a due to; the fact that
débil *adj.* weak
decidido/a *adj.* decided
decidir *v.* to decide
décimo/a *adj.* tenth
decir *v.* to say; to tell
  decir *v.* **mentiras** to lie
declarar *v.* to declare; to say
dedo *m.* finger
deforestación *f.* deforestation
dejar *v.* to let; to quit; to leave behind
  dejar de *(+ inf.)* to stop *(doing
  something)*
  dejar una propina to leave a tip
  dejar usar su coche let someone
  use on'es car
del *(contraction of de + el)* of the;
  from the
  del/al lado derecho from/on the
  right side
  del/al lado izquierdo from/on the
  left side
delante de *prep.* in front of
delgado/a *adj.* thin; slender **6**
delicioso/a *adj.* delicious
demás *pron.* the rest
demasiado *adv.* too much
dentista *m., f.* dentist
  higienista dental *m., f.* dental
  hygienist
dentro de *adv.* within
dependiente/a *m., f.* clerk
deporte *m.* sport
deportista *m.* sports person
deportivo/a *adj.* sports-related
depositar *v.* to deposit
deprimido/a *adj.* depressed
derecha *f.* right

a la derecha de to the right of
derecho *adj.* straight
  del/al lado derecho from/on the
  right side
derechos *m., pl.* rights
desarreglado/a *adj.* messy
  estar desarreglado/a to be messy
desarrollar *v.* to develop
desastre natural *m.* natural disaster
desayunar *v.* to have breakfast **9**
desayuno *m.* breakfast **9**
descafeinado/a *adj.* decaffeinated
descansar *v.* to rest **5**
descanso *m.* rest
descompuesto/a *adj.* not working;
  out of order
describir *v.* to describe
descrito/a *p.p.* described
descubierto/a *p.p.* discovered
descubrir *v.* to discover
desde *prep.* from
desear *v.* to want; to wish; to desire
desempleo *m.* unemployment
desfile *m.* parade
deshonesto/a *adj.* dishonest **3**
desierto *m.* desert
desilusionado/a *adj.* disappointed
desigualdad *f.* inequality
desobedecer (c:zc) *v.* to disobey
desordenado/a *adj.* disorderly;
  messy **6**
despacio *adj.* slowly
despedida *f.* farewell; goodbye
despedir (e:i) *v.* to fire
despedirse (de) (e:i) *v.* to say
  goodbye (to)
despejado/a *adj.* clear (weather)
despertador *m.* alarm clock
despertarse (e:ie) *v.* to wake up
después *adv.* afterwards; then
  después de after
  después (de) que *conj.* after
destruir *v.* to destroy
desventaja *f.* disadvantage
detrás de *prep.* behind
devolver *v.* to return
día *m.* day
  día de fiesta holiday
diario *m.* diary; newspaper
  diario/a *adj.* daily
dibujar *v.* to draw
dibujo *m.* drawing
  dibujos animados *m., pl.* cartoons
  ver *v.* **los dibujos animados** to
  watch cartoons
diccionario *m.* dictionary **2**
dicho/a *p.p.* said
diciembre *m.* December
dictadura *f.* dictatorship
diecinueve nineteen **1**
dieciocho eighteen **1**
dieciséis sixteen **1**
diecisiete seventeen **1**
diente *m.* tooth
dieta *f.* diet
  dieta equilibrada balanced diet

diez ten　1
difícil *adj.* difficult; hard　6
¿Diga? Hello? *(on telephone)*
diligencia *f.* errand
dinero *m.* money
dirección *f.* address
director(a) *m., f.* director; (musical) conductor
disco *m.* disk
discoteca *f.* nightclub (disco)　8
disco compacto compact disc (CD)
discreto/a *adj.* discreet 3
discriminación *f.* discrimination
discurso *m.* speech
discutir *v.* **(de/con)** to discuss, argue (about/with) 8
diseñador(a) *m., f.* designer
　diseñador(a) gráfico/a *m., f.* graphic designer
diseño *m.* design
disfraz *m.* costume
　disfrazarse *v.* **de**… to wear a … costume
disfrutar (de) *v.* to enjoy; to reap the benefits (of)
diversión *f.* entertainment; fun activity
divertido/a *adj.* fun　6
divertirse (e:ie) *v.* to have fun
divorciado/a *adj.* divorced
divorciarse (de) *v.* to get divorced (from)
divorcio *m.* divorce
doblar *v.* to turn
　doblar *v.* **a la derecha/izquierda en la avenida/calle**… to turn right/left at…Avenue/Street.
doble *adj.* double
doce twelve 1
doctor(a) *m., f.* doctor **1, 8**
doctorado *n.* PhD
documental *m.* documentary
documentos de viaje *m., pl.* travel documents
doler (o:ue) *v.* to hurt; to ache
　Me duele la espalda. My back hurts.
　Me duelen las piernas. My legs hurt.
dolor *m.* ache; pain
　tener (el) dolor de… to have a(n) ache
dolor de cabeza *m.* headache
doméstico/a *adj.* domestic
domingo *m.* Sunday 5
　los domingos *m., pl.* on Sundays 5
don/doña *title of respect used with a person's first name*
dona *f.* donut 9
donde *prep.* where
　¿De dónde eres? *fam.* Where are you from?　4
　¿dónde? where?　6
　¿Dónde está…? Where is…?
dormir (o:ue) *v.* to sleep 10

dormirse (o:ue) *v.* to go to sleep; to fall asleep
dos two　1
　dos veces twice; two times
　dos veces al mes twice a month 8
doscientos/as two hundred
drama *m.* drama; play 1
dramático/a *adj.* dramatic
dramaturgo/a *m., f.* playwright
droga *f.* drug
drogadicto/a *m., f.* drug addict
ducha *f.* shower
ducharse *v.* to shower; to take a shower
duda *f.* doubt
dudar *v.* to doubt
dueño/a *m., f.* owner; landlord
dulce *adj.* sweet
dulces *m., pl.* sweets; candy 9
durante *prep.* during
　durante (cinco) años for (five years)
durar *v.* to last

E

e *conj. (used instead of* **y** *before words beginning with* **i** *and* **hi**) and
echar *v.* to throw
　echar una carta al buzón to put a letter in the mailbox; to mail a letter
ecología *f.* ecology
ecologista *adj.* ecological; ecologist
economía *f.* economics 1
ecoturismo *m.* ecotourism
Ecuador *m.* Ecuador
ecuatoriano/a *adj.* Ecuadorian
edad *f.* age
edificio *m.* building　2
　edificio de apartamentos apartment building
educación física *f.* physical education 1
educador(a) *m., f.* pre-school teacher
efectivo *m.* cash
ejercicio *m.* exercise
　ejercicios aeróbicos aerobic exercises
　ejercicios de estiramiento stretching exercises
ejército *m.* army
el *m., sing., def. art.* the　2
él *sub. pron.* he; *adj. pron.* him
elección *f.* election
electricista *m., f.* electrician
electrodoméstico *m.* electric appliance
elegante *adj. m., f.* elegant
elegir *v.* to elect
ella *sub. pron.* she; *obj. pron.* her
ellos/as *sub. pron.* they; them
embarazada *adj.* pregnant

embarazarse *v.* to get pregnant
emergencia *f.* emergency
emitir *v.* to broadcast
emocionado/a *adj.* excited
emocionante *adj.* exciting
empezar (e:ie) *v.* to begin 10
empleado/a *m., f.* employee; clerk
empleo *m.* job; employment
empresa *f.* company; firm
empujar *v.* to push
en *prep.* in; on; at
　en aquel entonces at that time
　en casa at home
　en caso (de) que in case (that)
　en cuanto as soon as
　en efectivo in cash
　en esos tiempos back then
　en exceso in excess; too much
　en línea in-line
　¡En marcha! Let's get going!
　en mi nombre in my name
　en punto on the dot; exactly; sharp (time)
　en qué in which; in what; how
　¿En qué puedo servirles? How can I help you?
enamorado/a *adj.* **(de)** in love (with)
enamorarse (de) *v.* to fall in love (with)
encantado/a *adj.* delighted; pleased to meet you　1
encantar *v.* to like very much; to love *(inanimate objects)*
encima de *prep.* on top of
encontrar (o:ue) *v.* to find 10
encontrar(se) *v.* to meet (each other); to find (each other)
encuesta *f.* poll; survey
energía *f.* energy
　energía nuclear nuclear energy
　energía solar solar energy
enero *m.* January
enfermarse *v.* to get sick
enfermedad *f.* illness; sickness
enfermería *f.* health center; infirmary 2
enfermero/a *m., f.* nurse
enfermo/a *adj.* sick
enfrente de *adv.* opposite; facing; in front of
engordar *v.* to gain weight
enojado/a *adj.* mad; angry
enojarse (con) *v.* to get angry (with)
ensalada *f.* salad
　la ensalada de lechuga y tomate lettuce and tomato salad 9
enseguida *adv.* right away
enseñar *v.* **a** to teach; to show
ensuciar *v.* to get (something) dirty; to dirty
entender (e:ie) *v.* to understand 10
entonces *adv.* then
　en aquel entonces at that time
entrada *f.* entrance; ticket
　la primera/segunda entrada the

first/second entrance
entrar *v.* to enter
entre *prep.* between; among
entregar *v.* to turn something in
entremeses *m., pl.* hors d'oeuvres; appetizers
entrenarse *v.* to practice; to train
entrevista *f.* interview
entrevistador(a) *m., f.* interviewer
entrevistar *v.* to interview
envase *m.* container
enviar *v.* to send ; to mail
equilibrado/a *adj.* balanced
equipado/a *adj.* equipped
equipaje *m.* luggage
equipo *m.* team
equivocado/a *adj.* wrong; mistaken
eres you are *fam.* **3**
es you are *form.;* he/she/it is **3**
  És a la(s)... de la mañana/tarde/noche. It's at...in the morning/afternoon/evening. **2**
  Es bueno que... It's good that...
  Es de... He/She is from...
  Es extraño... It's strange...
  Es importante que... It's important that...
  Es imposible... It's impossible...
  Es improbable... It's improbable...
  Es la una. It's one o'clock.
  Es malo que... It's bad that...
  Es mejor que... It's better that...
  Es necesario que... It's necessary that...
  Es obvio... It's obvious...
  Es ridículo... It's ridiculous...
  Es seguro... It's sure...
  Es terrible... It's terrible...
  Es triste... It's sad...
  Es una lástima... It's a shame...
  Es urgente que... It's urgent that...
  Es verdad... It's true...
esa(s) *f., adj.* that; those **6**
ésa(s) *f., pron.* those (ones)
escalar *v.* to climb
  escalar montañas *f., pl.* to climb mountains
escalera *f.* stairs; stairway
escoger *v.* choose
escondite *m.* hideout; hiding place
  jugar a las escondidillas/al escondite to play hide-and-seek
escribir *v.* to write
  escribir una carta to write a letter **8**
  escribir un mensaje electrónico to write an e-mail message
  escribir un trabajo to write a paper **8**
  escribir una (tarjeta) postal to write a postcard
escrito/a *p.p.* written
escritor(a) *m., f.* writer
escritorio *m.* desk (teacher's) **2**
escuchar *v.* to listen

escuchar la radio to listen to the radio
  escuchar música to listen to music **5**
escuela *f.* school **8**
  colegio católico *m.* catholic school
  escuela particular *f.* private school
  escuela pública *f.* public school
  escuela secundaria *f.* high school; middle school (in Mexico)
  preparatoria (prepa) *f.* high school
  primaria *f.* elementary school
esculpir *v.* to sculpt
escultor(a) *m., f.* sculptor
escultura *f.* sculpture
ese *m., sing., adj.* that **6**
ése *m., sing., pron.* that (one)
eso *neuter, pron.* that; that thing
esos *m., pl., adj.* those **6**
ésos *m., pl., pron.* those (ones)
espagueti *m.* spaghetti **9**
espalda *f.* back
España *f.* Spain
español *m.* Spanish (language) **1**
español(a) *adj.* Spanish
espárragos *m., pl.* asparagus
especialización *f.* field of study; specialization
espectacular *adj.* spectacular
espectáculo *m.* show
espejo *m.* mirror
esperar *v.* to wait (for); to hope; to wish
esposo/a *m., f.* husband/wife; spouse **4**
esquí (acuático) *m.* (water) skiing
esquiar *v.* to ski
esquina *m.* corner
está he/she/it is, you are *form.*
  Está despejado. It's clear. *(weather)*
  Está (muy) nublado. It's (very) cloudy. *(weather)*
  Está bien. That's fine.
esta(s) *f., adj.* this; these **6**
  esta noche tonight **7**
ésta(s) *f., pron.* this (one); these (ones)
  Ésta es... *f.* This is... (introducing someone)
establecer *v.* to establish
estación *f.* station; season
  estación de autobuses bus station
  estación del metro subway station
  estación del tren train station
estacionamiento *m.* parking lot **2**
estacionar *v.* to park
  estacionarse *v.* **enfrente de** to park in front of
estadio *m.* stadium **2**
estado civil *m.* marital status
Estados Unidos *m.* (EE.UU.) United States
estadounidense *adj.* from the

United States
estampado/a *adj.* print
estampilla *f.* stamp
estante *m.* bookcase; bookshelf
estar *v.* to be
  estar a (veinte kilómetros) de aquí to be (kilometers) from here
  estar a dieta to be on a diet
  estar aburrido/a to be bored
  estar adentro/dentro de to be inside
  estar adolorido/a to be sore
  estar afectado/a (por) to be affected (by)
  estar afuera/fuera de to be outside
  estar arreglado/a to be tidy
  estar bajo control to be under control
  estar cansado/a to be tired
  estar contaminado/a to be polluted
  estar de acuerdo to agree
  estar de moda to be in fashion
  estar de vacaciones to be on vacation
  estar desarreglado/a to be messy
  estar en to be at/in/on **8**
  estar en buena forma to be in good shape
  estar en cama to be in bed
  estar en clase to be in class
  estar enfermo/a to be sick
  estar limpio/a to be clean
  estar listo/a to be ready
  estar mareado/a to be dizzy
  estar perdido/a to be lost
  estar roto/a to be broken
  estar seguro/a (de) to be sure (of)
  estar sucio/a to be dirty
  estar torcido/a to be twisted; to be sprained
estatua *f.* statue
este *m.* east; umm
este *m., sing., adj.* this **6**
  este lunes/jueves (etc). this Monday/Tuesday (etc.) **7**
éste *m., sing., pron.* this (one)
  Éste es... *m.* This is... (introducing someone)
estéreo *m.* stereo
estilo *m.* style
estiramiento *m.* stretching
esto *neuter, pron.* this; this thing
estómago *m.* stomach
estornudar *v.* to sneeze
estos *m., pl., adj.* these **6**
éstos *m., pl., pron.* these (ones)
estrella *f.* star
  estrella de cine *m., f.* movie star
estrés *m.* stress
estresado/a *adj.* stressed
estudiante *m., f.* student **2**
estudiantil *adj. m., f.* student

estudiar *v.* to study
  estudiar mucho/poco to study a lot/a little **5**
estudioso/a *adj.* studious **3**
estufa *f.* stove
estupendo/a *adj.* stupendous
etapa *f.* stage; step
evitar *v.* to avoid
  evitar *v.* **las multas** to avoid fines; tickets
examen *m.* test; exam
  examen médico physical exam
excelente *adj.* excellent **3**
exceso *m.* excess; too much
excursión *f.* hike; tour; excursion
excursionista *m., f.* hiker
exhibición de arte *f.* art exhibition **8**
éxito *m.* success
experiencia *f.* experience
explicar *v.* to explain
explorar *v.* to explore
  explorar un pueblo to explore a town
  explorar una ciudad to explore a city
expresión *f.* expression
extinción *f.* extinction
extranjero/a *adj.* foreign
extraño/a *adj.* strange
extrovertido/a *adj.* extrovert; outgoing **3**

F

fábrica *f.* factory
fabuloso/a *adj* fabulous
fácil *adj.* easy **6**
  facilísimo extremely easy
falda *f.* skirt
faltar *v.* to lack; to need
familia *f.* family
familiares *m., pl* relatives **4**
famoso/a *adj.* famous
farmacia *f.* pharmacy
fascinar *v.* to fascinate; to like very much; to love (to be fascinated by)
fatal *adj. (accident/injury/illness)* horrible; mortal
favorito/a *adj.* favorite
fax *m.* fax (machine)
febrero *m.* February
fecha *f.* date
feliz *adj.* happy
  ¡Felicidades! Congratulations! *(for an event such as a birthday or anniversary)*
  ¡Felicitaciones! Congratulations! *(for an event such as an engagement or a good grade on a test)*
  ¡Feliz cumpleaños! Happy birthday!
  ponerse *v.* **feliz** to get/become happy
fenomenal *adj.* great; phenomenal

feo/a *adj.* ugly **6**
festival *m.* festival
fiebre *f.* fever
  tener (la) fiebre to have a fever
fiesta *f.* party
  hacer una fiesta to throw a party
fijo/a *adj.* set, fixed
filosofía *f.* philosophy **1**
fin *m.* end
  fin de semana weekend
finalmente *adv.* finally
firmar *v.* to sign *(a document)*
física *f.* physics
  fisioterapeuta *m., f.* physical therapist
flan *m.* baked custard; flan **9**
flexible *adj.* flexible **3**
flor *f.* flower
folklórico/a *adj.* folk; folkloric
folleto *m.* brochure
fondo *m.* end
forma *f.* shape
formal *adj.* formal
formulario *m.* form
foto(grafía) *f.* photograph
francés, francesa *adj.* French
frecuentemente *adv.* frequently
fregadero *m.* sink *(in a kitchen)*
frenar *v.* to brake
frenos *m., pl.* brakes
fresco/a *adj.* cool
frijoles *m., pl.* beans **9**
frío *m.* cold
fritada *f.* fried dish (pork, fish, etc.)
frito/a *adj.* fried
fruta *f.* fruit **9**
frutería *f.* fruit shop
frutilla *f.* strawberry
fuente de fritada *f.* platter of fried food
fuegos artificiales *pl., m.* fireworks
fuera *adv.* outside
fuerte *adj.* strong
fumar *v.* to smoke
  no fumar not to smoke
funcionar *v.* to work; to function
fútbol *m.* soccer
  partido de fútbol *m.* soccer game **8**
fútbol americano football
futuro/a *adj.* future
  en el futuro in the future

G

gafas (de sol) *f., pl.* (sun)glasses
gafas (oscuras) *f., pl.* (sun)glasses
galleta *f.* cookie **9**
ganar *v.* to win; to earn (money)
  ganar *v.* **bien** to make a good living, to make good money
ganga *f.* bargain
garaje *m.* garage; (mechanic's) repair shop; garage
garganta *f.* throat
gasolina *f.* gasoline

quedarse *v.* **sin gasolina** to run out of gas
gasolinera *f.* gas station
gastar *v.* to spend *(money)*
gato/a *m., f.* cat **4**
  darle de comer al gato to feed the cat
generoso/a *adj.* generous **3**
gente *f.* people
geografía *f.* geography **1**
gerente *m., f.* manager
gimnasio *m.* gym, gymnasium **2**
gobierno *m.* government
golf *m.* golf
golpe *m.* bump, blow, dent
gordo/a *adj.* fat **6**
grabadora *f.* tape recorder
gracias *f., pl.* thank you; thanks **1**
  Gracias por todo. Thanks for everything.
  Gracias una vez más. Thanks once again.
gracioso/a *adj.* funny **6**
graduación *f.* graduation
graduarse (de) *v.* to graduate (from)
gran, grande *adj.* big; large; great
grasa *f.* fat
gratis *adj.* free of charge
grave *adj.* grave; serious
gravísimo/a *adj.* extremely serious
grillo *m.* cricket
gripe *f.* flu
  tener (la) gripe to have the flu
gris *adj.* gray
gritar *v.* to scream
grosero/a *adj.* rude **6**
guantes *m., pl.* gloves
guapo/a *adj.* handsome; good-looking **6**
guardar *v.* to save (on a computer)
guerra *f.* war
guía *m., f.* guide
gustar *v.* to be pleasing to; to like
  Me gustaría(n)… I would like…
gusto *m.* pleasure
  El gusto es mío. The pleasure is mine.
  Gusto de (+ inf.) It's a pleasure to…
  Mucho gusto. Pleased to meet you.

H

haber (aux.) *v.* to have *(done something)*
  ha sido un placer it's been a pleasure
habitación *f.* room
  habitación doble double room
  habitación individual single room
habitantes *m., pl.* inhabitants
hablar *v.* to talk; to speak **5**
  hablar con los amigos to talk with friends **5**
  hablar por teléfono to talk on the phone **5**

hacer *v.* to do; to make 8
  Hace buen tiempo It's nice weather; The weather is good.
  Hace (mucho) calor. It's (very) hot. *(weather)*
  Hace (tres) días que (yo)… (I) have been… for (three) days
  Hace (dos) semanas/meses/años (two) weeks/months/years ago
  Hace fresco. It's cool. *(weather)*
  Hace (mucho) frío It's (very) cold. *(weather)*
  Hace mal tiempo It's bad weather; The weather is bad.
  Hace (mucho) sol. It's (very) sunny. *(weather)*
  Hace (mucho) viento. It's (very) windy. *(weather)*
  hacer *v.* **berrinches** to throw tantrums
  hacer cola to stand in line
  hacer diligencias to do errands; to run errands
  hacer ejercicio to exercise 8
  hacer ejercicios aeróbicos to do aerobics
  hacer ejercicios de estiramiento to do stretching exercises
  hacer el papel to play a role
  hacer gimnasia to work out
  hacer juego (con) to match
  hacer la cama to make the bed
  hacer la tarea to do homework 8
  hacer las maletas to pack (one's suitcases)
  hacer los quehaceres domésticos to do household chores
  hacer *v.* **travesuras** to get into trouble
  hacer turismo to go sightseeing
  hacer una excursión to go on a hike; to go on a tour
  hacer una fiesta to throw a party
  hacer un picnic to have a picnic
  hacer un viaje to take a trip
hacha *f.* ax
hacia *prep.* toward
hambre *f.* hunger
hamburguesa *f.* hamburger 8, 9
hasta *prep.* until; toward
  hasta ahora until now, so far
  hasta el momento until this moment
  Hasta la vista See you later.
  Hasta luego See you later. 1
  Hasta mañana See you tomorrow. 1
  hasta que until
  Hasta pronto. See you soon.
hay there is; there are 2
  Hay (mucha) contaminación. It's (very) smoggy.
  Hay (mucha) niebla. It's (very) foggy.
  Hay que It is necessary that
  No hay duda de There's no doubt

  No hay de qué. You're welcome.
hecho/a *p.p.* done
heladería *f.* ice cream shop
helado/a *adj.* iced
helado *m.* ice cream 9
hermanastro/a *m., f.* stepbrother/stepsister
hermano/a *m., f.* brother/sister 4
  hermano/a mayor/menor *m., f.* older/younger brother/sister
  hermanos *m., pl.* siblings (brothers and sisters) 4
hermoso/a *adj.* beautiful
hierba *f.* grass
higienista dental *m., f.* dental hygienist
hijastro/a *m., f.* stepson/stepdaughter
hijo/a *m., f.* son/daughter 4
  hijo/a único/a only child 4
  hijos *m., pl.* children 4
historia *f.* history 1; story
hockey *m.* hockey
hogar *m.* home
hola *interj.* hello; hi 1
hombre *m.* man
  hombre de negocios businessman
honesto/a *adj.* honest; honorable 3
hora *f.* hour
horario *m.* schedule
  el horario flexible/fijo flexible/fixed schedule
horno *m.* oven
  horno de microondas microwave oven
hospital *m.* hospital
hotel *m.* hotel
hoy *adv.* today 7
  hoy día nowadays
  Hoy es… Today is…
huelga *f.* strike (labor)
hueso *m.* bone
huésped *m., f.* guest
huevo *m.* egg 9
humanidades *f., pl.* humanities
huracán *m.* hurricane

I

ida *f.* one way *(travel)*
idea *f.* idea
idealista *adj.* idealistic 3
iglesia *f.* church 8
igual *adj.* the same
  sentirse(e:ie) igual feel the same
igualdad *f.* equality
igualmente *adv.* Nice to meet you, too. 1
impaciente *m., f.* impatient 3
impermeable *m.* raincoat
importante *adj.* important
importar *v.* to be important (to); to matter
imposible *adj.* impossible
impresora *f.* printer

imprimir *v.* to print
improbable *adj.* improbable
impuesto *m.* tax
incendio *m.* fire
increíble *adj.* incredible 3
indicar cómo llegar *v.* to give directions
individual *adj.* private (room)
infección *f.* infection
  tener una infección to have an infection
informar *v.* to inform
informal *adj.* informal
informe *m.* report; paper *(written work)*
ingeniero/a *m., f.* engineer
  ingeniero/a ambientalista *m., f.* environmental engineer
  ingeniero/a en computación *m., f.* computer engineer
inglés *m.* English *(language)* 1
inglés, inglesa *adj.* English
inmaduro/a *adj.* inmature 3
insistir (en) *v.* to insist (on)
inspector(a) de aduanas *m., f.* customs inspector
inteligente *adj.* intelligent
intercambiar *v.* exchange
interesante *adj.* interesting 3
interesar *v.* to be interesting to; to interest; to be interested in
internacional *adj.* international
Internet *m.* Internet
intersección *f.* intersection
inundación *f.* flood
invertir (e:ie) *v.* to invest
investigador(a) forense *m., f.* forensic investigator
invierno *m.* winter
invitado/a *m., f.* guest (at a function)
invitar *v.* to invite; to treat 10
  invitar a alguien to invite someone
  invitar a salir to ask someone out
inyección *f.* injection
ir *v.* to go
  ir a (+ inf.) to be going to do something 7
  ir a (+ place) to go to 8
  ir *v.* **a exceso de velocidad** to speed
  ir a la playa to go to the beach
  ir de campamento to go camping
  ir de compras to go shopping
  ir de excursión (a las montañas) to go for a hike (in the mountains)
  ir de pesca to go fishing
  ir de vacaciones to go on vacation
  ir en autobús to go by bus
  ir en auto(móvil) to go by car; to go by auto(mobile)
  ir en avión to go by plane
  ir en barco to go by ship

ir *v.* **en coche** to go by car
ir en metro to go by subway
ir en motocicleta to go by
motorcycle
ir en taxi to go by taxi
ir en tren to go by train
irresponsable *adj.* irresponsible 3
irse *v.* to go away; to leave
irse *v.* **de vacaciones** to go on
vacation
italiano/a *adj.* Italian
izquierdo/a *adj.* left
a la izquierda de to the left of
del/al lado izquierdo from/on
the left side

jabón *m.* soap
jamás *adv.* never; not ever
jamón *m.* ham 9
japonés, japonesa *adj.* Japanese
jarabe para la tos *m.* cough syrup
jardín *m.* garden; yard
jeans *m., pl.* jeans
jefe, jefa *m., f.* boss
joven *adj.* young 6
joven *m., f.* youth; young person
joyería *f.* jewelry store
jubilarse *v.* to retire (from work)
juego *m.* game
jueves *m., sing.* Thursday 5
los jueves *m., pl.* on Thursdays 5
jugador(a) *m., f.* player
jugar (u:ue) *v.* to play 10
jugar a las cartas to play cards
jugar a las damas chinas to play
checkers
jugar a las escondidillas/al escondite
to play hide-and-seek
jugar a las muñecas to play with
dolls
jugar Nintendo to play Nintendo
jugar a la pelota to play ball
jugo *m.* juice
jugo de fruta fruit juice
jugo de naranja *m.* orange juice 9
juguete *m.* toy
julio *m.* July
jungla *f.* jungle
junio *m.* June
juntarse *v.* to get together
juntos/as *adj.* together
juventud *f.* youth

kilómetro *m.* kilometer

la *f., sing., def. art.* the
la *f., sing., d.o. pron.* her, it 2, *form.*
you
laboratorio *m.* laboratory

lado *m.* side
del/al lado derecho from/on the
right side
del/al lado izquierdo from/on the
left side
lago *m.* lake
lámpara *f.* lamp
lana *f.* wool
langosta *f.* lobster 9
lápiz *m.* pencil 2
largo/a *m.* long *(in length)*
las *f., pl., def. art.* the 2
las *f., pl., d.o. pron.* them; *form.* you
lástima *f.* shame
lastimarse *v.* to injure/hurt oneself
lastimarse el pie to injure one's foot
lata *f.* (tin) can
lavabo *m.* sink *(in a bathroom)*
lavadora *f.* washing machine
lavandería *f.* laundromat
lavaplatos *m., sing.* dishwasher
lavar *v.* to wash
lavar el coche to wash the car 5
lavar la ropa to do the laundry 5
lavar los platos to do (wash) the
dishes
lavarse *v.* to wash oneself
lavarse la cara to wash one's face
lavarse las manos to wash one's
hands
lavarse los dientes to brush one's
teeth
le *sing., i.o. pron.* to/for him, her,
you *form.*
Le presento a… I would like to
introduce… to you. *form.* 1
¿Le gusta(n)…? Do you like… ?
form. 3
lección *f.* lesson
leche *f.* milk 9
lechuga *f.* lettuce
leer *v.* to read 8
leer el correo electrónico to read
e-mail
leer un periódico to read a
newspaper 8
leer una revista to read a magazine
leído/a *p.p.* read
lejos de *prep.* far from
lengua *f.* language
lenguas extranjeras *f., pl.* foreign
languages
lentes de contacto *m., pl.* contact lenses
lentes de sol *m., pl.* sunglasses
lento/a *adj.* slow
les *pl., i.o. pron.* to/for them, you
form.
letrero *m.* sign
levantar *v.* to lift
levantar pesas to lift weights
levantarse *v.* to get up
levantarse *v.* **temprano** get up
early
ley *f.* law
libertad *f.* liberty; freedom
libre *adj.* free
librería *f.* bookstore 2

libro *m.* book 2
licencia de conducir/manejar *f.*
driver's license
limón *m.* lemon
limonada *f.* lemonade 9
limpiar *v.* to clean
limpiar el cuarto to clean the
(one's) room 5
limpiar la casa to clean the
house 5
limpio/a *adj.* clean
estar limpio/a to be clean
línea *f.* line
líquido *m.* liquid
listo/a *adj.* smart 6; ready
literatura *f.* literature 1
llamar *v.* to call
llamar a la policía call the police
llamar por teléfono to call on the
phone
llamarse to be called; to be named
llanta *f.* tire
revisar *v.* **las llantas** to check the
tires
llave *f.* key
llegada *f.* arrival
llegar *v.* to arrive
llegar a tiempo/tarde/temprano a
casa to get home on
time/late/early 5
llenar *v.* to fill
llenar el tanque to fill up the tank
llenar un formulario to fill out a form
llenar una solicitud to fill out an
application
lleno/a *adj.* full
llevar *v.* to carry; to take; to wear;
to bring
llevar a (+ *person/object.*) to
bring (someone/an animal/
something inanimate) 7
llevar *v.* **algo** take something
llevar una vida sana to lead a
healthy lifestyle
llevarse bien/mal (con) to get
along well/badly (with)
llorón/llorona *m. f.* crybaby
ser llorón/llorona to be a crybaby
llover (o:ue) *v.* to rain
Llueve. It's raining; It rains
lluvia *f.* rain
lo *m., sing. d.o. pronoun* him, it, you
form.
lo mejor the best (thing)
Lo pasamos de película. We had a
great time.
lo peor the worst (thing)
lo que what; that; which
Lo siento. I'm sorry.
Lo siento muchísimo. I'm so sorry.
loco/a *adj.* crazy
locutor(a) *m., f.* TV or radio
announcer
lomo a la plancha *m.* grilled flank
steak
los *m., pl., def. art.* the
los *m., pl., do. pron.* them, you *form.*

luchar (contra), (por) *v.* to fight; to struggle (against), (for)
luego *adv.* afterwards, then; later
lugar *m.* place
luna *f.* moon
lunar *m.* polka dot; mole
lunes *m., sing.* Monday **5**
   los lunes *m., pl.* on Mondays **5**
luz *f.* light; electricity

M

madrastra *f.* stepmother
madre *f.* mother
madurez *f.* maturity; middle age
maduro/a *adj.* mature **3**
maestría *f.* Master's degree
maestro/a *m., f.* teacher *(elementary school)*
magnífico/a *adj.* magnificent
maíz *m.* corn
mal, malo/a *adj.* bad **6**; sick; ill
   malísimo very bad
maleta *f.* suitcase
mamá *f.* mom
mandar *v.* to order; to send; to mail
   mandar *v.* **mensages** to send text messages
   mandar un regalo to send a present
manejar *v.* to drive **10**
   manejar *v.* **a excesso de velocidad** to speed
manera *f.* way
mano *f.* hand
   ¡Manos arriba! Hands up!
manta *f.* blanket
mantener *v.* to maintain
   mantenerse en forma to stay in shape
mantequilla *f.* butter
manzana *f.* apple **9**
mañana *f.* morning, A.M.; tomorrow **7**
   esta mañana this morning
   por la mañana in the morning **5**
mañanitas *f., pl.* birthday song
mapa *m.* map **2**
maquillaje *m.* makeup
   pintarse *v.* to put on makeup
maquillarse *v.* to put on makeup
mar *m.* ocean; sea
maravilloso/a *adj.* marvelous
mareado/a *adj.* dizzy; nauseated
   estar mareado/a to be dizzy
margarina *f.* margarine
mariscos *m., pl.* seafood **9**
marrón *adj. m., f.* brown
martes *m., sing.* Tuesday **5**
   los martes *m., pl.* on Tuesdays **5**
marzo *m.* March
más *adj.* more
   el/la/los/las más the most
   más de (+ *number*) more than (+ number)
   más o menos *adv.* so-so **1**
   más tarde later (on)

más... que more... than
masaje *m.* massage
matemáticas *f., pl.* mathematics **1**
materia *f.* course
materialista *adj.* materialistic **3**
matrimonio *m.* marriage; married couple
máximo/a *m., f.* maximum
mayo *m.* May
mayonesa *f.* mayonnaise
mayor *adj.* older; bigger **6**
   el/la mayor *adj.* the oldest; the biggest
me *pron.* me; *i.o. pron.* to/for me
   Me duele mucho It hurts me a lot
   Me gusta(n)... I like... **3**
   No me gusta(n)... I don't like... **3**
   Me gustaría(n)... I would like...
   Me llamo... My name is...
   Me muero por... I'm dying to (for)
mecánico/a *m., f.* mechanic
mediano/a *adj.* medium
medianoche *f.* midnight
medias *f., pl.* pantyhose, stockings
medicamento *m.* medication
medicina *f.* medicine
médico/a *m., f.* doctor; physician; *adj.* medical
medio/a *m. adj.* half
   medio ambiente environment
   medio/a hermano/a half-brother/half-sister
   medios de comunicación *m., pl.* means of communication; media
   y media thirty minutes past the hour (time)
mediodía *m.* noon
mejor *adj.* better
   el/la mejor *m., f.* the best
   mejor que *adj.* better than
   sentirse (e:ie) mejor feel better
mejorar *v.* to improve
melocotón *m.* peach
menor *adj.* younger **6**; smaller
   el/la menor *m., f.* the youngest; the smallest
menos *adv.* less
   el/la/los/las menos the least
   menos cuarto/menos quince quarter to *(time)*
   menos de (+ *number*) less than (+ *number*)
   menos... que less... than
mensaje de texto text message
mensaje electrónico *m.* e-mail message
mentira *f.* lie
   decir *v.* **mentiras** to lie
menú *m.* menu
mercado *m.* market
   mercado al aire libre open-air market
merendar (e:ie) *v.* to snack in the afternoon; to have a(n) (afternoon) snack
merienda *f.* (afternoon) snack

mes *m.* month
   el mes pasado last month
mesa *f.* table
   mesa *f.* **de noche** night table
   mesita *f.* side table
   poner *v.* **la mesa** to set the table
mesero/a *m., f.* waiter/waitress **9**
mesita *f.* end table; side table
   mesita de noche night stand
metro *m.* subway
mexicano/a *adj.* Mexican
México *m.* Mexico
mí *pron. obj. of prep.* me
mi(s) *poss. adj.* my **4**
microonda *f.* microwave oven
   horno de microondas microwave oven
miedo *m.* fear
mientras *adv.* while
miércoles *m., sing.* Wednesday **5**
   los miércoles *m., pl.* on Wednesdays **5**
mil one thousand
   mil millones billion
   Mil perdones. I'm so sorry. *(lit.* A thousand pardons.*)*
milla *f.* mile
millón million
millones (de) millions (of)
mineral *m.* mineral
minifalda *f.* mini-skirt
minuto *m.* minute
mío(s)/a(s) *poss.* my; (of) mine
mirar *v.* to look (at); to watch
   mirar (la) televisión to watch television **5**
misa *f.* Mass; religious service **8**
mismo/a *adj.* same
mochila *f.* backpack **2**
moda *f.* fashion
módem *m.* modem
moderno/a *adj.* modern
molestar *v.* to bother; to annoy; to be bothered by
molesto/a *adj.* upset
monitor *m.* monitor
mono *m.* monkey
montaña *f.* mountain
montar *v.* **a caballo** to ride a horse
monumento *m.* monument
mora *f.* blackberry
morado/a *adj.* purple
moreno/a *adj.* dark (skin/hair) **6**
morir (o:ue) *v.* to die
mostrar (o:ue) *v.* to show
moto(cicleta) *f.* motorcycle
motor *m.* motor
muchacho/a *m., f.* boy; girl
mucho/a *adj., adv.* many; a lot of; much
   muchas veces a lot; many times
   Muchísimas gracias. Thank you very, very much.
   muchísimo *adj., adv.* very much
   Mucho gusto Pleased to meet you. **1**

(Muchas) gracias Thank you (very much); Thanks (a lot).
mudarse *v.* to move (from one house to another)
muebles *m., pl.* furniture
muela *f.* tooth
muerte *f.* death
muerto/a *p.p.* died
mujer *f.* woman
　mujer de negocios business woman
　mujer policía female police officer
multa *f.* fine; ticket
　evitar *v.* **las multas** to avoid fines; tickets
mundial *adj.* worldwide
mundo *m.* world
municipal *adj.* municipal
muñeca *f.* doll
　jugar a las muñecas to play with dolls
músculo *m.* muscle
museo *m.* museum　8
música *f.* music　1
musical *adj.* musical
músico/a *m., f.* musician
muy *adv.* very
　Muy amable. That's very kind of you.
　Muy bien. Very well.　1

N

nacer *v.* to be born
nacimiento *m.* birth
nacional *adj.* national
nacionalidad *f.* nationality
nada *pron., adv.* nothing; not anything
　nada mal not bad at all
nadar *v.* to swim
nadie *pron.* no one, not anyone
naranja *m.* orange
nariz *f.* nose
natación *f.* swimming
natural *adj.* natural
naturaleza *f.* nature
navegador GPS GPS
navegar en Internet *v.* to surf the Internet
Navidad *f.* Christmas
necesario/a *adj.* necessary
necesitar *v.* to need
　necesitar libros to need books　5
negar (e:ie) *v.* to deny
negativo/a *m.* negative
negocios *m., pl.* business; commerce
negro/a *adj.* black
nervioso/a *adj.* nervous　3
nevar (e:ie) *v.* to snow
　Nieva. It's snowing; It snows.
ni…ni *conj.* neither… nor
niebla *f.* fog
nieto/a *m., f.* grandson/ granddaughter　4

nieve *f.* snow
ningún, ninguno/a(s) *adj.* no; none; not any
　Ningún problema. No problem.
　ninguna parte, (a) *adv.* nowhere　8
niñero/a *m., f.* baby-sitter
niñez *f.* childhood
niño/a *m., f.* child; boy/girl　4
　de niño/a as a child
no *adv.* no; not
　No cabe duda de There is no doubt
　No es así. That's not the way it is.
　No es para tanto. It's not a big deal.
　No es seguro… It's not sure…
　No es verdad… It's not true…
　No está. It's not here.
　No está nada mal. It's not bad at all.
　no estar de acuerdo to disagree
　no estar seguro/a (de) not to be sure (of)
　No estoy seguro. I'm not sure.
　no hay there is not; there are not
　No hay de qué. You're welcome.
　No hay duda de There is no doubt
　¡No me diga(s)! You don't say!
　No me gustan nada. I don't like them at all.
　no muy bien not very well
　¿no? right?
　no quiero I don't want to
　no sé I don't know
　No te/se preocupe(s). Don't worry.
　no tener razón to be wrong
noche *f.* night
nombre *m.* name
norte *m.* north
norteamericano/a *adj.* (North) American
nos *pron.* us; *pl., i.o. pron.* to/for us
　Nos vemos mañana. See you tomorrow.　1
nosotros/as *sub. pron.* we; *ob. pron.* us
noticias *f., pl.* news
noticiero *m.* newscast
novecientos/as nine hundred
noveno/a *adj.* ninth
noventa ninety　4
noviembre *m.* November
novio/a *m., f.* boyfriend/ girlfriend　4
nube *f.* cloud
nublado/a *adj.* cloudy
　Está (muy) nublado. It's (very) cloudy.
nuclear *adj.* nuclear
nuera *f.* daughter-in-law
nuestro(s)/a(s) *poss. adj.* our; of ours　4
nueve nine　1
nuevo/a *adj.* new　6
número *m.* number; (shoe) size
nunca *adj.* never; not ever　8
nutrición *f.* nutrition

O

o *conj.* or
o… o *conj.* either . . . or
obedecer (c:zc) *v.* to obey
　obedecer (c:zc) *v.* **las señales de tránsito** to obey the traffic signs
obra *f.* work (of art, literature, music, etc.)
　obra maestra masterpiece
obtener *v.* to obtain; to get
obvio/a *adj.* obvious
océano *m.* ocean; sea
ochenta eighty　4
ocho eight　1
ochocientos/as eight hundred
octavo/a *adj.* eighth
octubre *m.* October
ocupación *f.* occupation
ocupado/a *adj.* busy
ocurrir *v.* to occur; to happen
odiar *v.* to hate
oeste *m.* west
oferta *f.* offer
oficial de prisión *m., f.* prison guard; parole officer
oficina *f.* office　2
oficio *m.* trade
ofrecer (c:zc) *v.* to offer
oído *m.* sense of hearing; inner ear
oído *p.p.* heard
oír *v.* to hear
　oiga *form., sing.* listen (in conversation)
　oigan *form., pl.* listen (in conversation)
　Oye *fam., sing.* listen (in conversation)
ojalá (que) *interj.* I hope (that); I wish (that)
ojo *m.* eye
olvidar *v.* to forget
once eleven　1
ópera *f.* opera
operación *f.* operation
optimista *adj.* optimistic　3
ordenado/a *adj.* orderly; well organized　6
ordinal *adj.* ordinal (number)
oreja *f.* (outer) ear
orquesta *f.* orchestra
ortográfico/a *adj.* spellling
os *fam., pl. pron.* you
otoño *m.* fall, autumn
otro/a *adj.* other; another
　otra vez again

P

paciente *m., f.* patient　3
padrastro *m.* stepfather
padre *m.* father　4
　padres *m., pl.* parents　4
pagar *v.* to pay

pagar a plazos to pay in installments
pagar al contado to pay in cash
pagar con to pay with
pagar en efectivo to pay in cash
pagar la cuenta to pay the bill
pagar la cuenta del celular to pay the cell phone bill **7**
página *f.* page
  página principal home page
país *m.* country
paisaje *m.* landscape; countryside
pájaro *m.* bird **4**
palabra *f.* word
pan *m.* bread
  pan tostado toasted bread; toast **9**
panadería *f.* bakery
pantalla *f.* screen
pantalones *m., pl.* pants
  pantalones cortos shorts
papa *f.* potato
  papa al horno *f.* baked potato **9**
  papas fritas *f., pl.* French fries **9**
papá *m.* dad
  papás *m., pl.* parents
papel *m.* paper **2**; role
papelera *f.* wastebasket **2**
  paquete *m.* package
par *m.* pair
  par de zapatos pair of shoes
para *prep.* for; in order to; toward; in the direction of; by; used for; considering
  para que so that
parabrisas *m., sing.* windshield
paraguas *m.* umbrella
parar *v.* to stop
parecer *v.* to seem; to appear
pared *f.* wall
pareja *f.* couple; partner
parientes *m., pl.* relatives
parque *m.* park **8**
párrafo *m.* paragraph
parte: de parte de on behalf of
partido *m.* game; match *(sports)*
  partido de fútbol *m.* soccer game **8**
pasado/a *adj.* last; past
pasado *p.p.* passed
pasaje *m.* ticket
  pasaje de ida y vuelta *m.* round-trip ticket
pasajero/a *m., f.* passenger
pasaporte *m.* passport
pasar *v.* to go through; to pass
  pasar (dos) semáforos to pass (two) traffic lights
  pasar *v.* **el día** to spend the day
  pasar la aspiradora to vacuum
  pasar por el banco to go by the bank
  pasar por la aduana to go through customs
  pasar el tiempo to spend time
  pasarlo bien/mal to have a good/bad time

pasarse *v.* **el alto/el semáforo en rojo** run a red light
pasatiempo *m.* pastime, hobby
pasear *v.* to take a walk; to stroll
  pasear en bicicleta to ride a bicycle
  pasear por la ciudad/el pueblo to walk around the city/town
pasillo *m.* hallway
pastel *m.* cake **9**
  pastel de chocolate chocolate cake
  pastel de cumpleaños birthday cake
pastelería *f.* pastry shop
pastilla *f.* pill; tablet
pasto *m.* lawn, grass
  cortar *v.* **el pasto** to mow the lawn
patata *f.* potato
  patatas fritas *f., pl.* French fries
patinar (en línea) *v.* to rollerblade
patinar (sobre hielo) *v.* to (ice) skate
patio *m.* patio; yard
pavo *m.* turkey **9**
paz *f.* peace
pedir (e:i) *v.* to ask for; to request; to order *(food)* **9**
  pedir (e:i) cosas prestadas to borrow things
  pedir prestado to borrow
  pedir un préstamo to apply for a loan
peinarse *v.* to comb one's hair
pegarle *v.* **(por atrás)** hit someone (from behind)
pelearse *v.* to fight
película *f.* movie
peligro *m.* danger
peligroso/a *adj.* dangerous
pelirrojo/a *adj.* red-haired **6**
pelo *m.* hair
pelota *f.* ball
  jugar a la pelota to play ball
peluquería *f.* hairdressing salon
peluquero/a *m., f.* hairdresser
penicilina *f.* penicillin
pensar (e:ie) *v.* to think **10**
  pensar (+ inf.) to intend; to plan *(to do something)*
  pensar en to think about **10**
pensión *f.* boarding house
peor *adj.* worse
  el/la peor the worst
  peor que *adj.* worse than
  sentirse (e:ie) peor feel worse
pequeño/a *adj.* small **6**
pera *f.* pear **9**
perder (e:ie) *v.* to lose; to miss
perdido/a *adj.* lost
Perdón. Pardon me; Excuse me.
perezoso/a *adj.* lazy **6**
perfecto/a *adj.* perfect
periódico *m.* newspaper
periodismo *m.* journalism
periodista *m., f.* journalist
permiso *m.* permission

pero *conf.* but
perro/a *m., f.* dog **4**
persona *f.* person
personaje *m.* character
  personaje principal main character
pesas *f., pl.* weights
pesca *f.* fishing
pescadería *f.* fish market
pescado *m.* fish *(cooked)* **9**
pescador(a) *m., f.* fisherman/fisherwoman
pescar *v.* to fish
pesimista *adj.* pessimistic **3**
peso *m.* weight
pez *m.* fish *(live)* **4**
picante *adj.* hot, spicy
picnic *m.* picnic
  hacer un picnic to have a picnic
pie *m.* foot
piedra *f.* rock; stone
pierna *f.* leg
pijama *m., f.* pajamas
pimienta *f.* pepper **9**
piña *f.* pineapple
pintar *v.* to paint
pintar *v.* to paint
pintarse *v.* to put on makeup
pintura *f.* painting; picture
piscina *f.* swimming pool **2**
piso *m.* floor *(of a building)*
pizzara *f.* chalkboard
pizzarón *f.* chalkboard **2**
placer *m.* pleasure
  Ha sido un placer. It's been a pleasure.
planchar *v.* to iron
  planchar *v.* **la ropa** to iron clothes
planes *m., pl.* plans
planta *f.* plant
  planta baja ground floor
plástico *m.* plastic
platillo *m.* dish **9**
plato *m.* dish *(in a meal)* **9**; *m.* plate
  plato principal main dish
  lavar los platos to do (wash) the dishes
playa *f.* beach **8**
plazos *m., pl.* periods; time
pluma *f.* pen **2**
población *f.* population
pobre *m., f., adj.* poor **6**
pobreza *f.* poverty
poco/a *adj.* little; few
poder (o:ue) *v.* to be able to; can **10**
poema *m.* poem
poesía *f.* poetry
poeta *m., f.* poet
policía *f.* police (force); *m.* (male) police officer
  llamar a la policía call the police
política *f.* politics
político/a *m., f.* politician
pollo *m.* chicken **9**
  pollo asado roast chicken
ponchar *v.* to deflate; to get a flat (tire)

poner *v.* to put; to place; to turn on (*electrical appliances*)
  poner *v.* **atención** to pay attention
  poner *v.* **el árbol** to decorate the tree
  poner *v.* **la mesa** to set the table
  poner la música muy alta play loud music
  poner *v.* **las cosas en su lugar** to place (put) things in their place
  poner *v.* **una inyección** to give an injection
ponerse (+ *adj.*) to become (+ *adj.*); to put on
  ponerse *v.* **el cinturón de seguridad** to wear the seat belt
  ponerse *v.* **la ropa** to put on/wear clothing
  ponerse *v.* **triste/feliz** to get/become sad/happy
por *prep.* in exchange for; for; by; in; through; by means of; along; during; around; in search of; by way of; per
  por aquí around here
  por avión by plane
  por ciento percent
  por ejemplo for example
  por eso that's why; therefore
  Por favor. Please.
  por fin finally
  por la mañana in the morning **5**
  por la noche at night **5**
  por la tarde in the afternoon; in the evening **1, 5**
  por lo menos at least
  ¿por qué? why? **6**
  por supuesto of course
  por teléfono by phone; on the phone
  por último finally
porque *conj.* because
portarse *v.* **bien/mal** to behave/misbehave
portátil *adj.* portable
porvenir *m.* future
posesivo/a *adj.* possessive
posible *adj.* possible
  es posible it's possible
  no es posible it's not possible
postal *f.* postcard
postre *m.* dessert
practicar *v.* to practice
  practicar deportes *m., pl.* to play sports
precio (fijo) *m.* (fixed, set) price
preferir (e:ie) *v.* to prefer **10**
pregunta *f.* question
preguntar *v.* to ask (*a question*)
premio *m.* prize; award
prender *v.* to turn on
  prender *v.* **el coche** to turn on the car
prensa *f.* press
preocupado/a (por) *adj.* worried (about)

preocuparse (por) *v.* to worry (about)
preparar *v.* to prepare
preparatoria (prepa) *f.* high school
preposición *f.* preposition
presentación *f.* introduction
presentar *v.* to introduce; to put on (*a performance*)
presiones *f., pl.* pressure
prestaciones *f., pl.* fringe benefits
prestado/a *adj.* borrowed
préstamo *m.* loan
prestar *v.* to lend
  prestar *v.* **dinero** to lend money
primaria *f.* elementary school
primavera *f.* spring
primer, primero/a *adj.* first
primo/a *m., f.* cousin **4**
principal *adj.* main
prisa *f.* haste
probable *adj. m., f.* probable
  es probable it's probable
  no es probable it's not probable
probar (o:ue) *v.* to taste; to try
probarse (o:ue) *v.* to try on
problema *m.* problem
profesión *f.* profession
profesor(a) *m., f.* teacher; professor **1**
  profesor(a) de idiomas *m., f.* language professor
programa *m.* program
  programa de capacitación training program
  programa de computación software
  programa de entrevistas talk show
programador(a) *m., f.* computer programmer
prohibir *v.* to prohibit; to forbid
prometer *v.* to promise
pronombre *m.* pronoun
pronto *adj.* soon
propina *f.* tip
propio/a *adj.* own
proteger *v.* to protect
proteína *f.* protein
próximo/a *adj.* next **7**
  el próximo lunes/martes/miércoles (etc.) next Monday/Tuesday/Wednesday (etc.) **7**
  la próxima semana next week **7**
prueba *f.* test; quiz **2**
publicar *v.* to publish
público *m.* audience
pueblo *m.* town
puerta *f.* door **2**
Puerto Rico *m.* Puerto Rico
puertorriqueño/a *adj.* Puerto Rican
pues *conj.* well; then
puesto *m.* position; job
puesto/a *p.p.* put
pupitre *m.* desk (student's) **2**
puro/a *adj.* pure

Q

que *pron.* that; who; which
  ¡Qué…! How…!
  ¡Qué dolor! What pain!
  ¡Qué gusto (+ *inf.*)! What a pleasure to… !
  ¡Qué ropa más bonita! What pretty clothes!
  ¡Qué sorpresa! What a surprise!
  ¿qué? what?; which? **6**
  ¿Qué día es hoy? What day is it?
  ¿Qué es? What is it?
  ¿Qué hay de nuevo? What's new?
  ¿Qué hicieron ellos/ellas? What did they do?
  ¿Qué hicieron ustedes? What did you (*form., pl.*) do?
  ¿Qué hiciste? What did you (*fam., sing.*) do?
  ¿Qué hizo él/ella? What did he/she do?
  ¿Qué hizo usted? What did you (*form., sing.*) do?
  ¿Qué hora es? What time is it?
  ¿Qué les parece? What do you guys think?
  ¿Qué pasa? What's happening?; What's going on?
  ¿Qué pasó? What happened? ; What's wrong?
  ¿Qué precio tiene? What is the price?
  ¿Qué tal? How are you?; How is it going?; How is/are…?
  ¿Qué talla lleva/usa usted? What size do you wear?
  ¡Qué le vaya bien! Have a nice day! *form.* **1**
  ¡Qué te vaya bien! Have a nice day! *fam.* **1**
  ¿Qué tiempo hace? How's the weather?, What's the weather like?
quedar *v.* to be left over; to fit (*clothing*); to be left behind; to be located
quedarse *v.* to stay; to remain
  quedarse *v.* **en casa** to stay home
  quedarse *v.* **sin gasolina** to run out of gas
quehaceres domésticos *m., pl.* household chores
quemado/a *adj.* burned (out)
querer (e:ie) *v.* to want; to love **10**
queso *m.* cheese **9**
quien(es) *pron.* who; whom; that
  ¿Quién es…? Who is…?
  ¿Quién habla? Who is speaking? (telephone)
  ¿quién(es)? who?; whom? **6**
química *f.* chemistry **1**
quince fifteen **1**
  menos quince quarter to (time)
  y quince quarter after (time)
quinceañera *f.* young woman celebrating her fifteenth birthday
quinientos/as five hundred

quinto/a *adj.* fifth
quisiera *v.* I would like
quitar la mesa *v.* to clear the table
quitarse *v.* to take off
  quitarse *v.* **los zapatos** take off one's shoes
quizás *adv.* maybe

R

racismo *m.* racism
radio *f.* radio (*medium*)
radio *m.* radio (set)
radiografía *f.* X-ray
  sacar *v.* **una radiografía** to take an X-ray
rápido/a *adj.* fast
rara vez *adv.* rarely
rasurarse *v.* to shave
ratón *m.* mouse
ratos libres *m., pl.* spare time
raya *f.* stripe
razón *f.* reason
rebaja *f.* sale
rebelde *adj.* rebellious
  ser rebelde to be rebellious
recado *m.* (telephone) message
receta *f.* prescription
recetar *v.* to prescribe
recibir *v.* to receive
  recibir *v.* **correo electrónico** to recieve (get) e-mail 8
  recibir *v.* **regalos** to recieve (get) gifts 8
recibirse *v.* to graduate
reciclaje *m.* recycling
reciclar *v.* to recycle
recién casado/a *m., f.* newlywed
recoger *v.* to pick up
  recoger *v.* **la mesa** to clear the table
  recoger *v.* **las cosas/la ropa** to pick up one's things/clothes
recomendar (e:ie) *v.* to recommend
recordar (o:ue) *v.* to remember 10
recorrer *v.* to tour an area
recurso *m.* resource
  recurso natural natural resource
red *f.* network; Web
reducir *v.* to reduce
refresco *m.* soft drink; soda 9
refrigerador *m.* refrigerator
regalar *v.* to give (*as a gift*)
regalo *m.* gift; present
  abrir *v.* **los regalos** to open presents
regañar *v.* to scold; to reprimand
regatear *v.* to bargain
región *f.* region; area
regresar *v.* to return
regular *adj. m., f.* so-so; OK
reído *p.p.* laughed
reírse (e:i) *v.* to laugh
relaciones *f., pl.* relationships
relajarse *v.* to relax
reloj *m.* clock; watch 2

renovable *adj.* renewable
renunciar (a) *v.* to resign (from)
repetir (e:i) *v.* to repeat
reportaje *m.* report
reportero/a *m., f.* reporter; journalist
representante *m., f.* representative
reproductor de CD *m.* CD player
reproductor de DVD *m.* DVD player 2
reproductor de MP *m.* MP player
reservado/a *adj.* reserved 3, 6
resfriado *m.* cold (*illness*)
residencia estudiantil *f.* dormitory 2
resolver (o:ue) *v.* to resolve; to solve
respirar *v.* to breathe
responsable *adj.* responsible 3
respuesta *f.* answer
restaurante *m.* restaurant 8
resuelto/a *p.p.* resolved
reunión *f.* meeting
revisar *v.* to check
  revisar *v.* **el aceite** to check the oil
  revisar *v.* **las llantas** to check the tires
revista *f.* magazine
rico/a *adj.* rich ; *adj.* tasty; delicious 6
ridículo *adj.* ridiculous
río *m.* river
riquísimo/a *adj.* extremely delicious
rodilla *f.* knee
rogar (o:ue) *v.* to beg; to plead
rojo/a *adj.* red
romántico/a *adj.* romantic 3
rompecabezas *m., pl.* puzzles
romper (con) *v.* to break up (with)
  romper *v.* **la piñata** to break a piñata
romper(se) *v.* to break
  romperse la pierna/un abrazo to break one's leg/an arm
ropa *f.* clothing; clothes
  ropa interior underwear
rosado/a *adj.* pink
roto/a *adj.* broken; *p.p.* broken
rubio/a *adj.* blond(e) 6
ruso/a *adj.* Russian
rutina *f.* routine
  rutina diaria daily routine

S

sábado *m.* Saturday 5
  los sábados *m., pl.* on Saturdays 5
saber *v.* to know; to know how
  saber (+ verb) *v.* to know how (*+ verb*)
sabrosísimo/a *adj.* extremely delicious
sabroso/a *adj.* tasty; delicious
sacar *v.* to take (out)
  sacar al perro a pasear take out (walk) the dog
  sacar buenas notas to get good grades 5
  sacar fotos to take pictures
  sacar la basura to take out the trash

sacar *v.* **una radiografía** to take an X-ray
  sacar(se) una muela to have a tooth pulled
sacudir *v.* to dust
  sacudir los muebles dust the furniture
sal *f.* salt 9
sala *f.* living room; room
  sala de emergencia(s) emergency room
salado/a *adj.* salty
salario *m.* salary
salchicha *f.* sausage
salida *f.* departure; exit
salir *v.* to leave; to go out
  salir a cenar (con los amigos) to go out to dinner (with friends) 8
  salir bien/mal en las clases/los exámenes to do well/badly in class/exams
  salir con to leave with; to go out with; to date (*someone*)
  salir de to leave from
  salir para to leave for (*a place*)
  salir temprano/tarde leave, get off early/late
  salirse *v.* **en...** to get off at...
salmón *m.* salmon
salón de belleza *m.* beauty salon
salón de clase *m.* classroom 2
saltar *v.* **la cuerda** to jump rope
salud *f.* health
  tener buena salud to have/enjoy good health
saludable *adj.* healthy
saludar(se) *v.* to greet (each other)
saludo *m.* greeting
  saludos a... greetings to...
sandalia *f.* sandal
sándwich *m.* sandwich
sano/a *adj.* healthy
se *ref. pron.* himself, herself, itself, *form.* yourself, themselves, yourselves
se *impersonal* one
  Se nos dañó... The... broke down.
  Se hizo... He/she/it became...
  Se nos pinchó una llanta. We got a flat tire.
secadora *f.* clothes dryer
sección de (no) fumadores *f.* (non) smoking section
secretario/a *m., f.* secretary
secuencia *f.* sequence
sed *f.* thirst
seda *f.* silk
sedentario/a *adj.* sedentary; related to sitting
seguir (e:i) *v.* to follow; to continue; to keep (doing something)
  seguir *v.* **derecho (tres) cuadras** to go straight ahead for (three) blocks
  seguir *v.* **una dieta equilibrada** to eat a balanced diet

seguir estudiando *v.* to continue studying
según *prep.* according to
segundo/a *adj.* second
seguro/a *adj.* sure; safe; confident
  seguro *m.* insurance
  tener *v.* **seguro** *m.* to have insurance
seis six 1
seiscientos/as six hundred
sello *m.* stamp
selva *f.* jungle
semáforo *m.* traffic light
  semáforo *m.* **en rojo** red light
semana *f.* week
  entre semana on weekdays 5
  fin *m.* **de semana** weekend
  la semana pasada last week
  los fines de semana on weekends 5
semestre *m.* semester
señales de tránsito *pl., f.* traffic signs
  obedecer (c:zc) *v.* **las señales de tránsito** to obey the traffic signs
sendero *m.* trail; trailhead
sentarse (e:ie) *v.* to sit down
sentimental *adj.* sentimental 3
sentir(se) (e:ie) *v.* to feel; to be sorry; to regret
  sentirse(e:ie) bien/mal/fatal feel well/ill/horrible
  sentirse(e:ie) igual feel the same
  sentirse(e:ie) mejor/peor feel better/worse
señor (Sr.) *m.* Mr.; sir 1
señora (Sra.) *f.* Mrs.; ma'am 1
señorita (Srta.) *f.* Miss; young woman 1 (1)
separado/a *adj.* separated
separarse (de) *v.* to separate (from)
septiembre *m.* September
séptimo/a *adj.* seventh
ser *v.* to be 4
  ser aficionado/a (a) to be a fan (of)
  ser alérgico/a (a) to be allergic (to)
  ser consentido/a to be spoiled
  ser gratis to be free of charge
  ser llorón/llorona to be a crybaby
  ser rebelde to be rebellious
  ser travieso/a to be mischievous
serio/a *adj.* serious 3, 6
servilleta *f.* napkin
servir (e:i) *v.* to help; to serve 9
sesenta sixty 4
setecientos/as seven hundred
setenta seventy 4
sexismo *m.* sexism
sexto/a *adj.* sixth
sí *adv.* yes
si *conj.* if
sicología *f.* psychology 1
sicólogo/a *m., f.* psychologist
SIDA *m.* AIDS
sido *p.p.* been
siempre *adv.* always 8
siete seven 1
silla *f.* chair 2

sillón *m.* arm chair
similar *adj. m., f.* similar
simpático/a *adj.* nice; likeable
sin *prep.* without
  sin duda without a doubt
  sin embargo *adv.* however
  sin que *conj.* without
sino *conj.* but
síntoma *m.* symptom
sitio *m.* **web** website
situado/a *p.p.* located
sobre *m.* envelope; *prep.* on; over
sobrino/a *m., f.* nephew/niece 4
sociable *adj.* sociable 3
sociología *f.* sociology
sofá *m.* couch; sofa
sois *fam.* you are
sol *m.* sun
solar *adj.* solar
solicitar *v.* to apply *(for a job)*
solicitud (de trabajo) *f.* (job) application
sólo *adv.* only
soltero/a *adj.* single; unmarried 6
solución *f.* solution
sombrero *m.* hat
somos we are 3
son you/they are 3
  Son las... It's... o'clock.
sonar (o:ue) *v.* to ring
sonreído *p.p.* smiled
sonreír (e:i) *v.* to smile
sopa *f.* soup 9
sorprender *v.* to surprise
sorpresa *f.* surprise
sótano *m.* basement; cellar
soy I am
  Soy yo. That's me.
  soy de... I'm from...
su(s) *poss. adj.* his; her; its; *form.* your; their;
subir *v.* to go up
subir(se) a to get on/into (a vehicle)
  subir(se) a los árboles to climb trees
  subir(se) a los columpios to go on the swings
  subir(se) a los juegos to go on rides
sucio/a *adj.* dirty
  estar sucio/a to be dirty
sucre *m.* former Ecuadorian currency
sudar *v.* to sweat
suegro/a *m., f.* father-in-law; mother-in-law 4
sueldo *m.* salary
  sueldo alto/bajo *m.* high/low salary
suelo *m.* floor
sueño *m.* sleep
suerte *f.* luck
suéter *m.* sweater
sufrir *v.* to suffer
  sufrir muchas presiones to be under a lot of pressure

sufrir una enfermedad to suffer (from) an illness
sugerir (e:ie) *v.* to suggest
supermercado *m.* supermarket 8
supervisor/a *m.f.* supervisor
suponer *v.* to suppose
sur *m.* south
sustantivo *m.* noun
su(s) *poss.* his/hers; hers; its; *form.* your, yours, theirs; their 4
suyo(s)/a(s) *poss.* (of) his/her; (of) hers; (of) its; (of) *form.* your, (of) yours, (of) theirs; their

T

tal vez *adv.* maybe
talentoso/a *adj.* talented
talla *f.* size
  talla grande large
taller *m.* **(mecánico)** (mechanic's) repair shop
también *adv.* also; too
tampoco *adv.* neither; not either
tan *adv.* so
  tan pronto como as soon as
  tan... (adj.) como as... (adj.) as
tanque *m.* tank
tanto *adv.* so much
  tanto como as much as
  tantos/as... (noun) como as much/many...(noun) as
tarde *adv.* late
tarde *f.* afternoon; evening; P.M.
  por la tarde in the afternoon 5
  por la noche in the evening 5
tarea *f.* homework
tarjeta *f.* (post) card
  tarjeta de crédito credit card
  tarjeta postal postcard
taxi *m.* taxi(cab)
taza *f.* cup; mug
te *fam. pron.* you; *i.o. pron., fam* to/for you
  Te presento a... I would like to introduce... to you. *(fam.)* 1
  ¿Te gustaría? Would you like to?
  ¿Te gusta(n)... ? Do you like...? *(fam.)* 3
té *m.* tea 9
  té helado iced tea
teatro *m.* theater
teclado *m.* keyboard
técnico/a *m., f.* technician
  técnico/a en computación *m., f.* computer technician
tejido *m.* weaving
teleadicto/a *m., f.* couch potato
teléfono (celular) *m.* (cellular) telephone
telenovela *f.* soap opera
teletrabajo *m.* telecommuting
televisión *f.* television 2
  televisión por cable cable television
televisor *m.* television set

temer *v.* to be afraid/concerned; to fear
temperatura *f.* temperature
temprano *adv.* early
tenedor *m.* fork
tener *v.* to have **4**
  cuando tenía… años when I was … years old
  tener… años to be… years old
  Tengo… años. I'm… years old. **4**
  tener buena salud to have/enjoy good health
  tener (el) catarro to have a cold
  tener (mucho) calor to be (very) hot
  tener (mucho) cuidado to be (very) careful
  tener (el) dolor de… to have a(n)… ache
  tener éxito to be successful
  tener (la) fiebre to have a fever
  tener (mucho) frío to be (very) cold
  tener ganas de (+ *inf.*) to feel like (*doing something*) **7**
  tener (la) gripe to have the flu
  tener (mucha) hambre *f.* to be (very) hungry **9**
  tener la música muy alta play loud music
  tener (mucho) miedo to be (very) afraid/scared of
  tener miedo (de) que to be afraid that
  tener planes to have plans
  tener (mucha) prisa to be in a (big) hurry
  tener que (+ *inf.*) *v.* to have to (*do something*) **7**
  tener razón to be right
  tener (mucha) sed to be (very) thirsty **9**
  tener *v.* **seguro** *m.* to have insurance
  tener (mucho) sueño to be (very) sleepy
  tener (mucha) suerte to be (very) lucky
  tener tiempo to have time
  tener (la) tos to have a cough
  tener una cita to have a date; an appointment
  tener una infección to have an infection
tenis *m.* tennis
tensión *f.* tension
tercer, tercero/a *adj.* third
terminar *v.* to end; to finish
  terminar de (+ *inf.*) to finish (*doing something*)
terremoto *m.* earthquake
terrible *adj.* terrible **3**
terror *m.* horror
ti *prep., obj. of prep., fam.* you **10**
tiempo *m.* time; weather

tiempo completo *m.* full-time
tiempo libre *m.* free time
tiempo parcial *m.* part-time
tienda *f.* shop; store **8**
  tienda de campaña *f.* tent
tierra *f.* land; soil
tímido/a *adj.* shy **3**
tina *f.* bathtub
tinto/a *adj.* red (wine) **9**
tío/a *m., f.* uncle/aunt **4**
tíos *m.* aunts and uncles **4**
título *m.* title
tiza *f.* chalk
toalla *f.* towel
tobillo *m.* ankle
tocar *v.* to play (*a musical instrument*); to touch
  tocar la guitarra to play the guitar **5**
todavía *adv.* yet; still
  todavía no *adv.* not yet
todo *m.* everything
  en todo el mundo throughout the world
  Todo está bajo control. Everything is under control.
  (todo) derecho straight ahead
  ¡Todos a bordo! All aboard!
todo(s)/a(s) *adj.* all; whole
todos *m., pl.* all of us; *m., pl.* everybody; everyone
  todos los días every day **5, 8**
tomar *v.* to take; to drink
  tomar *v.* **café** to drink coffee **5**
  tomar *v.* **clases** to take classes **5**
  tomar *v.* **el autobús** to take the bus **5**
  tomar *v.* **el sol** to sunbathe
  tomar *v.* **en cuenta** to take into account
  tomar *v.* **fotos** to take pictures
  tomar *v.* **la autopista al norte/al sur/al este/al oeste** to take the freeway north/south/east/west
  tomar(le) *v.* **la temperatura (a alguien)** to take (someone's) temperature
tomate *m.* tomato
tonto/a *adj.* silly; foolish; dumb **6**
torcerse (el tobillo) *v.* to sprain (one's ankle)
torcido/a *adj.* twisted; sprained
tormenta *f.* storm
tornado *m.* tornado
tortilla *f.* tortilla
  tortillas de maíz tortilla made of corn flour
tortuga marina *f.* marine turtle
tos *f., sing.* cough
  jarabe para la tos *m.* cough syrup
  tener (la) tos to have a cough
toser *v.* to cough
tostado/a *adj.* toasted
tostadora *f.* toaster

trabajador(a) *adj.* hard-working **6**
trabajar *v.* to work
  trabajar *v.* **en casa** to work at home **5**
trabajo *m.* job; work **8**; written work
traducir *v.* to translate
traer *v.* to bring
tráfico *m.* traffic
tragedia *f.* tragedy
traído/a *p.p.* brought
traje *m.* suit
  traje de baño bathing suit
tranquilo/a *adj.* calm; quiet **3**,
  ¡Tranquilo! Stay calm!
transmitir to broadcast
tratar de (+ *inf.*) *v.* to try (*to do something*)
  Trato hecho. It's a deal.
travesura *f.* prank
  hacer *v.* **travesuras** to get into trouble
travieso/a *adj.* mischievous
  ser travieso/a to be mischievous
trece thirteen **1**
treinta thirty **1**
  y treinta thirty minutes past the hour (time)
treinta y cinco thirty five **1**
treinta y cuatro thirty four **1**
treinta y dos thirty two **1**
treinta y nueve thirty nine **1**
treinta y ocho thirty eight **1**
treinta y seis thirty six **1**
treinta y siete thirty seven **1**
treinta y tres thirty three **1**
treinta y uno thirty one **1**
tren *m.* train
tres three **1**
trescientos/as three hundred
trimestre *m.* trimester; quarter
triste *adj.* sad
  ponerse *v.* **triste** to get/become sad
tú *fam. sing. sub. pron.* you
  Tú eres… You are…
tu(s) *fam. poss. adj.* your **4**
turismo *m.* tourism
turista *m., f.* tourist
turístico/a *adj.* touristic
turno de la manana/tarde/noche *m.* morning/afternoon/evening shift
tuyo(s)/a(s) *fam. poss. pron.* your; (of) yours

U

Ud. *form., sing. sub. pron.* you
Uds. *form., pl. sub. pron.* you
últimamente *adv.* lately
último/a *adj.* last
un, uno/a *indef. art.* a **2**; one **1**
  una vez once; one time

una vez más once again
una vez a la semana once a
week **8**
único/a *adj.* only
universidad *f.* university; college
unos/as *pron. indef. art.* some **2**
urgente *adj.* urgent
usar *v.* to wear; to use
usar *v.* **la computadora** to use the
computer **5**
usted *form., sing. sub. pron.* you
ustedes *form., pl. sub. pron.* you
útil *adj.* useful
uva *f.* grape **9**

V

vaca *f.* cow
vacaciones *f., pl.* vacation
irse *v.* **de vacaciones** to go on
vacation
valle *m.* valley
vamos let's go
vaquero *m.* cowboy
de vaqueros *m., pl.* western
varios/as *adj., pl.* several
vaso *m.* glass
veces *f., pl.* times
vecino/a *m., f.* neighbor
veinte twenty **1**
veinticinco twenty-five **1**
veinticuatro twenty-four **1**
veintidós twenty-two **1**
veintinueve twenty-nine **1**
veintiocho twenty-eight **1**
veintiséis twenty-six **1**
veintisiete twenty-seven **1**
veintitrés twenty-three **1**
veintiún, veintiuno/a twenty-one **1**
vejez *f.* old age
velocidad *f.* speed
manejar/ir *v.* **a exceso de
velocidad** to speed
velocidad máxima speed limit
vendedor(a) *m., f.* salesperson
vender *v.* to sell
vender *v.* **comida** to sell food **8**
venir *v.* to come **10**
ventaja *f.* advantage
ventana *f.* window **2**
ver *v.* to see
ver *v.* **el desfile/los fuegos
artificiales** see the
parade/fireworks
ver *v.* **los dibujos animados** to
watch cartoons
ver *v.* **una película en casa** to
watch a movie at home **8**
ver *v.* **películas** *f., pl.* to see movies
a ver let's see
verano *m.* summer
verbo *m.* verb
verdad *f.* truth
¿verdad? right?

verde *adj.,* green; not ripe
verduras *pl., f.* vegetables
vestido *m.* dress
vestirse (e:i) *v.* to get dressed
veterinario/a *m., f.* veterinarian
vez *f.* time
viajar *v.* to travel
viaje *m.* trip
hacer un viaje to take a trip
viajero/a *m., f.* traveler
vida *f.* life
video *m.* video
videocasete *m.* video cassette
videocasetera *f.* VCR **2**
videoconferencia *f.* video conference
vidrio *m.* glass
viejo/a *adj.* old **6**
viento *m.* wind
viernes *m., sing.* Friday **5**
los viernes *m., pl.* on Fridays **5**
villancico *m.* carol
cantar villancicos sing carols
vinagre *m.* vinegar
vino *m.* wine
vino blanco *m.* white wine
vino tinto *m.* red wine **9**
violencia *f.* violence
visitar *v.* to visit
visitar un monumento to visit a
monument
visitar *v.* **a los abuelos** visit one's
grandparents **5**
visto/a *p.p.* seen
vitamina *f.* vitamin
viudo/a *adj.* widowed
vivienda *f.* housing
vivir *v.* to live
vivir *v.* **en/con** to live in/with **8**
vivo/a *adj.* lively; alive; bright
volante *m.* steering wheel
volcán *m.* volcano
vóleibol *m.* volleyball
volver (o:ue) *v.* to return
volver a ver(te, lo, la) *v.* to see (you)
again
vos *pron.* you
vosotros/as *fam., pl. sub. pron.* you
votar *v.* to vote
vuelta *f.* return trip
vuelto/a *p.p.* returned
vuestro(s)/a(s) *poss. adj.* your; (of)
yours

W

walkman *m.* Walkman

Y

y *conj.* and
y cuarto quarter after (time)
y media half-past (time)
y quince quarter after (time)

y treinta thirty (minutes past the
hour)
¿Y tú? *fam.* And you? **1**
¿Y usted? *form.* And you?
ya *adv.* already
yerno *m.* son-in-law
yo *sub. pron.* I
Yo soy… I'm… **3**
yogur *m.* yogurt **9**

Z

zanahoria *f.* carrot **9**
zapatería *f.* shoe store
zapato *m.* shoe
par de zapatos pair of shoes
zapatos (de tacón) *m., pl.* (high-
heeled) shoes
zapatos de tenis sneakers

English-Spanish

A

a/an un *m.*, una *f. sing., indef. art.* **2**
A.M. mañana *f.*
able: be able to poder (o:ue) *v.*
able competente *adj.* **3**
aboard a bordo
accelerate acelerar *v.*
accept aceptar *v.*
accident accidente *m.*
accompany acompañar *v.*
account cuenta *f.*
accountant contador(a) *m., f.*
accounting contabilidad *f.*
ache dolor *m.*
   have a(n)... ache tener (el) dolor de...
acquainted: be acquainted with conocer *v.*
action acción *f.*
active activo/a *adj.* **3**
actor actor *m.*
actress actriz *f.*
addict (drug) drogadicto/a *adj.*
additional adicional *adj.*
address dirección *f.*
adjective adjetivo *m.*
adolescence adolescencia *f.*
adolescent chico/a **4**
advantage ventaja *f.*
adventure aventura *f.*
advertise anunciar *v.*
advertisement anuncio *m.*
advice consejo *m.*
   give advice dar *v.* consejos
advise aconsejar *v.*
advisor consejero/a *m., f.*
aerobic aeróbico/a *adj.*
   aerobic exercises ejercicios aeróbicos
   aerobics class clase de ejercicios aeróbicos
affected afectado/a *adj.*
   be affected (by) estar *v.* afectado/a (por)
affectionate cariñoso/a *adj.* **6**
affirmative afirmativo/a *adj.*
afraid: be (very) afraid tener (mucho) miedo
   be afraid temer *v.*
after después de *prep.*; después (de) que *conj.*
afternoon tarde *f.*
   in the afternoon por la tarde **5**
afterward después *adv.*; luego *adv.*
again otra vez *adv.*
age edad *f.*
ago (two weeks/three months/four years ago). Hace (dos) semanas/ (tres)meses/(cuatro) años.
agree concordar *v.*; estar *v.* de acuerdo

agreement acuerdo *m.*
AIDS SIDA *m.*
air aire *m.*
   air pollution contaminación del aire
airplane avión *m.*
   go by plane ir *v.* en avión
airport aeropuerto *m.* **8**
alarm clock despertador *m.*
alcohol alcohol *m.*
alcoholic alcohólico/a *adj.*
   alcoholic beverage bebida alcohólica
all todo(s)/toda(s) *adj.*
All aboard! ¡Todos a bordo!
all of a sudden de repente *adv.*
   all of us todos
all over the world en todo el mundo
allergic alérgico/a *adj.*
   be allergic (to) ser alérgico/a (a)
alleviate aliviar *v.*
almost casi *adv.* **8**
alone solo/a *adj.*
along por *prep.*
already ya *adv.*
also también *adv.*
alternator alternador *m.*
although aunque *conj.*
aluminum aluminio *m.*
   (made of) aluminum de aluminio
always siempre *adv.* **8**
ambitious ambicioso/a *adj.* **3**
American (North) norteamericano/a *adj.*
among entre *prep.*
amusement diversión *f.*
and y; e **(before words beginning with i or hi)**
   And you? ¿Y tú? *fam* **1**; ¿Y usted? *form.* **1**
angry enojado/a *adj.*
   get angry (with) enojarse *v.* (con)
animal animal *m.*
ankle tobillo *m.*
anniversary aniversario *m.*
   wedding anniversary aniversario de bodas
announce anunciar *v.*
announcer (TV/radio) locutor(a) *m., f.*
annoy molestar *v.*
another otro/a *adj.*
answer contestar *v.*; respuesta *f.*
   answer the phone/e-mails contestar *v.* los teléfonos/los correos
answering machine contestadora *f.*
anthropology antropología *f.* **1**
antibiotic antibiótico *m.*
any algún, alguno/a(s) *adj.*
anyone alguien *pron.*
anything algo *pron.*
apartment apartamento *m.*
apartment building edificio de apartamentos
appear parecer *v.*
appetizers entremeses *m., pl.*
applaud aplaudir *v.*

apple manzana *f.* **9**
appliance (electric) electrodoméstico *m.*
applicant aspirante *m., f.*
application solicitud *f.*
   job application solicitud de trabajo
apply (for a job) solicitar *v.*
   apply for a loan pedir *v.* un préstamo
appointment cita *f.*
   have an appointment tener *v.* una cita
appreciate apreciar *v.*
April abril *m.*
aquatic acuático/a *adj.*
archaeologist arqueólogo/a *m., f.*
architect arquitecto/a *m., f.*
area región *f.*
argue (about/with) discutir *v.* (de/con) **8**
arm brazo *m.*
arm chair sillón *m.*
army ejército *m.*
around por *prep.*
around here por aquí
arrange arreglar *v.*
arrival llegada *f.*
arrive llegar *v.*
   arrive (get) home on time/late/early llegar a tiempo/ tarde/temprano a casa **5**
arrogant arrogante *adj.* **3**
art arte *m.*
   fine arts bellas artes *f., pl.*
article *m.* artículo
artist artista *m., f.*
artistic artístico/a *adj.*
art exhibition exhibición de arte *f.* **8**
arts artes *f., pl.*
as como *conj.*
   as...(adj.) as tan... *(adj.)* como
   as a child de niño/a
   as much/many... *(noun)* as tantos/as...*(noun)* como
   as much as tanto como
   as soon as en cuanto *conj.*; tan pronto como *conj.*
ask (a question) preguntar *v.*
   ask for pedir (e:i) *v.* **9**
   ask someone out invitar a salir
asparagus espárragos *m., pl.*
aspirin aspirina *f.*
astronomy astronomía *f.* **1**
at a *prep.*; en *prep.*
   at + time a la(s) + *time*
   at home en casa
   at least por lo menos
   at night por la noche **5**
   at that time en aquel entonces
   at the end (of) al fondo (de)
   At what time...? ¿A qué hora...? **2**
   At your service A sus órdenes.
   attend asistir (a) *v.*
   attend to the customers/clients atender(e:ie) *v.* a los clientes
attic altillo *m.*

attract atraer *v.*
attractive atractivo/a *adj.* 3
audience público *m.*
auditorium auditorio *m.* 2
August agosto *m.*
aunt tía *f.* 4
  aunts and uncles tíos *m., pl.* 4
automatic automático/a *adj.*
  automatic teller machine (ATM)
  cajero automático
automobile automóvil *m.*
autumn otoño *m.*
avenue avenida *f.*
avoid evitar *v.*
  avoid fines; tickets evitar *v.* las
  multas
award premio *m.*

B

back espalda *f.*
  back then en esos tiempos
baby-sitter niñero/a *m. f.*
backpack mochila *f.* 2
bad mal, malo/a *adj.* 6
  It's bad that... Es malo que...
  It's not bad at all. No está nada mal.
bag bolsa *f.*
baked potato papa al horno *f.* 9
bakery panadería *f.*
balanced equilibrado/a *adj.*
  balanced diet dieta equilibrada
balcony balcón *m.*
ball pelota *f.*
  play ball jugar a la pelota
ballet ballet *m.*
banana banana *f.* 9
band banda *f.*
bank banco *m.*
bargain ganga *f.*; regatear *v.*
baseball (game) béisbol *m.*
basement sótano *m.*
basketball (game) baloncesto *m.*
bath baño *m.*
  bathtub tina *f.*
  take a bath bañarse *v.*
  take a bath/shower at night
  bañarse *v.* por la noche
bathe bañarse *v.*
  take a bath/shower at night
  bañarse *v.* por la noche
bathing suit traje *m.* de baño
bathroom baño *m.*; cuarto de baño *m.*
bathtub tina *f.*
be ser *v.* 4; estar *v.*
  be at/in/on estar *v.* en 8
  be clean estar limpio/a
  be a crybaby ser llorón/llorona
  be dirty estar sucio/a
  be dizzy estar mareado/a
  be in bed estar en cama
  be in class estar en clase
  be mischievous ser travieso/a
  be rebellious ser rebelde
  be spoiled ser consentido/a

be inside estar adentro/dentro de
be messy estar desarreglado/a
be on vacation estar de vacaciones
be outside estar afuera/fuera de
be rebellious ser rebelde
be sore estar adolorido/a
be tidy estar arreglado/a
be... years old tener... años
beach playa *f.* 8
  go to the beach ir a la playa
beans frijoles *m., pl.* 9
beautiful hermoso/a *adj.*
beauty belleza *f.*
  beauty salon peluquería *f.*; salón
  m. de belleza
because porque *conj.*
  because of por *prep.*
become (+ *adj.*) ponerse *(+ adj.)*;
  convertirse *v.*
  get/become sad/happy ponerse *v.*
  triste/feliz
bed cama *f.*
  go to bed acostarse (o:ue) *v.*
  go to bed late acostarse (o:ue) *v.*
  tarde
  be in bed estar en cama
bedroom alcoba *f.*; cuarto *m.*;
  recámara *f.*
beef carne *f.* de res 9
  beef soup caldo *m.* de patas
been sido *p.p.*
beer cerveza *f.* 9
before antes *adv.*; antes de *prep.*;
  antes (de) que *conj.*
beg rogar (o:ue) *v.*
begin comenzar (e:ie) *v.*; empezar
  (e:ie) *v.*
behalf: on behalf of de parte de
behave portarse *v.* bien
behind detrás de *prep.* atrás *adv.*
  from behind por atrás
believe creer *v.*
  believe (in) creer *v.* (en)
  believed creído *p.p.*
bellhop botones *m., f., sing.*
beloved enamorado/a *adj.*
below debajo de *prep.*
belt cinturón *m.*
benefit beneficio *m.*
beside al lado de *prep.*
besides además (de) *adv.*
best mejor *adj.*
  better than mejor que *adj.*
  the best el/la mejor *m., f.*; lo
  mejor *neuter*
better mejor *adj.*
  feel better sentirse(e:ie) mejor
  It's better that... Es mejor que...
between entre *prep.*
bicycle bicicleta *f.*
  ride a bike andar *v.* en bicicleta
big gran, grande *adj.*
  bigger mayor *adj.*
  biggest, (the) el/la mayor *m., f.*
bikini bikini *m.*

bill cuenta *f.* 9
billion mil millones
biology biología *f.* 1
bird pájaro *m.* 4; ave *f.*
birth nacimiento *m.*
birthday cumpleaños *m., sing.*
  birthday cake pastel de cumpleaños
  birthday song mañanitas *f., pl.*
  have a birthday cumplir *v.* años
biscuit bizcocho *m.*
black negro/a *adj.*
blackberry mora *f.*
blanket manta *f.*
block (city) cuadra *f.*
blond(e) rubio/a *adj.* 6
blouse blusa *f.*
blow golpe *m.*
blue azul *adj.*
boarding house pensión *f.*
boat barco *m.*
body cuerpo *m.*
bone hueso *m.*
book libro *m.* 2
bookcase estante *m.*
bookshelves estante *m.*
bookstore librería *f.* 2
boot bota *f.*
bore aburrir *v.*
bored aburrido/a *adj.*
  be bored estar *v.* aburrido/a
  get bored aburrirse *v.*
boring aburrido/a *adj.* 6
born: be born nacer *v.*
borrow pedir prestado
  borrow things pedir (e:i) cosas
  prestadas
borrowed prestado/a *adj.*
boss jefe *m.*, jefa *f.*
bottle botella *f.*
  bottle of wine botella de vino
bother molestar *v.*
bottom fondo *m.*
boulevard bulevar *m.*
bowling alley boliche *m.* 8
boy chico *m.* 4; muchacho; niño *m.* 4
boyfriend novio *m.* 4
brake frenar *v.*
brakes frenos *m., pl.*
bread pan *m.*
break romper(se) *v.*
  break a piñata romper *v.* la
  piñata
  break (one's leg)/an arm romperse
  (la pierna)/(un brazo)
breakdown dañar *v.*
  The bus broke down. Se nos dañó
  el autobús.
  break up (with) romper *v.* (con)
breakfast desayuno *m.* 9
  have breakfast desayunar *v.* 9
breathe respirar *v.*
bring traer *v.*; **(someone/ an
  animal/something inanimate)**
  llevar *v.* a (+person/object)
broadcast transmitir *v.*; emitir *v.*

broccoli brócoli *m.* **9**
brochure folleto *m.*
broken roto/a *adj.*; roto/a *p.p.*
  be broken estar roto/a
brother hermano *m.* **4**
  brother-in-law cuñado *m., f.* **4**
  brothers and sisters hermanos *m., pl.* **4**
brought traído/a *p.p.*
brown café *adj.*; marrón *adj.*
  brunet(te) moreno/a *adj.* **6**
brush cepillar *v.*
  brush one's hair cepillarse el pelo
  brush one's teeth cepillarse *v.* los dientes; lavarse *v.* los dientes
build construir *v.*
building edificio *m.*
bullfight corrida *f.* de toros
bump golpe *m.*
  bump into (meet accidentally) darse con
burned (out) quemado/a *adj.*
bus autobús *m.*
  bus station estación *f.* de autobuses
business negocios *m., pl.*
  business administration administración *f.* de empresas
  business administrator administrador/a de empresas *m., f.*
  business-related comercial *adj.*
businessman hombre *m.* de negocios
businesswoman mujer *f.* de negocios
busy ocupado/a *adj.*
but pero *conj.*; sino *conj. (in negative sentences)*
butcher shop carnicería *f.*
butter mantequilla *f.*
buy comprar *v.* **5**
by por *conj.*; para *prep.*
  by car en coche
  by means of por *prep.*
  by phone por teléfono
  by plane en avión
  by way of por *prep.*
Bye. Chau. *interj. fam.*

C

cabin cabaña *f.*
cable television televisión *f.* por cable *m.*
café café *m.* **8**
cafeteria cafetería *f.* **2**
cake pastel *m.* **9**
calculator calculadora *f.* **2**
call llamar *v.*
  call on the phone llamar por teléfono
  call the police llamar a la policía
  be called llamarse *v.*

calm tranquilo/a *adj.* **3**
  Stay calm! ¡Tranquilo/a!
calorie caloría *f.*
camera cámara *f.*
  digital camera cámara digital
camp acampar *v.*
  to go camping ir de campamento
can lata *f.*
can poder (o:ue) *v.* **10**
Canadian canadiense *adj.*
candidate aspirante *m. f.*; candidato/a *m., f.*
candy dulces *m., pl.* **9**
capital city capital *f.*
car coche *m.*; carro *m.*; auto(móvil) *m.*
  go by car ir *v.* en coche
caramel caramelo *m.*
card tarjeta *f.*; (playing) carta *f.*
care cuidado *m.*
  take care of cuidar *v.*
career carrera *f.*
careful: be (very) careful tener *v.* (mucho) cuidado
caretaker ama *m., f.* de casa
carpenter carpintero/a *m., f.*
carpet alfombra *f.*
carrot zanahoria *f.* **9**
carry llevar *v.*
cartoons dibujos *m., pl.* animados
  watch cartoons ver *v.* los dibujos animados
case: in case (that) en caso (de) que
cash (a check) cobrar *v.*; efectivo *m.*
  cash register caja *f.*
  pay in cash pagar *v.* al contado pagar en efectivo
cashier cajero/a *m., f.*
cat gato/a *m., f.* **4**
  feed the cat darle de comer al gato
Catholic school colegio católico *m.*
CD player reproductor *m.* de CD
celebrate celebrar *v.*
cellar sótano *m.*
cellular celular *adj.*
  cellular telephone teléfono *m.* celular
cereal cereales *m., pl.* **9**
certain cierto *m.*; seguro *m.*
  it's (not) certain (no) es seguro/cierto
chair silla *f.* **2**
chalk tiza *f.*
chalkboard pizzara *f.*
chalkboard pizzarón *f.* **2**
champagne champán *m.*
change cambiar *v.* (de)
channel (TV) canal *m.*
character (fictional) personaje *m.*
  main character personaje principal
charge (for a product or service) cobrar *v.*
chauffeur conductor(a) *m., f.*
chat conversar *v.*
cheap barato/a *adj.*

check comprobar *v.*; revisar *v.*; (bank) cheque *m.*
  check the oil revisar *v.* el aceite
  check the tires revisar *v.* las llantas
checkers (game) damas chinas *f., pl.*
  play checkers jugar a las damas chinas
checking account cuenta *f.* corriente
cheese queso *m.* **9**
chef cocinero/a *m., f.*
chemistry química *f.* **1**
chest of drawers cómoda *f.*
chicken pollo *m.* **9**
child niño/a *m., f.* **4**
  as a child de niño/a
childhood niñez *f.*
children hijos *m., pl* **4**
Chinese chino/a *adj.*
chocolate chocolate *m.*
  chocolate cake pastel *m.* de chocolate
cholesterol colesterol *m.*
choose escoger *v.*
chop (food) chuleta *f.*
Christmas Navidad *f.*
church iglesia *f.* **8**
citizen ciudadano/a *m., f.*
city ciudad *f.*
class clase *f.*
  take classes tomar *v.* clases **5**
  be in class estar en clase
classroom salón de clase *m.* **2**
classical clásico/a *adj.*
classmate compañero/a *m., f.* de clase **2**
clean limpio/a *adj.*; limpiar *v.*
  be clean estar limpio/a
  clean the house *v.* limpiar la casa
  clean the (one's) room limpiar el cuarto **5**
clear (weather) despejado/a *adj.*
  clear the table quitar *v.* la mesa; recoger *v.* la mesa
  It's clear. (weather) Está despejado.
clerk dependiente/a *m., f.* empleado/a *m., f.*
client cliente/a *m., f.*
climb escalar *v.*
  climb mountains escalar montañas
  climb trees subir(se) a los árboles
clinic clínica *f.*
clock reloj *m.* **2**
close cerrar (e:ie) *v.*
closed cerrado/a *adj.*
closet armario *m.*; clóset *m.*
clothes ropa *f.*
  clothes dryer secadora *f.*
clothing ropa *f.*
cloud nube *f.*
cloudy nublado/a *adj.*
  It's (very) cloudy Está (muy) nublado
coat abrigo *m.*

coffee café *m.* 9
   coffee maker cafetera *f.*
cold frío *m.;* **(disease)** resfriado *m.;* **(sickness)** catarro *m.*
   be (very) cold (feel) tener (mucho) frío
   It's (very) cold. (weather) Hace (mucho) frío.
   have a cold tener (el) catarro
college universidad *f.*
collision choque *m.*
color color *m.;* colorear *v.*
comb one's hair peinarse *v.*
come venir *v.* 10
comedy comedia *f.*
comfortable cómodo/a *adj.*
commerce negocios *m., pl.*
commercial comercial *adj.*
communicate (with) comunicarse *v.* (con)
communication comunicación *f.*
   means of communication medios *m., pl.* de comunicación
community comunidad *f.*
compact disc (CD) disco *m.* compacto
   compact disc player reproductor *m.* de CD
company compañía *f.;* empresa *f.*
comparison comparación *f.*
competent competente *adj.* 3
completely completamente *adv.*
composer compositor(a) *m., f.*
computer computadora *f.*
   computer disc disco *m.*
   computer monitor monitor *m.*
   computer programmer programador(a) *m., f.*
   computer science computación *f.*
   computer technician técnico/a en computación *m., f.*
concerned: to be concerned temer *v.*
concert concierto *m.*
conductor (musical) director(a) *m., f.*
confirm confirmar *v.*
   confirm a reservation confirmar una reservación
congested congestionado/a *adj.*
Congratulations! (for an event such as a birthday or anniversary) ¡Felicidades!; **(for an event such as an engagement or a good grade on a test)** *f., pl.* ¡Felicitaciones!
conservation conservación *f.*
conserve conservar *v.*
considering para *prep.*
consume consumir *v.*
contact lenses lentes *m. pl.* de contacto
container envase *m.*
contamination contaminación *f.*
content contento/a *adj.*
contest concurso *m.*
continue (studying) seguir (e:i) (estudiando) *v.*
control control *m.;* controlar *v.*

   be under control estar bajo control
conversation conversación *f.*
converse conversar *v.*
cook cocinar *v.;* cocinero/a *m., f.*
cookie galleta *f.* 9
cool fresco/a *adj.*
   It's cool. (weather) Hace fresco.
corn maíz *m.*
corner esquina *m.*
cost costar (o:ue) *v.*
costume disfraz *m.*
   wear a … costume disfrazarse *v.* de…
cotton algodón *m.*
   (made of) cotton de algodón
couch sofá *m.*
couch potato teleadicto/a *m., f.*
cough tos *f.;* toser *v.*
   cough syrup jarabe para la tos *m.*
   have a cough tener (la) tos
counselor consejero/a *m., f.* 2
count (on) contar *v.* (con)
country (nation) país *m.*
countryside campo *m.;* paisaje *m.*
couple pareja *f.*
   couple (married) matrimonio *m.*
course curso *m.;* materia *f.*
courtesy cortesía *f.*
cousin primo/a *m., f.* 4
depressed deprimido/a *adj.*
cover cubrir *v.*
covered cubierto *p.p.*
cow vaca *f.*
cowboy vaquero *m.*
crafts artesanía *f.*
craftsmanship artesanía *f.*
crash chocar *v.* (con)
crater cráter *m.*
crazy loco/a *adj.*
create crear *v.*
creative creativo/a *adj.* 3
credit crédito *m.*
   credit card tarjeta *f.* de crédito
crime crimen *m.*
cross cruzar *v.*
   cross the street cruzar *v.* la calle
crybaby llorón/llorona *m.f.*
   be a crybaby ser llorón/llorona
culture cultura *f.*
cup taza *f.*
currency exchange cambio *m.* de moneda
current events actualidades *f., pl.*
curriculum vitae currículum *m.*
curtains cortinas *f., pl.*
custard (baked) flan *m.* 9
custom costumbre *f.*
customer cliente/a *m., f.*
customs aduana *f.*
   customs inspector inspector(a) *m., f.* de aduanas
cycling ciclismo *m.*

D

dad papá *m.*
daily diario/a *adj.*
   daily routine rutina *f.* diaria
damage dañar *v.*
dance bailar *v.* 5; danza *f.* baile *m.*
dancer bailarín/bailarina *m., f.*
danger peligro *m.*
dangerous peligroso/a *adj.*
dark-haired moreno/a *adj.* 6
dark-skinned moreno/a *adj.* 6
date (appointment) cita *f.;* **(calendar)** fecha *f.;* **(someone)** salir *v.* con (alguien)
   date: have a date tener *v.* una cita
daughter hija *f.* 4
   daughter-in-law nuera *f.*
day día *m.*
   day before yesterday anteayer *adv.*
dead muerto/a *p.p.*
deal trato *m.*
   It's a deal. Trato hecho.
   It's not a big deal. No es para tanto.
death muerte *f.*
decaffeinated descafeinado/a *adj.*
December diciembre *m.*
decide decidir *v.*
decided decidido/a *adj.*
declare declarar *v.*
decorate the tree poner *v.* el árbol
deforestation deforestación *f.*
delicious delicioso/a *adj.;* rico/a *adj.* 6; sabroso/a *adj.*
delighted encantado/a *adj.*
dent golpe *m.*
dental hygienist higienista dental *m., f.*
dentist dentista *m., f.*
deny negar (e: ie) *v.*
department store almacén *m.*
departure salida *f.*
deposit depositar *v.*
describe describir *v.*
described descrito/a *p.p.*
desert desierto *m.*
design diseño *m.*
designer diseñador(a) *m., f.*
   graphic designer diseñador(a) gráfico/a *m., f.*
desire desear *v.*
desk escritorio **(teacher's)** *m.* 2; pupitre **(student's)** *m.* 2
dessert postre *m.*
destroy destruir *v.*
develop desarrollar *v.*
diary diario *m.*
dictatorship dictadura *f.*
dictionary diccionario *m.* 2
did hecho/a *p.p.*
die morir (o:ue) *v.*
died muerto/a *p.p.*
diet dieta *f.*
   balanced diet dieta equilibrada

be on a diet estar *v.* a dieta
eat a balanced diet seguir una dieta equilibrada
difficult difícil *adj.* **6**
dining room comedor *m.*
dinner cena *f.* **9**
have dinner cenar *v.* **9**
direction: in the direction of para *prep.*
directions: give directions indicar cómo llegar *v.*
director director(a) *m., f.*
dirty ensuciar *v.*; sucio/a *adj.*
be dirty estar sucio/a
get (something) dirty ensuciar *v.*
disappointed desilusionado/a *adj.*
disadvantage desventaja *f.*
disagree no estar de acuerdo
disaster desastre *m.*
disco discoteca *f.* **8**
discover descubrir *v.*
discovered descubierto *p.p.*
discreet discreto/a *adj.* **3**
discrimination discriminación *f.*
discuss (about/with) discutir *v.* (de/con) **8**
dish plato *m.* **9**; platillo *m.* **9**
main dish plato principal
do (wash) the dishes lavar los platos
dishonest deshonesto/a *adj.* **3**
dishwasher lavaplatos *m., sing.*
disk disco *m.*
dislike chocar *v.*
disobey desobedecer (c:zc) *v.*
disorderly desordenado/a *adj.* **6**
dive bucear *v.*
divorce divorcio *m.*
divorced divorciado/a *adj.*
get divorced (from) divorciarse *v.* (de)
dizzy mareado/a *adj.*
be dizzy estar mareado/a
do hacer *v.* **8**
do aerobics hacer ejercicios aeróbicos
do errands hacer diligencias
do household chores hacer quehaceres domésticos
do homework hacer la tarea **8**
do stretching exercises hacer ejercicios de estiramiento
do puzzles armar rompecabezas *v.*
do (wash) the dishes lavar los platos
do well/badly in class/exams salir bien/mal en las clases/los exámenes
doctor médico/a *m., f.*; doctor(a) *m., f.*; **1, 8**
documentary (film) documental *m.*
dog perro/a *m., f.* **4**
take out (walk) the dog sacar al perro a pasear
doll muñeca *f.*

play with dolls jugar a las muñecas
domestic doméstico/a *adj.*
domestic appliance electrodoméstico *m.*
done hecho/a *p.p.*
door puerta *f.* **2**
donut dona *f.* **9**
dormitory residencia *f.* estudiantil **2**
double doble *adj.*
double room habitación *f.* doble
doubt duda *f.*; dudar *v.*
There is no doubt… No cabe duda de…; No hay duda de…
Down with… ! ¡Abajo el/la…!
downtown centro *m.*
drama drama *m.* **1**
dramatic dramático/a *adj.*
draw dibujar *v.*
drawing dibujo *m.*
dress vestido *m.*
get dressed vestirse (e:i) *v.*
drink beber *v.* **8**; bebida *f.*; tomar *v.*
Do you want something to drink? ¿Quieres algo de tomar?
drink coffee tomar *v.* café **5**
drive conducir *v.*; manejar *v.* **10**
driver conductor(a) *m., f.*; chofer *m., f.*
driver's license licencia *f.* de conducir/manejar
drug *f.* droga
drug addict drogadicto/a *adj.*
drunk borracho(a) *adj.*
due to por *prep.*
due to the fact that debido a
dumb tonto/a *adj.* **6**
during durante *prep.*; por *prep.*
dust sacudir *v.*
dust the furniture sacudir los muebles
DVD player reproductor de DVD *m.* **2**
dying: I'm dying to (for)… me muero por…

E

each cada *adj.*
each year cada año *adj.*
eagle águila *f.*
ear (outer) oreja *f.*
early temprano *adv.*
earn ganar *v.*
earthquake terremoto *m.*
ease aliviar *v.*
east este *m.*
to the east al este
easy fácil *adj.* **6**
extremely easy facilísimo
eat comer *v.* **8, 9**
ecological ecologista *adj.*
ecologist ecologista *adj.*
ecology ecología *f.*
economics economía *f.* **1**

ecotourism ecoturismo *m.*
Ecuador Ecuador *m.*
Ecuadorian ecuatoriano/a *adj.*
effective eficaz *adj. m., f.*
egg huevo *m.* **9**
eight ocho **1**
eight hundred ochocientos/as
eighteen dieciocho **1**
eighth octavo/a
eighty ochenta **4**
either… or o… o *conj.*
elect elegir *v.*
election elecciones *f., pl.*
electrician electricista *m., f.*
electricity luz *f.*
elegant elegante *adj.*
elementary school primaria *f.*
elevator ascensor *m.*
eleven once **1**
e-mail correo *m.* electrónico
e-mail message mensaje *m.* electrónico
read e-mail leer *v.* el correo electrónico
embarrassed avergonzado/a *adj.*
embrace (each other) abrazar(se) *v.*
emergency emergencia *f.*
emergency room sala *f.* de emergencia(s)
employee empleado/a *m., f.*
employment empleo *m.*
end fin *m.*; terminar *v.*
end table mesita *f.*
energy energía *f.*
engaged: get engaged (to) comprometerse *v.* (con)
engineer ingeniero/a *m., f.*
computer engineer ingeniero/a en computación *m., f.*
environmental engineer ingeniero/a ambientalista *m., f.*
English (language) inglés *m.* **1**; inglés, inglesa *adj.*
enjoy disfrutar *v.* (de)
have/enjoy good health tener buena salud
enough bastante *adj.*
enter entrar *v.*
entertainment diversión *f.*
entrance entrada *f.*
first/second entrance la primera/segunda entrada
envelope sobre *m.*
environment medio ambiente *m.*
equality igualdad *f.*
equipped equipado/a *adj.*
eraser borrador *m.*
errand diligencia *f.*
establish establecer *v.*
evening tarde *f.*
event acontecimiento *m.*
ever alguna vez *adv.*
every day todos los días **5, 8**
everybody todos *m., pl.*
everything todo *m.*

Everything is under control Todo está bajo control
exactly en punto *adv.*
exam examen *m.*
excellent excelente *adj.* **3**
excess exceso *m.*
  in excess en exceso
exchange intercambiar *v.*
  in exchange for por
excited emocionado/a *adj.*
exciting emocionante *adj. m., f.*
excursion excursión *f.*
excuse disculpar *v.*
Excuse me. (May I?) Con permiso;
  (I beg your pardon.) Perdón.
exercise ejercicio *m.* hacer *v.* ejercicio **8**
exit salida *f.*
expensive caro/a *adj.*
experience experiencia *f.*
explain explicar *v.*
explore explorar *v.*
  explore a city/town explorar una ciudad/pueblo
expression expresión *f.*
expressway autopista *f.*
extinction extinción *f.*
extrovert extrovertido/a *adj.* **3**
eye ojo *m.*

F

fabulous fabuloso/a *adj*
face cara *f.*
facing enfrente de *prep.*
fact: in fact de hecho
factory fábrica *f.*
fall (down) caerse *v.*
  fall asleep dormirse (o:ue) *v.*
  fall in love (with) enamorarse *v.* (de)
fall (season) otoño *m.*
fallen caído/a *p.p.*
family familia *f.*
famous famoso/a *adj.*
fan aficionado/a *adj.*
  be a fan (of) ser aficionado/a (a)
far from lejos de *prep.*
farewell despedida *f.*
fascinate fascinar *v.*
fashion moda *f.*
  be in fashion estar *v.* de moda
fast rápido/a *adj.*
fat gordo/a *adj.* **6**; grasa *f.*
father padre *m.* **4**
father-in-law suegro *m.* **4**
fault culpa *f.*
favorite favorito/a *adj.*
fax (machine) fax *m.*
fear miedo *m.*; temer *v.*
February febrero *m.*
feed the cat darle de comer al gato
feel *v.* sentir(se) (e:ie)
  feel better/worse sentirse (e:ie) mejor/peor

feel like (doing something) tener ganas de *(+ inf.)* **7**
  feel the same sentirse(e:ie) igual
  feel well/ill/horrible sentirse(e:ie) bien/mal/fatal
festival festival *m.*
fever fiebre *f.*
  have a fever tener *v.* (la) fiebre
few pocos/as *adj. pl.*
field: field of study especialización *f.*
fight pelearse *v.*
fifteen quince **1**
  young woman celebrating her fifteenth birthday quinceañera *f.*
fifth quinto/a *adj.*
fifty cincuenta **4**
fight luchar *v.* (por)
figure (number) cifra *f.*
file archivo *m.*
fill llenar *v.*
  fill out a form llenar un formulario
  fill up the tank llenar el tanque
finally finalmente *adv;* por último; por fin
find encontrar (o:ue) *v.*
  find (each other) encontrar(se) *v.*
fine arts bellas artes *f., pl.*
fine multa *f.;* bien *adv.*
  avoid fines evitar *v.* las multas
  That's fine. Está bien.
finger dedo *m.*
finish terminar *v.*
  finish (doing something) terminar *v.* de *(+ inf.)*
fire incendio *m.;* despedir (e:i) *v.*
fireworks fuegos artificiales *pl., m.*
firefighter bombero/a *m., f.*
firm compañía *f.;* empresa *f.*
first primer, primero/a *adj.*
fish (food) pescado *m.* **9;** pescar *v.;*
  (live) pez *m.* **4**
  fish market pescadería *f.*
fisherman pescador *m.*
fisherwoman pescadora *f.*
fishing pesca *f.*
fit (clothing) quedar *v.*
five cinco
five hundred quinientos/as
fix (put in working order) arreglar *v.*
fixed fijo/a *adj.*
flag bandera *f.* **2**
flan flan *m.* **9**
flank steak lomo *m.*
flat tire: We got a flat tire. Se nos pinchó una llanta.
flexible flexible *adj.* **3**
flood inundación *f.*
floor (story in a building) piso m.; suelo *m.*
  ground floor planta *f.* baja
  top floor planta *f.* alta
flower flor *f.*
flu gripe *f.*
  have the flu tener (la) gripe
fog niebla *f.*

foggy: It's (very) foggy. Hay (mucha) niebla.
folk folklórico/a *adj.*
follow seguir (e:i) *v.*
food comida *f.* **5**
foolish tonto/a *adj.* **6**
foot pie *m.*
football fútbol *m.* americano
for para *prep.;* por *prep.*
  for example por ejemplo
  for me para mí
  for (five years) durante (cinco) años
forbid prohibir *v.*
foreign extranjero/a *adj.*
  foreign languages lenguas *f,. pl.* extranjeras
forensic investigator investigador(a) forense *m., f.*
forest bosque *m.*
forget olvidar *v.*
fork tenedor *m.*
form formulario *m.*
formal *adj.* formal
forty cuarenta **4**
forward en marcha *adv.*
four cuatro **1**
four hundred cuatrocientos/as
fourteen catorce **1**
fourth cuarto/a *adj.*
free libre *adj.*
  be free of charge ser gratis
  free time tiempo *m.* libre; ratos *m., pl.* libres
freedom libertad *f.*
freeway autopista *f.*
freezer congelador *m.*
French francés, francesa *adj.*
  French fries papas *f., pl* fritas; patatas *f., pl* fritas **9**
frequently frecuentemente *adv.;* con frecuencia **8**
Friday viernes *m., sing.* **5**
  (on) Fridays los viernes *m., pl.* **5**
fried frito/a *adj.*
  fried potatoes papas *f., pl.* fritas; patatas *f., pl.* fritas
friend amigo/a *m., f.* **4**
friendly amable *adj.* **6**
friendship amistad *f.*
fringe benefits prestaciones *f., pl.*
from de *prep.;* desde *prep.*
  from behind por atrás
  from where? ¿de dónde?
  from the left side del lado izquierdo
  from the right side del lado derecho
  from the United States estadounidense *adj.*
  from time to time de vez en cuando
  He/She/It is from... Es de...
  I'm from... Soy de...
fruit fruta *f.* **9**

fruit juice jugo *m.* de fruta
fruit shop frutería *f.*
full lleno/a *adj.*
fun divertido/a *adj.* 6
  fun activity diversión *f.*
  have fun divertirse (e:ie) *v.*
function funcionar *v.*
funny gracioso/a *adj.* 6
furniture muebles *m., pl.*
furthermore además (de) *adv.*
future futuro *m.;* porvenir *m.*
  in the future en el futuro

G

gain weight aumentar *v.* de peso; engordar *v.*
game (match) partido *m.;* juego *m.*
  soccer game partido de fútbol *m.* 8
  game show concurso *m.*
garage garaje *m.*
garden jardín *m.*
garlic ajo *m.*
gas station gasolinera *f.*
gasoline gasolina *f.*
  run out of gas quedarse *v.* sin gasolina
generous generoso/a *adj.* 3
geography geografía *f.* 1
German alemán, alemana *adj.*
get conseguir (e:i) *v.;* obtener *v.*
  get along well/badly (with) llevarse bien/mal (con)
  get/become sad/happy ponerse *v.* triste/feliz
  get bored aburrirse *v.*
  get e-mail recibir *v.* correo electrónico 8
  get gifts recibir *v.* regalos 8
  get good grades sacar buenas notas 5
  get home on time/late/early llegar a tiempo/tarde/temprano a casa 5
  get into trouble hacer *v.* travesuras
  get off at... salirse *v.* en...
  get off of/out of (a vehicle) bajar(se) *v.* de
get off, leave early/late salir temprano/tarde
  get on/into (a vehicle) subir(se) *v.* a
  get together juntarse *v.*
  get up levantarse *v.*
  get up early levantarse *v.*
gift regalo *m.*
girl chica *f.* 4; muchacha; niña *f.* 4
girlfriend novia *f.* 4
give dar *v.;* **(as a gift)** regalar
  give directions indicar cómo llegar *v.*
  give a kiss dar *v.* un beso
glass (drinking) vaso *m.;* vidrio *m.*
(made of) glass de vidrio

glasses gafas *f., pl.*
  sunglasses gafas de sol
global warming calentamiento global *m.*
gloves guantes *m., pl.*
go ir *v.*
  go away irse
  go camping ir de campamento
  go by boat ir en barco
  go by bus ir en autobús
  go by car ir en auto(móvil)/coche
  go by motorcycle ir en motocicleta
  go by plane ir en avión
  go by subway ir en metro
  go by taxi ir en taxi
  go by the bank pasar por el banco
  go by train ir en tren
  go by pasar *v.* por
  go down bajar *v.*
  go fishing ir de pesca
  go for a hike (in the mountains) ir de excursión (a las montañas)
  go for a walk dar *v.* un paseo
  go on rides subir(se) a los juegos
  go on the swings subir(se) a los columpios
  go on vacation irse *v.* de vacaciones
  go out salir *v.*
  go out to dinner (with friends) salir a cenar (con los amigos) 8
  go out with salir con
  go straight ahead for (three) blocks seguir derecho (tres) cuadras
  go through customs pasar por la aduana
  go to ir a (+ place) 8
  go to bed late acostarse (o:ue) *v.* tarde
  go up subir *v.*
  go with acompañar *v.*
  Let's get going. En marcha.
  Let's go. Vamos.
goblet copa *f.*
going to: be going to (do something) ir a (+ *inf.*) 7
golf golf *m.*
good buen, bueno/a *adj.* 6
  Good afternoon. Buenas tardes. 1
  Good evening. Buenas noches. 1
  Good idea! ¡Buena idea!
  Good morning. Buenos días. 1
  Good night. Buenas noches.
  I'm good, thanks. Bien, gracias.
  It's good that... Es bueno que...
goodbye adiós *m.* 1
  say goodbye (to) despedirse *v.* (de) (e:i)
good-looking guapo/a *adj.* 6
government gobierno *m.*
GPS navegador GPS *m.*

graduate (from) graduarse *v.* (de); recibirse *v.*
graduation graduación *f.*
grains cereales *m., pl.*
granddaughter nieta *f.* 4
grandfather abuelo *m.* 4
grandmother abuela *f.* 4
grandparents abuelos *m., pl.* 4
grandson nieto *m.* 4
grape uva *f.* 9
graphic designer diseñador/a gráfico/a *m., f.*
grass hierba *f.;* césped *m.;* pasto *m.*
grave grave *adj.*
gray gris *adj. m., f.*
great gran, grande *adj.;* fenomenal *adj.*
green verde *adj. m., f.*
greet (each other) saludar(se) *v.*
greeting saludo *m.*
  Greetings to... Saludos a...
grill asador *m.*
grilled (food) a la plancha
  grilled flank steak lomo a la plancha
ground floor planta *f.* baja
guest (at a house/hotel) huésped *m., f.;* **(invited to a function)** invitado/a *m., f.*
guide guía *m., f.*
gym gimnasio *m.* 2
gymnasium gimnasio *m.*

H

hair pelo *m.*
hairdresser peluquero/a *m., f.*
hairdressing salon peluquería *f.*
half medio/a *adj.*
  half-brother medio hermano
  half-sister media hermana
  half-past (time) y media
hallway pasillo *m.*
ham jamón *m.* 9
hamburger hamburguesa *f.* 8, 9
hand mano *f.*
Hands up! ¡Manos arriba!
handsome guapo/a *adj.*
happen ocurrir *v.*
happiness alegría *f.*
Happy birthday! ¡Feliz cumpleaños!
happy alegre *adj.;* contento/a *adj.;* feliz *adj.*
  be happy alegrarse *v.* (de)
  get/become happy ponerse *v.* feliz
hard difícil *adj.*
hard-working trabajador(a) *adj.* 6
hardly apenas *adv.*
haste prisa *f.*
hat sombrero *m.*
hate odiar *v.;* chocar *v.*
have tener *v.* 4
  have a(n)... ache tener (el) dolor de...

have a cold tener (el) catarro;
have a cough tener (la) tos
have a fever tener (la) fiebre
Have a good trip! ¡Buen viaje!
Have a nice day! ¡Que te vaya
bien! *fam.* **1**
Have a nice day! ¡Que le vaya
bien! *form.* **1**
have a picnic hacer un picnic
have a tooth pulled sacar(se) una
muela
have an infection tener una
infección
have/enjoy good health tener
buena salud
have insurance tener *v.* seguro
m.
have the flu tener (la) gripe
have to (do something) tener que
(+ *inf.*) **7;** deber (+ *inf.*)
(I) have been… for (three) days
Hace (tres) días que (yo)…
he él *sub. pron.*
he is él es **3**
he/she/it is, you *(form., sing.)* **are** está
head cabeza *f.*
headache dolor de cabeza *m.*
health salud *f.*
health center enfermería, *f.* **2**
have/enjoy good health tener
buena salud
healthful saludable *adj.*
healthy sano/a, saludable *adj.*
lead a healthy life llevar *v.* una
vida sana
hear oír *v.*
heard oído/a *p.p.*
hearing: sense of hearing oído *m.*
heart corazón *m.*
heat calor *m.*
Hello. Hola. *interj.;* **(on the**
telephone) Aló.; ¿Bueno?; Diga.
help ayudar *v.;* servir (e:i) *v.*
help each other ayudarse *v.*
her su(s) *poss. adj.* **4;** la *pron.;* le
pron.; i.o. pron.
hers suyo(s)/a(s) *poss. pron.*
here aquí *adv.*
Here it is… Aquí está…
Here we are at/in… Aquí
estamos en…
It's not here. No está.
Hi. Hola. *interj.* **1**
hideout, hiding place escondite *m.*
play hide-and-seek jugar a las
escondidillas/al escondite
highway autopista *f.;* carretera *f.*
high-heeled shoes zapatos de tacón
m., pl.
high school preparatoria (prepa) *f.;*
escuela secundaria *f.*
hike excursión *f.*
go on a hike hacer una excursión;
ir de excursión
hiker excursionista *m., f.*

hiking de excursión
him lo *pron.;* le *pron., i.o. pron.*
hire contratar *v.*
his su(s) *poss. adj.* **4;** suyo(s)/a(s)
poss. pron.
history historia *f.* **1**
hit (a car) chocar *v.* con
hit someone (from behind) pegarle
v. (por atrás)
hobby pasatiempo *m.*
hockey hockey *m.*
holiday día *m.* de fiesta
home hogar *m.*
home page página *f.* principal
stay home quedarse *v.* en casa
homemaker ama *(m., f.)* de casa
homework tarea *f.*
honest honesto/a *adj.* **3**
honorable honesto/a *adj.* **3**
hood (car) capó *m.*
hope esperar *v.*
I hope (that) ojalá (que) *interj.*
horrible *adj.* **horrible;** *(accident/injury/*
illness) fatal; mortal
horror terror *m.*
hors d'oeuvres entremeses *m., pl.*
horse caballo *m.*
hospital hospital *m.*
hot picante *adj.*
hot: be (very) hot (feel) tener
(mucho) calor; **(weather)** hacer
(mucho) calor
hotel hotel *m.*
hour hora *f.*
house casa *f.*
my boyfriend's/girlfriend's house
la casa de mi novio/a **8**
my friends'/parents' house la
casa de mis amigos/padres **8**
household chores quehaceres *m., pl.*
domésticos
housekeeper ama *m., f.* de casa
housing vivienda *f.*
How…! ¡Qué…!
how ¿cómo? *adv.* **6**
How are you? ¿Qué tal?
How are you? ¿Cómo estás? *fam.* **1**
How are you? ¿Cómo está usted?
form. **1**
How can I help you? ¿En qué
puedo servirles?
How did… go for you? ¿Cómo les
fue…?
How is it going? ¿Qué tal?
How is/are . . . ? ¿Qué tal…?
How long has it been since…?
¿Cuánto tiempo hace que…?
How much/many?
¿Cuánto(s)/a(s)? **6**
How many classes are you taking?
¿Cuántas clases tomas? *fam.* **1**
How many hours do you work?
¿Cuántas horas trabajas? *fam.* **1**
How much does… cost? ¿Cuánto
cuesta…?

How old are you? ¿Cuántos años
tienes? *fam.* **4**
How's the weather? ¿Qué tiempo
hace?
however sin embargo *adv.*
hug (each other) abrazar(se) *v.*
humanities humanidades *f., pl.*
hunger hambre *f.*
hundred cien, ciento **4**
hungry: be (very) hungry tener *v.*
(mucha) hambre **9**
hunting caza *f.*
hurricane huracán *m.*
hurry apurarse; darse prisa *v.*
be in a (big) hurry tener *v.*
(mucha) prisa
hurt doler (o:ue) *v;* **(hurt oneself)**
lastimarse *v.*
It hurts me a lot. Me duele
mucho.
My back hurts. Me duele la
espalda.
My legs hurt. Me duelen las
piernas.
husband esposo *m.* **4**

I

I yo *sub. pron.*
I am… Yo soy… **3**
I don't like them at all. No me
gustan nada.
I hope (that) Ojalá (que) *interj.*
I wish (that) Ojalá (que) *interj.*
I would like… me gustaría(n)…
I would like you to meet… Le
presento a… *form.* **1;** Te presento
a… *fam.* **1**
ice cream helado *m.* **9**
ice cream shop heladería *f.*
ice skate patinar *v.* (sobre hielo)
iced helado/a *adj.*
iced tea té helado
idea idea *f.*
idealistic idealista *adj.* **3**
if si *conj.*
illness enfermedad *f.*
impatient impaciente *m., f.* **3**
important importante *adj.*
be important to importar *v*
It's important that… Es
importante que…
impossible imposible *adj.*
It's impossible… Es imposible…
improbable improbable *adj.*
It's improbable… Es improbable…
improve mejorar *v.*
in en *prep.;* por *prep.*
in the afternoon de la tarde; por
la tarde **5**
in the evening de la noche;
(early) por la tarde **5**
in the morning de la mañana;
por la mañana **5**

in love (with) enamorado/a (de)
in which en qué
in front of delante de *prep.;*
enfrente
increase aumento *m.*
incredible increíble *adj.* 3
inequality desigualdad *f.*
infection infección *f.*
   have an infection tener una
   infección
infirmary enfermería, *f.* 2
inform informar *v.*
informal *adj.* informal
inhabitants habitantes *m., pl*
injection inyección *f.*
   give an injection poner *v.* una
   inyección
injure (oneself) lastimarse *v.*
   injure (one's foot) lastimarse (el pie)
inmature inmaduro/a *adj.* 3
inner ear oído *m.*
inside (a)dentro *adv.*
   be inside estar adentro/dentro de
insist (on) insistir *v.* (en)
installments: pay in installments
   pagar *v.* a plazos
insurance seguro *m.*
   have insurance tener *v.* seguro *m.*
intelligent inteligente *adj.*
intend pensar *v.* (+ *inf.*)
interest interesar *v.*
interesting interesante *adj.* 3
   be interesting to interesar *v.*
   be interested in interesar *v.*
international internacional *adj. m., f.*
Internet red *f.;* Internet *m.*
intersection intersección *f.*
interview entrevista *f.;* **interview**
   entrevistar *v.*
interviewer entrevistador(a) *m., f.*
introduction presentación *f.*
invest invertir (e:ie) *v.*
invite invitar *v.* 10
   invite someone invitar a alguien
iron planchar *v.*
iron clothes planchar *v.* la ropa
irresponsible irresponsable *adj.* 3
it lo/la *pron.*
It's at … in the morning/afternoon/
   evening. Es a la(s)… de la
   mañana/tarde/noche. 2
Italian italiano/a *adj.*
its su(s) *poss. adj.,* suyo(s)/a(s)
   poss. pron.

J

jacket chaqueta *f.*
January enero *m.*
Japanese japonés, japonesa *adj.*
jeans bluejeans *m., pl.*
jewelry store joyería *f.*
job empleo *m.;* puesto *m.;* trabajo
   m. 8

job application solicitud *f.* de
trabajo
jog correr *v.* 8
journalism periodismo *m.*
journalist periodista *m., f.;*
   reportero/a *m., f.*
joy alegría *f.*
   give joy dar *v.* alegría
joyful alegre *adj.*
juice jugo *m.*
   orange juice jugo de naranja *m.* 9
July julio *m.*
jump rope saltar *v.* la cuerda
June junio *m.*
jungle selva *f.,* jungla *f.*
just apenas *adv.*
   have just done something acabar
   de (+ *inf.*)

K

keep (doing something) seguir (e:ie) *v.*
key llave *f.*
keyboard teclado *m.*
kilometer kilómetro *m.*
kind: That's very kind of you. Muy
   amable. *adj.*
kiss beso *m.*
   kiss (each other) besar(se) *v.*
   give a kiss dar *v.* un beso
kitchen cocina *f.*
knee rodilla *f.*
knife cuchillo *m.*
know saber *v.;* conocer *v.*
know how (+ *verb*) saber (+ *verb*) *v.*

L

laboratory laboratorio *m.*
lack faltar *v.*
lake lago *m.*
lamp lámpara *f.*
land tierra *f.*
landlord dueño/a *m., f.*
landscape paisaje *m.*
language lengua *f.*
   language professor profesor(a)
   de idiomas *m., f.*
laptop (computer) computadora *f.*
   portátil
large gran, grande *adj.* 6
large (clothing size) talla *f.* grande *adj.*
last durar *v.;* pasado/a *adj.;*
   último/a *adj.*
   last month el mes pasado
   last name apellido *m.*
   last night anoche *adv.*
   last week la semana pasada
   last year el año pasado
late tarde *adv.*
lately últimamente *adv.*
later (on) más tarde *adv.*
   See you later. Hasta la vista.;
   Hasta luego.

laugh reírse (e:i) *v.*
laughed reído *p.p.*
laundromat lavandería *f.*
law ley *f.*
lawn pasto *m.*
   mow the lawn cortar *v.* el pasto
lawyer abogado/a *m., f.*
lazy perezoso/a *adj.* 6
learn aprender *v.*
   learn (how) aprender (+ *verb*)
   learn new things aprender cosas
   nuevas
least, (the) el/la/los/las menos
leave salir *v.;* irse *v.*
   leave, get off early/late salir
   temprano/tarde
   leave a tip dejar una propina
   leave for (a place) salir para
   leave from salir de
   leave behind dejar *v.*
left izquierdo/a *adj.*
   from/on the left side del/al lado
   izquierdo
   be left behind quedar *v.*
   be left over quedar *v.*
   to the left of a la izquierda de
leg pierna *f.*
lemon limón *m.*
lemonade limonada *f.* 9
lend prestar *v.*
   lend money prestar *v.* dinero
less menos *adv.*
   less… than menos… que
   less than (+ number) menos de
   (+ *number*)
lesson lección *f.*
let dejar *v.*
   let someone use one's car dejar
   usar su coche
   let's see a ver
letter carta *f.*
lettuce lechuga *f.*
liberty libertad *f.*
library biblioteca *f.* 2
license (driver's) licencia *f.* de
   conducir/manejar
lie mentira *f.;* decir *v.* mentiras
lie down acostarse (o:ue) *v.*
life vida *f.*
   of my life de mi vida
lifestyle: lead a healthy lifestyle
   llevar una vida sana
lift levantar *v.*
   lift weights levantar pesas
light luz *f.*
like como *prep.;* gustar *v.*
   like this así *adv.*
   like very much encantar *v.*
   fascinar *v.*
   I like… me gusta(n)… 3
   I like… very much Me
   encanta…*v.*
   Do you like… ? ¿Te gusta(n)…? 3
   Do you like… ? ¿Le gusta(n)…?
   (form.) 3

likeable simpático/a *adj.*
likewise igualmente *adv.*
line línea *f.*; cola **(queue)** *f.*
liquid líquido *m.*
listen to escuchar *v.*
  Listen! (command) ¡Oye! *fam.,*
  sing.; ¡Oigan! *form., pl.*
  listen to music escuchar música **5**
  listen to the radio escuchar la
  radio
literature literatura *f.* **1**
little (quantity) poco/a *adj.;* poco *adv.*
live vivir *v.*
  live in/with vivir *v.* en/con **8**
living room sala *f.*
loan préstamo *m.;* prestar *v.*
  loan money prestar *v.* dinero
lobster langosta *f.* **9**
located situado/a *adj.*
  be located quedar *v.*
lodging alojamiento *m.*
long largo/a *adj.*
  How long has it been since…?
  ¿Cuánto tiempo hace que…?
look (at) mirar *v.*
look for buscar *v.* **5**
lose perder (e:ie) *v.*
  lose weight adelgazar *v.*
lost perdido/a *adj.*
  be lost estar perdido/a
lot, a muchas veces
lot of, a mucho/a *adj.*
love (another person) querer (e:ie) *v.;*
  (things) encantar *v.;* amor *m.;* **in**
  love (with) enamorado/a (de)
  adj.; fascinar *v.*
luck suerte *f.*
lucky: be (very) lucky tener (mucha)
  suerte
luggage equipaje *m.*
lunch almuerzo *m.* **9**
  have lunch almorzar (o:ue) *v.* **10, 9**

M

ma'am señora (Sra.) *f.*
mad enojado/a *adj.*
made hecho *p.p.*
magazine revista *f.*
  read a magazine leer una revista
magnificent magnífico/a *adj.*
mail correo *m.;* enviar *v.,* mandar *v.*
  mail a letter echar una carta al
  buzón
  mail carrier cartero/a *m.*
mailbox buzón *m.*
main principal *adj. m., f.*
maintain mantener *v.*
make hacer *v.* **8**
  make a good living, to make good
  money ganar *v.* bien
  make the bed hacer la cama
makeup maquillaje *m.*
  put on makeup pintarse *v.*
mall centro comercial *m.* **8**
man hombre *m.*

manager gerente *m., f.*
many mucho/a *adj.*
  many times muchas veces
map mapa *m.* **2**
March marzo *m.*
margarine margarina *f.*
marinated fish ceviche *m.*
  lemon-marinated shrimp ceviche
  de camarón
marine turtle tortuga marina *f.*
marital status estado *m.* civil
market mercado *m.*
  open-air market mercado al aire
  libre
marriage matrimonio *m.*
married casado/a *adj.* **6**
  get married (to) casarse *v.* (con)
marvelous maravilloso/a *adj.*
marvelously maravillosamente *adv.*
Mass (religious service) misa *f.* **8**
massage masaje *m.*
Master's degree maestría *m.*
masterpiece obra *f.* maestra
match (sports) partido *m.*
  match hacer *v.* juego (con)
materialistic materialista *adj.* **3**
mathematics matemáticas *f., pl.* **1**
matter importar *v.*
mature maduro/a *adj.* **3**
maturity madurez *f.*
maximum máximo/a *m.*
May mayo *m.*
maybe tal vez *adv.;* quizás *adv.*
mayonnaise mayonesa *f.*
me me *pron; i.o. pron.;* mí *pron.* **10**
meal comida *f.*
means of communication medios *m.,*
  pl. de comunicación
meat carne *f.*
mechanic mecánico/a *m., f.*
  (mechanic's) repair shop taller *m.*
  mecánico; garaje *m.*
media medios *m., pl.* de comunicación
medical médico/a *adj.*
medication medicamento *m.*
medicine medicina *f.*
medium mediano/a *adj.*
meet (each other) encontrar(se) *v.;*
  (someone) conocer *v.*
meeting reunión *f.*
menu menú *m.*
message (telephone) recado *m.*
messy desordenado/a *adj.* **6;**
  desarreglado/a *adj*
  be messy estar desarreglado/a
Mexican mexicano/a *adj.*
Mexico México *m.*
microwave microonda *f.*
  microwave oven horno *m.* de
  microondas
middle age madurez *f.*
middle school (in Mexico) escuela
  secundaria *f.*
midnight medianoche *f.*
mile milla *f.*
milk leche *f.* **9**
million millón

  million of millón de
mine mío/a(s) *poss. pron.*
mineral mineral *m.*
  mineral water agua *f.* mineral
mini-skirt minifalda *f.*
minute minuto *m.*
mirror espejo *m.*
misbehave portarse *v.* mal
mischievous travieso/a *adj.*
  be mischievous ser travieso/a
mistaken equivocado/a *adj.*
Miss señorita (Srta.) *f.* **1**
miss perder (e:ie) *v.*
modem módem *m.*
modern moderno/a *adj.*
mom mamá *f.*
Monday lunes *m., sing.* **5**
  (on) Mondays los lunes *m., pl.* **5**
money dinero *m.*
monitor monitor *m.*
monkey mono *m.*
month mes *m.*
  last month el mes pasado
monument monumento *m.*
moon luna *f.*
more más *adj.*
  more… than más… que
  more than (+ number) más de
  (+ number)
  most, (the) el/la/los/las más
morning mañana *f.*
  in the morning por la manana **5**
mother madre *f.* **4**
mother-in-law suegra *f.* **4**
motor motor *m.*
motorcycle moto(cicleta) *f.*
mountain montaña *f.*
mouse ratón *m.*
mouth boca *f.*
move (to another house/city/country)
  mudarse *v.*
movie película *f.*
  movie star estrella *f.* de cine
  movie theater cine *m.* **8**
mow the lawn cortar *v.* el pasto
MP3 player reproductor de MP3 *m.*
Mr. señor (Sr.) *m.* **1**
Mrs. señora (Sra.) *f.* **1**
much mucho/a *adj.*
mug taza *f.*
municipal municipal *adj.*
murder crimen *m.*
muscle músculo *m.*
museum museo *m.* **8**
mushroom champiñón *m.*
music música *f.* **1**
  play loud music tener/poner la
  música muy alta
musical musical *adj.*
musician músico/a *m., f.*
must: It must be … Debe ser…
my mi(s) *poss. adj.* **4;** mío(s)/a(s)
  poss. pron.

N

name nombre *m.*
  in my name a mi nombre
  in the name of a nombre de
  last name apellido *m.*
  My name is… Me llamo…
  be named llamarse *v.*
napkin servilleta *f.*
national nacional *adj., m., f.*
nationality nacionalidad *f.*
natural natural *adj., m., f.*
  natural disaster desastre *m.* natural
  natural resource recurso *m.* natural
nature naturaleza *f.*
nauseated mareado/a *adj.*
near cerca de *prep.*
neaten arreglar *v.*
necessary necesario/a *adj.*
  It's necessary that… Es necesario
  que…; Hay que…
neck cuello *m.*
need faltar *v.*; necesitar *v.*
  need books necesitar libros 5
negative negativo/a *adj.*
neighbor vecino/a *m., f.*
neighborhood barrio *m.*
neither… nor ni… ni *conj.*; **neither**
  tampoco *adv.*
nephew sobrino *m.* 4
nervous nervioso/a *adj.* 3,
network red *f.*
never nunca *adv.* 8; jamás *adv.*
new nuevo/a *adj.* 6
newlywed recién casado/a *m., f.*
news noticias *f., pl.*; actualidades *f., pl.*
newscast noticiero *m.*
newspaper periódico *m.*; diario *m.*
  read a newspaper leer un
  periódico 8
next próximo/a *adj.* 7
next Monday/Tuesday/Wednesday
  (etc.) el próximo lunes/martes/
  miércoles (etc.) 7
  next week la próxima semana 7
  next year el año que viene 7
next to al lado de
nice simpático/a *adj.*; amable *adj.*;
  bueno/a *adj* 6
  Nice to meet you. Mucho gusto. 1
  Nice to meet you, too. Igualmente. 1
niece sobrina *f.* 4
night noche *f.*
  night stand mesita *f.* de noche;
  mesa *f.* de noche
nightclub discoteca *f.* 8
nine nueve 1
nine hundred novecientos/as
nineteen diecinueve 1
ninety noventa 4
ninth noveno/a
no no; ningún, ninguno/a(s) *adj.*
  No, I don't like it. No, no me
  gusta. 3
  no one nadie *pron.*

No problem. No hay problema.
  no way de ninguna manera
none ningún, ninguno/a(s) *adj.*
noon mediodía *m.*
nor ni *conj.*
north norte *m.*
  to the north al norte
nose nariz *f.*
not no
  not any ningún, ninguno/a(s)
  adj.
  not anyone nadie *pron.*
  not anything nada *pron.*
  not bad at all nada mal
  not either tampoco *adv.*
  not ever nunca *adv.*; jamás *adv.*
  Not very well. No muy bien.
  not working descompuesto/a *adj.*
notebook cuaderno *m.* 2
nothing nada *pron.*
noun sustantivo *m.*
November noviembre *m.*
now ahora *adv.*
nowadays hoy día *adv.*
nowhere ninguna parte, (a) *adv.* 8
nuclear energy energía nuclear *f.*
number número *m.*
nurse enfermero/a *m., f.*
nutrition nutrición *f.*

O

o'clock: It's… o'clock Son las…
  It's one o'clock. Es la una.
obey obedecer (c:zc) *v.*
  obey the traffic signs obedecer (c:zc)
  v. las señales de tránsito
obligation deber *m.*
obtain conseguir (e:i) *v.*; obtener *v.*
obvious obvio *adj.*
  it's obvious es obvio
occupation ocupación *f.*
occur ocurrir *v.*
ocean mar *m.*; océano *m.*
October octubre *m.*
of de *prep.*
  of course claro que sí; por
  supuesto
offer oferta *f.*; ofrecer (c:zc) *v.*
office oficina *f.* 2
  doctor's office consultorio *m.*
often a menudo *adv.*; con
  frecuencia *adv.* 8
Oh! ¡Ay!
oil aceite *m.*
okay regular *adj.*
  It's okay. Está bien.
old viejo/a *adj.* 6; **old age** vejez *f.*
older mayor *adj., m., f.* 6
  older brother, sister hermano/a
  mayor *m., f.*
oldest el/la mayor
on en *prep.*; sobre *prep.*
  on behalf of de parte de *prep.*

on the dot en punto *adv.*
  on the left side al lado izquierdo
  on the right side al lado derecho
  on time a tiempo *adv.*
  on top of encima de *prep.*
once una vez
  once a week una vez a la semana 8
once again una vez más
one un, uno/a 1
  one hundred cien(to)
  one million un millón
  one thousand mil
  one time una vez
  one way (travel) ida *f.*
onion cebolla *f.*
only sólo *adv.*; único/a *adj.*
  only child hijo/a único/a *m., f.* 4
open abrir *v.* 8; abierto/a *adj.*
  open presents abrir *v.* los regalos
open-air al aire libre
opened abierto/a *p.p.*
opera ópera *f.*
operation operación *f.*
opposite en frente de *prep.*
optimistic optimista *adj.* 3
or o *conj.*
orange anaranjado/a *adj.*; naranja *f.*
  orange juice jugo de naranja *m.* 9
orchestra orquesta *f.*
order mandar; **(food)** pedir (e:i) *v.* 9
  in order to para *prep.*
orderly ordenado/a *adj.* 6
ordinal (numbers) ordinal *adj.*
other otro/a *adj.*
our nuestro(s)/a(s) *poss. adj.* 4; *poss.*
  pron.
outgoing extrovertido/a *adj.* 3
out of order descompuesto/a *adj.*
outside fuera *adv.*
  be outside estar afuera/fuera de
outskirts afueras *f., pl.*
oven horno *m.*
over sobre *prep.*
own propio/a *adj.*
owner dueño/a *m., f.*

P

P.M. tarde *f.*
pack (one's suitcases) hacer *v.* las
  maletas
package paquete *m.*
page página *f.*
pain dolor *m.*
  have a pain in the (knee) tener *v.*
  dolor de (rodilla)
  have a(n)… ache/pain tener (el)
  dolor de…
paint pintar *v.*
painter pintor(a) *m., f.*
painting pintura *f.*
pair par *m.*
  pair of shoes par de zapatos
pajamas pijama *m., f.*

pants pantalones *m., pl.*
pantyhose medias *f., pl.*
paper papel *m.* **2; (report)** informe *m.*
   paper money billete *m.*
paragraph párrafo *m.*
Pardon me. (May I?) Con permiso.;
   (Excuse me.) Pardon me. Perdón.
parents padres *m., pl.* **4;** papás *m., pl.*
park parque *m.* **8;** estacionar *v.*
   park in front of estacionarse *v.*
   enfrente de
parking lot estacionamiento *m.* **2**
parole officer/prison guard oficial de
   prisión *m., f.*
partner (one of a couple) pareja *f.*
party fiesta *f.*
   throw a party hacer una fiesta
pass pasar *v.*
   pass (two) traffic lights pasar (dos)
   semáforos
passed pasado/a *p.p.*
passenger pasajero/a *m., f.*
passport pasaporte *m.*
past pasado/a *adj.*
pastime pasatiempo *m.*
pastry shop pastelería *f.*
patient paciente *m., f.* **3**
patio patio *m.*
pay pagar *v.*
   pay attention poner *v.* atención
   pay the cell phone bill pagar la
   cuenta del celular **7**
   pay with pagar con
   pay in cash pagar *v.* al contado;
   pagar en efectivo
   pay in installments pagar *v.* a plazos
   pay the bill pagar *v.* la cuenta
pea arveja *m.*
peace paz *f.*
peach melocotón *m.*
pear pera *f.* **9**
pen pluma *f.* **2**
pencil lápiz *m.* **2**
penicillin penicilina *f.*
people gente *f.*
pepper pimienta *f.* **9**
per por *prep.*
percent por ciento
perfect perfecto/a *adj.*
perhaps quizás *adv.*; tal vez *adv.*
periods plazos *m., pl.*
permission permiso *m.*
person persona *f.*
pessimistic pesimista *adj.* **3**
pharmacy farmacia *f.*
PhD doctorado *m.*
phenomenal fenomenal *adj.*
philosophy filosofía *f.* **1**
photograph foto(grafía) *f.*
physical (exam) examen *m.* médico
   physical education educación
   física *f.* **1**
   physical therapist fisioterapeuta
   m., f.

physician médico/a *m., f.*; doctor(a)
   m., f.
physics física *f., sing.* **1**
pick up recoger *v.*
   pick up one's things/clothes
   recoger *v.* las cosas/la ropa
picnic picnic *m.*
   have a picnic hacer un picnic
picture foto *f.*; pintura *f.*
pie pastel *m.*
pill (tablet) pastilla *f.*
pillow almohada *f.*
pineapple piña *f.*
pink rosado/a *adj.*
place lugar *m.*; poner *v.*
   place (put) things in their place
   poner *v.* las cosas en su lugar
plaid de cuadros *adj.*
plan (to do something) pensar *v.*
   (+ inf.)
plane avión *m.*
   go by plane ir *v.* en avión
plans planes *m., pl.*
   have plans tener *v.* planes
plant planta *f.*
plastic plástico *m.*
   (made of) plastic de plástico
plate plato *m.*
platter of fried food fuente *f.* de
   fritada
play drama *m.*; comedia *f.*; jugar
   (u:ue) *v.* **10; (a musical instrument)**
   tocar *v.* **(play the guitar)** tocar la
   guitarra **5; (a role)** hacer *v.* el
   papel; **(cards)** jugar *v.* a (las
   cartas); **(sports)** practicar *v.*
   deportes
   play ball jugar a la pelota
   play checkers jugar a las damas
   chinas
   play hide-and-seek jugar a las
   escondidillas/al escondite
   play Nintendo jugar Nintendo
   play loud music tener/poner la
   música muy alta
   play with dolls jugar a las
   muñecas
player jugador(a) *m., f.*
playwright dramaturgo/a *m., f.*
plead rogar (o:ue) *v.*
pleasant agradable *adj.* **6**
Please. Por favor.
Pleased to meet you. Mucho gusto.
   1; Encantado/a. *adj.* **1**
pleasing: be pleasing to gustar *v.*
pleasure gusto *m.*; placer *m.*
   It's a pleasure to... Gusto de *(+ inf.)*
   It's been a pleasure. Ha sido un
   placer.
   The pleasure is mine. El gusto es
   mío.
poem poema *m.*
poet poeta *m., f.*
poetry poesía *f.*
police (force) policía *f.*

   call the police llamar a la policía
   police officer policía *m.*, mujer *f.*
   policía
political político/a *adj.*
politician político/a *m., f.*
politics política *f.*
polka-dotted de lunares *adj.*
poll encuesta *f.*
pollute contaminar *v.*
polluted contaminado/a *adj.*
   be polluted estar contaminado/a
pollution contaminación *f.*
pool piscina *f.* **2**
poor pobre *adj.* **6**
population población *f.*
pork cerdo *m.* carne de cerdo *m.* **9**
   pork chop chuleta *f.* de cerdo
portable portátil *adj.*
   portable computer computadora *f.*
   portátil
position puesto *m.*
possessive posesivo/a *adj.*
possible posible *adj.*
   it's (not) possible (no) es posible
post office correo *m.*
postcard postal *f.*; tarjeta *f.* postal
poster cartel *m.*
potato papa *f.*; patata *f.*
   baked potato papa al horno *f.* **9**
pottery cerámica *f.*
practice entrenarse *v.*; practicar *v.*
prank travesura *f.*
prefer preferir (e:ie) *v.* **10**
pregnant embarazada *adj. f.*
   to get pregnant embarazarse *v.*
prepare preparar *v.*
preposition preposición *f.*
prescribe (medicine) recetar *v.*
prescription receta *f.*
present regalo *m.*; presentar *v.*
   open presents abrir *v.* los regalos
press prensa *f.*
pressure: be under a lot of pressure
   sufrir *v.* muchas presiones
pretty bonito/a *adj.* **6;** bastante *adv.*
price precio *m.*
   fixed price precio *m.* fijo
print estampado/a *adj.*; imprimir *v.*
printer impresora *f.*
prison guard/parole officer oficial de
   prisión *m., f.*
private (room) individual *adj.*
private school escuela particular *f.*
prize premio *m.*
probable probable *adj.*
   it's (not) probable (no) es probable
problem problema *m.* **10**
profession profesión *f.*
professor profesor(a) *m., f.* **1**
   language professor profesor(a) de
   idiomas *m., f.*
program programa *m.*
   training program programa de
   capacitación

programmer (computer)
programador(a) *m., f.*
prohibit prohibir *v.*
promise prometer *v.*
promotion (career) ascenso *m.*
pronoun pronombre *m.*
protect proteger *v.*
protein proteína *f.*
provided that con tal (de) que *conj.*
psychologist sicólogo/a *m., f.*
psychology sicología *f.* **1**
public school escuela pública *f.*
publish publicar *v.*
Puerto Rican puertorriqueño/a *adj.*
Puerto Rico Puerto Rico *m.*
pull a tooth sacar *v.* una muela
purchases compras *f., pl.*
pure puro/a *adj.*
purple morado/a *adj.*
purse bolsa *f.*
punish castigar *v.*
push empuar *v.*
put poner *v.*; puesto/a *p.p.*
  put a letter in the mailbox echar *v.* una carta al buzón
  put on (a performance) presentar *v.*
  put on (clothing) ponerse *v.* la ropa
  put on makeup maquillarse *v.*; pintarse *v.*
  to place (put) things in their place poner *v.* las cosas en su lugar
puzzles rompecabezas *m., pl.*
  do puzzles armar rompecabezas *v.*

Q

quality calidad *f.*
quarter trimestre *m.*
  quarter after (time) y cuarto; y quince
  quarter to (time) menos cuarto; menos quince
question pregunta *f.*
quickly rápido *adv.*
quiet tranquilo/a *adj.* **3**
quit dejar *v.*
quite bastante *adv.*
quiz prueba *f.* **2**

R

racism racismo *m.*
radio (medium) radio *f.*;
  radio (set) radio *m.*
rain llover (o:ue) *v.*
  It's raining, it rains. Llueve.
raincoat impermeable *m.*
rainforest bosque *m.* tropical
raise (salary) aumento *v.* de sueldo
read leer *v.* **8**; leído/a *p.p.*
ready listo/a *adj.* **6**
real estate agency agencia *f.* de bienes raíces

realize darse *v.* cuenta
reap the benefits (of) disfrutar *v.* (de)
reason razón *f.*
rebellious rebelde *adj.*
  be rebellious ser rebelde
receive recibir *v.*
  receive (get) e-mail recibir correo electrónico **8**
  receive (get) gifts recibir regalos **8**
recommend recomendar (e:ie) *v.*
recycle reciclar *v.*
recycling reciclaje *m.*
red rojo/a *adj.*
red-haired pelirrojo/a *adj.* **6**
red light alto *m.*; semáforo *m.* en rojo
  run a red light pasarse *v.* el alto/el semáforo en rojo
reduce reducir *v.*
  reduce stress/tension aliviar *v.* el estrés/la tensión
refrigerator refrigerador *m.*
region región *f.*
regret sentir (e:ie) *v.*
related to sitting sedentario/a *adj.*
relationships relaciones *f., pl.*
relatives parientes *m., pl.* **4**
relax relajarse *v.*
relieve stress/tension aliviar el estrés/la tensión
remain quedarse *v.*
remember recordar (o:ue) *v.* **10**; acordarse (o:ue) *v.* (de)
remote control control *m.* remoto
renewable renovable *adj.*
rent alquilar *v.*; alquiler *m.*
repeat repetir (e:i) *v.*
report informe *m.*; reportaje *m.*
reporter reportero/a *m., f.*
representative representante *m., f.*
reprimand regañar *v.*
request pedir (e:i) *v.* **9**
reservation reservación *f.*
reserved reservado/a *adj.* **3, 6**
resign (from) renunciar (a) *v.*
resolve resolver (o:ue) *v.*
resolved resuelto/a *p.p.*
resource recurso *m.*
responsibility deber *v.*
responsible responsable *adj.* **3**
rest descansar *v.* **5**; descanso *m.*
  the rest lo/los/las demás *pron.*
restaurant restaurante *m.* **8**
résumé currículum *m.*
retire (from work) jubilarse *v.*
return regresar *v.*; volver (o:ue) *v*; devolver (o:ue) *v.*
  return trip vuelta *f.*
returned vuelto/a *p.p.*
rice arroz *m.* **9**
rich rico/a *adj.* **6**
ride pasear *v.*
  ride a bicycle pasear en bicicleta; andar *v.* en bicicleta
  ride a horse montar a caballo

ridiculous ridículo/a *adj.*
  it's ridiculous es ridículo
right derecha *f.*
  from/on the right side del/al lado derecho
  right away enseguida *adv.*
  right here aquí mismo
  right now ahora mismo
  right there allí mismo
  be right tener *v.* razón
  to the right of a la derecha de
  right? (question tag) ¿no?; ¿verdad?
rights derechos *m., pl.*
ring (a doorbell) sonar (o:ue) *v.*
ring (engagenent) anillo (de compromiso) *m.*
river río *m.*
road camino *m.*
roast beef bistec de res *m.* **9**
roast chicken pollo *m.* asado
roasted asado/a *adj.*
rock piedra *f.*
role papel *m.*
rollerblade patinar *v.* en línea
romantic romántico/a *adj.* **3**
room habitación *f.*; cuarto m.;
  (large, living) sala *f.*
roommate compañero/a *m., f.* de cuarto
rope cuerda *f.*
  jump rope saltar *v.* la cuerda
round-trip de ida y vuelta
  round-trip ticket pasaje *m.* de ida y vuelta
route camino *m.*
routine rutina *f.*
rude grosero/a *adj.* **6**
rug alfombra *f.*
run correr *v.* **8**
  run a red light pasarse *v.* el alto/el semáforo en rojo
  run errands hacer diligencias
  run into (have an accident) chocar *v.* (con); **(meet accidentally)** darse con *v.*
  run out of gas quedarse *v.* sin gasolina
rush apurarse; darse prisa *v.*
Russian ruso/a *adj.*

S

sad triste *adj.*
  it's sad es triste
  get/become sad ponerse *v.* triste
safe seguro/a *adj.*
said dicho/a *p.p.*
sake: for the sake of por *prep.*
salad ensalada *f.*
  lettuce and tomato salad la ensalada de lechuga y tomate **9**
salary salario *m.*; sueldo *m.*
  high/low salary sueldo alto/bajo *m.*

sale rebaja *f.*
salesperson vendedor(a) *m., f.*
salmon salmón *m.*
salt sal *f.* **9**
salty salado/a *adj.*
same mismo/a *adj.;* igual
  feel the same sentirse (e:ie) igual
sandal sandalia *f.*
sandwich sándwich *m.*
Saturday sábado *m.* **5**
  (on) Saturdays los sábados *m., pl.* **5**
sausage salchicha *f.*
save (on a computer) guardar *v.;*
  save (money) ahorrar *v.*
savings ahorros *m., pl.*
  savings account cuenta *f.* de
  ahorros
say decir *v.;* declarar *v.*
scarcely apenas *adv.*
scared: be (very) scared tener *v.*
  (mucho) miedo
scarf bufanda *f.*
schedule horario *m.*
  flexible/fixed schedule el horario
  flexible/fijo
school escuela *f.* **8;** colegio *m.*
  Catholic school colegio católico
  m.
  elementary school primaria *f.*
  high school preparatoria (prepa)
  f.; escuela secundaria *f.*
  middle school (in Mexico) escuela
  secundaria *f.*
  private school escuela particular *f.*
  public school escuela pública *f.*
science ciencia *f.*
  science fiction ciencia ficción *f.*
scientist científico/a *m., f.*
scold regañar *v.*
scream gritar *v.*
screen pantalla *f.*
scuba dive bucear *v.*
sculpt esculpir *v.*
sculptor escultor(a) *m., f.*
sculpture escultura *f.*
sea mar *m.;* océano *m.*
seafood mariscos *m., pl.* **9**
search: in search of por *prep.*
season estación *f.*
seat silla *f.* **2**
seat belt cinturón *m.* de seguridad
  wear the seat belt ponerse *v.* el
  cinturón de seguridad to
second segundo/a *adj.*
secretary secretario/a *m., f.*
sedentary sedentario/a *adj.*
see ver *v.*
  see a movie at home ver *v.* una
  película en casa **8**
  see the parade/fireworks ver *v.* el
  desfile/los fuegos artificiales
  see (you) again volver *v.* a ver
  (te, lo, la)
  see movies ver películas
  See you. Nos vemos.

  See you later. Hasta la vista.;
  Hasta luego. **1**
  See you soon. Hasta pronto.
  See you tomorrow. Hasta mañana.
  1; Nos vemos mañana. **1**
seem parecer *v.*
seen visto/a *p.p.*
sell vender *v.*
  sell food vender *v.* comida **8**
semester semestre *m.*
send enviar *v.;* mandar *v.*
  send a present mandar un
  regalo
  send text messages mandar *v.*
  mensajes de texto
sentimental sentimental *adj.* **3**
separate (from) separarse *v.* (de)
separated separado/a *adj.*
September septiembre *m.*
sequence secuencia *f.*
serious grave *adj.;* serio/a *adj.* **3, 6**
  extremely serious gravísimo/a *adj.*
serve servir (e:i) *v.* **9**
set (fixed) fijo *adj.*
  set the table poner *v.* la mesa
seven siete **1**
seven hundred setecientos/as
seventeen diecisiete **1**
seventh séptimo/a *adj.*
seventy setenta **4**
several varios/as *adj., pl.*
sexism sexismo *m.*
shame lástima *f.*
  It's a shame. Es una lástima.
shampoo champú *m.*
shape forma *f.*
  be in good shape estar en buena
  forma
share compartir *v.*
  share toys compartir *v.* los
  juguetes
sharp (time) en punto
shave afeitarse *v.;* rasurarse
shaving cream crema *f.* de afeitar
she ella *sub. pron.*
  she is ella es **3**
shellfish mariscos *m., pl.*
shift (morning/afternoon/evening)
  turno de la manana/tarde/noche
  m.
ship barco *m.*
shirt camisa *f.*
shock chocar *v.*
shoe zapato *m.*
  (high-heeled) shoes zapatos (de
  tacón) *m., pl.*
  pair of shoes par de zapatos
  shoe size número *m.* de zapato
  shoe store zapatería *f.*
  tennis shoes zapatos *m., pl.* de
  tenis
shop tienda *f.* **8**
shopping, to go ir *v.* de compras
  shopping mall centro *m.*
  comercial

short (in height) bajo/a adj. **6; (in
  length)** corto/a *adj.*
short story cuento *m.*
shorts pantalones cortos *m., pl.*
should (do something) deber *v. (+ inf.)*
show mostrar (o:ue) *v.;* espectáculo
  m.; enseñar *v.* a
shower ducha *f.;* ducharse *v.;*
  bañarse *v.*
  take a bath/shower at night
  bañarse *v.* por la noche
shrimp camarón *m.* **9**
shy tímido/a *adj.* **3**
siblings hermanos *m., pl.*
sick mal, malo/a; enfermo/a *adj.*
  be sick estar enfermo/a
  get sick enfermarse *v.*
sickness enfermedad *f.*
side lado *m.*
  from/on the left side del/al lado
  izquierdo
  from/on the right side del/al
  lado derecho
side table mesita *f.*
sightseeing: go sightseeing hacer *v.*
  turismo
sign firmar *v.;* letrero *m.*
silk seda *f.;* **(made of)** de seda
silly tonto/a *adj.* **6**
silverware cubierto *m.*
similar similar *adj. m., f.*
since desde *prep.*
sing cantar *v.*
  sing carols cantar villancicos
  sing a birthday song cantar las
  mañanitas
singer cantante *m., f.*
single soltero/a *adj.* **6**
  single room habitación *f.* individual
sink (in a bathroom) lavabo *m.;* **(in a
  kitchen)** fregadero *m.*
sir señor (Sr.) *m.*
sister hermana *f.* **4**
sister-in-law cuñada *f.* **4**
sit down sentarse (e:ie) *v.*
six seis
six hundred seiscientos/as
sixteen dieciséis **1**
sixth sexto/a *adj.*
sixty sesenta **4**
size talla *f.*
  shoe size número *m.* de zapato
skate (in-line) patinar *v.* (en línea)
skate (rollerblade) patinar *v.* (en
  línea)
skate (on ice) patinar *v.* (sobre
  hielo)
ski esquiar *v.*
skiing esquí *m.*
  water-skiing esquí acuático
skirt falda *f.*
sky cielo *m.*
sleep dormir (o:ue) *v.* **10;** sueño *m.*
  go to sleep dormirse (o:ue) *v.*
sleepy: be (very) sleepy tener *v.*

(mucho) sueño

slender delgado/a *adj.*

slim down adelgazar *v.*

slow lento/a *adj.*

slowly despacio *adv.*

small pequeño/a *adj.* **6**

smaller menor *adj.*

smallest, (the) el/la menor *m., f.*

smart listo/a *adj.*

smile sonreír (e:i) *v.*

smiled sonreído *p.p.*

smoggy: It's (very) smoggy. Hay (mucha) contaminación.

smoke fumar *v.*

   not to smoke no fumar *v.*

smoking section sección *f.* de fumadores

   (non) smoking section sección de (no) fumadores

snack (in the afternoon) merendar *v.;* **(afternoon snack)** merienda *f.*

   have a snack merendar *v.*

sneakers zapatos de tenis

sneeze estornudar *v.*

snorkel bucear *v.*

snow nevar (e:ie) *v.;* nieve *f.*

snowing: It's snowing; It snows Nieva.

so (in such a way) así *adv.;* tan *adv.*

   so much tanto *adv.*

   so-so regular; así así

   so that para que *conj.*

soap jabón *m.*

   soap opera telenovela *f.*

soccer fútbol *m.*

   soccer game partido de fútbol *m.* **8**

sociable sociable *adj.* **3**

sociology sociología *f.*

sock calcetín *m.*

soda refresco *m.* **9**

sofa sofá *m.*

soft drink refresco *m.* **9**

software programa *m.* de computación

soil tierra *f.*

solar energy energía solar

solution solución *f.*

solve resolver (o:ue) *v*

solved resuelto/a *p.p.*

some algún, alguno/a(s) *adj.;* unos/as *pron.;* unos/as *m., f.,* pl. *indef. art.*

somebody alguien *pron.*

someone alguien *pron.*

something algo *pron.*

sometimes a veces *adv.* **8**

son hijo *m.* **4**

song canción *f.*

   birthday song mañanitas *f., pl.*

son-in-law yerno *m.*

soon pronto *adj.*

   See you soon. Hasta pronto.

sore adolorido/a *adj.*

   be sore estar adolorido/a

sorry: be sorry sentir (e:ie) *v.*

I'm sorry. Lo siento.

I'm so sorry. Mil perdones.; Lo siento muchísimo.

So-so. Más o menos. **1**

soup caldo *m.;* sopa *f.* **9**

sour agrio/a *adj.*

south sur *m.*

   to the south al sur

spaghetti espagueti *m.* **9**

Spain España *f.*

Spanish (language) español *m.* **1;** español(a) *adj.; m., f.*

spare time ratos *m., pl.* libres

speak hablar *v.*

specialization especialización *f.*

spectacular espectacular *adj.*

speech discurso *m.*

speed velocidad *f.;* ir *v.* manejar *v.* a excesso de velocidad

   speed limit velocidad máxima

spelling ortográfico/a *adj.*

spend (money) gastar *v.*

   spend time pasar *v.* el tiempo

   spend the day pasar *v.* el día

spicy picante *adj.*

spoiled consentido/a *adj.*

   be spoiled ser consentido/a

spoon (table or large) cuchara *f.*

sport deporte *m.*

   sports-loving deportivo/a *adj.*

   sports-related deportivo/a *adj.*

spouse esposo/a *m., f.*

sprain (one's ankle) torcerse *v.* (el tobillo)

sprained torcido/a *adj.*

   be sprained estar *v.* torcido/a

spring primavera *f.*

stadium estadio *m.* **2**

stage etapa *f.*

stairs escalera *f.*

stairway escalera *f.*

stamp estampilla *f.;* sello *m.*

stand in line hacer *v.* cola

star estrella *f.*

start empezar (e:ie) *v* **10**

start (a vehicle) arrancar *v.*

state estado *m.*

station estación *f.*

statue estatua *f.*

status: marital status estado *m.* civil

stay quedarse *v.*

   Stay calm! ¡Tranquilo/a! *adj.*

   stay home quedarse *v.* en casa

   stay in shape mantenerse *v.* en forma

steak bistec *m.*

steering wheel volante *m.*

step etapa *f.*

stepbrother hermanastro *m.*

stepdaughter hijastra *f.*

stepfather padrastro *m.*

stepmother madrastra *f.*

stepsister hermanastra *f.*

stepson hijastro *m.*

stereo estéreo *m.*

still todavía *adv.*

stock broker corredor(a) *m., f.* de bolsa

stockings medias *f., pl.*

stomach estómago *m.*

stone piedra *f.*

stop parar *v.*

   stop (doing something) dejar *v.* de (+ *inf.*)

store tienda *f.*

storm tormenta *f.*

story cuento *m.;* historia *f.*

stove estufa *f.*

straight derecho *adj.*

   straight ahead (todo) derecho

   go straight ahead for (three) blocks seguir derecho (tres) cuadras

straighten up arreglar *v.*

strange extraño/a *adj.*

   It's strange… Es extraño…

strawberry frutilla *f.;* fresa *f.*

street calle *f.*

stress estrés *m.*

stressed estresado/a *adj.*

stretching estiramiento *m.*

   stretching exercises ejercicios *m., pl.* de estiramiento

strike (labor) huelga *f.*

stripe raya *f.*

   striped de rayas *adj.*

stroll pasear *v.*

strong fuerte *adj.*

struggle (for) luchar *v.* (por)

student estudiante *m., f.* **2;** estudiantil *adj.*

studious estudioso/a *adj.* **3**

study estudiar *v.* **5**

   to study a lot/a little estudiar mucho/poco **5**

stuffed up (sinuses) congestionado/a *adj.*

stupendous estupendo/a *adj.*

style estilo *m.*

suburbs afueras *f., pl.*

subway metro *m.*

   subway station estación *f.* del metro

success éxito *m.*

successful: be successful tener *v.* éxito

such as tales como

suddenly de repente *adv.*

suffer sufrir *v.*

   suffer from an illness sufrir una enfermedad

sufficient bastante *adj.*

sugar azúcar *m.*

suggest sugerir (e:ie) *v.*

suit traje *m.*

suitcase maleta *f.*

summer verano *m.*

sun sol *m.*

sunbathe tomar *v.* el sol

Sunday domingo *m.* **5**

(on) Sundays los domingos *m., pl.* **5**
sunglasses gafas *f., pl.* de sol; gafas oscuras; lentes *m., pl.* de sol
sunny: It's (very) sunny. Hace (mucho) sol.
supermarket supermercado *m.* **8**
supervisor supervisor/a *m., f.*
suppose suponer *v.*
sure seguro/a *adj.*
   be sure (of) estar *v.* seguro/a (de)
surf the Internet navegar *v.* en Internet
surprise sorprender *v.*; sorpresa *f.*
survey encuesta *f.*
sweat sudar *v.*
sweater suéter *m.*
sweep the floor barrer *v.* el suelo
   sweep the garage barrer *v.* el garaje
sweet dulce *adj.*
sweets dulces *m., pl.*
swim nadar *v.*
swimming natación *f.*
   swimming pool piscina *f.*
swing (leisure) columpio *m.*
   go on the swings subir(se) a los columpios
symptom síntoma *m.*
systems analyst analista de sistemas *m., f.*

T

table mesa *f.*
   night table mesa *f.* de noche
   side table mesita *f.*
   set the table poner *v.* la mesa
tablespoon cuchara *f.*
tablet (pill) pastilla *f.*
take tomar *v.*; llevar *v.*
   take a bath bañarse *v.*
   take a bath/shower at night bañarse *v.* por la noche
   take a shower ducharse *v.*
   take a trip hacer un viaje
   take an x-ray sacar *v.* una radiografía
   Take care! ¡Cuídense!
   take care of cuidar *v.*
   take care of oneself cuidarse *v.*
   take care of (watch) kids/the elderly cuidar *v.* a los niños/ancianos
   take classes tomar *v.* clases
   take into account tomar *v.* en cuenta
take off quitarse *v.*
   take off one's shoes quitarse *v.* los zapatos
   take out the trash sacar *v.* la basura
   take out (walk) the dog sacar al perro a pasear
   take pictures sacar *v.* fotos;

tomar *v.* fotos
   take (someone's) temperature tomar(le) *v.* la temperatura (a alguien)
   take something llevar *v.* algo
   take the bus tomar *v.* el autobús **5**
   take the freeway north/south/east/west tomar *v.* la autopista al norte/al sur/al este/al oeste
   take (wear) a shoe size calzar *v.*
talented talentoso/a *adj.*
talk hablar *v.* **5;** conversar *v.*
   talk show programa *m.* de entrevistas
   to talk with friends hablar con los amigos **5**
   to talk on the phone hablar por teléfono **5**
tall alto/a *adj.* **6**
tank tanque *m.*
tantrum berrinche *m.*
   throw tantrums hacer *v.* berrinches
tape (audio) cinta *f.*
   tape recorder grabadora *f.*
taste probar (o:ue) *v.*
tasty rico/a *adj.* **6;** sabroso/a *adj.*
tax impuesto *m.*
taxi(cab) taxi *m.*
tea té *m.* **9**
teach enseñar *v.* a
teacher profesor(a) *m., f.* **1;** **(elementary school)** maestro/a *m., f.;* **(pre-school teacher)** educador(a) *m., f.*
team equipo *m.*
technician técnico/a *m., f.*
   computer technician técnico/a en computación *m., f.*
teenager chico/a **4**
telecommuting teletrabajo *m.*
teleconference videoconferencia *f.*
telephone teléfono *m.*
   cellular telephone teléfono celular
tele(vision) televisión *f.* **2**
   television set televisor *m.*
tell decir *v.*; contar (o:ue) *v.*
   tell your problems contar (o:ue) *v.* los problemas
temperature temperatura *f.*
ten diez **1**
tennis tenis *m.*
   tennis court cancha de tenis *f.* **2**
   tennis shoes zapatos *m., pl.* de tenis
tension tensión *f.*
tent tienda *f.* de campaña
tenth décimo/a *adj.*
terrible terrible *adj., m., f.* **3**
   it's terrible es terrible
terrific chévere *adj.*
test prueba *f.*, examen *m.*
text message mensaje de texto *m.*
Thank you. Gracias. *f., pl.* **1**
   Thank you (very much).

(Muchas) gracias.
   Thank you very, very much. Muchísimas gracias.
   Thanks (a lot). (Muchas) gracias.
   Thanks for everything. Gracias por todo.
   Thanks once again. Gracias una vez más.
that que; quien(es); lo que rel *pron.*
   that (one) ése, ésa, eso *pron.*; ese, esa, *adj.* **6**
   that (over there) aquél, aquélla, aquello *pron.*; aquel, aquella *adj.*
   that which lo que *conj.*
   That's me. Soy yo.
   that's why por eso
the el *m.*, la *f., sing., def., art.*; los *m.*, las *f., pl., def. art.* **2**
theater teatro *m.*
their su(s) *poss., adj.* **4;** suyo(s)/a(s) *poss., pron.*
them los/las *pron.*; les *pron.*; i.o., *pron.*
then después **(afterward)** *adv.*; entonces **(as a result)** *adv.*; luego **(next)** *adv.*; pues *adv.*
   back then en esos tiempos
there allí *adv.*
   There is/are... Hay... **2;**
   There is/are not... No hay...
therefore por eso *adv.*
these éstos, éstas *pron.*; estas *adj.* **6**
they ellos/as *sub. pron.*
   they are ellos/as son **3**
thin delgado/a *adj.* **6**
thing cosa *f.* **5**
think pensar (e:ie) *v.* **10;** **(believe)** creer *v.*; **think about** pensar en **10**
third tercer, tercero/a *adj.*
thirst sed *f.*
thirsty: be (very) thirsty tener *v.* (mucha) sed **9**
thirteen trece **1**
thirty treinta **1; thirty (minutes past the hour)** y treinta; y media
thirty-one treinta y uno **1**
thirty-two treinta y dos **1**
thirty-three treinta y tres **1**
thirty-four treinta y cuatro **1**
thirty-five treinta y cinco **1**
thirty-six treinta y seis **1**
thirty-seven treinta y siete **1**
thirty-eight treinta y ocho **1**
thirty-nine treinta y nueve **1**
this este, esta *adj.* **6; éste, ésta, esto *pron.*
   This is... (introduction) Éste/a es...
   This is he/she. (on telephone) Con él/ella habla.
   this Monday/Tuesday (etc.) este lunes/jueves (etc). **7**
   this morning esta mañana
those ésos, ésas *pron.*; esos, esas *adj.* **6**

those (over there) aquéllos, aquéllas *pron.;* aquellos, aquellas *adj.*
thousand mil *m.*
three tres 1
three hundred trescientos/as
throat garganta *f.*
through por *prep.*
throughout: throughout the world en todo el mundo
throw echar *v.*
  throw a party hacer una fiesta
  throw tantrums hacer *v.* berrinches
Thursday jueves *m., sing.* 5
  (on) Thursdays los jueves *m., pl.* 5
thus (in such a way) así *adj.*
ticket boleto *m.;* entrada *f.;* pasaje *m.;* **(traffic)** multa *f.*
  avoid tickets evitar *v.* las multas
tidy arreglado/a *adj.*
  be tidy estar arreglado/a
tie corbata *f.*
time vez *f.;* tiempo *m.*
  buy on time comprar *v.* a plazos *m., pl.*
  have a good/bad time pasar lo *v.* bien/mal
  full-time/part-time/free time el tiempo completo/parcial/libre
  We had a great time. Lo pasamos de película.
times veces *f., pl.*
  many times muchas veces
tip propina *f.*
tire llanta *f.*
  check the tires revisar *v.* las llantas
tired cansado/a *adj.*
  be tired estar *v.* cansado/a
title título *m.*
to a *prep.*
  to (the) al *m.,sing.;* a la *f.,sing.;* a los *m.,pl.;* a las *f.,pl.* 8
toast (drink) brindar *v.;* pan *m.* tostado 9
toasted tostado/a *adj.*
toaster tostadora *f.*
today hoy *adv.* 7
  Today is... Hoy es...
together juntos/as *adj.*
  get together juntarse *v.*
told dicho/a *pp.*
tomato tomate *m.*
tomorrow mañana *adv.* 7
  See you tomorrow. Hasta mañana.
tonight esta noche *adv.* 7
too también *adv.*
  too much demasiado *adv.;* en exceso
tooth diente *m.;* muela *f.*
tornado tornado *m.*
tortilla tortilla *f.*
touch tocar *v.*
tour an area recorrer *v.;* excursión *f.*

go on a tour hacer *v.* una excursión
tourism turismo *m.*
tourist turista *m., f.;* turístico/a *adj.*
toward para *prep.;* hacia *prep.*
towel toalla *f.*
town pueblo *m.*
toy juguete *m.*
trade oficio *m.*
traffic circulación *f.;* tráfico *m.*
  obey the traffic signs obedecer (c:zc) *v.* las señales de tránsito
  traffic light semáforo *m.*
  traffic signs señales de tránsito *pl., f.*
tragedy tragedia *f.*
trail sendero *m.*
  trailhead sendero *m.*
train entrenarse *v.;* tren *m.*
  train station estación *f.* del tren *m.*
translate traducir *v.*
trash basura *f.*
  take out the trash sacar *v.* la basura
travel viajar *v.*
  travel agency agencia *f.* de viajes
  travel agent agente *m., f.* de viajes
  travel documents documentos *m., pl.* de viaje
traveler viajero/a *m., f.*
  traveler's check cheque *m.* de viajero
treat (entertain) invitar *v.*
tree árbol *m.*
  climb trees subir(se) a los árboles
trillion billón
trimester trimestre *m.*
trip viaje *m.*
  take a trip hacer *v.* un viaje
tropical forest bosque *m.* tropical
trouble problemas *m.,pl.*
  get into trouble hacer *v.* travesuras
truck camión *m.*
true cierto/a; verdad *adj.*
  it's (not) true (no) es cierto/verdad
trunk baúl *m.*
truth verdad *f.*
try intentar *v.;* probar (o:ue) *v.*
  try (to do something) tratar *v.* de (+ *inf.*)
  try on probarse (o:ue) *v.*
t-shirt camiseta *f.*
Tuesday martes *m., sing.*
  (on) Tuesdays los martes *m., pl.*
tuna atún *m.*
  tuna sándwich sandwich de atún *m.* 9
turkey pavo *m.* 9
turn doblar *v.*
  turn off (electricity/appliance) apagar *v.*
  turn off the car apagar *v.* el coche

turn on (electricity/appliance) poner *v.;* prender *v.*
  turn on the car prender *v.* el coche
  turn right/left at... Avenue/Street doblar *v.* a la derecha/izquierda en la avenida/calle...; dar *v.* vuelta a la derecha/izquierda en la calle/avenida...
  turn something in entregar *v.*
turtle tortuga *f.*
  marine turtle tortuga marina
twelve doce 1
twenty veinte 1
twenty-eight veintiocho 1
twenty-five veinticinco 1
twenty-four veinticuatro 1
twenty-nine veintinueve 1
twenty-one veintiún, veintiuno/a 1
twenty-seven veintisiete 1
twenty-six veintiséis 1
twenty-three veintitrés 1
twenty-two veintidós 1
twice dos veces
  twice a month dos veces al mes 8
twisted torcido/a *adj.*
  be twisted estar *v.* torcido/a
two dos 1
two hundred doscientos/as
  two times dos veces

U

ugly feo/a *adj.* 6
umbrella paraguas *m.*
uncle tío *m.* 4
under debajo de *prep.;* bajo *prep.*
understand comprender *v.;* entender (e:ie) *v.* 10
underwear ropa *f.* interior
unemployment desempleo *m.*
United States Estados Unidos *m., pl.*
university universidad *f.*
unless a menos que *adv.*
unmarried soltero/a *adj.*
unpleasant antipático/a *adj.* 6
until hasta *prep.*
  until now; so far hasta ahora
  until this moment hasta el momento; hasta que *conj.*
up arriba *adv.*
upset molesto/a *adj.*
urgent urgente *adj.*
  It's urgent that... Es urgente que...
us nos *pron.; i.o. pron.*
use usar *v.*
  use the computer usar *v.* la computadora 5
used for para *prep.*
useful útil *adj.*

V

vacation vacaciones *f., pl.*
  be on vacation estar *v.* de vacaciones
  go on vacation ir *v.* de vacaciones
  go on vacation irse *v.* de vacaciones
vacuum pasar *v.* la aspiradora
  vacuum cleaner aspiradora *f.*
valley valle *m.*
various varios/as *adj., pl.*
VCR videocasetera *f.* **2**
vegetables verduras *f., pl.*
verb verbo *m.*
very muy *adv.*
  very bad malísimo
  very much muchísimo *adv.*
  Very good, thank you. Muy bien, gracias.
  Very well. Muy bien. **1**
vest chaleco *m.*
veterinarian veterinario/a *m., f.*
video video *m.*
  videocassette videocasete *m.*
  video conference videoconferencia *f.*
  videocamera cámara *f.* de video
vinegar vinagre *m.*
violence violencia *f.*
visit visitar *v.*
  visit a monument visitar un monumento
  visit one's grandparents visitar *v.* a los abuelos **5**
vitamin vitamina *f.*
volcano volcán *m.*
volleyball vóleibol *m.*
  volleyball court cancha de vóleibol *f.* **2**
vote votar *v.*

W

wait (for) esperar *v.*
waiter/waitress camarero/a *m., f.*; mesero/a *m., f.* **9**
wake up despertarse (e:ie) *v.*
walk caminar *v.*
  go for a walk dar *v.* un paseo
  take a walk pasear *v.*
  take out (walk) the dog sacar al perro a pasear
  walk around the city/town pasear por la ciudad/el pueblo
Walkman walkman *m.*
wall pared *f.*
wallet cartera *f.*
want desear *v.*; querer (e:ie) *v.* **10**
  I don't want to no quiero
war guerra *f.*
warm (oneself) up calentarse *v.*
wash lavar *v.*
  wash one's face/hands lavarse *v.*

la cara/los manos
  do (wash) the laundry lavar la ropa **5**
  do (wash) the dishes lavar los platos
  wash the car lavar el coche **5**
  wash oneself lavarse
washing machine lavadora *f.*
wastebasket papelera *f.* **2**
watch mirar *v.*; reloj *m.*
  watch cartoons ver *v.* los dibujos animados
  watch television mirar (la) televisión
  watch a movie at home ver *v.* una película en casa **8**
water agua *f.* **9**
  water pollution contaminación del agua
  water-skiing esquí *m.* acuático
way manera *f.*
we nosotros/as *sub. pron.*
  we are nosotros/as somos **3**
weak débil *adj.*
wear llevar *v.*; usar *v.*; calzar *v.* (shoes)
  wear a … costume disfrazarse *v.* de…
  wear clothing ponerse *v.* la ropa
  wear the seat belt ponerse *v.* el cinturón de seguridad
weather tiempo *m.*
  It's bad weather. Hace mal tiempo.
  It's nice weather. Hace buen tiempo.
weaving tejido *m.*
Web red *f.*
website sitio *m.* web
wedding boda *f.*
Wednesday miércoles *m., sing.* **5**
  (on) Wednesdays los miércoles *m., pl.* **5**
week semana *f.*
  (on) weekdays entre semana **5**
weekend fin *m.* de semana **5**
  (on) weekends los fines de semana **5**
weight peso *m.*
  lift weights levantar *v.* pesas *f., pl.*
Welcome! ¡Bienvenido(s)/a(s)! *adj.*
well pues *adv.*; bueno *adv.*; bien *adj.*
well-being bienestar *m.*
well organized ordenado/a *adj.* **6**
west oeste *m.*
  to the west al oeste
western (genre) de vaqueros *adj.*
whale ballena *f.*
what lo que
  what? ¿qué? *adj., pron.* **6**; ¿cuál(es)? **6**
  At what time…? ¿A qué hora…? **2**
  What a…! ¡Qué…!
  What a pleasure to…! ¡Qué gusto (+ *inf.*)…!

  What a surprise! ¡Qué sorpresa!
  What are… like? ¿Cómo son…? **3**
  What day is it? ¿Qué día es hoy?
  What did he/she do? ¿Qué hizo él/ella?
  What did they do? ¿Qué hicieron ellos/ellas?
  What did you do? ¿Qué hiciste? *fam., sing.;* ¿Qué hizo usted? *form., sing.;* ¿Qué hicieron ustedes? *form., pl.*
  What did you say? ¿Cómo?
  What do you guys think? ¿Qué les parece?
  What happened? ¿Qué pasó?
  What is it? ¿Qué es?
  What is the date (today)? ¿Cuál es la fecha (de hoy)?
  What is the price? ¿Qué precio tiene?
  What is today's date? ¿Cuál es la fecha de hoy?
  What pain! ¡Qué dolor!
  What pretty clothes! ¡Qué ropa más bonita!
  What size do you wear? ¿Qué talla lleva (usa)?
  What time is it? ¿Qué hora es?
  What's going on? ¿Qué pasa?
  What's happening? ¿Qué pasa?
  What's… like? ¿Cómo es…? **3**
  What's new? ¿Qué hay de nuevo?
  What's the weather like? ¿Qué tiempo hace?
  What's wrong? ¿Qué pasó?
  What's your name? ¿Cómo se llama usted? *form.* **1**
  What's your name? ¿Cómo te llamas (tú)? *fam.* **1**
when cuando *conj.*
  When? ¿Cuándo? **6**
  when I was a child cuando era niño/a
  when I was … years old cuando tenía… años
where donde *adj., conj.*
  where? (destination) ¿adónde?; **(location)** ¿dónde? **6**
  Where are you from? ¿De dónde eres? *fam.* **4;** ¿De dónde es usted? *form.*
  Where is…? ¿Dónde está…?
  (to) where? ¿adónde?
which que; lo que *rel. pron.*
which? ¿cuál(es)? *adj., pron.;* ¿qué? **6**
  which one(s)? ¿cuál(es)? **6**
while mientras *adv.*
white blanco/a *adj.*
  white wine vino *m.* blanco
who que; quien(es) *rel. pron.*
  who? ¿quién(es)? *adv.* **6**
  Who is…? ¿Quién es…?
  Who is calling? (on telephone) ¿De parte de quién?
  Who is speaking? (on telephone)

¿Quién habla?

whole todo/a *adj.*

whom quien(es) *rel. pron.*

whose...? ¿de quién(es)...?

why? ¿por qué? *adv.* **6**

widowed viudo/a *adj.*

wife esposa *f.* **4**

win ganar *v.*

wind viento *m.*

window ventana *f.* **2**

windshield parabrisas *m., sing.*

windy: It's (very) windy. Hace (mucho) viento.

wine vino *m.*

   red wine vino tinto *m.* **9**

   white wine vino blanco *m.*

wineglass copa *f.*

winter invierno *m.*

wish desear *v.;* esperar *v.*

   I wish (that) Ojalá que

with con *prep.*

   with me conmigo

   with you contigo *fam.*

within dentro de *prep.*

without sin *prep.;* sin que *conj.*

   without a doubt sin duda

woman mujer *f.*

wool lana *f.*

   (made of) wool de lana

word palabra *f.*

work trabajar *v.;* funcionar *v.;* trabajo *m.* **8**

   work (of art, literature, music, etc.) obra *f.*

   work at home trabajar *v.* en casa **5**

   work out hacer *v.* gimnasia

world mundo *m.*

worldwide mundial *adj. m., f.*

worried (about) preocupado/a (por) *adj.*

worry (about) preocuparse *v.* (por)

   Don't worry. No se preocupe. *form.;* No te preocupes. *fam.*

worse peor *adj. m., f.*

   feel worse sentirse(e:ie) peor

   worse than pejor que *adj.* **1**

worst el/la peor; lo peor

Would you like to? ¿Te gustaría?

write escribir *v.*

   write a letter/post card/e-mail message escribir una carta/(tarjeta) postal/mensaje *m.* electrónico **8**

   write a paper escribir un trabajo **8**

writer escritor(a) *m., f.*

written escrito/a *p.p.*

wrong equivocado/a *adj.*

   be wrong no tener *v.* razón

X

X-ray radiografía *f.*

   take an X-ray sacar *v.* una radiografía

Y

yard jardín *m.;* patio *m.*

year año *m.*

   be... years old tener... *v.* años

yellow amarillo/a *adj.*

yes sí *interj.*

yesterday ayer *adv.*

(not) yet todavía (no); ya *adv.*

yogurt yogur *m.* **9**

you tú *sub. pron. fam. sing.;* usted *sub. pron. form. sing.;* vosotros/as *sub. pron. fam. pl.;* ustedes *sub. pron. form. pl.;* te *d.o. pron. fam. sing.; i.o. pron. fam.;* lo *d.o. pron. m. form. sing.;* la *d.o. pron. f. form. sing.;* os *d.o. pron. fam. pl.;* los *d.o. pron. m. form. pl.;* las *d.o. pron. f. form. pl.;* le(s) *i.o. pron. form.*

   you are tú eres *fam. sing.* **3;** usted es *form. sing.* **3;** vosotros/as sois *fam. pl.* **3;** ustedes son *form. pl.* **3**

   You don't say! ¡No me digas! *fam.;* ¡No me diga! *form.*

   You're welcome. De nada. **1;** No hay de qué.

young joven *adj.* **6**

   young person joven *m., f.*

   young woman señorita *f.*

younger menor *adj. m., f.* **6**

   younger brother, sister hermano/a menor *m., f.*

youngest el/la menor *m., f.*

your su(s) *poss., adj., form.* **4**

   your tu(s) *poss., adj., fam. sing.* **4**

   your vuestro(s)/a(s) *poss., adj. form., pl.*

   your(s) *form.* suyo(s)/a(s) *poss. pron., form.*

   your(s) tuyo(s)/a(s) *poss.,fam., sing.*

youth juventud *f.;* **(young person)** joven *m., f.*

Z

zero cero *m.* **1**

Photo Credits

Alamy: 61 © Tim Whitby. **122** (tl) © Michele Molinari. **253** (l) © Stock Connection Blue, (tr) © Sue Cunningham Photographic, (br) © Marina Spironetti. **254** (tl) © Picture Contact, (r) © INTERFOTO Pressebildagentur.

AP Images: 84 © EFE, Ballesteros. **254** (bl) Andres Leighton.

© Michael Caulfield/WireImage (Awards)/Newscom: 255 (tl)

Corbis Images: 2 (tr) © Graham Neden, (bl) © James Marshall, (br) © Darrell Jones. **3** (tl) © Pablo Corral V, (tr) © Francesco Venturi. **15** © Morton Beebe. **46** © Tony Arruza. **61** © Tizziana and Gianni Baldizzone. **111** © Buddy Mays. **137** © Shaul Schwarz. **235** © Hans Georg Roth.

CyberSpain: 3 (bl) permission to reproduce J. Carballo.

USDA, MyPyramid.gov: 206 (food pyramid)

© Image Source: 121

iStockphoto.com: 255 (b) © smilingworld. **256** (t) © MarkFGD.

© Randy Krauss: 3 (br)

Latin Focus: 145 © Jimmy Dorantes. **146** © Jimmy Dorantes.

Courtesy Mabis Robledo: 2 (tl)

Alfaguara Editorial: 202 (book cover)

Universidad Autónoma de Chihuahua: 122 (b)
Universidad de Navarra: 122 (tr)
Universidad Nacional Autónoma de México (www.unam.mx): 123

Text and Realia Credits

Pages 45 and 54: *"Catálogo de carreras"* adapted and reprinted with permission from Único – Universidad de la Comunidad, Universidad Autónoma de Guadalajara.
Page 217: "Estancia Santa Gertrudis." Ad adapted and reprinted with permission from Darío Saráchaga.
Page 227: "¡Vivir bien con poca grasa!" ad adapted and reprinted with permission from Rodale Press International.

About the Authors

Deana Alonso was born and raised in Mexico City. After graduating from High School and studying for a year at the *Universidad Nacional Autónoma de México* (UNAM) her family moved to the United States. She earned a Bachelor of Arts Degree in Mathematics and a Master's Degree in Spanish from San Diego State University. She also holds a Master's Degree in Teaching English to Speakers of Other Languages from California State University, Los Angeles. She served for four years as consultant and teacher leader at the Los Angeles Area Site of the California Foreign Language Project before joining the team at the San Diego Area Site. She is also the new president of the Foreign Language Council of San Diego (FLCSD). In addition, Deana co-authored several texts for McGraw-Hill, Prentice Hall and National Textbook Company. She taught Spanish for five years at Citrus College and she is presently a Professor of Spanish at Southwestern College. She has traveled extensively throughout Europe and Latin America.

Esther Alonso was born and raised in Mexico City. After graduating from High School and studying for two years at the *Universidad Internacional de Turismo,* her family moved to the United States. She earned a Bachelor's Degree in Linguistics and a Master's Degree in Spanish and English Sociolinguistics from San Diego State University. Esther was a consultant and teacher leader for the Los Angeles Area Site of the California Foreign Language Project for a year. She has published her research on language assessment in professional journals. She taught Spanish for five years at California State University, San Marcos where she currently is the Language Proficiency Assessor for Spanish and Portuguese. She is presently a Professor of Spanish and Portuguese at Southwestern College. She has traveled extensively through Europe and Latin America.

Brandon Zaslow was born and educated in the United States. He holds graduate degrees in Spanish and Education from the University of California, Los Angeles where he was a University Distinguished Scholar and from California State University Los Angeles. From 1990 to 1995, he held a teaching position in UCLA's Graduate School of Education where he taught Methods of Foreign Language Instruction and Primary and English Language Development. Since 1995, he serves as Director of the Los Angeles Area Site of the California Foreign Language Project, which is funded by the legislature through the Office of the President of the University of California to improve K–16 foreign, second and heritage language programs. In addition to serving on a team that authored Entre mundos (Prentice Hall), a program for heritage speakers of Spanish and Invitaciones (Vistas), a program for second language learners, Brandon worked to develop California's Classroom Oral Competency Interview (COCI), Classroom Writing Competency Assessment (CWCA), and Classroom Receptive Competency Matrix (CRCM). In addition, he was contributor and consultant to the 2003 Foreign Language Framework for California Public Schools and served on the writing committee of the 2009 Foreign Language Standards for California Public Schools. Brandon has been repeatedly honored by his colleagues receiving California's Outstanding Teacher Award in 1996, the National Textbook Company Award for Leadership in Education in 2000, and being named California Language Teacher of the year in 2000.